James Burke
Gutenbergs Irrtum und Einsteins Traum

Zu diesem Buch

Was hat der einfache Kronenkorken, der eine Bierflasche verschließt, mit dem expandierenden Universum zu tun? Was verbindet die Dauerwelle, die der deutsche Friseur Nessler in London erfand, mit einem Luxusdampfer? Inwiefern haben die Wassergärten der Renaissance zum Autovergaser geführt? James Burke zeigt, daß alles mit allem zusammenhängt und wir in einem dynamischen Netz des Wandels leben. Seine abenteuerlichen Reisen durch das Netzwerk menschlichen Wissens vergleicht er mit den überraschenden Wegen, die eine Kugel im Flipperautomaten nimmt. So führt eine Reise vom Kohlepapier über Edisons Telefon und die Entstehung von Vorstädten bis zur Röntgenkristallographie und zur Entschlüsselung der DNA-Struktur. Die vielen überraschenden Fakten verbinden sich auf verschlungenen Pfaden zu einer höchst vergnüglichen Kulturgeschichte des Wissens.

James Burke, geboren 1936 in Londonderry (Nordirland), studierte in Oxford, lehrte an Schulen und Universitäten in Italien, war Herausgeber von Enzyklopädien und Wörterbüchern, Redakteur und Reporter für Presse, Funk und Fernsehen. Als international anerkannter Fachmann für Wissenschafts- und Technikgeschichte machte er sich einen Namen und lebt heute als Korrespondent von »Scientific American« in London und Nizza.

James Burke

Gutenbergs Irrtum und Einsteins Traum

Eine Zeitreise durch das Netzwerk menschlichen Wissens

Aus dem Englischen von
Harald Stadler

Mit 34 Abbildungen

Piper München Zürich

Ungekürzte Taschenbuchausgabe
1. Auflage Mai 2001
3. Auflage Februar 2003

Titel der amerikanischen Originalausgabe:
»The Pinball Effect«, Little, Brown and Company, Boston

Umschlag: Büro Hamburg
Stefanie Oberbeck, Isabel Bünermann
Fotos Umschlagvorderseite: Ullstein Bilderdienst (oben)
und Tony Stone / Ed Honowitz (unten)
Satz: Satz für Satz. Barbara Reischmann, Leutkirch
Druck und Bindung: Clausen & Bosse, Leck
Printed in Germany ISBN 3-492-23315-5

www.piper.de

Inhalt

Gebrauchsanleitung für dieses Buch *7*

Einführung *9*

1 **Wellen machen** *14*

2 **Revolutionen** *35*

3 **Fotofinish** *51*

4 **Gesünder als die Natur** *68*

5 **Hot pickle** *86*

6 **Flexible Reaktion** *105*

7 **Höchste Zeit** *124*

8 **Stück für Stück** *139*

9 **Das Rad des Schicksals** *159*

10 **Eins und zwei sind vier** *179*

11 **Sentimentale Reise** *198*

12 **Déjà Vu** *215*

13 **Getrennte Wege** *234*

14 **Routen** *251*

15 **Neue Harmonie** *270*

16 **Dem Täter auf der Spur** *289*

17 **Unterschreiben Sie hier** *306*

18 **Geistesblitze** *325*

19 **Echos der Vergangenheit** *341*

20 **Ein einziges Wort** *359*

Danksagung *380*

Literaturhinweise *381*

Bildnachweis *388*

Personenregister *389*

Gebrauchsanleitung für dieses Buch

Dieses Buch beschreibt zwanzig verschiedene Reisen durch das großartige Netz des Wandels. Man kann es auf viele verschiedene Arten lesen, so wie man auf viele verschiedene Weisen ein Netz erkunden kann. Am einfachsten ist es, das Buch vom Anfang bis zum Ende zu lesen, so wie man dies seit der Erfindung der alphabetischen Schrift vor 3500 Jahren zu tun pflegt. Oder man kann das Buch so lesen, wie es uns unsere Lehrer früher immer verboten haben. Die Möglichkeit dazu bietet sich an vielen Stellen des Buches, nämlich dort, wo die Zeitachse einer bestimmten Reise auf ein *Gateway*, eine Brücke zwischen verschiedenen Punkten des Netzes, trifft und die Zeitachse einer anderen Reise überschneidet. An einem solchen *Gateway* verweisen die Koordinaten am Seitenrand auf die Position des anderen Ortes.

Mit Hilfe dieser Koordinaten kann man, wenn man will, im Text zu einem anderen Knotenpunkt vor- oder zurückspringen, der neuen Zeitachse folgen und die Reise durch das Netz fortsetzen, bis man erneut auf eine Brücke stößt, an der man abermals wechseln kann. Die Koordinaten, die einen solchen Knotenpunkt markieren, sind im Text folgendermaßen gekennzeichnet:

Da hörte Kunders, daß in Großbritannien die neue
Penny-Post**14** eingeführt werden sollte ... **14 ▪ 189** 204

Im fortlaufenden Text markiert »Penny-Post**14**« den 14. Gateway. Die Ziffern »**189** 204« am Rand verweisen auf jenen Punkt, zu dem man von hier aus springen kann, nämlich den 189. Gateway, der sich auf Seite 204 befindet.

Bisweilen – in lebhaften Momenten der Geschichte, an denen sich mehrere Entwicklungslinien kreuzen – trifft man auf verschiedene Gateways, zu denen man springen kann. Viel Glück!

Da in diesem Buch 447 Brückenpunkte angegeben sind, wäre es denkbar, den Text auf mindestens 447 verschiedene Arten zu lesen. Ich würde dies zwar nicht unbedingt empfehlen, doch wenn man es versuchte, bekäme man einen Eindruck von einem Effekt – ich nenne ihn den »Flipperkugel-Effekt« und stelle mir dabei eine Flipperkugel vor, die kreuz und quer durch Raum und Zeit schnellt –, der sich auf den Lauf der Entwicklung und der Veränderungen auswirkt und durch den das Netzwerk menschlichen Wissens sozusagen entsteht.

Und dieser Effekt wirkt sich auf uns alle aus, unentwegt. Er wirkt sich auch auf Sie aus, sogar in diesem Augenblick, auch wenn Sie es vielleicht noch gar nicht wissen.

Einführung

Wir alle leben in dem großen, dynamischen Netz des Wandels. Dieses Netz verbindet uns miteinander und in mancher Hinsicht mit allem Vergangenen. Und in der Weise, in der jeder von uns den Lauf der Dinge beeinflußt, verbindet es uns auch mit der Zukunft, die wir alle in jeder Sekunde fleißig mitgestalten. Egal wie fern diese Verbindungen in Raum und Zeit erscheinen mögen, sie sind real. Kein Mensch agiert, ohne dabei eine Veränderung innerhalb des Netzes zu bewirken. Jeder von uns verursacht irgendwo und irgendwann etwas. Jeder trägt zum Prozeß der Veränderung bei. Alles was wir tun, »macht« Geschichte, denn wir *sind* die Geschichte. Das Netz ist der Ausdruck unserer Existenz und der Existenz all jener, die vor uns da waren und nach uns kommen werden.

Jede der Reisen in den 20 Kapiteln dieses Buches offenbart einen Aspekt davon, wie das Netz aufgebaut ist und wie der sonderbare Flipperkugel-Effekt des Wandels vonstatten geht. Manchmal zeigt die simpelste Handlung 100 Jahre später regelrecht kosmische Auswirkungen. Es kommt aber auch vor, daß höchst umwälzende Ereignisse schließlich ganz gewöhnliche, völlig banale Folgen zeitigen.

Die Reisen, die hier nachvollzogen werden, folgen jedenfalls ungewöhnlichen Pfaden, denn das Leben selbst bewegt sich meist auf ungewöhnlichen Pfaden. Wir schlagen oft einen bestimmten Kurs ein und müssen dann feststellen, daß er von den Handlungen eines anderen Menschen irgendwo in Raum und Zeit geändert wird. Folglich ist die Welt, in der wir heute leben, das Endprodukt von Millionen dieser phantastischen Interaktionen, die über Jahrtausende hinweg stattfanden.

Man kann sich das Netz auch als eine gigantische und endlos expandierende Kugel in Raum und Zeit vorstellen, die aus Millionen miteinander verbundener, sich überschneidender Pfade besteht, von denen jeder eine Zeitachse darstellt – eine Reihe von Punkten, die für solche Augenblicke stehen, an denen jemand oder etwas die betreffende Folge von Ereignissen beeinflußte. Im Zentrum dieses Netzes befinden sich die Anfänge in der Zeit des Altertums. Die Oberfläche dieser Kugel, die sich in jedem Augenblick weiter ausdehnt, ist die moderne Welt.

Einige besondere Pfade verbinden die moderne Welt direkt mit den ganz alten, zentralen Teilen des Netzes. Jedesmal, wenn man sich beispielsweise Salz über die Schulter wirft, es vermeidet, unter einer Leiter durchzugehen, oder den Daumen drückt, wiederholt man eine alltägliche Handlung, die vielleicht schon unsere altsteinzeitlichen Vorfahren vor über 40 000 Jahren vollzogen haben. Alles, was uns in diesem Netz umgibt, ist in irgendeiner Weise, überall und immer, mit allem anderen verbunden.

Dieses Buch beispielsweise verdankt seine Existenz der Tatsache, daß sich der deutsche Juwelier Johannes Gutenberg im 15. Jahrhundert eines Tages im Datum irrte. Das Lampenlicht, bei dem Sie vielleicht gerade lesen, nahm seine Anfänge vor 400 Jahren und brennt heute, weil die Probleme italienischer Bergarbeiter zu Erkenntnissen über das Vakuum in der modernen Glühbirne führten. Die Entdeckung Amerikas bescherte uns die Wissenschaft der Anthropologie. Die Wassergärten der Renaissance ermöglichten den Vergaser. Diese und viele andere Beispiele tauchen in diesem Buch auf, doch es gibt Millionen weitere, die das Netz in seiner Gesamtheit ausmachen.

Jede Reise durch dieses Netz zeichnet sich vor allem dadurch aus, daß sie ständig überrascht und unentwegt fasziniert. Das Buch folgt den Pfaden so, wie sie sich tatsächlich entwickelten, und versetzt den Leser an den Standpunkt des Reisenden von damals. Die Windungen und Biegungen der Pfade kommen dem heutigen Leser daher meist genauso überraschend vor wie dem einstigen Reisenden (und sicherlich ebenso unerwartet wie die Windungen, die wir Heutigen auf unserer Reise in die Zukunft erleben).

Das Buch verfolgt im wesentlichen zwei Ziele. Zum einen soll die an Detektivgeschichten und Fortsetzungsromane erinnernde Spannung, die dem unvorhersehbaren Wandel eigen ist, heraufbeschworen werden. Auch hoffe ich, daß diese Reisen dem Leser bewußt machen, auf welche Weise er selbst mit der Welt in Beziehung steht und wie sich die Handlungen anderer Menschen auf ihn auswirken. Wer sich bewußt ist, wie Veränderung vonstatten geht, ist fast schon in der Lage, sie vorauszusehen. Und das Voraussehen von Veränderungen und Entwicklungen ist nützlich für das Überleben und den Erfolg im Leben.

Bei dem anderen Ziel geht es um etwas Ernsteres. In unserem Informationszeitalter, in dem Multimedia-Technologien, interaktive Networks, persönliche Kommunikationssysteme, virtuelle Realität und unbegrenzte Bandbreiten immer mehr in den Alltag eindringen, werden wir in einer neuen Weise darüber nachdenken müssen, was Wissen überhaupt ist und wie es eingesetzt werden sollte. Supercomputer liefern heute Informationen bereits in einer Geschwindigkeit, bei der kein menschliches Gehirn mehr mithalten kann. In der Wissenschaft der Quantenchromodynamik beispielsweise, in der Elementarteilchen untersucht werden, kommen Gleichungen vor, die nur noch von einem Superrechner gelöst werden können, wenn dies kein ganzes Menschenleben mehr dauern soll.

In naher Zukunft wird das Tempo der Veränderung dermaßen rasant sein, daß es bald so überholt sein wird wie Federkiel und Pergament, wenn sich ein Mensch in einem einzigen Fach qualifiziert, welches dann bestimmt, was er »ist« und was er sein Leben lang macht. Dafür wird sich das Wissen viel zu schnell entwickeln und verändern. Wir werden uns alle zehn Jahre weiterbilden und schulen müssen, um einen Arbeitsplatz zu behalten.

Maschinen und Apparate übernehmen immer mehr von dem, was wir früher als »Forschung und Entwicklung« bezeichneten; elektronische Agenten führen in den Networks Anfragen für uns aus (sie vertiefen sich in die Datenbanken und helfen uns in vielen Bereichen unseres Lebens, wie etwa in der Politik, im Finanzwesen, bei Reisen, Bildung und beim Einkaufen). Die neuen Systeme bieten uns in einem ungekannten Maße Zugang zu allem, was um uns herum geschieht. Das Internet stellt Nachrichten bereits viel schneller zur Verfügung als live-übertragene Magazine im Satellitenfernsehen. Schon bald wird es nötig sein, daß jeder diesen Daten-Highway mit derselben lässigen Vertrautheit benutzt, mit der wir heute mit Büchern, Zeitungen und dem Fernsehen umgehen. Elektronische Informationsquellen werden in unserer Zukunftslandschaft genauso allgegenwärtig sein, wie es das Telefon heute ist.

Diese Technologien werden unser Leben jedoch nicht zum Vorteil verändern, wenn wir uns nicht auf sie einstellen und vorbereiten. Und da die Daten in unseren Wissensbasen immer rascher veralten, wird es weniger entscheidend sein, diese Daten zu »wissen«, und statt dessen immer wichtiger werden, auf sie zurückgreifen und sie miteinander verbinden zu können. Denn, so hoffe ich in diesem Buch zu zeigen, allein die Interaktion zwischen den Daten bewirkt Veränderung. Der Grundmechanismus der Innovation besteht in der Art und Weise, in der verschiedene Dinge zusammentreffen und sich aufeinander beziehen.

In naher Zukunft wird es meiner Meinung nach zu einem grundlegenden gesellschaftlichen Erfordernis werden, mit Hilfe des Datennetzes die Muster der Veränderung auszumachen und auszuwerten, die durch diese Art von Interaktion verursacht werden. Die Welt ist viel zu interaktiv und die Auswirkungen der Veränderung sind viel zu weitreichend, um die Anwendung der maschinenerzeugten Innovation allein der Maschine zu überlassen.

Wenn alles, was ein Individuum tut, Auswirkungen hat, wird sich in dem Augenblick, in dem die massiven Hochgeschwindigkeitsdatenverarbeitungssysteme und Networks der Zukunft on-line verfügbar sind, aus dem Produkt ihrer Synergie mit uns unendlich viel mehr ergeben als die Summe ihrer Teile. Das Tempo des Wandels wird sich beschleunigen. Und wie ich in diesem Buch anhand von Beispielen aus der Vergangenheit ebenfalls aufzuzeigen hoffe, können Veränderungen gesellschaftliche Konsequenzen haben, auf die wir nicht vorbereitet sind – es sei denn, wir ändern unsere Auffassung davon, wie Wissen entsteht und wozu es gut ist.

Wenn Wissen ein Artefakt ist und Innovation aus der Interaktion innerhalb des Netzes entsteht, dann werden wir um so besser mit Veränderungen fertig, je mehr wir uns mit dem interaktiven Prozeß vertraut machen. In einer künftigen Welt, die sich für die altmodische, auf Spezialistentum ausgerichtete Erziehungsmethode viel zu schnell verändert, könnten wir davon profitieren, wenn wir den jungen Menschen das Reisen durch das Netz als primäre Lernerfahrung nahebringen, so wie ihren Vorfahren das Lesen beigebracht wurde, nachdem Gutenberg den Buchdruck erfunden hatte. In den Schulen könnten die Jugendlichen dazu angeleitet werden, sich ihren individuellen Weg durch das Netz zu bahnen und sich selbst Lösungswege auszudenken, anstatt rein mechanisch Unmengen von Daten auswendig zu lernen, die bereits veraltet sind, bevor die Schüler sie überhaupt anwenden können.

Wir sollten uns vielleicht sogar überlegen, unsere Definition von Intelligenz zu ändern. Anstatt Menschen danach zu beurteilen, wie weit sie in der Lage sind, auswendig zu lernen, folgerichtig zu denken und gute Prosa zu schreiben, könnten wir Intelligenz an der Fähigkeit messen, frei durch Wissensgebiete zu »flippern« und phantasievolle Modelle innerhalb des Netzes zu entwerfen. Dieses Buch soll ein erster Schritt in diese Richtung sein. Zumindest hoffe ich, daß diese Reisen durch das Netz so sind wie viele Reisen – daß sie unterhalten, eine Ahnung davon vermitteln, was die Welt zusammenhält, und den Horizont erweitern.

James Burke
London

1 Wellen machen

Es spielt keine Rolle, wo man eine Reise durch das große Netz des Wandels beginnt. Es gibt nicht den einen richtigen Punkt, und kein Ereignis ist zu banal, um nicht damit anzufangen, denn eines der faszinierenden Phänomene des Netzes ist die Art und Weise, wie sich einzelne Effekte wellenartig darin übertragen. Jedes Geschehen an einem beliebigen Punkt kann eine Kette von Ereignissen auslösen, die Raum und Zeit durchqueren und (möglicherweise) am anderen Ende der Welt enden. Alles, was auf dem Netz geschieht, macht Wellen.

In diesem Falle lebte derjenige, der die Wellen machte, in London, und zwar zu Beginn dieses Jahrhunderts. Es handelte sich um einen deutschen Friseur namens Charles Nessler, dessen Schwester die größte Abneigung gegen Lockenwickler hegte, obwohl dies die einzige Möglichkeit war, ihre glatten Strähnen etwas zu wellen. Als gehorsam ergebener Bruder hielt Nessler die Augen auf nach einer Lösung für ihr Problem. Als er eines Abends zum Fenster hinausschaute, sah er, wie sich eine Wäscheleine durch den Tau wellenförmig zusammengezogen hatte. Am nächsten Tag versuchte er in scinem Salon, denselben Effekt am Haar seiner Schwester zu erzielen, und machte dabei eine Entdeckung, die den Anstoß zu einer milliardenschweren Schönheitsindustrie gab.

Nessler drehte das Haar seiner Schwester auf durchlöcherte Papprollen, bestrich es mit Boraxpaste, wickelte die Rollen in Papier ein, um sie vor der Luft zu schützen, und erhitzte das Ganze mehrere Stunden lang. Als er die Verpackung entfernte, war das Haar wunderbar gewellt – und zwar dauerhaft. Nach unendlich vielen Experimenten, die teilweise furchtbar mißglückten, (und unendlich vielem Spott seitens seiner Kollegen) hatte Nessler es im Jahre 1911 geschafft, die Prozedur auf zwölf Minuten zu verkürzen.

Der Trick mit der Dauerwelle funktionierte (und machte Nessler reich): Der alkalische Borax, den er verwendete, machte das Haar so weich, daß er ihm jegliche Form geben konnte. In einer längeren Phase der Erhitzung mit heißen Lockenwicklern wurde der Borax hart, und dies hielt das Haar in seiner neuen Form. Als Nessler auf die brillante Idee kam, das Ganze als »Dauerwelle« zu bezeichnen, verbreitete sich das Verfahren wie ein Lauffeuer. Frauen, die gehetzt von der Arbeit nach Hause kamen, waren erstmals in der Lage, sich vor dem Ausgehen die Haare zu machen. Nessler verdiente mit seiner »Dauerwelle« ein Vermögen – weil die Wirkung nur ein paar Tage anhielt und die Prozedur dann wiederholt werden mußte.

Einer der Gründe, weshalb Dauerwellen so viel Gewinn einbrachten, war die Tatsache, daß Borax in rauen Mengen vorkam und spottbillig war. Borax fand nicht nur im Friseursalon Verwendung, sondern kam auch häufig in Wasserenthärtern, Mörtel, Farben, Schmucksteinen, Porzellan, Keramikglasuren, elektrischen Beleuchtungskörpern und Antiseptika vor und wurde bei der Metallveredelung, beim Schmelzen und Hartlöten, bei der Glasherstellung, für den Holzschutz und die Lebensmittelkonservierung, als Reinigungsmittel und für viele andere Zwecke benutzt.

Das industrielle Verfahren der Boraxgewinnung und Verarbeitung war einfach und billig, der Rohstoff selbst war in großen Mengen zu finden. Als Nessler anfing, Borax zu verwenden, kamen in England ganze Schiffsladungen des Materials von den neu entdeckten Fundorten in Kalifornien an, wo das Mineral in der Sand- oder Lehmkruste an der Oberfläche von Marschen und Trockenseen vorkam. Borax daraus zu gewinnen, war ganz einfach: Die Kruste wurde mit Wasser vermischt und gekocht. Man wartete, bis sich die Lösung abgekühlt und gesetzt hatte; dann wurde sie in Fässer abgefüllt, in denen der Borax kristallisierte. Diese Kristalle wurden erneut in Wasser gelöst, gekocht und abermals zur Kristallisation gebracht. Diese reinen Kristalle wurden zu feinem Pulver zermahlen – und fertig war der Borax.

Der kalifornische Borax war im Death Valley entdeckt worden, das bis zu 86 Meter unter Meereshöhe liegt und somit der tiefstgelegene Punkt der Vereinigten Staaten ist. Der Talboden ist folglich die letzte Konzentrationsstufe eines gewaltigen Drainagesystems; der Boden ist über weite Strecken mit tiefen Ablagerungen von Salz, Nitratsalpeter sowie Borax bedeckt. Als der Borax entdeckt wurde, hegte man ernsthafte Zweifel, ob die Schichten aufgrund der schrecklichen klimatischen Verhältnisse überhaupt bearbeitet werden konnten. In den Gruben, die damals im Death Valley betrieben wurden, verzogen sich die Möbel innerhalb von Tagen und verwarfen sich leere Wasserfässer innerhalb von Stunden; das gewaschene Ende eines Leintuchs war trocken, bevor das andere aus dem Waschtrog kam; Eier konnte man im Sand braten, und wer eine Stunde lang kein Wasser trank, drehte durch, wie es hieß. Das Death Valley erhielt seinen Namen (Tal des Todes), weil viele der frühen Siedler, die auf dem Weg zur Westküste dort durchkamen, dieses Abenteuer nicht überlebten.

Erst ab 1841 strömten die Siedler in größerer Zahl nach Kalifornien, und viele von denen, die dem Tal des Todes lebend entkamen, machten Station in einem Fort namens New Helvetia, das in der Nähe des heutigen Sacramento lag und von einem der größten Gauner der Geschichte, Johann Sutter, verwaltet wurde. Sutter war ein ziemlich übler Bursche. Angefangen hatte er als Ladengehilfe im schweizerischen Bern. Er heiratete, eröffnete ein eigenes Geschäft und machte Bankrott; 1834 haute er ab, ließ seine Frau und fünf Kinder völlig mittellos zurück und ging nach New York. Nachdem er durch Amerika, Kanada, das russische Alaska und Hawaii vagabundiert war, verschlug es ihn und eine zwielichtige Gefolgschaft, die er unterwegs aufgesammelt hatte, 1838 schließlich nach Kalifornien. Inzwischen nannte er sich »Captain« Sutter und behauptete, Mitglied der päpstlichen Schweizergarde und der französischen Hofwache, Kommilitone des französischen Kaisers und schweizerischer Armeeoffizier gewesen und außerdem ledig und zahlungsfähig zu sein (was jedoch alles nicht stimmte).

Sutter hatte zunächst vor, eine Kolonie zu gründen, doch er entschloß sich, statt dessen in die Wildnis zu ziehen (als er von den einheimischen Behörden erfahren hatte, daß die Angehörigen der Kolonie Sutters Ansprüche auf den Kolonialbesitz teilen würden, falls diese sich einmal auflösen sollte). Er fuhr auf dem American River so weit flußaufwärts, wie er konnte, und begann mit dem Bau einer kleinen Siedlung. Zwei Jahre lang stand es auf Messers Schneide, ob die Siedlung überleben würde. Doch im Jahre 1841 war das Fort fertig ausgebaut und bemannt von Sutters Leuten, die bunte Uniformen trugen, welche sie gebraucht von Russen gekauft hatten, die ihre Siedlungen entlang der kalifornischen Küste aufgegeben hatten.

Im Jahre 1848 wies Fort Sutter, wie es inzwischen hieß, richtige Mauern, Kanonen und Backsteinbauten auf und war eine reguläre Handelsniederlassung und Zwischenstation für Siedler auf dem Weg nach Westen. Als Sutter endlich anfing, schwarze Zahlen zu schreiben, faßte er den schicksalhaften Entschluß, seine finanziellen Verhältnisse noch weiter zu verbessern, und zwar mit einer Sägemühle, die die Siedler mit Bauholz versorgen sollte. Er wählte einen Standort ungefähr 50 Meilen flußaufwärts vom Fort.

An dem trüben und trostlosen Abend des 28. Januar 1848 kam der Sägemüller James Marshall in strömendem Regen in Sutters Wohnung geeilt. Er war naß bis auf die Knochen und völlig außer Atem. Der Grund für seine Aufregung war ein kleiner gelber Felsbrocken, der in ein Tuch eingewickelt war und den er von der Säge mitgebracht hatte. Sutter verriegelte die Tür, und die beiden Männer unterzogen das Gestein verschiedenen Tests, zu denen Sutters Enzyklopädie die Anweisungen lieferte. Diese Untersuchungen ergaben, daß es sich bei Marshalls Fund um ein Nugget aus purem Gold handelte. Binnen kürzester Zeit lösten Sutter und Marshall dadurch den kalifornischen Goldrausch aus.[1] **1 ▪ 58** 62

Im Jahre 1848, bevor die Nachricht von dieser Entdeckung **1 ▪ 153** 164
durchsickerte, waren in Kalifornien nicht mehr als 400 Neu-

ankömmlinge aus dem Osten eingetroffen. Im folgenden Jahr waren es 90 000. Beinahe über Nacht veränderte Kalifornien sein Gesicht – aus der katholischen, spanischsprachigen Ochsenkarrenkultur wurde eine protestantische, angelsächsische Pionierkultur, in der man für den betreffenden Preis kaufen konnte, was man wollte – egal wo es herkam und wie schwer es zu beschaffen war. Der große amerikanische Mythos vom unverhofften Reichtum war geboren und mit ihm der Traum vom »goldenen Westen«. Überall in Amerika brachen ganze Ortschaften zu den Goldfeldern auf, als in den Zeitungen Berichte zu lesen waren, wonach völlig unerfahrene Goldsucher an einem einzigen Tag bis zu 15 000 Dollar verdienten.

Neben der Arbeit in den Gruben gab es viele andere Möglichkeiten, auf den Goldfeldern reich zu werden. Über 100 000 Bergarbeiter mußten mit Lebensmitteln, Kleidung und Unterkünften versorgt werden, und so strömten Krämer, Farmer, Köche, ledige Mädchen und Unternehmer jeden Gewerbes nach Kalifornien, um dort ihr Glück zu machen.

Eine Frau sagte, sie hätte mit dem Verkauf von Kuchen und Torten 18 000 Dollar verdient (zu einer Zeit, in der eine Familie mit 500 Dollar für mehrere Jahre ausgesorgt hatte). Der Ertrag von zwei Morgen Zwiebeln brachte, wie verlautete, 2000 Dollar. Für Äpfel aus Oregon zahlte man 1,50 Dollar pro Stück. Der Goldrausch lockte Menschen aus der ganzen Welt an, wie sich an den Namen der Grubenorte ablesen läßt: French Creek, Cape Cod Bar, Georgia Slide, Chinese Camp, German Bar, Dixie Valley, Dutch Flat und so weiter.

Bald war klar, daß jene, die als erste kamen, wahrscheinlich am meisten Geld machten – wenn sie ihr Ziel erreichten, bevor die leichte Beute rar wurde. Die Reise im Planwagen quer durch das Land (auf der man unglaublich schwierigem Gelände, Indianerangriffen und Krankheiten ausgesetzt war) konnte jedoch sechs bis sieben Monate dauern. Der ernsthafte Glücksritter kam am schnellsten ans Ziel, wenn er mit einem Yankee-Klipper, dem schnellsten Schiff der Welt, um das Kap Hoorn reiste.

Der Klipper war eine völlig neue Schiffsart, die hauptsächlich in amerikanischen Werften gebaut wurde. Während die damaligen Frachtschiffe breit und langsam waren, zeichnete sich der Klipper durch einen langen, schmalen Rumpf und einen schlanken, spitzen Bug aus. Das Schiff wurde so gebaut, um leichte Fracht bei maximaler Geschwindigkeit zu befördern. Das vielleicht Ungewöhnlichste an diesem Schnellsegler war die Takelage. Als der erste »extreme« Klipper im Jahre 1845 vom Stapel lief, staunte man über die bisher beispiellose, extrem große Segelfläche.

Die Klipperbauer statteten das Schiff mit zusätzlichen Masten aus, um mehr Segeltuch unterzubringen, und teilten die Segel, damit sie bei Winden bis zu Orkanstärken leichter zu hissen und zu streichen waren. Die Kapitäne der Klipper prahlten damit, niemals die Segel einzuholen, selbst bei schlimmsten Wetter.

Der Klipper wurde ursprünglich nicht für die Wettfahrt nach Kalifornien gebaut, sondern für die Verbindung zwischen England und China, und zwar wegen der Teesucht der Briten.[2] 2 ▪ 93 89
Mitte des 19. Jahrhunderts wurden in Großbritannien sage und schreibe 80 Millionen Pfund Tee im Jahr konsumiert, und allein in London handelten 30 000 Groß- und Einzelhändler mit Tee. Die englische Nachfrage nach chinesischem Tee bot also eine phantastische Gelegenheit, Geschäfte zu machen. Um 1850 hängten die neuen Yankee-Klipper die altmodischen britischen Schiffe klar ab; sie ließen sich durch kein Wetter aufhalten, brachten die besten Ernten wie im Fluge nach London und konnten somit die Preise diktieren.

Das Unternehmen machte sich so bezahlt, weil der englische Teetrinker glaubte, der Tee verliere auf der langen Reise an Geschmack. Daher wurden die frischesten, aromatischsten Blätter jeder neuen Ernte in Rekordtempo verschifft. Und die Klipper verdienten sich ihren Ruf in einigen der spannendsten Wettfahrten in der Geschichte der Seefahrt. Bei einem Rennen von fünf Schiffen im Jahre 1866 liefen die beiden Anführer nach einer Reise, die 101 Tage dauerte, im Abstand von weniger als einer Stunde in London ein.

Es war gewissermaßen eine Ironie des Schicksals, daß die phantastischen Yankee-Klipper überhaupt die Möglichkeit bekamen, den britischen Seehandel auf seinem eigenen Feld zu schlagen, nur weil ein amerikanischer Sporenpilz im Jahre 1846 den Atlantik überquert und in Irland zu Tod und Verwüstung geführt hatte.

Die englischen Grundbesitzer, die den größten Teil des Landes besaßen, verpachteten damals ihren Besitz zu einem festen Preis an Mittelsmänner. Diese steigerten ihre Profite, indem sie das Land in Parzellen aufteilten, die gerade groß genug waren, um eine Familie davon zu ernähren, und für diese Parzellen wahre Wucherpachten verlangten. Sie bestanden außerdem auf einer Vertragsbestimmung, wonach jede Wertsteigerung, die der Pächter bewirkte, nach Ablauf der Pachtzeit an den Grundbesitzer überging.

Dies waren die Jahre, in denen die irische Bevölkerung dank ihrer Ernährung, die sich weitgehend auf Kartoffeln beschränkte, plötzlich explosionsartig wuchs. Kartoffeln waren eine einfache Frucht, denn sie erforderten wenig oder gar keinen Einsatz (außer bei der Ernte) und zu ihrem Anbau war lediglich ein Spaten erforderlich. Sie bildeten ferner eine ausgezeichnete Quelle für Eiweiß, Kohlenhydrate und Mineralien. Eine fünf- oder sechsköpfige Familie konnte sich ein Jahr lang von einem halben Hektar Kartoffeln ernähren, solange auch eine Kuh vorhanden war, die diese Diät durch Milch ergänzte. Wollte man genauso viele Menschen von Getreide ernähren, hätte man viermal so viel Anbaufläche sowie teure Geräte und Zugtiere gebraucht. Natürlich war dies eine riskante Sache. Verließ man sich ausschließlich auf eine einzige Frucht, so mußte dies im Falle einer Mißernte zwangsläufig zu einer massiven Hungersnot führen – und genau dies geschah.

Im Jahre 1842 wurde entlang der amerikanischen Atlantikküste eine Kartoffelkrankheit bekannt, die drei Jahre später erneut auftrat. Wahrscheinlich während dieses zweiten Ausbruchs gelangte eine kranke Kartoffel über den Ozean nach Europa. Im Herbst 1845 hatte sich die Fäule in Irland bereits mit katastrophalen Folgen ausgebreitet. Kartoffeln, die bei der Ernte völlig gesund aussahen, verwandelten sich innerhalb von Tagen in stinkend faule Klumpen.

Die Sporen des Pilzes, der die Pflanzen befiel, verbreiteten sich in einem epidemischen Ausmaß. Wenige Monate nach dem ersten großen Ausbruch im November waren die Straßen Irlands von Leichen gesäumt. Die Lage spitzte sich dermaßen zu, daß die Lebenden die Toten aßen. Und wo der Hunger nicht gleich zum Tode führte, schwächte er in einem Maße, daß der Betreffende leicht der Ruhr, der Cholera oder dem Typhus anheimfiel oder erblindete.

Solch eine Welle tödlicher Verwüstung hatte man seit 500 Jahren nicht mehr erlebt, seit der Schwarze Tod in Europa gewütet hatte. Eine Million Menschen starben und eine weitere Million wanderten aus. Die Bevölkerung Irlands wurde auf einen Schlag halbiert. Die Katastrophe zwang die britische Regierung zu der verspäteten Einsicht, daß Irland ohne eilige Hilfe aus dem Ausland verloren war. England war nicht in der Lage, die nötige Menge an Nahrungsmitteln bereitzustellen. Deswegen wurden Gesetze aus dem 17. Jahrhundert, welche die Einfuhr ausländischer Güter nach Großbritannien untersagten,[3] außer Kraft gesetzt, so daß amerikanische Kriegs- 3 ▪ 205 221
schiffe (allerdings ohne Kanonen) Getreide und andere Nahrungsmittel in irische Häfen einführen konnten.

Die gesetzlichen Bestimmungen darüber, welche Schiffe Waren nach England befördern durften, dienten ursprünglich dem Zweck, englische Reeder durch ein Transportmonopol zu schützen. Dies war zu Beginn des Kolonialzeitalters allgemein üblich gewesen, denn dadurch blieb der gewinnträchtige Kolonialhandel in der Hand des Mutterlandes. Anfang des 19. Jahrhunderts, als England seine amerikanischen Kolonien verloren hatte, dehnte die britische Regierung die Transportbeschränkungen jedoch auch auf die Einfuhr von Getreide aus, um die heimische Landwirtschaft vor den immer billiger werdenden amerikanischen Erzeugnissen zu schützen.

Das Problem bestand darin, daß Großbritannien eine rasante Industrialisierung durchmachte und die Bevölkerung explosionsartig wuchs. Die protektionistischen Einfuhrzölle verschlimmerten die Lage noch. Wenn beispielsweise in einer Zeit der Not oder Knappheit billiges Getreide eintraf, wurde auf den Preis eine Steuer aufgeschlagen, damit sich dieser mit dem der inländischen Erzeuger deckte. Dies war gut für die einheimischen Grundbesitzer (die über eine beträchtliche politische Macht verfügten), aber schlecht für den Verbraucher (der keinerlei politischen Einfluß ausübte).

Während die Iren unter der Hungersnot zu leiden hatten, litten die Industriellen unter den Beschränkungen des freien
4 ▪ 229 255 Handels[4] (die inzwischen für sämtliche Produkte galten), denn sie waren gezwungen, teure einheimische Güter zu kaufen, anstatt billigere zu importieren. Dies wirkte sich äußerst negativ auf das industrielle Wachstum und die Schaffung von Arbeitsplätzen aus. Außerdem wurde ein massiver gesellschaftlicher Druck spürbar. Aufgrund der Industrialisierung wimmelte es in den Städten von Landvolk, das in den Fabriken Arbeit suchte und auf die Barrikaden ging, wenn es keine fand.

Fast zwangsläufig entstand eine Freihandelsbewegung, die unter dem Namen *Anti Corn Law League* (Liga gegen die Getreideschutzzölle) bekannt wurde. Einer ihrer Gründer war Richard Cobden, ein Textilfabrikant aus Manchester, der eine einfache und schlagende Argumentation vorbrachte. Der freie Handel mit Getreide führe zur Senkung der Brotpreise; dadurch könne man die Löhne kürzen und somit Arbeitsplätze schaffen. Weil niedrigere Löhne die Erzeuger auf dem Weltmarkt konkurrenzfähiger machten, könnten sie die Produktion ausweiten und mehr Arbeitskräfte einstellen. Cobden und seine Kollegen mobilisierten die Öffentlichkeit im ganzen Land, und 1841 beschloß die Liga, bei den Parlamentswahlen mit einem Freihandelsprogramm anzutreten. Tausende von Rundschreiben und Pamphleten wurden verteilt, um überall im Land Unterstützung zu bekommen.

Die Strategie ging auf. Bereits 1844 verfügte die Liga über die beträchtliche Summe von 100 000 Pfund. Die Liga eröffnete ein neues Büro in London, um vom direkten Zugang zur einflußreichen Londoner Presse zu profitieren. Dies war das Jahr vor der Hungersnot in Irland.

Als die Hungersnot ausbrach, wurden die Getreidegesetze außer Kraft gesetzt. Die Gesetzesänderungen, welche die Iren retteten, waren jedoch nur zustande gekommen, weil sich die Liga für grundlegende Reformen eingesetzt hatte. Der Liga war es vor allem gelungen, in ganz Großbritannien massiven Rückhalt zu finden. Und dank einer jener Schicksalswendungen, für die die Geschichte berühmt ist, war es der Liga nur deswegen so gut gelungen, in der Öffentlichkeit für Stimmen zu werben, weil sie auf eine völlig neuartige Weise die Nachteile der Getreidegesetze publik machen konnte. Dies wurde möglich aufgrund einiger Enthüllungen über Schmiergelder, die so mancher Minister für diese oder jene Ausnahme und Freistellung von dem Gesetz kassiert hatte. An die große Glocke hängen konnte die Liga den Skandal, weil fünf Jahre zuvor ein reformorientierter Mensch namens Rowland Hill auf eigene Kosten einen anderen Fall von Korruption im Parlament aufgedeckt hatte.

Angefangen hatte Hill als Lehrer (in Joseph Priestleys[5] 5 ▪ 161 172
Sonntagsschule). Er hatte vage revolutionäre Vorstellungen 5 ▪ 282 325
und gründete in Birmingham eine neue Art von Lehranstalt. 5 ▪ 306 368
Die Hazelwood School zeichnete sich aus durch einen modernen Lehrplan, Zentralheizung, Gasbeleuchtung und ein naturwissenschaftliches Labor. Sie erregte solches Aufsehen, daß viele führende Sozialreformer jener Zeit (unter anderem Jeremy
Bentham[6], Robert Owen[7] und Thomas Malthus) sie besichtigen 6 ▪ 189 204
kamen. 7 ▪ 257 287

Später erwiesen sich diese Besucher als nützliche Verbündete in Hills Kampf um Reformen, den er aufnahm, nachdem er den großen Frankierskandal im Parlament aufgedeckt hatte. Und den Skandal hatte er aufgedeckt, weil er sich dafür interessierte, neue Methoden der Postzustellung zu entwickeln.

Jahrelang studierte Hill auf eigene Kosten das Postsystem. Im Rahmen dieser Untersuchungen kam er dahinter, daß Regierungsbeamte und Mitglieder des Parlaments ihre Privilegien der Portofreiheit dazu nutzten, private Sendungen mit der Post zu befördern. Zu den weniger konventionellen Inhalten dieser

Sendungen zählten ein paar Jagdhunde, eine Kuh, einige Speckseiten, zwei Dienstmädchen und ein Piano. Diese und andere betrügerische Praktiken kosteten den britischen Fiskus die stattliche Summe von einer Million Pfund im Jahr.

Hill entdeckte ferner, daß auch durch Unwirtschaftlichkeit sehr viel Zeit und Geld verschwendet und der Ausbau von Wirtschaft und Industrie gehemmt wurde. Zum Beispiel richtete sich das Porto nach der Anzahl der Briefbögen in einem Brief, anstatt nach dem Gewicht, weswegen die Absender ein einziges Blatt auf beiden Seiten bis über den Rand vollschrieben. Die Zustellungsgebühren richteten sich auch nach der Entfernung zwischen Absender und Empfänger. Die Postboten mußten neben der Zustellung der Post auch noch das Porto an der Wohn- oder Geschäftsadresse des Absenders einkassieren. Folglich konnte ein Postbote bis zu 90 Minuten brauchen, um 67 Briefe zuzustellen. Hill rechnete aus, daß ein Briefträger in denselben 90 Minuten 570 Briefe zustellen könnte, wenn er nicht noch das Porto eintreiben mußte, und daß er in diesem Falle wohl auch nicht so oft ausgeraubt würde.

Aufgrund solcher Probleme, erreichten viele Briefe ihr Ziel auf mehr oder weniger inoffiziellem Wege. Bei der ersten
8 ▪ 237 264 Beförderung per Dampfschiff[8] von England nach New York stellte man beispielsweise fest, daß neben den fünf Briefen, die im offiziellen Postsack unterwegs waren, auf demselben Schiff 10 000 Briefe in illegalen Säcken mitreisten. Hill empfahl eine Rationalisierung des Systems. Ein einheitliches Porto sollte die 40 verschiedenen Gebührenarten ablösen. Und wenn die Zustellung im voraus bezahlt wurde, mußte dies auf jeden Fall den Postdienst beschleunigen, sobald jedes Haus und jedes Geschäft einen Briefkasten hatte, in den die »empfängerfreien« Briefe eingeworfen werden konnten. Der Marquis von Londonderry sprach sich allerdings gegen diesen Plan aus, und zwar im Namen derjenigen, die keine Löcher in ihre teuren Haustüren sägen lassen wollten.

Als Hills Ideen 1837 erstmals an die Öffentlichkeit kamen, wurden Parlamentsausschüsse gegründet, landesweite Versammlungen einberufen, Petitionen eingereicht und Artikel in der Londoner *Times* abgedruckt. Im August 1839 verabschiedete das Parlament ein Gesetz zur Einführung des Penny-Portos, und am 10. Januar 1840 wurden die ersten 112 000 Briefe mit der neuen Ein-Penny-Marke zugestellt. An diesem Tag wußte Richard Cobden von der *Anti Corn Law League*, daß er einen Weg gefunden hatte, die Botschaft der Liga an die Öffentlichkeit zu bringen, und er soll gesagt haben: »Das ist das Ende der Getreidegesetze.« Er erkannte ganz richtig, daß die Postreform seiner Sache zugute kam. Innerhalb einer Woche wurden allein in Manchester dreieinhalb Tonnen Pamphlete der Liga verschickt. Binnen zweier Jahre stieg die Zahl der von der Post beförderten Briefe auf 200 Millionen, und die Praxis einer festen Briefgebühr verbreitete sich in der ganzen Welt.

Zwischen 1840 und 1855 wurden in Großbritannien sieben Milliarden Briefmarken gedruckt. Die Idee eines klebenden Papierstücks war ursprünglich nur eine von vielen möglichen Lösungen für die Frage der Vorauszahlung. Hill selbst hatte für vorfrankiertes Briefpapier plädiert. Bei einer öffentlichen Ausschreibung wurden 2500 Vorschläge eingereicht. Die Ideen reichten von kunstvoll geprägtem Papier mit dem Abbild der Britannia bis zu dem Wettbewerbsgewinner, der inzwischen berühmten Ein-Penny-Briefmarke mit dem Porträt der Königin, der »schwarzen Queen Victoria«. Heute sind diese ersten Briefmarken Sammlerstücke, die ein Vermögen wert sind.

Den Auftrag für den Druck der Briefmarken sicherte sich ein gewisser Jacob Perkins, ein Amerikaner aus Newburyport in Massachusetts. Perkins lebte seit 1819 in England und hatte gehofft, mit seinem neuen Druckverfahren an einen Auftrag zur Herstellung von Banknoten zu kommen. In einer Zeit, in der das Fälschen[9] allgemein üblich war, zeichnete sich Perkins' 9 ▪ 222 245
Technik vor allem dadurch aus, daß ein Graveur damit so komplizierte Banknoten entwerfen konnte, daß diese praktisch fälschungssicher waren. Trotz der Unterstützung einiger englischer Provinzbanken konnte Perkins die Bank von England nicht überzeugen. Deswegen stand Perkins zur Verfügung, als Hill 1839 jemanden suchte, der seine neue Briefmarke drucken konnte.

Das neue Druckverfahren des Amerikaners wurde als »Siderografie« beziehungsweise »Stahlstichdruck« bezeichnet, weil in der ersten Arbeitsphase ein Design in eine angelassene Stahlplatte eingraviert wurde. Das Design wurde dann auf eine Weichstahlwalze übertragen, indem die Walze auf der Platte hin- und hergerollt wurde. Sobald es gut eingeprägt war, wurde die Walze wärmegehärtet, und anschließend das Design auf Kupferplatten geprägt, mit denen dann das Papier bedruckt wurde. Mit dieser Technik, die als »Amerikanisches Verfahren« bezeichnet wurde, druckte man die »schwarze Queen Victoria«. Und da die Bank von England es sich schließlich doch noch anders überlegte, gab das Perkins'sche Verfahren später auch den englischen Banknoten das komplizierte Erscheinungsbild, das sie heute noch aufweisen. Leider warf das Verfahren nicht genügend Profit für Perkins ab, weswegen er die Branche wechselte und sich auf das Entwerfen von Dampfschiffmotoren für die koloniale Schiffahrt verlegte.

Aufgrund einer seltsamen Fügung des Schicksals war Perkins' Drucktechnik selbst eine indirekte Folge des Kolonialismus. Als die Engländer Mitte des 17. Jahrhunderts auf der tropischen Inselgruppe der Molukken Wollstoffe gegen Gewürze eintauschen wollten, merkten sie, daß die Einheimischen leichte bunte Baumwollstoffe aus Indien bevorzugten – was natürlich kaum überraschte –, und so entwickelte sich ein Dreieckshandel. Die englische Wolle wurde in Indien (das damals unter britischer Herrschaft stand) gegen Baumwolle eingetauscht, die auf den Molukken gegen Gewürze getauscht wurde, welche dann nach England gebracht wurden. Ein paar bemalte Baumwollstoffe fanden ihren Weg ebenfalls nach England, wo sie rasch zur großen Mode wurden. Bald schickte man Muster nach Indien, um sie von den indischen Textilhandwerkern kopieren zu lassen.

Nach einer gewissen Zeit nahm die Baumwollmode in England dermaßen überhand, daß sie starke Gewinneinbrüche bei den heimischen Wollfabrikanten verursachte. Um die heimische Industrie zu schützen, übte man Druck auf die Regierung aus und verlangte, den Import ausländischer Baumwolle zu unterbinden. Es folgte eine Zeit der Baumwollknappheit, die natürlich die Nachfrage besonders hochschraubte. Mitte des 18. Jahrhunderts galt es unter den Wohlhabenden (und bald auch unter den weniger Wohlhabenden) als Zeichen des guten Geschmacks, mehrfarbige und farblich abgestimmte Vorhänge und Polster aus Baumwollchintz zu haben. Um sich diesen neuen Markt zu erschließen, erfand der Ire Francis Nixon, der in Drumcona unweit von Dublin arbeitete, ein Verfahren zur Massenfertigung der inzwischen verbotenen, prächtigen indischen Chintzstoffe.

Das Problem beim Chintz (nach dem Hindu-Wort für bunt«) bestand darin, daß die Muster kompliziert und teuer in der Herstellung waren, weil nämlich jede Schicht, das heißt jedes einzelne Motiv des Musters mit Naturszenen aus Blumen, Vögeln und Wolken jeweils mit einem separaten, einfarbigen Holzblock sorgfältig auf das Textil gedruckt werden mußte.

Im Jahre 1760 erfand Nixon ein Verfahren, um Chintz mit Kupferplatten zu drucken. Dies war die erste, vereinfachte Version des Verfahrens, das Perkins später verbessern und beim Drucken der »schwarzen Queen Victoria« anwenden sollte. Nixon konnte das Kupferdruckverfahren bei solch komplizierten Mustern, wie sie beim Chintz Mode waren, wiederum nur deswegen anwenden, weil er ein neues Verdickungsmittel besaß, das der Farbmasse auf den Walzen die richtige Konsistenz verlieh, so daß sie zuerst an der Walze haftete und dann an den Textilfasern.

Das neue Farbenverdickungsmittel war ein Naturgummi aus dem Harz afrikanischer Bäume. Wenn man dieses Harz in Wasser löste, bildete sich ein farbloser Flüssigleim, der die Farbe an der Walze haften ließ. Der Gummi verhinderte außerdem, daß die Farbflüssigkeit im Textil verlief und das Muster unkenntlich machte. Das gebräuchlichste dieser neuen Verdickungsmittel gewann man aus dem Senegal-Gummi, der gegen Ende des 17. Jahrhunderts in großen Mengen nach Europa gebracht wurde, und zwar dank der Leistungen jenes Mannes, der Frankreich vor dem totalen Ruin bewahrte, trotz des katastrophalen Zustands seiner Volkswirtschaft.

Sein Name lautete Jean-Baptiste Colbert. Er war der Sohn eines Textilkaufmanns aus Reims (auch wenn er behauptete, einer alten schottischen Adelsfamilie zu entstammen). Er war nicht sonderlich gescheit, und einer Schilderung zufolge hatte er eine »von Natur aus mürrische Miene, hohle Augen, dicke schwarze Augenbrauen, ein strenges Gebaren sowie rohe und schlechte Manieren«. Außerdem trank er ohne Maß. Im Jahre 1648 sicherte er seine Finanzlage durch die Heirat mit einer Erbin, für deren Vater er praktischerweise eine Steuerbefreiung erwirkt hatte. Nach einer kometenhaften Karriere im Dienste Kardinal Mazarins managte Colbert im Alter von 42 Jahren den Königlichen Rat (und damit praktisch das ganze Land).

Colbert faßte den Beschluß, der Misere Frankreichs ein Ende zu setzen. Erschwert wurde diese Aufgabe allerdings durch seinen Chef, einen der verschwenderischsten Monarchen der Geschichte – den Sonnenkönig und Erbauer des
10 ▪ 264 296 Schlosses von Versailles sowie des Louvre, Louis XIV.[10], der
10 ▪ 274 312 das Land beinahe in den Bankrott getrieben hatte. Trotz aller Widrigkeiten sollte Colbert auf lange Sicht Erfolg haben, wenn auch auf Kosten seiner Reputation. Als er starb, schrieb ein Verseschmied (den vielleicht Steuerprobleme drückten):

Colbert ist tot, und das heißt ganz klar,
Frankreich ist wieder ganz am Ende,
Denn wenn es für ihn noch etwas einzusacken gäbe,
Wäre dieser Dieb sicher nicht verblichen.

Als erstes setzte Colbert eine der gründlichsten volkswirtschaftlichen Reformen in Gang, die es in der Geschichte je gegeben hatte. Um die französische Wirtschaft anzukurbeln, wandte er verschiedene Taktiken an; unter anderem bot er jedem, der im Ausland Export- oder Importmöglichkeiten entdeckte, Steuervorteile und Monopole. Die Holländer, Portugiesen, Spanier und Engländer hatten bereits vor geraumer Zeit ihre Flotten ausgebaut und im Außenhandel schnell und
11 ▪ 157 169 spielend Geld verdient;[11] deswegen war Colbert der Meinung,
11 ▪ 243 273 Frankreich sollte ihnen nacheifern. Als eine Gruppe von Investoren die Neue Senegal-Gesellschaft gründete, gewährte er

ihr ein Monopol im Sklavenhandel. Damals glaubte man, daß der Senegal-Fluß mit dem Nil verbunden sei (und daher eine praktische Handelsroute nach Ägypten bildete), daß im Innern Afrikas Berge von Gold zu finden seien und daß man im Senegal mühelos Zuckerrohr, Baumwolle, Seide und Indigo anbauen könne. Letztlich erwies sich wenig von all dem als zutreffend; doch zu den Dingen, auf die die französischen Händler dort tatsächlich stießen, gehörte der Senegal-Gummi, den sie mit nach Hause brachten und für den Francis Nixon und andere bald Verwendung fanden.

Colberts Maßnahmen führten zu einschneidenden Veränderungen in Frankreich. Der entscheidende Grund, weshalb Frankreich keine bedeutende Seemacht geworden war, war der dürftige Zustand der französischen Kriegsmarine. Man hatte sie völlig verrotten und verkommen lassen. Als Colbert das Ruder übernahm, waren sämtliche Marinearsenale leer und von den insgesamt 22 Kriegsschiffen, die das Land besaß und die allesamt veraltet waren, konnten lediglich drei als seetüchtig bezeichnet werden. Die wenigen Berufsmatrosen, die es noch gab, waren allesamt im Ausland angeheuert, so daß die Flotte höchstens mit Galeerensklaven bemannt werden konnte. Colbert ließ Werften hochziehen, in denen 100 neue Schiffe gebaut werden konnten, ließ die Häfen neu ausbauen, die Arsenale auffüllen, gründete Marineakademien zur Ausbildung von Offizieren sowie Schulen für Gewässerkunde und führte die regelmäßige Rekrutierung ein. Zehn Jahre nachdem Colbert die Macht übernommen hatte, war der Etat der Kriegsmarine um das 45fache gestiegen.

Seine Strategie für die Binnenwirtschaft war kaum weniger radikal. Er vereinfachte die Steuersätze und unterband jede Möglichkeit des Betrugs bei der Steuereinziehung. Er vereinheitlichte sämtliche Straßenzölle, verhängte hohe Einfuhrabgaben, um das französische Gewerbe zu schützen, führte ein landesweites Straßenbauprogramm ein, standardisierte Maße und Gewichte, ließ überall im Land Festungen bauen, verringerte die Staatsverschuldung um ein Viertel, bot Anreize zur Gründung neuer Gewerbezweige, zwang die Berufsstände, sich

in Zünften zu organisieren, schuf staatliche Monopole (wie
12 ▪ 123 127 etwa die Gobelinmanufaktur[12] und die Tabakindustrie) und erließ strenge Normen und Vorschriften, die faire Praktiken in allen Bereichen von Handel und Gewerbe gewährleisten sollten. Als Colbert fertig war, befand sich die französische Wirtschaft durchaus auf dem Wege der Genesung.

Das vielleicht größte Monument, mit dem Colbert seinen Reformen ein Denkmal setzte, kann noch heute bewundert und sogar benutzt werden. Es ist der wunderbare Canal du Midi, der mit einer Länge von fast 250 Kilometern nördlich der Pyrenäen den Atlantik mit dem Mittelmeer verbindet. Der Bau des Canal du Midi war (neben der Ausbaggerung und Schiffbarmachung zahlreicher Flüsse) eines von Colberts Großprojekten, mit denen er die Verkehrsverbindungen verbessern wollte. Damals waren die Straßen so schlecht, daß Wasserwege die einzige Möglichkeit boten, Waren mühelos durch das Land zu transportieren. Die Idee einer Wasserstraße stammte von dem Planer und Erbauer des Kanals, Pierre-Paul Riquet, der Colbert darauf hinwies, daß ein Kanal ausländischen Schiffen auf dem Weg vom und zum Mittelmeer die Möglichkeit bot, die lange und gefährliche Umsegelung Spaniens zu vermeiden. Außerdem bedeutete dies, daß die Einnahmen aus den Durchfahrtszöllen (die bisher nur dem spanischen König zugute kamen) in die französische Staatskasse fließen konnten.

Die Genehmigung zum Beginn der Bauarbeiten wurde 1666 erteilt. Es war ein Unterfangen von bislang ungekanntem Ausmaß und setzte die Maßstäbe für sämtliche europäischen Kanäle, die später gebaut werden sollten. Das erste künstliche Staubecken der Geschichte wurde gebaut; es sollte Wasser für jene Abschnitte des Kanals liefern, die zu hoch lagen, um von Flüssen gespeist zu werden (das Kanalbett stieg an einer Stelle immerhin auf 180 Höhenmeter). Drei große Aquädukte leiteten den Kanal über Flüsse und Schluchten; der erste Kanaltunnel Europas hatte eine Länge von 150 Metern. Der Kanal zählte 101 Schleusen, darunter die ungewöhnliche achtstufige Koppelschleuse außerhalb von Béziers. Der Canal du Midi galt als *das* Wunderwerk Europas. Acht Jahre lang arbeiteten

12 000 Mann an dem Kanal, der im Mai 1681 schließlich für den Verkehr freigegeben wurde.

Einer der Ingenieure, der an dem Kanal mitarbeitete, hinterließ ebenfalls seine Spuren in Frankreich: Sébastien Le Prestre de Vauban. Bereits damals war dieser brillante Karriereoffizier berühmt für die Festungen, die er im Rahmen von Colberts landesweitem Verteidigungsausbau in ganz Frankreich gebaut hatte (und die auch heute noch stehen). Neben dem Kanalbau und der Kriegsführung versuchte sich Vauban auch auf Gebieten wie Schießpulverherstellung, Architektur, Bergbau, Brücken- und Straßenbau, Hydrographie und Landvermessung. Er schrieb Artikel über solch unterschiedliche Themen wie Forstwirtschaft, Schweinezucht, Steuerwesen, Kolonialpolitik, religiöse Toleranz, Freibeutertum und Imkerei. Hin und wieder zeigte sich sein trockener Humor. Als Pensionär schrieb er im Jahre 1705 eine Abhandlung mit dem Titel »Diverse Gedanken eines wenig beschäftigten Mannes«. Vauban rechnete auch aus, daß die französischsprachige Bevölkerung Kanadas von damals 100 000 bis zum Jahre 2000 n. Chr. auf 51 Millionen anwachsen würde. Über Kanada schrieb er: »Keiner soll sagen, dies sei ein armes Land, in dem man nichts anfangen könne ... Es gibt dort alles.«

Vauban entwarf und baute einen der drei Aquädukte des Canal du Midi, und als der Kanal vollendet war, inspizierte er ihn für den König. Des weiteren (kannte das Talent dieses Menschen keine Grenzen?) erfand er das moderne Aufsteckbajonett und führte eine neue Art der Belagerung und Bestürmung ein. Diese sah folgendermaßen aus: Parallel zur feindlichen Festungsmauer hob man einen Graben aus, der mit Geschützen bestückt wurde, die Deckungsfeuer gaben; dann zog man einen kürzeren aber breiteren Graben im rechten Winkel zum ersten, der ebenfalls mit Feuerkraft ausgestattet wurde; daraufhin zog man einen weiteren parallelen Graben und so weiter, bis der letzte Graben so nahe an den Mauern verlief, daß die Infanterie einen Endsturm wagen konnte, weil sie nun nur für kurze Zeit dem Feuer der Verteidiger ausgesetzt war.

Vaubans neue Sturmtechnik feierte ihren spektakulärsten Triumph über 100 Jahre später und mehrere tausend Meilen weit entfernt, nämlich im nordamerikanischen Yorktown. Mit diesem Sturmangriff, bei dem die Engländer vor den vereinten Streitkräften der Franzosen und Amerikaner kapitulierten, 13 ▪ 230 257 endete am 19. Oktober 1781 die amerikanische Revolution.[13] Vom 6. bis zum 19. Oktober hoben die Angreifer (1500 Männer gruben, 3000 Schützen deckten sie) zwei Parallelgräben aus, die mit über 100 Geschützen bestückt waren. Yorktown wurde dem Erdboden gleichgemacht. Die besiegten Engländer rückten ab, passenderweise zu den Klängen von »The World Turned Upside Down« (Die Welt ist auf den Kopf gestellt), die die amerikanischen Sieger anstimmten.

Die Welt hatte sich indes nicht nur für die Engländer verändert. Unter dem amerikanischen Sieg litten vielleicht am allermeisten die zirka 100 000 Amerikaner, die während des Konflikts auf der Seite der Engländer gestanden hatten. Zu diesen sogenannten Loyalisten gehörten pro-britische Kolonisten (wie etwa Thomas Hutchison, der Gouverneur von Massachusetts), sowie unzufriedene schwarze Sklaven, Angehörige ethnischer Minderheiten, die sich von der puritanischen Kultur bedroht fühlten, Anglikaner, die durch den Grundsatz des Kongregationalismus diskriminiert wurden, und schließlich Bewohner des Südens. Die Loyalisten machten insgesamt nur etwa 20 Prozent der Bevölkerung aus. Weil die Engländer das Ausmaß des loyalistischen Rückhalts in Amerika falsch eingeschätzt hatten, mußten sie während des Krieges etliche militärische Schlappen einstecken.

Nach der Niederlage wurden die Loyalisten als Verräter betrachtet und von den Siegern entsprechend bestraft. Die Strafen reichten von Teeren und Federn über die vollständige Enteignung bis zur Hinrichtung. Ein Richter in Virginia war so schnell beim Vollzug von Vergeltungsmaßnahmen, daß wir seinem Namen ein neues Wort verdanken – Lynchen. Wegen dieser Behandlung flohen nach dem Krieg über 100 000 Loyalisten von Amerika nach Kanada und England. 30 000 siedelten sich auf der Halbinsel Nova Scotia vor der Ostküste Kanadas an, wo sie auf andere Flüchtlinge von jenseits des Atlantiks stießen, die aufgrund der Evakuierung der schottischen Highlands flohen, die (durch die einfachen, aber wirkungsvollen Maßnahmen der Vertreibung und Hinrichtung) geräumt wurden, um Schafen Platz zu machen.

Das Leben in Kanada war für die Neuankömmlinge alles andere als leicht, besonders für die Schwarzen. Es herrschte eine hohe Arbeitslosigkeit, und so entschlossen sich viele – aus Angst, nach Amerika und in die Sklaverei zurückgeschickt zu werden – ins afrikanische Sierra Leone auszuwandern. An der kanadischen Ostküste waren die Verhältnisse so schlimm, daß Nova Scotia bald »Nova Scarcity« – Neue Not – hieß. Es grassierten Seuchen, und viele Menschen verhungerten. Die Strafen für Gesetzesverstöße waren indes ausgesprochen streng. Weiße wurden mit Bußgeldern, Schwarze mit körperlicher Züchtigung bestraft. Eine Frau, die ein Paar Schuhe entwendete, mußte mit 78 Peitschenhieben und einem Monat Zwangsarbeit rechnen. Zweimaliger leichter Diebstahl bedeutete 200 Peitschenhiebe. In einem Fall wurde ein Dieb gehängt, weil er alte Kleidung stahl, die nach heutigem Maßstab vielleicht 100 Dollar wert war; und in einem anderen Fall wurde jemand gehängt, weil er einen Sack Kartoffeln mitgehen ließ.

In dieses nordische Scheinparadies verschlug es auch einen Loyalisten namens Abraham Kunders, der in Philadelphia eine kleine Schiffsflotte betrieben hatte (die er vor seiner Flucht nebst allem anderen Besitz verloren hatte). Nova Scotia war, trotz seines Rufs, besser als nichts; deswegen strömten amerikanische Loyalisten und notleidende Schotten nach wie vor in großer Zahl dorthin. Irgend jemand mußte sich um ihren Transport kümmern, und so suchte sich Kunders ein paar Partner, ging in den Schiffsbau und kaufte bald eigene Dampfschiffe – zunächst um loyalistische Passagiere die amerikanische Küste entlang zu befördern und später auch Schotten über den Atlantik zu bringen. Doch ab 1840 versiegte der Einwandererstrom allmählich.

Da hörte Kunders, daß in Großbritannien die neue Penny-Post[14] eingeführt werden sollte, und erkannte sofort, daß dies 14 ▪ 189 204

die Nachfrage nach regelmäßig verkehrenden transatlantischen Postdampfern wecken würde. Innerhalb weniger Wochen war er in London und unterbreitete Vorschläge, mit denen er sich den Auftrag sicherte. Das erste Kunders-Postschiff fuhr von London nach Halifax und dann die Küste hinunter weiter nach New York (Kunders verstand sein Geschäft). Die neue Schiffahrtslinie lief unter dem Namen »British and North American Steam Packet Company« – Britische und Nordamerikanische Dampfpostschiffgesellschaft. Um die Mitte des Jahrhunderts betrieb die Familie Kunders eine Flotte von 30 Schiffen, und diese Zahl stieg noch, als das neue Zeitalter der
15 ▪ 237 264 Luxusdampfer[15] anbrach.

15 ▪ 299 356 Bis weit ins 20. Jahrhundert beherrschte die Kunders-Linie die atlantischen Passagierrouten mit Schiffen wie der »Lusitania« und der »Mauretania«, gewann mehrfach das Blaue Band für Temporekorde und setzte neue Maßstäbe in bezug auf Luxus und Komfort.

Im Jahre 1969 erfolgte die Jungfernfahrt der »Queen Elizabeth 2«, des größten »Flaggschiffs« in der Geschichte der Kunders-Linie. Inzwischen lief die Linie aber aufgrund der falschen Schreibweise des Namens (durch den Fehler eines Beamten der Einwanderungsbehörde entweder in den Vereinigten Staaten oder in Kanada) längst unter einem neuen Namen. Die »QE2« war also ein »Cunard«-Dampfer. Und wie alle Luxuskreuzfahrtschiffe hatte sie einen Friseursalon zu bieten, in dem sich die (weiblichen) Passagiere Dauerwellen machen lassen konnten.

Die Motoren, die alle großen Kreuzfahrtschiffe von heute antreiben, verdanken ihre Existenz den Bemühungen eines Schotten, dem es eigentlich um die Trockenlegung von Bergwerksstollen ging ...

2 Revolutionen

Historische Legenden sind nicht leicht auszurotten. Sie halten sich allen Fakten zum Trotz. So verhält es sich auch mit der Mär, die am Beginn der folgenden Geschichte steht: James Watt sitzt in der Küche seiner Mutter, sieht den Wasserkessel kochen und denkt sich seine phantastische Dampfmaschine aus, die die Industrielle Revolution anstoßen und die Welt verändern sollte.

In Wirklichkeit kam ihm die Idee dazu im Jahre 1765 in der Reparaturwerkstatt der Universität von Glasgow, und zwar aus dem ganz banalen Grund, weil ein bereits existierendes Dampfmaschinenmodell (das im Labor der Fakultät für Naturphilosophie zu Demonstrationszwecken benutzt wurde) defekt war. Watt reparierte das Gerät mit einer geringfügigen Veränderung, für die er sämtliches Verdienst als Erfinder der Dampfmaschine einheimste und damit deren ursprünglichen Konstrukteur, den Eisenwarenhändler Thomas Newcomen aus Dartmouth, völlig in den Schatten stellte.

Watt wurde damals deswegen so schnell berühmt, weil Großbritannien einen Wirtschaftsboom erlebte, der eine steigende Nachfrage nach Rohstoffen und insbesondere nach Erzen erzeugte. Die Bergleute gruben immer tiefer; und je tiefer sie gruben, desto nasser wurden ihre Füße. Die Stollen standen häufig unter Wasser, und Newcomens Maschine (eigentlich eine Pumpe) legte sie nicht schnell genug trocken – bis Watt sie verbesserte, woraufhin jeder eine haben wollte. Watts Erfolgslaufbahn als Hersteller von dampfbetriebenen Stollentrockenlegungspumpen war gesichert. Das paßte ihm ganz gut, denn etwas anderes wollte er gar nicht. Weder er

noch sonst irgend jemand dachte groß an andere Verwendungszwecke für die Pumpmaschine. Ihr Einsatz zum Antrieb von Fabrikmaschinen stand außer Frage, denn der Getriebemechanismus, der eine hin- und hergehende Pumpbewegung in eine umlaufende Drehbewegung übersetzte – ein »Planetengetriebe« – sollte erst 16 Jahre später erfunden werden, und zwar von einem Angestellten Watts, einem gewissen William
16 ▪ 59 63 Murdock[16] (der seine Stelle deswegen bekam, weil er zu dem
16 ▪ 103 98 Vorstellungsgespräch mit einem selbstgebastelten Holzhut erschien).

Dieses Getriebe war ausgesprochen simpel. An einem Verbindungsstab, der an der Triebstange der Dampfmaschine hing, war ein Zahnrad befestigt. Wenn die Stange durch die Tätigkeit des Pumpenkolbens an seinem anderen Ende auf- und abging, griffen die Zähne des Getrieberades in die Zähne eines weiteren Zahnrades, das sich am Ende einer Antriebswelle befand, die sich frei drehen konnte. Wenn der Verbindungsstab auf- und abging, drehte sich das daran befestigte Zahnrad um das Antriebsrad. Das Ganze sah so aus, als kreiste ein Planet um die Sonne.

Mit dieser Drehbewegung konnte Watts Dampfmaschine Räder mit Antriebsriemen in Bewegung setzen und auf diese Weise alle möglichen Maschinen antreiben, etwa in Baumwollspinnereien, Webereien und Textilwirkereien, Getreide- und Ölmühlen, Schleif- und Walzwerken, Töpfereien, Sägewerken, Eisengießereien (in denen die Dampfmaschine die Blasebälge an den Hochöfen antrieb), Brauereien sowie Stärke- und Bleichmittelfabriken. Im Jahre 1795 hatte Watt in seiner neuen Maschinenfabrik in Birmingham sämtliche grundlegenden industriellen Betriebsprozesse eingeführt und somit den Anstoß zur Industriellen Revolution
17 ▪ 136 142 gegeben.[17]

17 ▪ 221 245 Die Fabrik war so angelegt und eingerichtet, daß der Produktionsfluß für standardisierte Maschinen maximiert werden konnte. Die Arbeitsabläufe wurden in einzelne Tätigkeitsbereiche unterteilt und die Arbeitskräfte entsprechend
18 ▪ 78 72 spezialisiert.[18] Watt konnte somit Stück- oder Akkordlöhne

bezahlen, denn er konnte genau bestimmen, wie lange es dauern sollte ein genormtes Bauelement zu fertigen.

Auch wenn es also ein Märchen ist, daß Watt die Dampfmaschine erfunden hat, so war er doch auf jeden Fall der Begründer zahlreicher Fabrikationsverfahren, welche die Industrielle Revolution ermöglichten. Wir verdanken Watt jedoch noch eine weitere, weniger bekannte Erfindung, die auf ihre Art genauso große Auswirkungen haben sollte wie seine Dampfmaschine. Im 20. Jahrhundert löste sie schließlich eine Revolution aus, die nicht weniger einschneidend war als jene des Industriezeitalters. Durch Watts andere Neuerung fand eine gewisse Art von Ruß allgemeine Verwendung. In der modernen Welt eröffnete dieses Material dann Wege zur Erforschung der Lebensprozesse an sich und löste damit eine zweite, biologische Revolution aus.

Diese zweite Revolution wird das Leben im 21. Jahrhundert radikal verändern, doch der Weg dorthin begann bei Watts Dampfmaschinengeschäft und dem lästigen Umstand, daß er damit so verdammt erfolgreich war. Während eines Aufenthalts in Cornwall (wo sich viele Bergwerke für Watts Dampfpumpe interessierten, weil ihre Stollen bis unter den Meeresboden liefen und häufig überschwemmt waren) kämpfte Watt mit einer Flut von Papieren für eine »Unmenge von Bestellungen«. Sein größtes Problem, wie er einem Freund schrieb, war die »unglaubliche Schwierigkeit, intelligente Büroangestellte zu finden«. Im Jahre 1780 gelang es ihm, das Problem zu lösen: Er entwickelte ein neues Verfahren, Kopien von technischen Zeichnungen, Rechnungen, Briefen und sämtlichen Dokumenten anzufertigen, von denen Abschriften erforderlich waren. (Er hatte es bereits – allerdings vergeblich – mit einer Füllfeder mit zwei Spitzen versucht.) Das Patent für seine Idee lautete auf »Eine neue Methode, Briefe und andere Schriftstücke rasch zu kopieren«. Watt hatte den Kopierer erfunden.

Um Dokumente zu kopieren, mußte man das Geschriebene oder Gezeichnete mit einer Spezialtinte, die Gummiarabicum enthielt, auf feuchtes Papier aufbringen. Die gummierte Tinte

blieb 24 Stunden feucht; in dieser Zeit konnte man Kopien anfertigen, indem man ein weißes Blatt Papier auf das Original preßte und die Tinte abdrückte. Anfangs setzte sich dieses Kopierverfahren keineswegs durch. Die Banken waren dagegen,
19 ▪ 222 245 weil sie fürchteten, es würde der Fälschung Vorschub leisten.[19]
Kontore argumentierten, das Verfahren sei ungeeignet, sobald man unter Zeitdruck oder »bei Kerzenlicht« arbeite. Doch schon nach einem Jahr hatte Watt 200 Exemplare seines Kopierers verkauft und bei einer Vorführung in beiden Kammern des Parlaments solches Aufsehen erregt, daß die Abgeordneten daran erinnert werden mußten, daß sie sich in einer Sitzung befanden. Bereits 1785 fand der Kopierer allgemeine Verwendung.

Im Jahre 1823 verbesserte Cyrus P. Dalkin aus Concord in Massachusetts das Verfahren, indem er zwei Materialien verwendete, die ungeahnte Auswirkungen auf den Lauf der Geschichte haben sollten. Dalkin verstrich eine Mischung aus Rußschwarz und heißem Paraffin auf einem Blatt Papier und erfand damit den Kohlepapierdurchschlag. Die Entwicklung blieb relativ lange unbeachtet. Erst 1868 kam sie groß heraus,
20 ▪ 69 66 und zwar mit dem Ballonaufstieg[20] von Lebbeus H. Rogers, dem
20 ▪ 81 74 21jährigen Kompagnon einer Biskuitfirma. Über sein Flug-
20 ▪ 135 141 abenteuer berichtete die Associated Press, und nach seiner Ballonfahrt wurde Rogers in den Räumen der Lokalzeitung von einem Reporter interviewt, der zufällig Dalkins Kohlepapier benutzte. Rogers war davon so beeindruckt, daß er aus dem Ballon- und Biskuitbusineß ausstieg und eine Firma gründete, die Kohlepapier herstellte, das in Bestell-, Quittungs-, Rechnungsbüchern und ähnlichem verwendet werden konnte. Im Jahre 1873 führte er sein Kohlepapier bei dem Schreib-
21 ▪ 145 153 maschinenhersteller Remington[21] vor, und es wurde sofort zu einem Riesenerfolg.

Das Paraffinwachs, das Dalkin verwendete und das (zusammen mit dem Rußschwarz) mitverantwortlich war für die umwälzende Veränderung in der Geschäftswelt, war ursprünglich aus Ölschiefer gewonnen worden. Nachdem man 1857 in
22 ▪ 165 175 Pennsylvania Petroleum[22] entdeckt hatte, wurde daraus mit-

tels Destillation Paraffinöl hergestellt, das sich auf dem rasch expandierenden Lampenmarkt als Ersatz für das knapper werdende Walratöl als Brennstoff eignete. Wenn man Paraffinöl härtete, wurde daraus Paraffinwachs, welches nicht nur als Lampenbrennstoff diente, sondern auch zur Erhaltung des zerbröckelnden Obelisken »Kleopatras Nadel« im New Yorker Central Park.

Eine alltäglichere Verwendungsweise für Wachs ergab sich aus einer neuen und aufregenden Art, Feuer zu machen. Jahrhundertelang hatten Reisende entweder glühende Kohlen mitgeführt oder mußten unterwegs ein Feuer suchen, um daran eine Flamme zu entzünden. Doch je besser die Transportmittel wurden und je weiter und schneller die Menschen reisten, desto unpraktischer wurden diese Mittel. So war um die Mitte des 19. Jahrhunderts das neue Phosphorstreichholz populär geworden. Die bei weitem erfolgreichste Art von Streichholz war jene, die die beiden schwedischen Brüder Lundstrom erfunden hatten. Deren »Sicherheits«-Streichholz hatte an der Spitze anstatt des bisher gebräuchlichen weißen Phosphors roten Phosphor, weil weißer Phosphor leicht von selbst entflammte (und darüber hinaus die Streichholzmacher vergiftete). Damit ihr Streichholz nach dem Entflammen des Phosphors gut brannte, tränkten die Gebrüder Lundstrom den Holzspan direkt unterhalb des Zündkopfs mit etwas Paraffinwachs.

Phosphor hatte noch einen weiteren, äußerst kuriosen Nebeneffekt. Er brachte die Engländer in den Ruf, sie würden Gräber ausrauben, um die Nahrungsmittelversorgung für die rapide wachsende Stadtbevölkerung zu sichern. Dank der Industrialisierung und der Dampfkraft von James Watt expandierten die englischen Industriestädte in einem atemberaubenden Tempo. Im Laufe des 19. Jahrhunderts stieg der Anteil der Stadtbewohner an der Gesamtbevölkerung von 30 auf 80 Prozent. Die Volkszählung von 1851 ergab, daß zum ersten Mal in der Geschichte mehr Menschen in Städten lebten als auf dem Land. Eine typische Baumwollstadt, Oldham in Lancashire, zählte im Jahre 1801 beispielsweise 12000 Einwohner; 1901 waren es 147 000. Im selben Zeitraum hatte sich die Gesamtbevölkerung Englands verdreifacht.

Das massive Bevölkerungswachstum hing sicherlich zum
Teil mit der rückläufigen Sterblichkeit zusammen, die ihrer-
23 ▪ 175 184 seits eine Folge der verbesserten Hygiene[23] und Volksgesund-
heit war, vor allem aber mit der Verbesserung der Ernährungs-
lage und der reichlichen Versorgung mit Nahrungsmitteln.
Ermöglicht wurde dies durch den Phosphor und die Arbeit
24 ▪ 71 67 eines deutschen Chemikers namens Justus von Liebig,[24] der
24 ▪ 214 230 Pflanzen verbrannte, um ihre chemischen Bestandteile zu ent-
decken. Liebig ging davon aus, daß Pflanzen ihre Nahrung aus der Erde und der Luft bezogen. Mit eigenem Geld richtete er an der Universität Gießen das erste Chemieforschungslabor der Welt ein. Dieses Labor kam so gut an, daß sich Studenten aus der ganzen Welt um ihn scharten. In diesem Labor entdeckte Liebig ein Gesetz des Pflanzenwachstums, das erstaunliche Folgen zeitigen sollte. Dem »Gesetz des Minimums« zufolge hängt der Ernteertrag davon ab, welcher natürliche Ernährungsbestandteil in einer Frucht in geringster Menge enthalten ist.

Liebigs wichtigste Erkenntnis war jedoch, daß alle Pflanzen für ihr Wachstum Phosphorsäure brauchen. Phosphorsäure war am einfachsten zu gewinnen, indem man gemahlene Knochen mit Schwefelsäure behandelte. Die Engländer waren in dieser Produktionsmethode führend; 1870 erzeugten sie 40 000 Tonnen Phosphorsäure im Jahr. Dieser Ausstoß veranlaßte Liebig zu dem Vorwurf, die Engländer raubten Gräber aus, um die Menschen in ihren überquellenden Großstädten zu ernähren:

> England raubt allen anderen Ländern die Grundlage für ihre Fruchtbarkeit. In seinem Eifer hat es bereits die Schlachtfelder von Leipzig, Waterloo und der Krim aufgewühlt; aus den Katakomben Siziliens hat es bereits die Skelette ganzer Generationen fortgeschafft. Jedes Jahr schafft es von den Küsten anderer Länder die Überreste von dreieinhalb Millionen Menschen weg … Wie ein

Vampir hängt es am Halse Europas – nein, der ganzen Welt – und saugt den Völkern das Herzblut aus.

Falls diese Grabräuberei überhaupt stattgefunden hat, könnte sie durchaus durch Liebigs eigene Schrift *Die organische Chemie in ihrer Anwendung auf Agricultur und Physiologie* ausgelöst worden sein. Das Buch wurde über Nacht zum internationalen Bestseller – es erschien in 17 Auflagen in acht Sprachen – und machte die Landwirtschaft zur Naturwissenschaft. In dem Buch zeigte Liebig, wie sich mit Hilfe von gemahlenen Phosphatsalzen, die mit Salzsäure behandelt wurden, Dünger herstellen ließen, die von den Pflanzen besser aufgenommen wurden. Überall suchte man nach Phosphaten. In Amerika kam die Herstellung von Phosphordüngern rasch in Gang, als man in South Carolina, Georgia und Florida riesige Phosphorvorkommen entdeckte. Das meiste davon wanderte in den Tabakanbau.

In ganz Europa und Amerika ließen sich in der zweiten Hälfte des 19. Jahrhunderts aufgrund von Liebigs Erkenntnissen die Ernteerträge erzielen, die man zur Deckung des Nahrungsbedarfs der expandierenden Millionenstädte so dringend brauchte. Es gab nur noch die Schwierigkeit, die Nahrungsmittel zu verteilen. Es war wiederum das Verdienst von James Watt, daß ein Mittel in Form der Dampflokomotive bereits zur Verfügung stand. Den ersten dampfgetriebenen Zug (den
Rocket) hatte George Stephenson[25] bereits 1829 für den Betrieb 25 ▪ 100 95
auf der Linie Manchester-Liverpool entwickelt, doch Passagierzüge waren anfangs auf beträchtlichen Widerstand gestoßen. Die Investoren waren der Meinung, Züge boten wenig Aussicht auf Profit. Außerdem hieß es, die Passagiere würden bei einer Geschwindigkeit von 60 km/h ersticken.

Dieser unbedeutende Einwand konnte die schier unglaub-
liche Ausweitung der Eisenbahnen[26] in den Vereinigten Staa- 26 ▪ 56 61
ten jedoch nicht verhindern. 1838 hatte jeder Ostküstenstaat, 26 ▪ 180 189
außer Vermont, eine Eisenbahn. 1850 reichte das Netz schon bis nach Kentucky und Ohio. Nach dem Bürgerkrieg (1861–1865), in dem die Eisenbahnen eine wichtige Rolle gespielt

27 ▪ 297 354 hatten,[27] war das Schienennetz 35 000 Meilen lang; 1890 wa-
28 ▪ 57 62 ren es bereits 164 000 Meilen.[28] So etwas hatte es noch nie gegeben. Ab 1869, als die transkontinentale Linie vollständig ausgebaut war, enthielten die Namen der meisten Eisenbahngesellschaften das Wort »Western«.

Die Eisenbahnstrecken dienten auch dazu, das Land zu erschließen, doch die spektakulärsten Entwicklungen erfolgten im Bereich des Gütertransports. Kilometerlange Züge ratterten durch die Nacht und beförderten Amerikas scheinbar unerschöpfliche Naturreichtümer und Ernten zu den Produktions- und Bevölkerungszentren im Osten. Die verschiedenen Eisenbahngesellschaften richteten gemeinsam mehr als 40 durchgehende Eilfrachtlinien ein, so daß die Lieferungen ihre Ziele ohne Zwischenstop erreichten. Als Folge davon sanken die Frachtkosten, und so stieg wiederum die Leistung der Frachtdienste von 15 Milliarden Tonnenkilometer im Jahre 1865 auf 110 Milliarden Tonnenkilometer im Jahre 1890. Bereits 1876 gingen mehr als vier Fünftel aller Getreidetransporte über die Schiene. Für die Beförderung lebender Tiere wurden spezielle Viehwaggons entwickelt. Schon Mitte der 1870er Jahre brachte man mit den ersten Kühlwagen frische Erdbeeren aus Illinois an die Ostküste, und die New Yorker bekamen erstmals seit Jahrzehnten wieder frische Milch zu sehen.

Die Menschen aber gewannen durch die neuen Eisenbahnen (besonders in Europa) eine ungeahnte Mobilität. Sie heirateten nun auch außerhalb ihres Heimatortes und sorgten dadurch für eine Durchmischung des genetischen Pools. Die massive Steigerung der Kohleförderung – zur Eisenherstellung für den Lokomotivenbau und zur Befeuerung der Maschinen – lieferte auch den Rohstoff für die Erzeugung von Steinkohlengas. Das Gas war ein Nebenprodukt der Steinkohlenverko-
29 ▪ 60 63 kung.[29] Kommerziell nutzbar machte dieses Verfahren erstmals
29 ▪ 103 98 James Watts Assistent William Murdock (der das »Planetengetriebe« erfunden hatte, mit dem Watts Dampfpumpenschub in eine Drehbewegung übersetzt werden konnte). Das neue Gaslicht wiederum regte zur vermehrten Freizeitlektüre im allge-

meinen und zur Einführung der Abendschule im besonderen an (und brachte damit – vielleicht unbeabsichtigt – die gebildete, berufstätige Frau hervor).

Inzwischen verfügten die westlichen Volkswirtschaften also über gutgenährte, ausgebildete Industriearbeiter und Bürokräfte sowie über ergiebige Rohstoffquellen, die in diversen Fertigungsstätten zu Produkten verarbeitet wurden, welche von eisenbahnfahrenden Handelsvertretern verkauft wurden. Das einzige, was noch fehlte, damit Amerika zur ersten Supermacht der Welt aufsteigen konnte, war ein wirksames Kommunikationsnetz, um all diese Ressourcen zusammenzuführen. Die Eisenbahnen spielten dabei eine entscheidende Rolle, wenn auch auf unvorhersehbare und indirekte Weise. Im Jahre 1851 löste man das Problem, daß Züge in entgegengesetzter Richtung auf ein- und demselben Gleis fuhren (was zu einigen spektakulären Frontalzusammenstößen geführt hatte), indem
man mit Hilfe des Telegraphen[30] klärte, welcher Zug warten 30 ▪ 114 115
mußte und welcher passieren konnte. Es war nur eine Frage 30 ▪ 235 262
der Zeit, bis die Übermittlung von Morsezeichen über den 30 ▪ 275 314
Telegraphen von der Übertragung sprachlicher Signale per Telephon abgelöst wurde. Einen entscheidenden Beitrag zur
Entwicklung des Telephons leistete Thomas Edison,[31] der zu 31 ▪ 41 47
Beginn seiner Laufbahn als Telegrafist bei den Eisenbahnen 31 ▪ 55 61
tätig war. 31 ▪ 104 98

Als das Telephon später allgemeine Verbreitung fand, bestand sein größter Nachteil darin, daß man kaum verstehen konnte, was der Anrufer am anderen Ende der Leitung in die Sprechkapsel rief. Da kam Edison auf die Idee, Karbon zu verwenden (das rußige Material, mit dem Cyrus P. Dalkin einst sein Durchschlagpapier hergestellt hatte). Dieses Rußschwarz war überhaupt nichts Neues. Die schwarzen Partikel waren die feinsten Feststoffteilchen, die man kannte. Sie waren bereits von den alten Ägyptern (sowie in Indien und China) als Schwärzpigment zur Herstellung von Tinte und Augentusche verwendet worden. Gewonnen wurde der schwarze Pulverstaub durch das Sammeln der Rauchrückstände von Öllampen. Im 19. Jahrhundert erzeugte man den entsprechenden

Rauch zunächst durch die Verbrennung von Kohlengas und später durch die Verbrennung von Steinkohlen-Teerölen, wie
32 ▪ 65 64 zum Beispiel Kreosot.[32]

32 ▪ 140 145 Die Funktionsweise des Telephons beruhte im Grunde darauf, daß eine Stimme eine Metallmembran in der Sprechkapsel in Schwingungen versetzte. Die Schwingungen der Membran lösten Schwankungen in der Stromstärke eines Elektromagneten aus. Die schwankenden Stromstärken wurden auf einen zweiten Elektromagneten am anderen Ende der Leitung übertragen, wo sie ein veränderliches Magnetfeld erzeugten. Dieses wiederum ließ die Metallmembran in der Hörkapsel schwingen, wodurch der Originalton reproduziert
33 ▪ 51 59 wurde.[33] Edison und sein Sponsor, Western Union, suchten nach einer Möglichkeit, höhere Schallpegel für dieses System zu entwickeln. Im Jahre 1877 wies sie jemand darauf hin, daß Rußschwarz angeblich auf eine elektrische Ladung reagiere. Unter Druck verändere sich der elektrische Widerstand. Und
34 ▪ 54 60 so probierte Edison das Ganze aus. Zunächst trennte er Bells[34] Hörkapsel von der Sprechkapsel (wenn sie sich in ein- und demselben Gehäuse befanden, sorgten sie für Störungen) und montierte dann im Hörerteil eine kleine Kapsel aus gepreßtem Rußschwarz (Karbon) zwischen die schwingende Membran und deren Elektromagneten. Die erste Vorführung vor den Direktoren von Western Union machte großen Eindruck. Die Karbonkapsel funktionierte so gut, daß sie noch 50 Jahre später in den Telephonen verwendet wurde.

Ab 1880 trug das Telephon auch maßgeblich zur Veränderung des Stadtbildes bei, denn es begünstigte die Entstehung von Vororten. Seit Jahren konnten die Stadtbewohner mit der Pferdetram aus der Innenstadt herausfahren, doch es gab wenig Anreiz hinauszuziehen – besonders für Geschäftsleute –, solange keine Möglichkeit bestand, mit den Zentralen und Fabriken in der Innenstadt zu kommunizieren. Das Telephon eröffnete diese Möglichkeit. Die Industrialisierung sorgte auch für einen Boom bei den Bodenpreisen, wodurch es um einiges teurer wurde, in einem großen Haus in der Innenstadt zu wohnen. Die neureiche Mittelschicht wollte auf jeden Fall weg von den Arbeitern, die inzwischen dicht um die Fabriken in Mietshäusern wohnten.

Der Anstieg der Grundstückspreise löste auch den Bau von Hochhäusern, den sogenannten Wolkenkratzern, aus; außerdem konnten sich die Architekten und Bauingenieure inzwischen per Telephon mit ihren Polieren überall im Gebäude verständigen, anstatt auf Pfeifen oder Boten zurückgreifen zu müssen. Schon bald zogen die ersten Einzelhändler, die den Druck der Kostensteigerung in der Innenstadt spürten, hinaus in die Vororte und machten ihre Bestellungen bei den Großhändlern im Stadtzentrum per Telephon.[35] **35 ▪ 115** 117

Aufgrund all dieser Veränderungen entstand gegen Ende des 19. Jahrhunderts ein großer und immer größer werdender Bedarf an einer individuelleren Form der Beförderung. Henry
Ford[36] löste das Problem mit seinem *Model T.* Die neuen **36 ▪ 166** 175
Automobile fuhren bald mit haltbareren Reifen, was wiederum dem Rußschwarz zu verdanken war. Denn im Jahre 1904 war man dahinter gekommen, daß sich die Festigkeit und
Beständigkeit von Gummi[37] durch die Beimischung von Kar- **37 ▪ 67** 64
bon deutlich erhöhen ließ, weil dies die Oxidation des Gum- **37 ▪ 144** 146
mis entscheidend verlangsamte.

Und dann ereignete sich eine jener seltsamen Schicksalsfügungen, die in der Geschichte hin und wieder vorkommen und die in diesem Fall zwei Dinge zusammenbrachte: nämlich die Phosphate, die zur Lebensmittelversorgung der Stadtbevölkerung beigetragen hatten, und die Elektrizität, die das Telephon ermöglicht hatte, das dem Alltag inzwischen ganz neue Formen gab. Diesmal verdankte man die entscheidende Veränderung einem Naturwissenschaftler, der keine Stelle fand.

Seit einiger Zeit war bekannt, daß bei der Durchleitung einer elektrischen Ladung durch ein Stück Metall in einer
Vakuumröhre mysteriöse Strömungen von Teilchen[38] entstan- **38 ▪ 52** 59
den, die (nach dem elektrisch aufgeladenen Metall) als Katho- **38 ▪ 239** 270
denstrahlen bezeichnet wurden. Diese Strahlen konnten durch eine Öffnung fokussiert und zu einem bleistiftdünnen Strahl gebündelt werden, der dann mittels magnetischer Felder in

verschiedene Richtungen gelenkt werden konnte. Es war auch bekannt, daß bei der Projektion der Strahlen auf eine mit Phosphormaterial beschichtete Glasplatte diese an der Stelle glimmte, an der die Strahlen auftrafen.

Damals interessierten sich die Wissenschaftler für dieses Phänomen hauptsächlich deswegen, weil sie sich davon Erkenntnisse über das Verhalten von Elektrizität in einem Beinahevakuum versprachen. Niemand fragte groß danach, was man mit den Kathodenstrahlen selbst möglicherweise alles anfangen konnte, und so kam niemand auf die Idee, die Strahlen für irgendeinen praktischen Zweck zu nutzen. Das Ende des 19. Jahrhunderts stand ganz im Zeichen der erstaunlichen
39 ▪ 116 120 Entdeckung der Röntgenstrahlen[39], und alle Forscher waren
39 ▪ 226 248 darauf aus, im Vakuum weitere Strahlen zu entdecken, die ähnlich wundersame Wirkungen zeigten.

Und dies ist der Wendepunkt in der vorliegenden Geschichte. Der deutsche Physiker Ferdinand Braun mußte schweren Herzens einsehen, daß sein Forschungsgebiet (Strahlung in Vakuumröhren) – gelinde gesagt – total überlaufen war. Alles was mit Röhren, elektrischen Strömen, Kathoden und Bildschirmen ausprobiert werden konnte, war bereits ausprobiert worden. Und so beschloß Braun 1896 das einzige, was dabei noch unerforscht geblieben war, unter die Lupe zu nehmen: nämlich die Kathodenstrahlen selbst. Einige Jahre zuvor hatte Heinrich Hertz nachgewiesen, daß elektrischer Strom aus sich periodisch wiederholenden positiven und negativen Zyklen besteht und nach der Frequenz definiert werden kann, in der diese Zyklen pro Sekunde auftreten. Allerdings hatte noch nie jemand diese Zyklen tatsächlich auftreten sehen. Braun erkannte, daß Kathodenstrahlen es ermöglichten, sie zu sehen, und dadurch war es möglich, den elektrischen Strom bei der Energieerzeugung zu kontrollieren, bei der unbedingt gewährleistet werden mußte, daß die Stromzufuhr in einer konstanten, gleichbleibenden Frequenz erfolgte. Bisher war dies nicht möglich gewesen.

Braun konstruierte eine Vakuumröhre mit einem Hals, der sich zu einem Phosphorschirm hin öffnete. Mit Hilfe der

Magnetfelder kleiner Elektromagneten, die er um den Hals herum anbrachte, konnte er einen Teilchenstrahl lenken. Durch das magnetische Feld der Elektromagneten ließ sich der Strahl auch in Reaktion auf den Wechsel zwischen positiven und negativen Stromzyklen beeinflussen. Auf diese Weise konnte Braun den Strahl dazu bringen, auf dem phosphoreszierenden Schirm einen Punkt erscheinen zu lassen, der sich je nach dem Wechsel der Stromzyklen auf und ab bewegte und so den Strom als glimmende Sinuswelle sichtbar machte. Mit Brauns Erfindung – die als Oszilloskop bezeichnet wurde – konnten die Eigenschaften jeder Art von Strom sichtbar gemacht und analysiert werden. Es war nicht nur ein ausgesprochen präzises Analyseinstrument, sondern auch der Vorläufer der
modernen Fernsehröhre,[40] bei der das Bild von einem Teil- **40 ▪ 50** 58
chenstrahl aufgebaut wird, der den Bildschirm zeilenweise **40 ▪ 280** 320
von oben nach unten abtastet.

Von Brauns Entdeckung – elektrischen Strom zu messen – führt eine Verbindung zurück zum Karbon. Geschaffen wurde diese Verbindung von dem Amerikaner Edward Acheson, der
in Menlo Park für Thomas Edison[41] tätig war. Im Jahre 1880 **41 ▪ 31** 43
kehrte der damals 28jährige Acheson von einem Arbeitsauf- **41 ▪ 55** 61
enthalt in Europa nach Amerika zurück und fing an, Genera- **41 ▪ 104** 98
toren für die Erzeugung von elektrischem Licht aufzustellen. Da die Möglichkeiten in der primären elektrizitätserzeugenden Industrie jedoch ziemlich erschöpft waren, erkannte Acheson in der Branche des Generatorenbaus eine Marktnische für Industrieschleifmittel.

Als erstes kam er auf die Idee, künstliche Diamanten für Schleifgeräte herzustellen. Er vermischte Ton mit pulverisiertem Koks und schmolz die Mischung bei extrem hohen Temperaturen in einem elektrischen Ofen. Das Resultat war eine Verbindung, Siliziumkarbid, die Acheson als »Carborundum« bezeichnete und deren Härte nur von echten Diamanten übertroffen wurde. Die Schleifeigenschaften seines neuen Stoffes brachten ihm einen Vertrag mit der Firma Westinghouse ein,
die bei der Weltausstellung in Chicago im Jahre 1893[42] das **42 ▪ 73** 69
elektrische Licht bereitstellte. **42 ▪ 109** 100

Als Acheson seine Mischung eines Tages aus Versehen überhitzte (und zwar auf fast 4200 Grad Celsius), stellte er fest, daß das Silizium in dem Carborundum verdampft war und beinahe reiner Graphit übrigblieb. Graphit ist eine seltene Form von Rußschwarz, die damals aus Ceylon importiert wurde und die ungewöhnlich widerstandsfähig bei Abnutzung und extremen Temperaturen war. Acheson fand sofort patentierbare Verwendungszwecke bei Elektroden, Dynamobürsten und Batterien. Ein paar Jahrzehnte später entdeckten Hitlers Raketenkonstrukteure jedoch eine weitere, tödlichere Nutzung des Graphits.

Im Oktober 1942 erfolgte der erste Einsatz jener Nazi-Schreckenswaffe, die unter der Bezeichnung V-2, kurz für
43 ▪ 119 122 »Vergeltungswaffe«, in die Geschichte einging.[43]

Die Rakete, die auf einer Startrampe in Peenemünde an der Ostsee gezündet wurde, war fast 15 Meter lang und etwa eineinhalb Meter im Durchmesser. Beim Start mit einer Schubkraft von 28 Tonnen dauerte die Antriebsverbrennung knapp über eine Minute; die Endgeschwindigkeit betrug über 5600 km/h und brachte die Rakete auf eine Flughöhe von 300 000 Fuß. Die V-2 hatte ursprünglich eine Reichweite von über 300 Kilometern. Von 1944 bis zum Ende des Krieges wurden über 1000 dieser Raketen gegen England abgeschossen. Hitler träumte davon, eine verbesserte Version zu entwickeln, die bis New York reichte. Dazu war vor allem Graphit erforderlich, denn solch eine Rakete mußte eine lange Brennzeit haben. Graphit war das einzige Material, das in den aerodynamischen Leitschaufeln am Auslaß der Rakete verwendet werden konnte, weil es über lange Zeiträume extrem hohe Temperaturen aushielt, ohne sich zu verformen.

Dieses Kapitel begann mit Watts erster Revolution. Graphit sollte nun zur wesentlichen Voraussetzung für eine weitere Revolution werden. Im Jahre 1895 hatte die Aufregung über die Röntgenstrahlen, die Braun zu seiner Analyse der Kathodenstrahlen anregte, auch das Interesse am Wesen der Röntgenstrahlen selbst geweckt. Ihr Entdecker, Wilhelm Röntgen, war der Meinung, es könnte sich dabei um extrem hochfrequente

Lichtwellen handeln. Leider konnte man dies nur beweisen, indem man prüfte, ob sich durch Röntgenstrahlen dieselbe Art von Interferenzmustern erzeugen ließ wie mit Licht. Interferenz tritt auf, wenn Licht gleichzeitig von verschiedenen Flächen zurückgeworfen wird. Wenn sich die reflektierten Lichtwellen in der sogenannten Lichtbeugung (Diffraktion) streuen, interferieren sie in der Weise, daß sie sich verstärken oder gegenseitig aufheben und dabei charakteristische, unterschiedlich helle Interferenzmuster bilden. Es erhob sich also die Frage, was wohl klein genug war, um sich für Röntgenstrahlen mit ihrer extrem kleinen Wellenlänge als Auftreffläche zu eignen.

Erst wenige Jahre zuvor hatte der französische Geologe René Haüy festgestellt, daß sich Bergkristalle meist in regelmäßige Formen zerbrechen ließen. Wenn man die Stücke weiter zerbrach, ergaben sich immer kleinere regelmäßige Formen. Haüy stellte die Theorie auf, daß Kristalle, um diese Eigenschaft zu haben, eine regelmäßige Atomstruktur – sogenannte Kristallgitter – aufweisen mußten. Im Jahre 1912 kam der deutsche Physiker Max von Laue auf eine Idee: Falls Kristalle tatsächlich eine regelmäßige Atomstruktur aufwiesen, mußte sich deren atomarer Verband als Auftreffläche verwenden lassen, von der Röntgenstrahlen reflektiert werden konnten, um Interferenzmuster zu erzeugen. Laues Theorie setzte voraus, daß die Elektronen der auf den Kristall auftreffenden Röntgenstrahlen »sekundäre« Röntgenstrahlen abgeben würden, die dann miteinander interferieren würden (falls es sich, wie Röntgen geglaubt hatte, um Lichtwellen handelte). Der geeignetste Kristall für diesen Zweck war der Graphit, wie sich herausstellte, weil dessen Elektronen viel weniger eng an die Atome gebunden sind und daher viel eher auf die Energie der auftreffenden Röntgenstrahlen reagieren.

Schon das allererste Experiment zeigte Laue, daß er recht hatte. Die gestreuten sekundären Röntgenstrahlen breiteten sich fächerförmig um den zentralen Strahl aus und belichteten fotografisches Papier,[44] das ihnen ausgesetzt wurde. Allmäh- **44 ▪ 191** 207
lich tauchte um die Achse des Hauptröntgenstrahls das ver-

traute, unterschiedlich helle Interferenzmuster auf, das bei der Lichtbeugung entsteht. Also waren die Röntgenstrahlen tatsächlich eine Art von Licht. Es stellte sich jedoch etwas noch viel Aufregenderes heraus. Bei den Experimenten wurde klar, daß Beugungsbilder unterschiedlich ausfallen, und zwar je nach der Atomstruktur verschiedener Kristalle. Somit war es erstmals möglich geworden, einen festen Stoff zu identifizieren, ohne ihn zerstören zu müssen. Die Röntgenkristallstrukturanalyse war geboren.

Mit Hilfe ebendieser Technik konnten Francis Crick und James Watson im Jahre 1952 die dreidimensionale Struktur eines Eiweißmoleküls bestätigen. Sie sahen, daß es die Form einer Doppelhelix hatte, was sich mit dem deckte, was sie bereits aus der chemischen Analyse abgeleitet hatten. Ihre Röntgendiffraktionsaufnahme bestätigte die Existenz des DNS-Moleküls.

Durch die Entdeckung der DNS befindet sich die Naturwissenschaft auf dem besten Weg zu einer biologischen Revolution. Der moderne Mensch entwickelt Formen der Gentherapie, um Erkrankungen zu heilen oder zu verhindern; er manipuliert Gene, um hybride Organismen zu züchten, wie etwa matschfeste Tomaten oder frostunempfindliche Erdbeeren oder vielleicht sogar neue Formen tierischen Lebens. Vor allem ist der Mensch dabei, das menschliche Genom zu entziffern, jene DNA-Bibliothek, die in jedem Menschen angelegt ist und ihn zu dem macht, was er ist: gesund oder krank, schwarz oder weiß, vielleicht sogar intelligent oder dumm. Die Welt war nicht vorbereitet auf die weitreichenden gesellschaftlichen Auswirkungen der Industriellen Revolution, die primär durch Watts Dampfpumpe ausgelöst wurde. Ist sie auf die biologische Revolution vorbereitet, die indirekt durch sein Kopierverfahren ausgelöst wurde?

Das erste Röntgendiffraktionsbild von DNS wurde sichtbar aufgrund der Art und Weise, wie Röntgenstrahlen, die von Atomen abprallen, auf einer Fotografie sichtbar gemacht wurden. ...

3 Fotofinish

Im gigantischen Netz des Wandels hängen viele Dinge voneinander ab und bedingen sich gegenseitig. Es gibt das eine, weil es das andere gibt. Bei einem neuzeitlichen Autorennen, wie beispielsweise dem in Le Mans, wird der Augenblick, in dem der Sieger durchs Ziel geht, von den Kamerateams für die Nachwelt festgehalten. Aufgrund der Eigenart des Innovationsnetzes verdankt in diesem Fall der Wagen, der beim Einlauf in die Zielgerade als erstes festgehalten wird, den Nachweis seines Sieges der Fotografie.

Die Idee, einen Film in eine Kamera einzulegen, ein Bild zu machen und den Film dann zur Entwicklung in einem Geschäft abzugeben, war das Geistesprodukt eines gewissen George Eastman, eines Amerikaners aus Rochester im Staat New York. Nachdem er im Alter von 14 Jahren die Schule verlassen hatte, arbeitete er in einer Bank. Als er bei einer Beförderung übergangen wurde, kündigte er und ließ sich im Jahre 1870 mit seinen Ersparnissen als »Hersteller und Vertreiber von fotografischem Bedarf« nieder. Damals war das Fotografieren eine unangenehme, mühsame und teure Angelegenheit. Man brauchte dazu Glasplattennegative, Eimer voll Chemikalien und monströse hölzerne Kameras. Als Eastman seine Experimente mit dem Entwicklungsprozeß abgeschlossen hatte, versprach sein Slogan: »Sie drücken den Knopf. Wir besorgen den Rest.«

Im Jahre 1884, als seine Arbeit noch in den Anfängen steckte, strich Eastman eine gelatineartige Silberbromid-Emulsion auf eine Papierrolle. Diese Idee war nicht neu, denn Leon Warneke war bereits 1875 so verfahren. Um zu fotografieren, mußte man die Papierrolle in die Kamera einlegen, belichten, entwickeln, mit der Vorderseite nach unten auf eine Glasscheibe kleben und schließlich das Papier abziehen. Auch das war nichts Neues, aber häufig wollte das Ganze nicht so recht funktionieren. Es kam oft vor, daß das Papier riß, die Emulsion Blasen zog und die Bilder unscharf waren. Doch der Ansatz an sich war richtig.

Und da fand Eastman die Lösung. (Manche behaupten, der Ruhm gebühre einem gewissen Hannibal Goodwin, ein obskurer Priester aus Newark in New Jersey, mit dessen Familie Eastmans Anwälte sich schließlich auf eine Abfindung von fünf Millionen Dollar einigten.) Die Erfindung von Goodwin und Eastman bestand in einem Streifen aus einem flexiblen, durchsichtigen, nicht entzündbaren Material, das sich ideal als inaktive Trägerschicht für die fotografischen Chemika-
45 ▪ 108 99 lien[45] eignete. Ab 1895 lieferte Eastman diese Trägerschicht in Form von Rollen, die in eine Kamera paßten, welche klein genug war, um sie in der Hand zu halten – die sogenannte Kodak. Dank der neuen Kodak wurde die Fotografie zum Hobby für den Mann auf der Straße; und aus dem Zwei-Mann-Unternehmen, das Eastman und sein Partner gegründet hatten, wurde eine Firma mit 13 000 Mitarbeitern in Fabriken auf der ganzen Welt.

Daß das wahrhaft wunderbare Material, das Goodwin und Eastman verwendeten, überhaupt verfügbar war und in Streifenform die Fotografie revolutionieren konnte, war letztlich der großen Angst vor dem Aussterben des Afrikanischen Elefanten zu verdanken, von der 1867 in der *New York Times* die Rede war. Weiße Jäger, so hieß es in dem Bericht, töteten überall in Afrika in alarmierendem Ausmaß Elefanten. Ein gewisser Major Rogers, der sein Leben lang auf Ceylon jagte, soll nicht weniger als 2000 Tiere erlegt haben. Der Grund für diese blutige Tragödie war die Tatsache, daß sich in Europa und Amerika die Nachfrage nach Elfenbein in den vergangenen 30 Jahren verdreifacht hatte. Um 1864 importierte allein England eine Million Pfund Elfenbein im Jahr. Wenn jeder Stoßzahn eines Elefanten im Durchschnitt 60 Pfund wog, gingen jährlich 8333 1/3 tote Tiere auf das Konto der englischen Importeure. Verwendung fand das so gewonnene Elfenbein hauptsächlich in der Ornamentierung und im populärsten Heimsport jener Zeit, dem Billard. Die besten Billardkugeln stammten aus dem Zentrum der besten Elefantenstoßzähne (nur einer von 50 war gut genug). Dieses Elfenbein, das keinen Riß und keinen Kratzer aufweisen durfte, wurde dann zwei Jahre lang gelagert und gereift. Die Nachricht aus dem afrikanischen Busch hatte die »Playboys« der westlichen Welt also nicht gerade begeistert.

Mit typisch amerikanischem Unternehmergeist bot der Billardkugelhersteller Phelan and Collander im Jahre 1869 eine Prämie von 10 000 Dollar für die Erfindung eines Elfenbeinersatzes. Dieses Angebot erregte die Aufmerksamkeit zweier Drucker aus Albany, New York, nämlich John und Isaiah Hyatt. Sie präsentierten ein Surrogat, das vom Original nicht zu unterscheiden war und nicht nur die Welt des Billard revolutionierte, sondern auch den Markt für Nippes aller Art. Das neue Material wurde bei einer Temperatur von knapp 100 Grad Celsius weich und war somit leicht zu formen. Es war widerstandsfähig, elastisch und von hoher Reißfestigkeit. Es war auch resistent gegenüber Wasser, Öl und schwachen Säuren. Zunächst ersetzte es Naturstoffe wie Kautschuk, Guttapercha, Knochen, Elfenbein, Muschelkalk und Horn. Es konnte aber auch so verarbeitet werden, daß es wie Elfenbein, Koralle, Bernstein, Perlmutt, Onyx oder Marmor aussah.

Das Material fand bald unglaublich viele Verwendungszwecke. Zu den Gegenständen, die daraus gefertigt wurden, zählten, um nur einige zu nennen, Puppen, Vasen, Griffe und Henkel, Kämme, Knöpfe, Musikinstrumente, Spazierstöcke, Messergriffe, Ummantelungen für Stromkabel, Spielzeug, Sportartikel, Fingerhüte, Füllfederhalter, Stützen und Streben, Klaviertasten, Spiel- und Dominosteine, Würfelbecher, Modeschmuck, Salzstreuer, Seifenschalen, Schlüsselringe, Thermometer, Meßbänder, Bürstenstiele, Spiegelhalter, Nadelkissen, Rasierpinsel, Stiefelknöpfe,[46] Handschuhspanner, Haarnadel- **46 ▪ 75** 69 halter, Stock- und Regenschirmgriffe, Schuhlöffel, Tabletts sowie Dosen für Puder (Zahnpulver, Talk und dergleichen) und Pasten, Vaseline, Salben und Cold Cream. Das neue Material brachte auch Leben in eine kleine Stadt im französischen Jura, Oyonnax, die im 19. Jahrhundert zur europäischen Kamm- und Sonnenbrillenmetropole aufstieg.

Die Erfindung der Gebrüder Hyatt veränderte sogar die Garderobe des Angestellten. Aus dem neuen Material wurden Kragen und Manschetten gefertigt, die nie durchscheuerten oder ausfransten und immer frisch gebügelt aussahen. In Banken und Telegraphenämtern wurden sie zu einem absoluten Muß. Und es fand sich ein weiterer revolutionärer Verwendungszweck für das neue Produkt: Die Gebrüder Hyatt gründeten eine Firma namens Albany Dental, die Zahnersatz aus Elfenbeinimitat herstellte. Eines ihrer Verkaufsargumente baute darauf, daß bei der Herstellung des Produkts Kampfer verwendet wurde und die Zähne deswegen »sauber« rochen. Doch wie die *New York Times* 1875 berichtete, kam es hin und wieder vor, daß die Zähne explodierten.

Die Erfindung der Gebrüder Hyatt wurde (von Isaiah) auf den Namen »Celluloid« getauft. Ermöglicht worden war sie 1833, als ein französischer Chemiker namens Henri Braconnot mit Salpetersäure und Kartoffeln herumspielte (ein Tätigkeitsbereich, den man damals als Pflanzenchemie bezeichnete). Im Jahre 1838 ersetzte ein weiterer Franzose, Théophile Jules Pelouze, die Kartoffeln durch Papier. Und 1846 konnte Christian Schönbein, ein Chemieprofessor an der Universität Basel, das Verfahren schließlich perfektionieren, indem er statt Kartoffeln beziehungsweise Papier einfach Rohbaumwolle nahm und Schwefelsäure hinzufügte und damit eine neue Geheimwaffe entwickelte (die allerdings nicht lange geheim bleiben sollte): explodierende Watte.

Es gab einiges, was man mit explodierender Rohbaumwolle anfangen konnte. Eine Verwendung, die 1847 in Boston ausprobiert wurde, bestand darin, sie mit Äther zu tränken und als antiseptischen Wundverband zu benutzen. Außerdem eignete sie sich zum Imprägnieren von Bärenfellmützen. Eine weitere Verwendungsmöglichkeit (die von den Gebrüdern Hyatt ausprobiert wurde), bestand darin, die Rohbaumwolle mit Kampfer zu mischen, zu erhitzen, auszupressen und Celluloid daraus zu machen. Die eindrucksvollste Verwendungsform war jedoch jene, die sich sofort jeder Militarist zu eigen machte, der das Material in die Hände bekam.

Die Schießbaumwolle (wie sie auch bezeichnet wurde) war eine Wunderwaffe, die sich durch mehrere ausgesprochen wertvolle Eigenschaften auszeichnete. Sie war dreimal so wirkungsvoll wie Schießpulver und zündete außerdem ohne Rauch und ohne Flamme, so daß der Feind nicht sehen konnte, wo sie abgefeuert wurde. Die beiden letzteren Eigenschaften sicherten ihr den Erfolg bei den Artilleristen. Weitere kleinere Vorzüge bestanden darin, daß die Schießbaumwolle nicht unter Feuchtigkeit litt, nicht hitzeempfindlich war und das Geschützrohr nicht verrußte – lauter Nachteile, die bei der Verwendung von Schießpulver normalerweise auftraten.

Schießbaumwolle wurde erstmals im Jahre 1864 verwendet; ihr großer Erfolg ermöglichte ab 1880 den verstärkten Einsatz der neuentwickelten Messingkartusche. Das einzige Problem bei der Schießbaumwolle bestand darin, daß sie im Grunde *zu* explosiv war. Von Zeit zu Zeit flog sie in den Fabriken, in denen sie hergestellt wurde, unerwartet in die Luft, wobei in einem Fall die gesamte englische Stadt Faversham mit in die Luft ging. Daraufhin versuchte ein reicher
schwedischer Pyromane namens Alfred Nobel[47] (der sich den 47 ▪ 138 144
größten Teil seines Vermögens mit der Erschließung der russi- 47 ▪ 148 155
schen Ölfelder in Baku verdient hatte), Schießbaumwolle mit Äther und Alkohol zu mischen, wobei Nitrozellulose herauskam. Diese mischte er mit Nitroglyzerin und das Ganze vermengte er mit Sägemehl. Im Jahre 1868 erhielt dieses Gemisch
den Namen Dynamit.[48] Bald war die Luft so voll von Granaten 48 ▪ 139 144
(und allen möglichen anderen Raketen und Geschossen) wie 48 ▪ 149 156
nie zuvor.

Dieser explosive Exzess sollte eines Tages zu Atombomben und Concorde-Flugzeugen führen, weil ein Wiener genauer wissen wollte, was passiert, wenn einem eine Kugel am Ohr vorbeifliegt. Von der Erfahrung Überlebender auf dem Schlachtfeld wußte man, daß man in diesem Fall von einem zweimaligen Krachen aufgeschreckt wurde. Der eine Knall ging vom Geschütz aus, aber niemand wußte, woher der zweite Knall stammte. Der Wiener Forscher Ernst Mach nahm sich vor, nach der Ursache für den zweiten Knall zu suchen. Mach war eigentlich Psychologe und interessierte sich sehr für Fragen der Wahrnehmung; er hatte Berichte über einen ungarischen Lehrer namens Antolik gelesen, der mit elektrischen Funken und Ruß experimentiert hatte. Die Funken waren in der Lage, den Ruß von Glasplatten zu wehen, was man gar nicht für möglich gehalten hatte. Mach feuerte ein Geschoß ab, das zwei dünne Drähte durchtrennte, die über eine rußgeschwärzte Glasröhre gespannt waren. In dem Moment, in dem die Kugel die Drähte durchtrennte, löste sie zwei starke elektrische Funken und den Verschluß einer Highspeedkamera aus. Auf dem Foto war zu sehen, wie der erste Funke den Ruß beleuchtete, der von der V-förmigen Kopfwelle des Geschosses aufgewirbelt wurde, und wie der zweite Funke die aufgewirbelte Luft erhellte, die das Geschoß hinterließ.

Mach fand heraus, daß die Kopfwelle schneller ist als der Schall. (Er bezeichnete diese Geschwindigkeit als »1«, daher die moderne Verwendung des Begriffs »Mach 1« als Bezeichnung für die Schallgeschwindigkeit). Die Kopfwelle ist eine Druckwelle, und Mach konnte sie fotografieren, weil das Licht, das durch die Glasröhre fiel, von der turbulenten Luft in einer Weise gekrümmt wurde, die wie Streifen oder Schlieren aussah. Diese Technik heißt seither Schlieren-Fotografie und wird bei allen aerodynamischen Experimenten eingesetzt. Die neuentdeckte Druckwellenwirkung (die heute als Mach-Effekt bezeichnet wird) sollte es den Physikern eines Tages ermöglichen, den wirksamsten Detonationspunkt für die Bombe von Hiroshima zu bestimmen.

Mach wollte herausfinden, ob er die Druckwelle sichtbar machen konnte, denn er glaubte, nur Phänomene, die beobachtet werden können und greifbar und meßbar sind, seien real. Wenn man es nicht fühlen könne, meinte er, sei auch nichts dran. Deshalb gab es für ihn auch keine universellen Absolutwerte, sondern lediglich lokale Phänomene, die der Mensch subjektiv wahrnahm. Einige seiner anderen Experimente zur Wahrnehmung nahmen das Astronautentraining vorweg, z.B. wenn er auf einer riesigen Rotationsmaschine Freiwillige herumwirbelte, die (mit Papiertüten über dem Kopf) auf einen Sitz am Ende eines vier Meter langen Arms geschnallt waren. Sobald die entsprechende Geschwindigkeit erreicht war, spürten die Probanden das Gefühl der Rotation überhaupt nicht mehr – ein Beweis für Machs Theorie, daß die Wahrnehmung völlig subjektiv ist. Alles, so Mach, ist relativ in bezug auf den Beobachter.

Diese Gedanken waren Musik in den Ohren eines anderen Denkers, Albert Einstein (der ebenfalls mit den Ereignissen in Hiroshima zu tun hatte).[49] Einstein führte seine Überlegun- 49 ▪ 227 249
gen zur Relativität stets auf Mach zurück und bezeichnete dessen Werk als geistige »Muttermilch« der meisten Physiker jener Zeit.

Einstein verdanken wir übrigens die Tatsache, daß es neben der Relativitätstheorie auch Hollywood und die Filmindustrie gibt. Diese Verbindung kam zustande, weil zu Beginn des 20. Jahrhunderts niemand wußte, was Licht ist. Manchmal verhält sich Licht so, als sei es eine Welle, die sich mit einer bestimmten Wellenlänge und einer bestimmten Frequenz von einer Quelle in konzentrischen Kreisen ausweitet. Diese Eigenschaft läßt sich durch die Erzeugung von Interferenzmustern nachweisen. Andererseits verhält sich Licht jedoch manchmal so, als bestünde es aus physikalischen Partikeln. Dies wurde erstmals im Jahre 1873 beobachtet, als ein Vermittler im transatlantischen Telegraphenamt an der irischen Atlantikküste bemerkte, daß sein Gerät elektrischen Strom abgab, und zwar je nachdem wieviel Sonnenlicht durch das Fenster einfiel. Je mehr Sonne, desto mehr Strom. Am Abend war überhaupt kein Strom spürbar. Es stellte sich heraus, daß das Licht auf Selenmetall-Widerstände auftraf und das Selen offensichtlich in Reaktion auf das Licht Elektrizität abgab.

Gewisse Ereignisse bilden wichtige Knotenpunkte auf den

Pfaden, die sich kreuz und quer durch das Netz des Wandels ziehen, und die vorliegende Geschichte schildert eines dieser Ereignisse. Viele Reisen durch das Netz passieren solche Kreuzungen. James Watt ist eine; auch die Infinitesimalrechnung; dasselbe gilt für die Romantik, Newton, den Buchdruck und den Steinkohlenteer. In ähnlicher Weise stellt auch die Entdeckung des Selen eine wichtige Verbindung dar, denn diese Entdeckung war so wesentlich, daß sie viele nachfolgende Neuerungen und Veränderungen auslöste.

Zum Beispiel versuchte 1884 ein Deutscher namens Paul Nipkow mit Selen auf einer Bildabtastscheibe Bilder in Signale umzuwandeln, die per Kabel übertragen werden konnten. Der Versuch scheiterte, doch mit seiner Arbeit schuf er die Grundlagen für ein Verfahren, das schließlich bei allen frühen
50 ▪ 40 47 Fernsehgeräten[50] Anwendung fand, bevor die elektronische
50 ▪ 280 320 Abtastung entwickelt wurde. Inzwischen war klar, daß der elektrische Strom, der von dem Selen ausgesandt wurde, nicht mit Lichtwellen zu vergleichen war, sondern in diskreten Ladungsimpulsen erfolgte. Diese Impulse bestanden aus Elektronen, deren Anzahl sich mit der Intensität des Lichts erhöhte. Doch in Experimenten änderte sich die Ladung nicht in dem Augenblick, in dem die Frequenz des Lichts geändert wurde, wie wohl zu erwarten gewesen wäre, wenn die Ladung irgend etwas mit Lichtwellen zu tun gehabt hätte. Nur die Geschwindigkeit der Elektronenentladung stieg, wenn die Frequenz der Wellenlängen erhöht wurde. Einstein löste das Rätsel. Licht verhält sich wie Wellen *und auch* wie Partikel (die er Photonen nannte). Das Verhalten richtet sich danach, wie es gemessen wird. Der Beobachter kann entweder die Partikel zählen oder die Frequenz der Welle berechnen, aber niemals beides gleichzeitig.

Dieser welterschütternde wissenschaftliche Durchbruch war für die Leute in der Filmindustrie vollkommen irrelevant. Für sie bedeutete die Art und Weise, wie Selen mit Hilfe von Licht Elektrizität erzeugt, nur eines – den Tonfilm. Wenn man Selen dazu bringen konnte, Elektronen abzugeben, und zwar in Reaktion auf ein veränderliches Licht, das von einer schwan-

kenden elektronischen Ladung erzeugt wurde, die wiederum von einer Membran erzeugt wurde, die in Reaktion auf das An- und Abschwellen eines Geräusches vibrierte, dann konnte das fluktuierende Licht auf einem laufenden Streifen belichteten Films eine unterschiedlich helle Lichtspur erzeugen. Wenn nach der Entwicklung des Films Licht durch die unterschiedlich helle Lichtspur projiziert wurde, dann entstand ein unterschiedlich heller Lichtstrahl, der wiederum auf eine Selenzelle gerichtet wurde. Dabei gab die Zelle unterschiedlich viele Elektronen ab, die eine schwankende Spannung erzeugten, welche wiederum eine Membran zum Schwingen brachte,die das ursprüngliche Geräusch reproduzierte, durch welches bei der Aufnahme des Tons auf den Film die Membran in Schwingung versetzt worden war.[51] So jedenfalls sollte der Tonfilm **51 ▪ 33** 44
laut Professor Tykociner von der University of Illinois funktionieren. (Tykociner befaßte sich von 1900 bis 1918 mit dem Problem.) Leider war der Ton zu leise und im Kino nicht zu hören, und so stellte Tykociner seine Forschungsarbeiten ein und gab damit die Chance auf, sich einen Platz in Hollywoods Ruhmeshalle zu sichern.

Gelöst wurde das Problem von einem Menschen mit dem sehr nach Hollywood klingenden Namen Lee De Forest, der ein Gerät entwickelte, ohne das es vielleicht noch immer keinen elektromagnetischen Sound gäbe. Man wußte bereits, daß in einer gläsernen Glühbirne, die ein Vakuum und einen Glühfaden enthielt, eine Strömung von Partikeln[52] vom heißen **52 ▪ 38** 45
Glühdraht zum kalten Metallfuß der Birne wandert. De Forest **52 ▪ 239** 270
dachte, diese Strömung könne als Booster – als Verstärker – benutzt werden. Die Ladung, die von dem Draht ausgeht, ist negativ, weswegen sie zu der positiven Basis strebt. Brachte man jedoch zwischen dem Glühdraht und der Basis ein kleines Metallgitter an und lud dieses negativ, so ließ sich der Teilchenfluß stoppen, weil eine negative Ladung von einer anderen negativen Ladung abgestoßen wird. Doch sobald man auch nur die geringste *positive* Ladung auf das Gitter leitete, wurde der Partikelfluß, der von dem Draht ausging, intensiv von dem Gitter angezogen, passierte dieses und traf mit viel

größerer Geschwindigkeit auf die Metallbasis auf. Wenn die geringe positive Ladung, die auf das Gitter geleitet wurde, von einem schwachen Signal (wie dem, das von Selen ausgeht) erzeugt wurde, erfuhr das Signal eine massive Aufladung beziehungsweise Verstärkung durch den Elektronenfluß, und das Resultat dieser Aufladung ließ sich als verstärktes Signal abzapfen, wenn der Strom auf die Metallbasis auftraf. Auf diese Weise verstärkte das »Audion«, wie De Forest sein Gerät benannte, die schwachen Signale, die von dem System erzeugt wurden, das den Ton zum Film liefern sollte. Nun konnten die Zuschauer im Kino den Ton hören.

Töne hören konnte nun auch jeder, der einen Signalempfänger besaß, denn De Forest hatte das große Problem gelöst, wie die extrem schwachen Signale, die vom neu erfundenen Rund-
53 ▪ 236 263 funk[53] ausgestrahlt wurden, hörbar gemacht werden konnten: Durch die Koppelung einiger seiner kleinen Audion-Röhren konnten schwache Signale millionenfach verstärkt werden, wodurch die Reichweite des Signalempfangs hundertfach erhöht wurde. De Forest bewies dies im Jahre 1910, als er ein Live-Konzert von Enrico Caruso übertrug. Doch De Forest hatte weit mehr vollbracht, als der Welt der Nachrichten und der Unterhaltung ein neues Medium zu bescheren. Seine Verstärkertechnik ermöglichte auch jede Art von Nachrichtenfernverkehr. Vor der Einführung des Audion war die Reichweite des Tele-
54 ▪ 34 44 fons[54] auf ungefähr 300 Kilometer beschränkt. Im Jahre 1914
54 ▪ 276 316 wurde dann mit Hilfe einiger De Forest-Verstärker, mit denen die Signale unterwegs in bestimmten Abständen immer wieder verstärkt wurden, die erste Telefonverbindung zwischen New York und San Francisco hergestellt. Erstmals war es sogar möglich, gleichzeitig sechs Gespräche auf einer Telefonleitung zu übermitteln, indem nämlich jedes Gespräch auf einer anderen Frequenz übertragen wurde. Verstärkte Rundfunksignale ermöglichten schließlich auch das Fernsehen und die Satellitenübertragung.

Auf die Idee mit dem Audion kam De Forest aufgrund eines Zufalls, der sich einige Jahre früher in West Orange, New Jersey, im Labor des berühmtesten Erfinders (und brillantesten

Selbstvermarktungsgenies) der Geschichte, Thomas Alva Edison,[55] ereignet hatte. 55 ▪ 31 43 Als Edison 1883 an seiner neuen elektrischen Glühbirne herumbastelte, bemerkte er eher zufällig, 55 ▪ 41 47 daß sich am unteren Ende der Birne, das er mit einer kleinen 55 ▪ 104 98 Metallplatte versiegelt hatte, schmutzige Rußablagerungen bildeten. Ohne zu durchschauen, daß dieses Phänomen von einer Strömung von Kathodenteilchen hervorgerufen wurde, bezeichnete der Erfinder es in aller Bescheidenheit als Edison-Effekt und ließ es sogar patentieren. Einige Jahre später konnte sich De Forest diesen Effekt in seinem Audion gut zunutze machen, allerdings ohne Edison das Verdienst dafür anzurechnen.

Edisons Sprungbrett auf dem Weg zu Ruhm und Erleuchtung waren seine ersten Jahre als Telegrafist. Er arbeitete auch für die Eisenbahnen und mußte ständig damit rechnen, den Laufpaß zu bekommen, weil er unentwegt mit Stromkreisen, Schaltungen, Magneten und ähnlichen Dingen experimentierte. Vor allem die ungeahnte Ausweitung der amerikanischen Eisenbahnen[56] bot Edison und vielen anderen Erfin- 56 ▪ 26 41 dern und Unternehmern ungeahnte Möglichkeiten.

Je weiter sich der Schienenstrang nach Westen vorschob, desto mehr neue Märkte wurden erschlossen. Es mußte nur erwähnt werden, daß irgendwo ein Eisenbahnbautrupp im Anrollen war, und schon schossen quasi über Nacht ganze Holzbudenstädte aus dem Boden. Aus demselben Grund und in derselben Geschwindigkeit verschwanden ganze Wälder. Um die Mitte des 19. Jahrhunderts waren die amerikanischen Wälder das erste Beispiel einer bestandsbedrohenden Ressourcenausbeute in der Geschichte der Vereinigten Staaten. Sollten sich die Eisenbahnstrecken weiterhin in diesem rasanten Tempo ausweiten, so stand zu befürchten, daß die Wälder Nordamerikas innerhalb weniger Jahrzehnte vernichtet waren. Dieser frühe Raubbau an der Umwelt sollte unerwartete Auswirkungen haben.

Die Eisenbahngesellschaften verwendeten Holz (in einer schier grenzenlosen Hemmungslosigkeit) für Brücken, Wagen, Unterkünfte und als Heizmittel für Lokomotiven (3000 Klaf-

ter im Monat), für Telegraphenmasten und vor allem als Schwellen für die Gleiskörper. Im Jahre 1850 liefen knapp 15 000 Kilometer Bahngleise durch die Vereinigten Staaten. Im Jahre 1890, zur Zeit Edisons, zählten sie insgesamt weit über
57 ▪ 28 42 250 000 Kilometer.[57] Die Bautrupps verlegten im Durchschnitt über 15 Gleiskilometer pro Tag. Für 15 Gleiskilometer brauchte man 20 000 Schwellen; das heißt, jeden Tag wurden ungefähr 2000 Bäume verarbeitet. Im Jahre 1856 verbaute man bei der fast 520 Meter langen Brücke zwischen Rock Island im Staate Illinois und Davenport in Iowa eine Million Fuß Bauholz. Kein Wunder, daß der Staat Michigan (dessen Weymouthskiefer bevorzugt zu Schwellen verarbeitet wurde) am Ende des 19. Jahrhunderts so gut wie völlig abgeholzt war. Die gewaltigen Urwälder fielen der Axt zum Opfer und wurden von Dutzenden von Langholzzügen zu den Baukolonnen transportiert, die eine Eisenbahnlinie bis an den Pazifik bauten, nachdem in
58 ▪ 1 17 Kalifornien Gold entdeckt worden war.[58] Im Jahre 1850 waren in sechs Sägemühlen bei Saginaw in Michigan drei Millionen Fuß Bauholz pro Jahr zugeschnitten worden. Ende des Jahrhunderts wurden in 80 Sägewerken in Saginaw jährlich 30 Millionen Fuß verarbeitet. Schon 1856 bezeichnete man Illinois als »baumlose Prärie«, und in Chicago war in einem Umkreis von fast 50 Kilometern kein Klafter Holz zu finden. Durch den Holzhandel wurden viele zum Millionär. Einer dieser Holzbarone, Ezra Cornell, hatte Pfluggeräte verkauft, bevor er in die Holzbranche wechselte und die Western Union Telegraph Company mit Masten belieferte. Genau zum richtigen Zeitpunkt wurde er auch Aktionär der Telegraphengesellschaft und machte bei diesem Deal genug Geld, um in der Stadt Ithaca im Staate New York (die er bereits mit einem Eisenbahnanschluß versorgt hatte) eine Universität zu gründen, die er nach sich benannte.

Der eigentliche Grund für die gigantische Abholzung war jedoch, daß das Problem der Beschaffung *immer wieder* auftauchte. Das Holz der Schienenschwellen und Telegraphenmasten hielt nur fünf bis sieben Jahre, bevor es verrottete und ersetzt werden mußte. Im Jahre 1856 wurden die amerikani-

schen Wälder glücklicherweise durch eine Reihe von Ereignis-
sen gerettet, die mit einer neumodischen Art von Beleuchtung
anfingen, welche erstmals bei der Galena and Chicago Rail-
road auftauchte. Es handelte sich um Gaslicht. Hier gibt es
wieder eine Verbindung zu den dampfbetriebenen Maschi-
nen, denn der erste, der das Gaslicht als praktisch realisier-
bares und wirtschaftliches Unterfangen propagiert hatte (und
damit letztlich die Wälder vor der Abholzung durch die Eisen-
bahngesellschaften rettete), war einer von James Watts engli-
schen Kollegen, William Murdock,[59] der 1792 erstmals die 59 ▪ 16 36
Kohle kommerziell zur Gasherstellung genutzt hatte. Und im 59 ▪ 103 98
Jahre 1802 hatte er in Watts Fabrik außerhalb von Manchester
die ersten Gasbrenner installiert.

Kohlengas wurde durch den simplen Vorgang der Kohlever-
kokung gewonnen,[60] bei der Rauchgase entstanden. Wenn man 60 ▪ 29 42
diese filterte und entzündete, erzeugten sie ein gelbes Licht, 60 ▪ 103 98
bei dem man selbst in der Nacht sehen konnte. Ab 1812 konnte
man auf den mit dem neuen Gaslicht beleuchteten Straßen von
London spazierengehen und war sicher vor Überfällen; 1821
konnte man im gasbeleuchteten Brighton Pavillon Konzerte
besuchen; und ab 1829 war es möglich, abends zu Hause zu
lesen oder in den hellbeleuchteten Fabriken in Nachtschichten
zu arbeiten. Bald lieferten 200 Gaslichtgesellschaften in Eng-
land das erforderliche Kohlengas. Um die Mitte des Jahrhun-
derts gab es auch in jeder größeren amerikanischen Stadt
Gashersteller, denn in Amerika war der Rohstoff, Kohle, im
Überfluß vorhanden.

In England argumentierten die Gegner des Gaslichts, diese
Erfindung unterhöhle die Walfangindustrie.[61] Walfischtran 61 ▪ 126 129
war bislang der wichtigste Lieferant für Lampenbrennmittel
gewesen, und da das Gaslicht den Bedarf an Walen senkte,
sank bald auch die Anzahl der ausgebildeten Walfänger, die
der Royal Navy zur Verfügung standen. England war aber
gerade in die Kriege gegen Napoleon verwickelt, und die eng-
lische Kriegsmarine brauchte dringend erfahrene Seeleute.

Die Erfindung von Kohlengas beschwor indes eine Umwelt-
krise herauf, die mindestens so bedrohlich war wie die Gefähr-

dung der nordamerikanischen Wälder. Das Hauptabfallpro-
dukt, das bei der Verkokung von Kohle zur Herstellung von
62 ▪ 140 145 Gas entstand, war Kohlenteer,[62] ein schwarzer, übelriechender
62 ▪ 195 209 Schlamm, den die meisten Gashersteller in den nächstbesten
Fluß oder Teich leiteten. Um die Mitte des 19. Jahrhunderts
war die Themse in London so von Teer verschmutzt, daß
das Parlament den Gestank nicht mehr aushielt und seine Sit-
zungen einstellen mußte. Daraufhin bemühte man sich ernst-
haft, das Problem zu lösen. Eine Reihe von Forschern ver-
suchte herauszufinden, was man mit dem Teer noch anfangen
konnte, außer ihn zu verklappen.

Ganz typisch für jene Zeit lieferten deutsche Chemiker die
Lösung: Man konnte Teer destillieren. Dieses Verfahren lieferte
einige brauchbare Nebenprodukte, beispielsweise Leucht-
63 ▪ 192 207 petroleum für Öllampen, synthetische Farben[63], Antisep-
64 ▪ 143 146 tika[64] und Aspirin. Ein weiteres Nebenprodukt sollte schließ-
lich die nordamerikanischen Wälder retten: eine schwarze,
65 ▪ 32 44 dicke, ölige Flüssigkeit namens Kreosot.[65] Wenn man Holz
65 ▪ 143 146 mit Kreosot bestrich, hielt es im Freien nicht nur sieben, son-
dern 35 Jahre. Dieser Trick erwies sich bald als so populär, daß
man sogar die Straßen von New Orleans mit kreosotbehan-
delten Holzklötzen pflasterte.

Derselbe Kohlenteer, der nun die Grundlage der Eisenbahn rettete, sollte eines Tages jedoch durch eine ungewöhnliche Wendung des Schicksals zum Untergang der Eisenbahn beitragen. Zu Beginn des 19. Jahrhunderts hatte ein Schotte namens Charles Macintosh entdeckt, daß sich mit Hilfe eines weiteren Kohlenteernebenprodukts, nämlich Naphtha beziehungsweise Schwerbenzin, Kautschuk teilweise lösen ließ. Und so verdiente er ein Vermögen, indem er Baumwollbahnen mit gelöstem
Kautschuk bestrich und damit den wasserdichten Regenman-
66 ▪ 144 146 tel[66] erfand, der in England auch heute noch als »Mack-
intosh« bezeichnet wird.

Das Lösen mittels Benzin eröffnete etliche neue Verwen-
dungszwecke für den Kautschuk. Doch leider war der Kau-
67 ▪ 37 45 tschuk kein besonders vielseitig verwendbares Material.[67]
Macintosh stellte beispielsweise fest, daß seine Regenmäntel

bei sehr heißem Wetter »schwitzten« und bei frostigen Temperaturen brüchig wurden. Die Lösung für dieses spezielle Problem ergab sich, wie bei fast jeder Innovation, per Zufall. Als ein junger Amerikaner 1839 in der Roxbury India Rubber Company in Roxbury, Massachusetts, mit seinen Materialien herumexperimentierte, ließ er aus Versehen eine Mischung aus Kautschuk und Schwefel auf einen heißen Ofen tropfen. Am nächsten Morgen bemerkte er, daß der Kautschuk nicht geschmolzen, sondern wie Leder verkohlt war. Daraus zog er den Schluß, daß er, wenn er die Verkohlung zum richtigen Zeitpunkt abbrach, Gummi gewinnen würde, der dieselben Eigenschaften haben mußte wie wasserdichtes Leder. Der Schwefel hatte den Kautschuk in einer Weise vulkanisiert (diesen Begriff führte der junge Mann ein), daß der Gummi bei den unterschiedlichsten Temperaturen seine Form und seine Elastizität bewahrte. Von nun an konnte Gummi also hart oder weich sein, je nach Bedarf.

Im Jahre 1844 hatte unser junger Amerikaner das Verfahren patentieren lassen und gründete eines der bedeutendsten industriellen Produktionsunternehmen der westlichen Welt, das seinen Namen trug: Goodyear. Trotz des Erfolgs seines Unternehmens verschuldete sich Goodyear (einmal saß er sogar in Paris im Gefängnis). Im Jahre 1860 starb er schließlich in New York in typischer Erfindermanier – völlig mittellos.

Von größter Bedeutung war Goodyears neues Produkt
jedoch für die Besitzer von Fahrrädern[68] und für die mode- 68 ▪ 77 69
bewußten Käufer von Macintoshs Gummikleidung. Der ein- 68 ▪ 281 322
träglichste Absatzmarkt für Gummi war inzwischen allerdings die Schuhbranche. Dank der Vulkanisierung gab es nunmehr Stiefel und Schuhe mit elastischem Obermaterial und festen Gummisohlen. Im Jahre 1857 wurde ein Gummiklebemittel hergestellt; damit konnte man Gummisohlen kleben, die in dampferhitzten Vulkanisierformen vorgefertigt wurden. Auf das Anwachsen der müßigen Mittelschicht und das gesteigerte Interesse an Sport und Gesundheit, das die Choleraepidemien in der Mitte des 19. Jahrhunderts geweckt hatten, reagierten die Engländer mit der Einführung einer

neuen Art von Sportschuh mit einem Obermaterial aus Tuch und einer Sohle aus Gummi. Weil das dünne Band, das um den Schuh herum die Naht zwischen Sohle und Oberteil abdeckte, an die sogenannte Plimsoll-Linie, die Höchstlademarke von Schiffen, erinnerte, wurde dieser Turnschuh nach dem Erfinder der Ladelinie als »Plimsoll« bezeichnet. Im Jahre 1865 folgte dann der Radfahrschuh und 1876 der Baseballschuh. In den 1880er Jahren weckten neue Asphaltsportplätze und Laufbahnen auch die Nachfrage nach Laufschuhen aus Gummi. Aber zum wirklich großen Geschäft wurde die Gummiindustrie erst durch den amerikanischen Bürgerkrieg, der eine millionenfache Nachfrage nach Gummiplanen, regenfesten Kleidungsstücken und imprägnierten Zelten auslöste.

Der Bürgerkrieg wirkte sich auch noch in anderer Weise auf die Zukunft des Regenmantelmaterials aus. Die Armee der Nordstaaten erzielte große Erfolge mit einem Ballon-
69 ▪ 20 38 Korps[69], das in der Schlacht von Fair Oaks im Jahre 1862 erst-
69 ▪ 81 74 mals verankerte Ballone einsetzte, um aus großer Höhe die
69 ▪ 135 141 Aktivitäten des Feindes auszuspähen. Später wurden Ballone eingesetzt, um in hügeligem Gelände Nachrichten zu übermitteln, indem Melder in festgepflockten Ballonen Signale austauschten. Um dieses Ballon-Korps beim Einsatz zu beobachten, wurde sogar ein deutscher Offizier zur amerikanischen Bundesarmee abkommandiert. Er war so beeindruckt, daß er sofort nach Deutschland zurückkehrte und ein eigenes Luftkriegsschiff konstruierte – und nach sich benannte: Zeppelin. Im Jahre 1917, während des Ersten Weltkriegs, erlebten die englischen Städte bei den ersten Zeppelin-Bombenangriffen auf England erstmals den Schrecken der modernen Massenkriegsführung. Und die riesigen Luftschiffe konnten praktisch bei jedem Wetter eingesetzt werden, denn ihre gigantischen Traggaszellen bestanden aus gummibeschichtetem Regenmantelstoff.

Das Luftschiff bedeutete auch Auftrieb für die Konstrukteure seines Antriebsmittels, des neuen Verbrennungsmotors, der die Propeller des ersten Zeppelins rotieren ließ. Mit dem Aufkommen des Automobils und dem dadurch bedingten Straßenbauprogramm, das aus Amerika, dem einstigen Land der Eisenbahnfahrer, eine Nation der Autofahrer machte, wurde die Gummiindustrie in entscheidendem Maße verändert – und die Eisenbahn praktisch dem Untergang geweiht.

Ausschlaggebend für den Erfolg auf dem neuen Gummimarkt war die Frage, wie schnell die Hersteller die neuen Produkte erzeugen konnten. Auch diesmal spielte Kohlenteer eine entscheidende Rolle. Im Jahre 1856 hatten Forscher im British Royal College of Chemistry in London ein weiteres Nebenprodukt des Kohlenteers isoliert. An diesem Forschungsinstitut richtete ein deutscher Professor, August Hofmann[70] (der in **70 ▪ 141** 145
Deutschland bei dem berühmten Chemiker Liebig[71] studiert **71 ▪ 24** 40
hatte), ein Labor ein, in dem seine begabteren Studenten die praktische Arbeit erledigten und seine Theorie prüften, wonach Kohlenteer aus einem einzigen chemischen Grundstoff (nämlich Anilin) bestand, aus dem viele weitere Stoffe hergeleitet werden konnten.

Zu den ersten dieser Produkte gehörte eine ganze Reihe neuer künstlicher Färbemittel, die sogenannten Anilinfarben, die bald erfolgreich vermarktet wurden, vor allem von Leuten wie Friedrich Bayer[72], der später die führende deutsche Che- **72 ▪ 142** 145
mie-, Pharma- und Plastikindustrie begründete. Zu Beginn des 20. Jahrhunderts entdeckte man dann, daß sich das Vulkanisieren von Automobilreifen und Schläuchen durch die Mischung von Anilin und Kautschuk mehr als doppelt so schnell bewerkstelligen ließ. Außerdem erhöhte sich die Haltbarkeit des fertigen Reifens, der nun bei normalem Fahrbetrieb viel länger hielt – und auch Strapazen wie das 24stündige Rennen von Le Mans überstand (wo der Sieger fotografiert wird, nachdem er auf Reifen siegt, die überhaupt erst durch die Fotografie ermöglicht wurden).

Durch eine der frühesten Verwendungsweisen für Gummireifen veränderten sich die Freizeitgewohnheiten der ganzen Welt, als nämlich Fahrräder damit ausgestattet wurden ...

4 Gesünder als die Natur

Das moderne Alltagsleben wird ungeheuer erleichtert durch Technologien, die alles einfach und bequem machen. Haushaltsgeräte stellen eine Hilfe dar, für die man vor weniger als 100 Jahren noch ein Dutzend Bedienstete gebraucht hätte. Die Hausfrau von heute verfügt über weit mehr Macht als jeder römische Kaiser. Mit einem Laptop-Computer kann der Einzelne heute mehr Daten verarbeiten als die Alliierten im Zweiten Weltkrieg zusammen.

Der Preis, den wir für diese Technologie bezahlen, ist das hektische Tempo des modernen Lebens. Niemand hat mehr Zeit für das gemütliche Geschäftsessen von einst. In einem betriebsamen Arbeitsalltag hat niemand mehr Muße, stundenlang am Tisch zu sitzen. *Fast food* wird fertig vorgekocht verkauft und kann dann im Mikrowellenherd warm gemacht werden. Und auf der Verpackung wird dem Verbraucher versichert, daß das Fertiggericht sogar noch gesünder für ihn sei als die Frischnahrung, die er aus Zeitmangel gar nicht mehr zubereiten kann. Dank der Wunder der modernen Naturwissenschaften ist das Fertiggericht (mit all seinen künstlichen Aromastoffen und Nährwertergänzungen) sogar noch besser als das echte Naturprodukt.

Die Kette von Ereignissen, die in diesem Kapitel beschrieben wird – und die zu den modernen Fertiggerichten führte, die wir heute in immer größeren Mengen konsumieren –, begann passenderweise mit einer Erfindung, die selbst dazu gedacht war, das Leben zu vereinfachen. Im Jahre 1893 ließ Whitcomb L. Judson aus Chicago eine Neuheit patentieren – einen sogenannten Schnallenverschluß, den man auch bei Geldtaschen

und Tabaksbeuteln verwenden konnte. Diese Vorrichtung war eine Abwandlung des Haken-und-Ösen-Verschlusses, der bereits als Kleidungsverschluß diente und den Judson zur Sicherheit lediglich um eine Verschlußschnalle an einem Ende ergänzte. Der Schnallenverschluß sorgte bei der Weltaus-
stellung von 1893[73] für großes Aufsehen. Gideon Sundback, 73 ▪ 42 47
ein schwedischer Elektroingenieur, der früher einmal für die 73 ▪ 109 100
Westinghouse Generatorenwerke in Pittsburgh[74] gearbeitet 74 ▪ 26 41
hatte, leitete im Jahre 1908 eine Fabrik für Haken-und-Ösen- 74 ▪ 181 190
Verschlüsse in New York und meldete ein Patent für einen teilbaren Verschluß an. Heute bezeichnen wir Sundbacks Erfindung als »Reißverschluß«. Ab 1918 verwendete die U.S. Navy den Reißverschluß bei Matrosenuniformen, und die englische Bekleidungsbranche setzte ihn bei Röcken und Kleidern ein. Seit 1930 findet der Reißverschluß universelle Verwendung.

Interessanterweise war Judsons ursprüngliche Version von 1893 als Schuhverschluß gedacht. Typisch für die damalige Zeit, die sogenannten *Naughty Nineties* (die schlimmen neunziger Jahre), war die Art und Weise, in der die Rocksäume immer höher rutschten und gewagt die Fesseln offenbarten. Aufgrund dieser übermäßigen Entblößung kamen bei anständi-
gen Damen hochgeknöpfte Stiefel in Mode.[75] Manche Stiefel 75 ▪ 46 53
zählten bis zu 20 Knöpfe. Judson dachte, es müßte doch schneller gehen, diese Kolosse anzuziehen. Die Nachfrage nach Stiefeln war seit der Mitte des Jahrhunderts stetig gestiegen, seit durch die Schreibmaschine, die Telefonvermittlung, die Druckmaschine, den Telegraphen und den allgemeinen wirtschaftlichen Aufschwung neue Arbeitsplätze für Frauen
entstanden waren,[76] seit allgemein mehr Einkommen verdient 76 ▪ 146 154
wurde und neue Freizeitindustrien entstanden.

Zu den erfolgreichsten dieser neuen Branchen gehörte die
Fahrradindustrie.[77] Das Radfahren wurde für beide Geschlech- 77 ▪ 68 65
ter zur großen Mode – ebenso die neue Radfahrkleidung. 77 ▪ 281 322
Da das Radfahren im langen Rock unangenehm und lästig war, erfand man prompt ein neues Kleidungsstück. Der Geistesblitz von Amelia Bloomer aus Seneca im Staat New York, knielange Pumphosen, wurde der letzte Schrei, und bald

trug jede Frau, die ein gewisses Modebewußtsein für sich in Anspruch nahm, die sogenannten *bloomers*. Sie zeigten jedoch noch mehr Bein und erforderten noch höhere Stiefel. Diese ewig wechselnde Schuh- und Stiefelmode sorgte stets für neue Nachfrage und schuf weitere Arbeitsplätze für Frauen.

Eine entscheidende Rolle spielte dabei ein Bigamist, der 18 Kinder von fünf Frauen hatte, von denen drei mit ihm verheiratet waren, und zwar gleichzeitig. Um sich ja nie zu verplappern, nannte er alle Töchter »Mary«. Dieser liebenswerte Schurke war ein ehemaliger Schauspieler, dessen Darbietungen als »plump und schwülstig« bezeichnet wurden. Von der Schauspielerei wandte er sich schließlich der Mechanik zu und stieg so zum Großindustriellen auf.

Nach 15 Jahren Frauenjagd und Wanderschaft von New York nach Rochester, Baltimore und Chicago landete Isaac Merrit Singer 1844 für kurze Zeit in Fredericksburg, Ohio, wo er für Setzereien Holzlettern schnitzte. Er erfand eine Maschine, die dieselbe Tätigkeit mechanisch ausführte, und ging mit dem Prototyp nach Pittsburgh. Die Maschine ließ sich jedoch nicht verkaufen; so zog er denn weiter nach New York und schließlich nach Boston, wo er sich für eine Weile niederließ.

Im Stockwerk über ihm wohnte ein Mann namens Phelps, der Nähmaschinen baute. Singer fing an, sich für die Maschinen zu interessieren, denn man schien Geld damit machen zu können; nachdem er sich die verschiedenen Modelle, die auf dem Markt waren, angeschaut hatte, entwickelte er zwei Neuerungen, die ihm ein Vermögen einbrachten. Er stattete die Maschinen erstens mit einem Fußpedal aus, das über eine Kurbel und einen Riemen das Antriebsrad in Bewegung setzte, und zweitens mit einem »Fuß«, der den Stoff beim Nähen niederdrückte. Diese beiden Ergänzungen waren zwar entscheidend für das Funktionieren der Maschine, doch sie allein waren nicht der Grund, weshalb Singer so reich wurde.

Dies lag vielmehr am Vermarktungstalent von Singers Geschäftspartner, Edwin Clark, der wahrscheinlich mehr dazu beitrug als Singer, daß die Nähmaschine die Welt veränderte und daß neue Verkaufstechniken eingeführt wurden, die heute allgemein üblich sind. So war es beispielsweise Clarks Idee, eine *Singer Gazette* herauszugeben, eine kostenlose Kundenzeitschrift mit Anzeigen und Informationen über Singer und seine Geschäftsmethoden. Clark führte auch den Ratenkauf ein: Man konnte Maschinen mit einer Anzahlung von fünf Dollar und monatlichen Abzahlungen plus Zinsen kaufen. Er bot die Inzahlungnahme alter Maschinen an, zielte mit der gesamten Singer-Werbung speziell auf Frauen ab, stellte Frauen zur Vorführung ein, bot kirchlichen Vereinigungen Rabatte an (was die Nähmaschinen um so achtbarer machte) und suggerierte den Ehemännern, ihre Gattinnen würden durch die Maschine mehr Freizeit gewinnen.

Die Erfolge von Clarks Einsatz übertrafen die kühnsten Träume. Im Jahre 1856 produzierte die Firma 2564 Maschinen, vier Jahre später verkaufte sie mehr als 100 000 Stück. 1861 setzte Singer bereits mehr Maschinen in Europa ab als in den Vereinigten Staaten, und sechs Jahre später war die Singer Corporation mit Werken in Großbritannien, Frankreich und Argentinien der erste multinationale Konzern der Welt. Singers Nähmaschine markierte auch den Beginn von massegefertigter Mode und schuf damit die Grundlagen für den Versandhandel, mit dem diese Massenartikel bald vermarktet wurden. Amerika-Besucher stellten fest, daß Singer die Mode demokratisiert hatte. Amerikanische Verkäuferinnen wirkten genauso gut gekleidet wie ihre Kundinnen.

Die Verbindung mit dem hochgeknöpften Stiefel bestand darin, daß Singers Nähmaschine schon bald von Stiefelmachern benutzt wurde, die den Kunden jene Bandbreite an Schuhwerk lieferten, die mit dem Fahrradspleen und anderen neuen Freizeitaktivitäten in freier Natur aufgekommen waren. Die Nähmaschine war so robust, daß man damit auch Leder nähen konnte, und bereits ab 1858 wurde damit das Obermaterial von Schuhen verarbeitet. Die durch den Bürgerkrieg erzeugte Nachfrage bewirkte technische Neuerungen, die es bald erlaubten, auch Sohlen, Ränder, Fersen und Kappen zu nähen. Während geschickte Schuster von Hand 60 Paar

Schuhe am Tag nähen konnten, schafften diese neuen Maschinen über 400. Die Maschinen machten außerdem Zierstiche, Schnürsenkellöcher und Knopflöcher. Letztlich beruhte Singers erstaunlicher Erfolg jedoch nicht nur auf den Werbetricks und Verkaufsmaschen, sondern ebenso auf der Tatsache, daß er Tausende von Nähmaschinen billig und schnell produzieren (und genauso schnell reparieren) konnte, weil diese Maschinen aus identischen und austauschbaren Teilen bestanden und
78 ▪ 18 36 auf Fließbändern zusammengebaut wurden.[78] Wenn ein Teil defekt war, konnte es also leicht ausgewechselt werden.

Die Nähmaschine war nicht das erste Gerät, das auf diese Weise hergestellt wurde. Uhrmacher in Neuengland hatten bereits seit dem Ende des 18. Jahrhunderts Teile für hölzerne Uhren in Massenproduktion gefertigt. Sie bearbeiteten ihre Teile auf Drechselbänken, die von einem Seil angetrieben wurden, das um den Schaft gewickelt war, an dem das Teil befestigt war. Ein Ende des Seils war an einem federnden Holm befestigt, das andere an einem Fußpedal. Wurde das Seil beim Treten des Pedals angezogen, wurde der Holm gespannt, und durch den Zug des Seils drehte sich der Schaft mit dem Teil. Wurde das Pedal losgelassen, richtete sich der Holm wieder auf, zog das Seil an und drehte den Schaft in die andere Richtung. Die Drechsler bearbeiteten das Werkstück mit Schneidwerkzeugen abwechselnd von verschiedenen Seiten.

In New Haven, Connecticut, begann ein Uhrmacher namens Jerome Chauncey bereits Mitte des 19. Jahrhunderts, die ersten massengefertigten metallenen Uhrenteile herzustellen – wahrscheinlich mit Hilfe von Verfahren, die Eli Whitney entwickelt hatte, der in derselben Stadt lebte. In den 1790er Jahren war Whitney so verschuldet und in Geldnot gewesen, daß er versuchte, sich einen Auftrag der U.S. Regierung zu sichern (da diese ihre Schulden höchstwahrscheinlich bezahlt hätte) und behauptete, er könne Musketen bauen. Zuvor hatte er eine Baumwollentkörnungsmaschine erfunden und vermarktet, die automatisch den Kern von den Fasern trennte. Durch diese Neuerung wurden die Arbeitskosten drastisch gesenkt und
79 ▪ 102 98 der Preis für Baumwolle[79] aus dem amerikanischen Süden so

konkurrenzfähig, daß die riesige britische Textilindustrie ihre Baumwolle nicht mehr aus Indien importierte, sondern nur noch aus den Vereinigten Staaten.

Im Jahre 1798 erfuhr Whitney, daß das Parlament und der Senat über beabsichtigte Waffenkäufe des Staates debattierten. Deshalb schrieb er an den Finanzminister, daß er, seit die Nachfrage nach Baumwollentkörnungsmaschinen gesättigt sei, über Arbeitskräfte (und das Know-how) verfüge, um mit »gewissen Maschinen, die von Wasser angetrieben werden«, 10000–15000 Musketen herzustellen. In Wirklichkeit war seine Entkörnungsmaschinenfabrik (inklusive 20 verkaufsfertigen Maschinen und sämtlichen Werkzeugen und Materialien) komplett niedergebrannt. Was Whitneys Waffenschmiedekunst betraf, so hatte er noch nie in seinem Leben eine Muskete gebaut und verfügte auch nicht über die genannten Maschinen. Die Regierung schien dies kaum zu stören; sie war an einem raschen Resultat interessiert und war besonders angetan von Whitneys Versprechen, Musketen mit identischen, austauschbaren Teilen herzustellen, die auf dem Schlachtfeld leicht auszuwechseln waren. Nach einer effekthascherischen Vorführung vor den Behörden (bei der er sich darauf beschränkte, mit dem Schraubenzieher ein paar komplette Schlösser auszutauschen) hatte Whitney den Vertrag in der Tasche – und 134000 Dollar, mit denen er sich an die Arbeit machte.

Im Jahre 1801 konnte er den ersten Posten Gewehre liefern, allerdings nur weil Thomas Jefferson aus Frankreich zurückgekehrt war und ihm eine Broschüre geschickt hatte, der er
entnehmen konnte, wie er vorzugehen hatte. Jefferson[80] war **80 ▪ 113** 113
von 1784 bis 1789 in Paris gewesen und hatte dort einen Mann **80 ▪ 213** 230
namens Honoré Le Blanc kennengelernt, der ihm gezeigt **80 ▪ 295** 346
hatte, wie man verschiedene seiner neuerfundenen Musketenschlösser auseinandernehmen und die Einzelteile dann willkürlich wieder zusammensetzen konnte.

In Paris war Jefferson zunächst amerikanischer Hochkommissar mit dem Auftrag, Handelsverträge zwischen der jungen Republik und verschiedenen europäischen Mächten

zu schließen. Nachdem er ein Jahr im Ausland war, wurde er Gesandter in Frankreich. Von nun an bewegte er sich in Elitekreisen und unter Intellektuellen. Jefferson hatte sich schon immer für Naturwissenschaften interessiert (insbesondere für Agrarwissenschaften und Meteorologie), und während seiner Reisen in Europa sammelte er Aufzeichnungen über Neuerungen, auf die er stieß: Wasserschrauben in England, Reisanbau in Italien, Kanäle in Frankreich und neue Bautechniken in Amsterdam. Während seines Aufenthalts in Paris entdeckte er
81 ▪ 20 38 auch sein Interesse am Ballonfahren[81] und am Weinbau (und
81 ▪ 69 66 hielt sich einen guten Vorrat an feinsten Burgundern und
81 ▪ 135 141 Muskatellern). Bei seiner Tätigkeit als Gesandter umgab sich Jefferson mit vielen führenden Denkern jener Zeit, etwa Condorcet (mit dem er über eine zukünftige französische Verfassung diskutierte) und de La Rochefoucauld.

Im Jahre 1786 lernte er einen Mann kennen, mit dessen Arbeit er schon seit einigen Jahren vertraut war – George-Louis Leclerc, auch bekannt als Graf Buffon. Buffon war damals bereits eine geschätzte Persönlichkeit in den Kreisen französischer Wissenschaftler, vor allem wegen seiner jahrelangen Tätigkeit als Direktor der Königlichen Gärten und wegen seiner monumentalen mehrbändigen Studien zur Naturgeschichte. Zu Buffons Lebzeiten waren von den 50 Bänden nur 36 erschienen; am bekanntesten war der fünfte Band, *Naturepochen*, aus dem Jahre 1778, in dem Buffon die geologische Geschichte in verschiedene Stadien einteilte. Hier äußerte er als erster die Vorstellung, daß die Planeten durch eine Kollision der Sonne mit einem Kometen entstanden seien. Außerdem teilte er die Geschichte der Erde in sieben Phasen ein, analog zu den sieben Tagen der Schöpfung, und äußerte die Vermutung, jede Phase habe ungefähr 35 000 Jahre gedauert.

Buffon hatte auch einiges dafür übrig, Amerika zu kritisieren, und ermutigte andere französische Wissenschaftler (welche die Vereinigten Staaten ebenfalls nie besucht hatten), desgleichen zu tun. In einigen der verrücktesten französischen Publikationen behaupteten diverse Wissenschaftler, die klimatischen Verhältnisse in Amerika hätten Tiere hervorgebracht, die den Tieren in Europa in jeder Weise (insbesondere hinsichtlich ihrer Größe) unterlegen seien. Es wurde auch behauptet, daß die amerikanischen Eingeborenen unterentwickelte Schwächlinge ohne sexuellen Antrieb seien; daß riesige Gebiete Amerikas in dichten, fauligen Nebel gehüllt seien; daß es dort vor Eidechsen, Schlangen und ungeheuren Insekten nur so wimmle; daß Frösche in Louisiana 37 Pfund wogen und daß die Syphilis grassiere.

Angesichts dieses Unsinns bat Jefferson seinen Freund John Sullivan (seines Zeichens Gouverneur von New Hampshire), ihm die Skelette und Häute von je einem Elch, einem Wapiti, einem Karibu und einem Hirsch zu schicken. Diese stellte Jefferson dann im Cabinet du Roi aus, als Beweis dafür, daß die nordamerikanischen Tiere mitnichten kleiner waren. Buffon versprach, seine Irrtümer in der nächsten Ausgabe der *Naturgeschichte* zu korrigieren, doch er starb, bevor er dazu kam.

Wie alle damaligen Naturwissenschaftler interessierten sich auch Jefferson und Buffon für neuentdeckte Tierarten (wie etwa die Fossilien, die in Amerika gefunden wurden), weil deren Knochen möglicherweise Hinweise lieferten, mit denen sich die Lücken in der großen Kette alles Seienden schließen ließen. Diesen Gedanken hatte bereits Aristoteles 2000 Jahre zuvor entwickelt. Er beruhte auf der Vorstellung, alle Lebensformen seien zum Zeitpunkt der Schöpfung entstanden und in einer Reihenfolge steigender Wertigkeit angeordnet, angefangen bei unendlich kleinen Formen wie einfachem Schleim über den Menschen bis hin zu den Engeln, die Gott am nächsten standen. Da die Kette gleich zu Beginn vollständig erschaffen worden war, mußte es in jeder Lücke (zwischen zwei Spezies), die zu groß war, um naturgegeben zu sein, einen Organismus geben, den der Mensch einfach noch nicht entdeckt hatte.

Im vorausgegangenen Jahrhundert hatten es die Gelehrten der English Royal Society als ihre Aufgabe betrachtet, »allen Verbindungen in dieser Kette nachzugehen, bis wir all ihre Geheimnisse erkannt und ihr Wirken gefördert oder nachgeahmt haben. Das ist es, wahrlich die Welt zu beherrschen:

all die vielfältigen Arten und Stufen der Dinge so wohlgeordnet nacheinander zu ordnen, daß wir von oben ganz genau alle unter uns erkennen und sie allesamt der Ruhe und dem Frieden und der Fülle des menschlichen Lebens dienstbar machen.« Sollte es gelingen, jeden Organismus innerhalb der Kette zu identifizieren und zu benennen, so würde dies die Vollkommenheit des göttlichen Schöpfungsplans offenbaren.

Ganz intensiv beschäftigten sich die Denker des 17. Jahrhunderts mit der Frage, welche »nicht wahrnehmbaren Schattierungen« in den Gliedern der Kette zwischen zwei verschiedenen Gattungen bestanden. Wie viele Abteilungen und Unterabteilungen gab es? Gab es Zwischenstadien zwischen zwei verschiedenen Gattungen? Diese Frage der Abstufung sollte eines Tages zum Konzept der Evolution führen, doch im 17. Jahrhundert galten »Lücken« in der Kette lediglich als Unvollkommenheiten im menschlichen Wissen.

Einer der führenden Verfechter dieser Auffassung war der
82 ▪ 231 258 deutsche Mathematiker und Philosoph Gottfried Leibniz,[82]
82 ▪ 253 284 der Lebensformen zu identifizieren suchte, die so klein waren,
82 ▪ 309 369 daß sie nicht mehr wahrgenommen werden konnten (beispielsweise in den offensichtlichen Lücken zwischen einigen Spezies und ihren geringfügig abweichenden Varianten). Leibniz ging davon aus, daß es unendlich kleine Einheiten gab, kleinste lebende Partikel, die er als »Monaden« bezeichnete. Außerdem hielt er es für unmöglich, daß die menschlichen Sinne die feinen Unterschiede zwischen bestimmten Organismen und ihren Abarten – »wo einer beginnt beziehungsweise aufhört« – erkennen konnten. Leibniz glaubte, es gebe eine »unendliche Anzahl lebender Dinge, die wegen ihrer kleinen Größe der normalen Wahrnehmung verborgen bleiben«.

Leibniz interessierte sich für kleinste Details, weil er eine Art von Mathematik entwickelt hatte, mit der sich das unendlich Kleine berechnen ließ. Damals interessierten sich vor allem die Astronomen für solche Themen, denn die Entdeckung der Schwerkrafteinflüsse auf die Bewegung der Planeten machte es erforderlich, die Grade der Beschleunigung bei der Geschwindigkeitsveränderung von Himmelskörpern in der Umlaufbahn um die Sonne auszurechnen. Das System, mit dem Leibniz dies ermöglichte, war die sogenannte Infinitesimalrechnung.

Der Grund, weshalb Leibniz glaubte, es gebe tatsächlich Organismen, die zu klein für das menschliche Auge waren, hing vielleicht auch damit zusammen, daß er in der holländischen Stadt Delft den großen alten Mann der Mikroskopie besucht hatte, einen Bürokraten namens Anton van Leeuwen-
hoek,[83] der kurz zuvor mit Hilfe eines von ihm erfundenen **83 ▪ 254** 285
neuen Vergrößerungsglases die erstaunlichsten Entdeckungen **83 ▪ 310** 370
gemacht hatte. Leeuwenhoek war einige Jahre als Textilkaufmann tätig gewesen und stieß auf einer Geschäftsreise in England im Jahre 1667 auf ungewöhnliche Zeichnungen von changierenden Seidefasern, die um ein Vielfaches stärker vergrößert waren, als dies mit seiner Lupe möglich war. Das Gerät, das diese neue Sicht ermöglichte, wurde als Mikroskop bezeichnet. Leeuwenhoek entwickelte eine noch stärkere Variante und veränderte damit die Welt, denn er suchte Lebensformen, die zu klein für das bloße Auge waren.

Bisher hatten Mikroskopierer wie Nehemiah Grew, Marcello Malpighi und Robert Hooke leblose Objekte untersucht, beispielsweise Pflanzenteile, Korkgewebe, Gefäße präparierter Tiere, sezierte Bronchien, Fischschuppen und so weiter. Als Leeuwenhoek aber durch sein Mikroskop blickte und winzig kleine Objekte sah, die sich bewegten, zog er den Schluß, daß es sich um lebende Objekte handelte. Diese Vermutung sollte von entscheidender Bedeutung für die Entwicklung der Biologie sein. Mit einem Glas, das ungefähr 270fach vergrößerte, entdeckte Leeuwenhoek eine völlig neue Welt.

Im Jahre 1676 sorgte er in der English Royal Society in London für Aufsehen. In einem 18seitigen Brief über die »kleinen Tiere«, die er entdeckt hatte, beschrieb er lebende Protozoen (Einzeller) und aufbrechende Zellen, die ihren protoplasmatischen Inhalt freigaben. In 300 weiteren Briefen lieferte er Zeichnungen von Bakterien, Rädertierchen, Spermatozoen, Bienenstacheln und Läuserüsseln, Leberegeln, Froschparasiten, Blutkörperchen, Embryos, Flechten und Algen und beschrieb das Paarungsverhalten von Milben. In einem Brief aus dem Jahre 1677 kündigte er die Entdeckung der kleinsten »Tierchen« an, von denen – wie er meinte – 30 Millionen nicht mehr Raum einnahmen als ein einziges Sandkorn.

Über Leeuwenhoeks Entdeckungen staunte alle Welt – auch ein Mann, der dem Wesen und den Lebensumständen nach allerdings in keinster Weise dem Autodidakten und Halbanalphabeten Leeuwenhoek glich. Es handelte sich um Christian Huygens, den weitgereisten Sohn einer reichen und prominenten holländischen Familie in Den Haag. Die Familie Huygens gehörte eindeutig zur besseren Gesellschaft. Sie empfing Descartes, und der Vater führte den Titel eines englischen Knight. Der junge Huygens hatte an der Universität von Leiden Mathematik und Jura studiert, sich einige Zeit in Paris und London aufgehalten (wo er Newton und andere wichtige Leute kennengelernt hatte) und war inzwischen ein eifriger Experimentator. Nachdem er Fertigkeiten im Linsenschleifen erworben hatte (der Linsenschliff war damals sozusagen ein High-tech-Hobby), baute er mit seinem Bruder ein Teleskop und entdeckte im Jahre 1655 den Titan und die Ringe des
84 ▪ 132 133 Saturn.[84] Im Jahre 1656 entwickelte er die erste Pendeluhr und
84 ▪ 252 284 die Theorie, die deren Funktionsweise erklärte, und konstruierte später auch die Unruhfeder. Huygens befaßte sich mit den spannendsten Disziplinen jener Zeit: Mathematik, Hydrostatik, Astronomie, mechanistische Philosophie, Ballistik und Kosmologie.

Durch das Linsenschleifen kam dieser gebildete Mann von Welt auf die Idee zu untersuchen, wie Linsen überhaupt funktionierten. Die Ergebnisse seiner Forschungsarbeiten faßte er in einem Artikel zusammen, in dem er die These vertrat, das Licht bestehe aus einer Reihe von Schockwellen und breite sich in Wellenfronten aus, die durch aufprallende Lichtpartikel ausgelöst würden und Wellen in den winzigen Partikeln des »Äthers« erzeugten, jener unsichtbaren, immateriellen, schwerelosen Substanz, die das gesamte Universum erfüllte.

Im Jahre 1677 entdeckte Huygens, daß ein Kristall namens Islandspat das Licht auf seltsame Weise beeinflußte. Der Kristall zerlegte einen Lichtstrahl in zwei Teile, von denen einer in der Weise gebrochen wurde, wie dies normalerweise bei Glas der Fall war (wie Huygens festgestellt hatte). Der andere Strahl dagegen gehorchte keinem bekannten Gesetz. Dies, so folgerte Huygens, ließ sich dadurch erklären, daß der Kristall aus zwei verschiedenen Schichten bestand, von denen eine die Richtung des Lichts in unnormaler Weise änderte. Nicht erklären konnte Huygens die Tatsache, daß dieser »unnormale« Lichtstrahl beim Durchdringen eines zweiten Kristalls je nach der Ausrichtung dieses Kristalls auf sonderbare Weise beeinflußt wurde. Wurde der zweite Kristall um 360 Grad gedreht, verschwand der Lichtstrahl allmählich und tauchte bei weiterer Drehung wieder in voller Stärke auf.

Huygens wußte nicht, daß es sich bei dem »unnormalen« Strahl um polarisiertes Licht handelte. Nachdem das Licht den ersten Kristall durchdrungen hatte, schwangen die Lichtwellen nur auf einer Ebene. Diese Eigenschaft des Islandspats (der auch als Kalkspat oder Kalzit bezeichnet wird) machte sich 1828 ein schottischer Geologe, William Nicol, zunutze. Nicol hatte die Verfahren eines einheimischen Steinschneiders namens Sanderson verbessert, um extrem dünne Kristall- und Steinprofile herzustellen. Dadurch konnte er die innere Struktur von Mineralien mikroskopisch untersuchen. Das Verfahren blieb jedoch unbekannt, denn Nicol verfaßte nur zwei kleinere (und kaum gelesene) Artikel über winzige Hohlräume, die er in bestimmten Gesteinsarten entdeckt hatte.

Im Jahre 1828 spaltete Nicol ein Stück Islandspat und kittete die beiden Teile mit einem Tannenharz, dem sogenannten Kanadabalsam, wieder zusammen. Aufgrund des Brechungsindex des Harzes konnte ein polarisierter Lichtstrahl den Kristallspat direkt durchdringen, während ein gewöhnlicher Lichtstrahl durch den Balsamkitt zurückgeworfen wurde. Brachte man neben dem ersten Kristall einen zweiten ähnlich präparierten Spat an, wurde das austretende polarisierte Licht heller oder dunkler, je nachdem wie der zweite Kristall gedreht wurde. Dieses Instrument, das sogenannte »Nicolsche Prisma«, führte zu einer wichtigen Erkenntnis: Wenn das polarisierte Licht des ersten Kristallspats gewisse Substanzen durchdringt, wird der polarisierte Lichtstrahl durch die Struktur dieser Substanzen beeinträchtigt, das heißt geschwächt. Wie weit der zweite Kristallspat im Nicolschen Prisma gedreht werden muß, damit der geschwächte polarisierte Strahl wieder seine volle Stärke erlangt, hängt von der Struktur der untersuchten Substanz ab. Durch das Maß der Drehung läßt sich also die chemische Zusammensetzung der Substanz bestimmen. Substanzen, die auf diesen Effekt ansprechen, werden als »optisch aktiv« bezeichnet. Im Jahre 1840 wurde mit dem Nicolschen Prisma Zucker analysiert, denn der Saccharoseanteil im Zucker wirkt sich auf polarisiertes Licht aus, das durch eine Zuckerlösung fällt.

Zwar war Zucker damals so wertvoll und teuer wie heutzutage Erdöl (so daß man meinen könnte, Nicols Durchbruch hätte Schlagzeilen gemacht), doch berühmt wurde Nicol nicht durch die Zuckeranalyse. Zu Ruhm kam er erst durch die Bemühungen eines schottischen Schmelzofenspezialisten namens James Neilson. Als Leiter der Glasgower Gaswerke ließ Neilson 1824 eine Idee patentieren, die den Lauf der schottischen Geschichte ändern sollte. Seine Idee war ganz schlicht und einfach: Durch ein rotglühendes Rohr leitete er einen kalten Luftstrom, wie er normalerweise zum Anfachen der Flammen in einem Blashochofen verwendet wird, wodurch die Luft auf 300 Grad Celsius erhitzt wurde. Dadurch verbrannte die Kohle so effizient, daß mit derselben Menge Kohle dreimal so viel Eisen produziert werden konnte. Weitaus wichtiger war jedoch die Tatsache, daß man mit diesem Verfahren auch den Kohleneisenstein verwenden konnte, der in Lanarkshire in großen Mengen vorkam, bisher aber zu minderwertig gewesen war. Ab 1835 wurde Neilsons Verfahren in jedem schottischen Eisenhüttenwerk eingesetzt, wodurch Schottland zu einem wichtigen Industriestandort wurde. Zwischen 1829 und 1845 stieg die jährliche Produktion von Roheisen von 29 000 Tonnen auf 475 000 Tonnen; die schottischen Eisenexporte dienten als Material für Brücken, Trink-
85 ▪ 218 243 brunnen, Zuckerherstellungsgeräte[85] und sogar verzierte Tin-

tenfässer. Natürlich löste dieser Aufschwung in der Industrieproduktion auch einen Boom im Kohleabbau aus. Hier kamen Nicol und seine durchsichtigen Scheiben denn auch zu Ruhm und Ehre.

Den nächsten Schritt vollzog indes ein gewisser Henry Witham, ein Amateurbotaniker aus Nordengland, der sich brennend für das Innere von uralten, versteinerten Pflanzen interessierte. Als Witham 1829 in Edinburgh einen bahnbrechenden Vortrag über »Die Vegetation der ersten Periode der Urwelt« hielt, lernte er Nicol kennen und sprach mit ihm über dessen Scheibentechnik. Witham war begeistert von der Idee, sich das Innere seiner geliebten alten Pflanzen ganz genau anschauen zu können, und wandte Nicols Verfahren auf ein Dutzend fossiler Proben (von Pflanzen, Fischen, Zähnen und Bäumen) an, wie sie von schottischen Bergleuten immer öfter zu Tage gefördert wurden. Witham faßte seine Erkenntnisse in einem verschollenen Artikel mit dem Titel »Beobachtungen zu einigen fossilen Pflanzen« zusammen, in dem er Nicol die ihm gebührende Anerkennung zollte.

Der Artikel gelangte in die Hände eines anderen Besessenen namens Henry Sorby (der aus Sheffield in Yorkshire stammte, überallhin seine Mutter mitnahm und nie heiratete). Sorby war fasziniert von den Gesteinshohlräumen, die Nicol entdeckt hatte. Er schuf die Grundlagen der mikroskopischen Petrografie. Sorby interessierte sich für die Gesteinsstrukturen selbst, weniger für die fossilen Organismen, die darin eingeschlossen sein mochten. Und so eignete er sich 1849 Nicols Scheibentechnik an und setzte auch das Nicolsche Prisma ein, um auf diese Weise Eigenschaften des Granits zu entdecken, die den Geologen wichtige Hinweise auf die Ursprünge magmatischen Gesteins lieferten. Sorby hatte auch intensiv untersucht, wie sich Sand und Schlick in turbulentem Wasser ablagerten, und suchte nun nach winzigen verräterischen Wirbel- und Wellenfurchen in Steinen, um so möglicherweise herauszufinden, wie Sedimentgesteine ursprünglich abgelagert wurden. Seine Untersuchungen erlaubten ihm Aussagen darüber, ob die Mikrohohlräume durch Wasser, Hitze oder Druck entstanden waren. Diese Informationen erwiesen sich bald als ungeheuer wertvoll für Geologen und andere Wissenschaftler, die das Alter der Erde erforschten.

86 ▪ 105 98 Als Sorby 1864 eine neue Erfindung namens Spektrometer[86]
86 ▪ 198 210 zu sehen bekam, kombinierte er es mit einem Mikroskop und erfand so das Spektrenmikroskop. Er wandte dieses neue Instrument in der Weise an, daß er eine unbekannte Substanz in Wasser löste, ein Licht durchscheinen ließ und das Licht dann durch ein Prisma lenkte. Die Bestandteile des unbekannten Stoffs absorbierten das Licht in bestimmten Wellenlängen, so daß das Spektrum, das durch das Prisma sichtbar wurde, an der Stelle des Spektrums vertikale schwarze Linien aufwies, an der normalerweise die Farbe jener Wellenlängen zu sehen war. Die Anordnung der Linien gab Hinweise darauf, welche Stoffe in der Substanz das Licht absorbiert hatten.

Sorby wandte diese spektroskopische Analyse auf alles mögliche an, unter anderem auf organische Gifte, Vogeleier, Pflanzen, Algen, Menschenhaar, Pilze und Rauchgase. Im Jahre 1867 richtete er seine Aufmerksamkeit auf Herbstblätter und versuchte dahinterzukommen, weshalb sie sich rotgelb färbten. Er entdeckte, daß dies mit einer Substanz zusammenhing, die nur im Herbst auftrat, wenn das grüne Chlorophyll in den Blättern durch mangelndes Sonnenlicht zerfiel. Sorby nannte diesen neuen, rotgelben Stoff Karotin (weil er den Karotten ihre spezielle Farbe verlieh). Wie sich herausstellen sollte, ist Karotin der chemische Stoff, der *allen* Pflanzen und Tieren, die rot oder gelb sind, diese Färbung verleiht. Unter anderem findet man Karotin in den Federn von Flamingos, in Hummerschalen, Aprikosen, Eigelb und Tomaten. Dank der Arbeiten von Franz Boll, einem in Rom lebenden deutschen Professor, wurde Karotin 1876 auch im menschlichen Auge entdeckt.

Boll arbeitete zunächst in Berlin als Physiologe und galt als Spezialist für elektrische Fische. 1873 erhielt er ein Angebot, das er nicht ablehnen konnte: Er sollte Leiter des Laboratoriums für vergleichende Anatomie an der Universität von Rom werden. Als er drei Jahre später die Netzhaut von Fröschen er-

forschte, stellte er fest, daß das normalerweise rote Netzhautpigment bei starkem Licht zu Weiß verblich. Noch im selben Jahr reiste er nach Berlin und führte dieses Phänomen führenden Wissenschaftlern wie Hermann von Helmholtz[87] und 87 ▪ 233 260
Ernst Pringsheim[88] vor. Die Gespräche mit Helmholtz weck- 88 ▪ 279 320
ten Bolls Interesse an dem Mechanismus, der den chemischen Stoff in der Netzhaut verblassen ließ. Der betreffende Stoff wurde später unter dem Namen Rhodopsin (Sehpurpur) bekannt. Bolls mikroskopische Untersuchung ergab, daß die farbliche Veränderung, die er beobachtet hatte, auf Veränderungen in den äußeren Schichten der Sehstäbchen der Netzhaut zurückzuführen waren. Da dieses Gewebe bei nachtaktiven Tieren stets rot und bei tagaktiven Tieren blaß ist, kam Boll zu dem Schluß, daß das Rot vom Licht ständig zersetzt und bei Dunkelheit von irgendeinem »Nährstoff« wieder hergestellt wird. Bei diesem »Nährstoff«, so stellte sich heraus, handelte es sich um eine Form von Karotin, und ein Karotinmangel verhinderte die Synthese des Sehfarbstoffs und führte so zu Nachtblindheit. Auf den Zusammenhang mit einem Nährstoffmangel kam man jedoch nur wegen des sonderbaren Verhaltens einiger Hühner auf Java.

Erstmals aufgefallen waren die javanischen Hühner einem jungen Stabsarzt namens Christiaan Eijkman, der einem Ausschuß der holländischen Armee angehörte, welcher die Ursachen der schwächenden Tropenkrankheit Beriberi untersuchte, an der viele holländische Kolonialbeamte litten. Im Jahre 1886 kam die Kommission zu der Überzeugung, daß diese sogenannte Reisesserkrankheit von einem infektiösen Erreger verursacht wurde. Nachdem die Kommission einige Proben gesammelt hatte, kehrte sie nach Holland zurück. Eijkman blieb als Leiter der medizinischen Fakultät dort. Zu jener Zeit bemerkte er etwas sehr Sonderbares. Er sah auf dem Krankenhausgelände einige Hühner mit Symptomen, die jenen von Beriberi auffallend ähnlich waren. Eijkman unternahm nichts, bis die Symptome bei den Vögeln eines Tages ohne ersichtlichen Grund wieder verschwanden. Nachforschungen ergaben, daß genau zur selben Zeit ein neuer Krankenhauskoch eingestellt worden war, der die Hühner nicht mehr mit Resten aus der Personalküche füttern ließ; unter diesen Resten war nämlich auch der teure geschälte Reis, den die Europäer normalerweise verzehrten. Der Koch gab den Hühnern statt dessen den ungeschälten Reis, den die javanischen Einheimischen aßen. Kaum ernährten sich die Hühner von dem ungeschälten Reis, wurden sie wieder gesund. Es war klar, daß der ungeschälte Reis etwas Elementares für die Gesundheit der Vögel enthielt, denn ohne diesen Bestandteil waren sie an Beriberi erkrankt. Nach einer Analyse in Holland gaben Eijkman und seine Kollegen bekannt, daß sich der wichtige Bestandteil in der Reisschale befand, die beim Schälen entfernt wurde. Doch was war dieser wichtige Bestandteil?

Der Ausbruch des Ersten Weltkriegs brachte die Antwort. In England wurden damals 80 Prozent des Weizenbedarfs aus Amerika importiert. Die deutschen U-Boote versenkten jedoch so viele Versorgungstransporte (im Frühjahr 1917 waren es insgesamt schon zwei Millionen Tonnen), daß die englischen Getreidevorräte nur noch für drei oder vier Wochen reichten. Folglich mußte die Regierung am 1. Januar 1918 eine Nahrungsmittelrationierung verordnen. Im Vorfeld hatte ein Mitglied der Royal Society errechnet, daß ein gesunder Durchschnittsmensch knapp über 4000 Kalorien pro Tag braucht. Die rationierte Abgabe von Fleisch, Butter, Margarine und weiteren Nahrungsmitteln stützte sich auf diese Zahlen. Die zentrale Frage war jedoch, ob die Behörden die richtigen Nahrungsmittel rationierten, um eine gesunde Ernährung zu gewährleisten.

Dieser Frage widmete sich der Chemiker Frederick Gowland Hopkins, der sich bis dahin durch seine Arbeiten über die Flügelpigmentierung des Zitronenfalters hervorgetan hatte. Da bei diesem Pigmentierungsprozeß die Harnsäure eine wesentliche Rolle spielte, war Hopkins zu einem Spezialisten für Harnchemie geworden; und daraus entwickelte sich dann das Interesse an den Zusammenhängen zwischen den Bestandteilen des Urins und denen der Nahrung. Von dort war es nur ein kleiner Schritt bis zur Erforschung von Nahrungsmittel-eiweiß.

Schon 1911 hatte Hopkins nach einer Reihe von Rattenexperimenten einen legendären Artikel verfaßt: »Experimente zur Veranschaulichung der Bedeutung von Nährstoffzusätzen bei normaler Ernährungsweise«. Hopkins machte die Entdeckung (für die er gemeinsam mit Eijkman den Nobelpreis erhielt), daß Ratten, selbst wenn sie mehr Nahrung bekamen, als sie brauchten, starben, wenn ihre Nahrung keine Milch enthielt. Bei dem wichtigen »Nährstoffzusatz« in der Milch handelte es sich um das Protein Tryptophan. Während des Krieges gehörte Hopkins dann dem Rationierungskomitee der Royal Society an und befaßte sich noch umfassender mit Nährstoffzusätzen. Im Jahre 1919 legte das Komitee einen Bericht vor. Der Titel nannte den neuen Namen für die Nahrungsmittelbestandteile: »Die praktische Bedeutung von Vitaminen«.

Bei seinen Nährstoffanalysen untersuchte Hopkins unter anderem auch Margarine, denn man befürchtete, diese könne knapp werden und müsse rationiert werden. Hopkins wies nach, daß bei der Herstellung der Margarine sehr viel Vitamin A verlorenging. Aufgrund dieser Arbeiten wurde ab 1926 die erste mit Vitaminen angereicherte Margarine angeboten. In den folgenden Jahrzehnten wurden zahlreiche weitere Nahrungsmittelzusätze eingeführt, denn man entdeckte immer mehr Vitamine (und benannte sie alphabetisch mit Buchstaben, weil man ihre chemische Zusammensetzung noch nicht vollständig verstand). Heutzutage ist praktisch jedes Lebensmittel mit Vitaminen angereichert und gilt wie die erste »aufgewertete« Margarine gegenüber dem Naturprodukt normalerweise als überlegen.

Eine geschmackliche Verbesserung bei Lebensmitteln findet immer Anklang. Im Mittelalter änderte solch eine Aufwertung sogar den Lauf der Geschichte ...

5 Hot pickle

Der Markt und die Nachfrage der Verbraucher haben großen Einfluß auf die Dynamik des Wandels. Wenn genügend Menschen *hot pickles** wollen und jeden Preis dafür bezahlen, wird irgend jemand keine Mühe scheuen, sie zu beschaffen. Im Mittelalter beispielsweise führte man Kriege wegen Pfeffer, Zimt und anderen Gewürzen, die wir heute in den Topf werfen, ohne uns etwas dabei zu denken. Damals waren sie ein Vermögen wert.

Ausgelöst wurde der Spleen mit den Gewürzen im mittelalterlichen Europa, genauer gesagt im 11. Jahrhundert, und zwar durch das Erbrecht. In jener höchst unsicheren Zeit schrieb das Gesetz vor, daß Eigentum nur ungeteilt vererbt werden durfte, und so wurde das Recht zu erben auf den ältesten Sohn beschränkt. Damals war Grundbesitz die wichtigste Vermögensquelle, und so blieb jüngeren Söhnen praktisch nichts anderes übrig, als in den Dienst der Kirche zu treten. Und jene, die nicht Priester wurden, saßen mehr oder weniger untätig herum und gerieten in schlechte Gesellschaft. Zunächst reagierten die Behörden auf dieses allgemeine Rowdytum damit, daß sie Turniere veranstalteten. Bei diesen Wettkämpfen konnten sich junge grundbesitzlose Junker genug verdienen um hochzukommen, einfach indem sie andere niedermachten. Um in den Stand der Ritter einzutreten, mußte man nichts besitzen außer den Dingen, die auf dem Turnierplatz leicht zu ergattern waren: Lanze, Schwert, Sattel,

* *Hot pickles* sind saure Gewürzgurken oder sonstiges scharf Gepökeltes. (Anmerkung des Übersetzers)

Rüstung und was sonst noch so zum Kriegsgeschäft gehörte. Um an all das heranzukommen, mußte man nichts anderes tun, als einen anderen, der bereits alles besaß, zu besiegen (oder, je nach den Regeln des Turniers, zu töten).

Im 11. Jahrhundert fand man für dieses kleine gesellschaftliche Problem jedoch eine wahrlich clevere Lösung – die Kreuzzüge.[89] Mit diesen Auslandsabenteuern lockte man jüngere 89 ▪ 300 361
Söhne auf ein Schiff in den Nahen Osten, und schon waren sie weg von der Straße.

Es war gar nicht so schwierig, die jungen Burschen zum Mitmachen zu überreden. Wer das Kreuz aufnahm und mithalf, das Heilige Land wieder der christlichen Regie zu unterstellen, konnte mit gewissen Benefits rechnen, unter anderem auch geistlichen. Gleichermaßen verlockend war indes die Aussicht auf Beute durch Raub und Plündern. Die Kreuzfahrer durften alles behalten, was sie unterwegs aufsammelten. Leichte Beute sorgt für glückliche Plünderer (womit die Kreuzfahrer im großen und ganzen ziemlich treffend charakterisiert wären).

Der Weg nach Jerusalem war jedoch voller Hürden und Hindernisse. Die schwierigste Hürde war die Frage, wie man mit leckgeschlagenen Schiffen und durch Banditengegenden wie den Balkan überhaupt dorthin kam. Hunderte junger Kreuzfahrer kamen nicht weiter als in das heutige Kroatien oder bis Montenegro. Wer den Balkan ungeschoren überstand, machte in der Regel erst einmal einen Zwischenstop (zur Erholung und Stärkung) im größten Rotlichtviertel der mittelalterlichen Welt. Konstantinopel, die glitzernde Metropole des byzantinischen Reiches, muß die durchreisenden Kreuzfahrer (aus ihren Kuhdörfern und Rattenlöchern) regelrecht umgehauen haben. Die Stadt bot ein Füllhorn an Dekadenz, Liebesabenteuern, orientalischer Verheißung und vor allem an himmlischen Speisen, wie sie noch keiner zuvor genossen hatte.

Wir dürfen nicht vergessen, daß die europäische Cuisine zu jener Zeit getrost als ungenießbar bezeichnet werden darf. Im Winter gab es nichts als altes Pökelfleisch oder Fisch sowie ein paar Wurzeln. Im Sommer gab es meist Fisch oder Fleisch, in der Regel jedoch meist faulig, da man natürlich nichts frisch halten konnte. Das Essen war so schlecht, daß man in der Regel nur vom »Zubrot« sprach. Als die Kreuzfahrer also zum ersten Mal orientalische Gewürze schmeckten, kamen sie auf den Geschmack und konnten nicht genug kriegen.

Etwas gänzlich Neues war der Gewürzhandel im Mittelmeerraum allerdings nicht. Im ersten Jahrhundert waren von den 87 verschiedenen Warensorten, die aus Asien und von der afrikanischen Ostküste nach Rom importiert wurden, allein 44 Gewürze. Damals segelten römische Handelsschiffe nach Indien und brachten neben Zimt auch Pfeffer mit, der offiziell als einer der »lebenswichtigen Luxusartikel« des Reiches galt. Ein Jahrhundert später brachten Karawanen auf der neu ange-
90 ▪ 244 274 legten Seidenstraße zwischen Rom und China[90] Ingwer mit. Gewürze waren so wertvoll, daß sich eine von Barbaren belagerte römische Stadt im 5. Jahrhundert mit 3000 Pfund Pfeffer freikaufte.

Als gegen Ende des Mittelalters die Verbindungen zwischen Europa und dem Nahen Osten wieder aufgenommen wurden, sorgten Gewürze auch für die Wiederaufnahme des internationalen Handels. Die gehandelte Ware war so wertvoll, daß sie sich genauso zur Tilgung von Schulden eignete wie Silber. Venedig war der neue Entrepot zwischen Ost und West, der Umschlagplatz für Pfeffer, Zimt, Ingwer, Nelken und Safran. Die heimkehrenden Kreuzfahrer hatten eine unersättliche
91 ▪ 249 281 Nachfrage geweckt. Als Konstantinopel 1453[91] schließlich in die Hand der Türken fiel, stiegen die Kosten des Gewürzhandels jedoch ins Astronomische. Der Transport auf dem Landweg war viel zu gefährlich, und die Frachtkosten viel zu hoch; es gab Zeiten, da war der Verkaufspreis für Gewürze zehnmal so hoch wie der Einkaufspreis. Eine andere, billigere Lösung mußte gefunden werden. Dazu bot sich schließlich der Kolonialismus an.

Im 16. Jahrhundert entdeckten die Portugiesen (und später auch die Spanier, Holländer, Engländer und Franzosen) neue Reiserouten nach Osten, auf denen sie sich ihre Gewürze selbst holen konnten, anstatt türkischen Wucherern das Geld in den Rachen zu werfen. Die neuen Reiserouten führten um die Südspitze Afrikas in den Indischen Ozean oder um die Spitze Südamerikas und über den Pazifik. Im Jahre 1498 erreichte Vasco da Gama das indische Calicut und kehrte mit Gewürzen zurück, die 60mal so viel einbrachten wie die Reise gekostet hatte. Sowohl die Holländer als auch die Engländer gründeten große Handelsgesellschaften ausschließlich für den Handel mit dem Osten.

Diese Unternehmen warfen Profite ab, die selten unter 100 Prozent lagen und gewöhnlich sogar mehr als doppelt so
hoch waren. Sir Francis Drake[92] ging mit einem Schiff auf **92 ▪ 262** 293
Expedition und kehrte mit einer Fracht zurück, die mehr wert war als Königin Elizabeths Staatseinnahmen in einem ganzen Jahr. Die Gelegenheit, an die Quelle dieses Reichtums zu gelangen, konnte man sich nicht entgehen lassen, und so besaßen Ende des 17. Jahrhunderts alle westlichen Großmächte eigene Kolonien in Indien und Südostasien.

Inzwischen hatte sich der Geschmack jedoch gewandelt; die Gewürze waren nicht mehr der große Knüller. In der europäischen (und speziell der englischen) Landwirtschaft hatte man Möglichkeiten entdeckt, dank neuen Winterfutters wie Rüben das ganze Jahr über frisches Fleisch zu erzeugen. Durch die Fruchtwechselwirtschaft wurden höhere Erträge erzielt, und so waren insgesamt mehr Nahrungsmittel verfügbar. Nein, der Gaumen der Europäer ergötzte sich mittlerweile an süßem
Tee.[93] Und ein köstlicher neuer Luxusartikel namens Zucker **93 ▪ 2** 19
kam in immer größeren Mengen aus Westindien und Brasi-
lien[94] nach Europa. Die Nachfrage nach Tee und Zucker war **94 ▪ 251** 282
bald genauso unstillbar wie einst die nach Gewürzen.

Der Zucker war ein so gewinnträchtiges Handelsgut, daß die Holländer ihre Kolonie Neu Amsterdam (das spätere New York) gegen das Zuckeranbaugebiet Surinam tauschten; die Franzosen gaben Kanada für die Zuckerrohrfelder von Guadeloupe auf. Chinesischer Tee war in Europa erstmals Mitte des 17. Jahrhunderts aufgetaucht und galt bereits im 18. Jahrhundert vor allem in Holland und England als unverzichtbare

Notwendigkeit. Als die Engländer 1784 fast sämtliche Steuern auf Teeimporte aufhoben, stieg das Importvolumen binnen zweier Jahre von sechs Millionen Pfund auf 20 Millionen Pfund im Jahr (wovon ein Großteil nach Amerika weiterverkauft wurde).

Das einzige Problem bestand darin, daß die chinesischen
95 ▪ 125 128 Händler, die den Tee lieferten, in Silber- und Goldbarren[95] bezahlt werden wollten. Da Uhren und Spieldosen die einzigen englischen Produkte waren, die sich auf dem chinesischen Markt erfolgreich verkaufen ließen, entstand bald ein gravierendes Handelsbilanzdefizit. Im Jahre 1793 reiste Lord Macauley als Botschafter nach China und nahm Proben und Muster anderer englischer Industrieprodukte mit, mußte sich jedoch von Kaiser Ch'ien Lung sagen lassen: »Kostspielige Kuriositäten interessieren mich nicht ... Wir haben alles. Ich messe seltsamen und raffinierten Dingen keinen Wert bei und habe keinerlei Verwendung für die Erzeugnisse Eures Landes.«

Es mußte jedoch eine Möglichkeit gefunden werden, den Tee irgendwie zu bezahlen, denn das Defizit schadete der englischen Wirtschaft. Die Lage verschlimmerte sich zusehends. Zwischen 1761 und 1800 kauften die Engländer in Kanton Waren im Wert von 34 Millionen Pfund (90 Prozent davon war Tee), verkauften dagegen aber britische Produkte für nur 13 Millionen Pfund. Eine Zeitlang holten die Engländer mit dem Verkauf indischer Baumwolle etwas herein, doch 1823 fing China an, selbst Baumwolle zu erzeugen.

Den Engländern wurde am Ende des 18. Jahrhunderts das Gold deswegen so knapp, weil sie einen Krieg gegen Napo-
96 ▪ 287 333 leon[96] führten, doch zum Glück fand sich eine Lösung. In Indien gab es ein ganz bestimmtes Produkt, das die Aristokratie als Rauschmittel benutzte, das die Soldaten vor dem Kampf nahmen, um sich Mut zu machen, und das von vielen gewöhnlichen Menschen konsumiert wurde, um Energie und Ausdauer für ihre tägliche Plackerei zu bekommen. Das fragliche
97 ▪ 207 221 Produkt war Opium,[97] und der Mohn, aus dem es gewonnen wurde, wuchs in rauhen Mengen in ganz Indien (das damals von den Engländern beherrscht wurde).

In China kannte man die Droge schon seit einiger Zeit als Medizin, doch wegen ihrer suchterzeugenden Eigenschaften wurde ihr Gebrauch von der chinesischen Regierung streng kontrolliert. Die Einfuhr war verboten. Der British East India Company (die ein Handelsmonopol mit China besaß) wurde mit dem Entzug ihrer Handelsprivilegien gedroht, falls sie Opium ins Land brachte. Die Company suchte sich kurzerhand Mittelsmänner, die dies für sie erledigten. Manchmal gaben diese ihre Fracht als »Salpeter« aus und manchmal trafen sie sich vor der Küste mit chinesischen Schmugglern, die das Opium auf ihre Dschunken umluden. In jedem Fall konnten die Engländer glaubhaft bestreiten, irgendwie in dieses Geschäft verwickelt zu sein. Anfang des 19. Jahrhunderts wurde so viel indisches Opium nach China eingeführt, daß die einstige Goldabwanderung gestoppt und das Defizit ausgeglichen war.

Dies bedeutete jedoch, daß der Opiumhandel inzwischen ein wichtiger Faktor der britischen Staatsfinanzen war. Um 1800 war man in London besorgt über das Interesse, das die Franzosen und Holländer an der Malakkastraße und den Gewässern um Java zeigten, die das Opium auf dem Weg von Indien nach China passieren mußte. Als erste Reaktion auf diese Gefahr verstärkten die Engländer ihre Präsenz in Penang vor der Küste Malaysias. Im Rahmen dieser Maßnahme tat sich ein ehrgeiziger junger Mann hervor, der für die East India Company arbeitete.

Stamford Raffles kam 1805 nach Penang und trat in den Dienst des Gouverneurs ein. Zum Erstaunen seiner Mitarbeiter lernte er die malaysische Sprache, arbeitete wie besessen und hatte wenig Zeit für Geselligkeit. Statt dessen pflegte er Kontakte zu Einheimischen, die ihn bald als fair und zuverlässig schätzten. Er kleidete sich sogar wie ein Einheimischer und aß auch ihre Speisen. Im Jahre 1807 wurde er zum Chefsekretär des Gouverneurs ernannt, und seine weitere Beförderung schien gesichert. Aufgrund eines beeindruckenden Berichts, den er über Malaysia schrieb, machte man ihn als nächstes zum Agenten des Generalgouverneurs von Malaysia und betraute ihn mit der heiklen Aufgabe, die Javaner darüber auszuhorchen, was sie davon hielten, wenn die Briten den Holländern die Insel abnahmen. Den Javanern gefiel der Gedanke, und so machte sich 1811 ein britischer Verband auf den Weg nach Java. Raffles war an Bord der Leitfregatte.

Die Invasion verlief erfolgreich, und Raffles wurde bald als Vizegouverneur eingesetzt. Er begab sich umgehend auf endlose Reisen durch das Land, teils zu dienstlichen Zwecken, teils um seiner Leidenschaft zu frönen, naturkundliche Objekte zu sammeln. Raffles sammelte alles, was wuchs, flog, flatterte, krabbelte oder schwamm. Als er schließlich nach London zurückkehrte, hatte er ein riesiges Sortiment beisammen: 2000 Zeichnungen, Schriften, Bücher und Landkarten sowie Tausende lebender oder toter Exemplare, unter anderem auch eine der größten und übelriechendsten Blumen der Welt, die er entdeckt und *Rafflesia arnoldi* benannt hatte.

Die Begeisterung für Naturgeschichte war damals sehr in Mode. Ausgesprochen populär wurde das Gebiet 1802 durch William Paley, einen praktisch unbekannten Vikar aus Nordengland, der ein Buch mit dem Titel *Naturtheologie* geschrieben hatte. Zu jener Zeit ereiferten sich die klugen Köpfe über die Frage, ob die Existenz Gottes durch rationale Argumente zu beweisen war. Es gab Hunderte von Abhandlungen zu dem Thema. Paley übertraf sie jedoch alle mit seiner These von einer »planvollen Schöpfung«.

Seine berühmteste Analogie war die von der »Natur als Uhr«, die aus vielen verschiedenen Teilen bestand, von denen jeder eine bestimmte Aufgabe hatte und die alle zusammen ein funktionierendes Ganzes ergaben. Für Paley diente jeder Teil der Natur einem bestimmten Zweck. Jeder Teil eines Tieres beispielsweise hatte eine bestimmte Funktion in bezug auf die besonderen Erfordernisse des Organismus. Zu den Beispielen, die Paley nannte, gehörten der Schnabel des Spechts, die Fettdrüse mit der Vögel ihr Gefieder wasserabweisend machen, die langen Beine des Kranichs (da er keine Schwimmhäute an den Füßen hatte und deswegen nicht schwimmen konnte, hatte Gott ihm lange Stelzen gegeben, damit er waten konnte) und das Spinnennetz (weil sie ihrer Beute nicht hinterherfliegen kann, fängt die Spinne sie ein). Für Paley waren diese funktionsorientierten Eigenschaften letztlich der Beweis für die Existenz eines Gott-Schöpfers.

Die Begeisterung, die Paleys Buch auslöste, verstärkte auch das bereits wachsende Interesse an der Taxonomie (John Ray,[98] 98 ▪ 155 167 der Begründer der Pflanzentaxonomie, war einer von Paleys Idolen) und besonders an der Arbeit von Carolus Linnaeus, einem schwedischen Botaniker des 18. Jahrhunderts. Dieser hatte Organismen benannt und katalogisiert, weil er meinte, dies würde Gottes ursprünglichen Schöpfungsplan offenbaren. Im Bereich der Fauna äußerte sich dieses Interesse in der neuen Wissenschaft der Zoologie und dem Gedanken, Tiere zu Studienzwecken zu sammeln. Raffles war 1817 kurz nach England zurückgekehrt und hatte (zweifellos auch im Hinblick auf seine Sammlung) dem berühmten Naturforscher Joseph Banks nahegelegt, eine wissenschaftliche Gesellschaft zu gründen, die sich diesem Bereich widmete. Bei Raffles' endgültiger Rückkehr im Jahre 1824 wurde der Vorschlag von Sir Humphry Davy, der ebenfalls als führender Naturforscher galt, eingehend erörtert. Dank Davys wurde Raffles 1826 zum ersten Präsidenten der neuen »Zoologischen oder Arche-Noah-Gesellschaft« in London ernannt. Und 1828 öffnete der Zoo schließlich seine Pforten, allerdings nur für Mitglieder. Wie ein Korrespondent einer Londoner Zeitschrift bemerkte, legte die Gesellschaft großen Wert darauf, »die Verseuchung des Zoologischen Gartens durch den Einlaß der ärmeren Gesellschaftsschichten zu verhindern«.

Sir Humphry Davy war einer der gefeiertsten Wissenschaftler seiner Zeit. Bereits im Alter von 23 Jahren sicherte er sich durch seine Forschungsarbeiten im Bereich der Elektrik die Stelle eines Assistenzdozenten in Chemie an der Londoner Royal Institution. Dort hielt er eine Reihe unglaublich erfolgreicher Vorlesungen über Galvanisation[99] sowie über Färbung 99 ▪ 184 194 und Agrarchemie, die ihm den Lehrstuhl für Chemie an der 99 ▪ 216 238 Institution einbrachte. Mit 28 war er bereits Mitglied der Royal Society. Für seine Forschungsarbeit in der Elektrochemie (die er als wissenschaftliche Disziplin begründete) bekam Davy sogar einen Orden von Napoleon, obwohl Frankreich und England damals im Krieg standen. Im Jahre 1812 wurde er zum Ritter geschlagen und galt zeitlebens als prominente Persönlichkeit.

Davy befaßte sich auch mit der Sicherheit in Bergwerken. Im Jahre 1813 hatte eine schreckliche Methanexplosion in einer Kohlenzeche im nordenglischen Gateshead-on-Tyne 92 Menschenleben gefordert. Davy führte eine Reihe von Experimenten durch um herauszufinden, unter welchen Umständen Methan überhaupt explodierte, und entwickelte dann die Sicherheitslampe, die im Englischen nach ihm benannt ist. Wenn die Flamme der Lampe von einem feinen Drahtnetz umgeben war, so stellte Davy fest, dann entzündete die Hitze der Flamme keine Gase in der umgebenden Luft. Für diese Erfindung erhielt er eine Prämie von 2000 Pfund und eine Ehrung der Royal Society.

Einem fast analphabetischen Fördermaschinisten, der behauptet hatte, zur selben Zeit eine ähnliche Lampe erfunden zu haben, versagte man ein Patent und jegliche Anerkennung, obwohl seine Lampe bereits in Gruben eingesetzt wurde und im wesentlichen nach demselben Prinzip funktionierte (bei ihm wurde die Flamme von einem durchlöcherten Metall abgeschirmt). Seine Förderer waren so empört, daß sie Geld sammelten und ihm einen zweiten Preis in Höhe von 1000 Pfund verliehen. Durch das Geld wurde er nicht nur besänftigt, sondern auch in die Lage versetzt, weitere Experimente durchzuführen, mit denen er sich einen viel größeren Namen in der Geschichte machte, als dies mit einer Grubenlampe möglich war – denn mit seinem nächsten Gedankenblitz ließen sich Englands massive Ausgaben im Krieg gegen Napoleon in den Griff bekommen.

Der Krieg führte unter anderem zu einer hohen Inflation und rapide steigenden Preisen. Besonders Grubenbesitzer suchten dringend nach einer billigeren Transportmöglichkeit für ihre Kohle, seitdem der Futterpreis für Zugpferde wie eine Rakete in die Höhe gestiegen war. *Rocket* (Rakete) hieß ironi-

scherweise auch die neue Erfindung, mit der die Kohle schneller und billiger befördert werden konnte. Damit sollte der verkannte Lampenmacher, der übrigens George Stephenson[100] 100 ▪ 25 41
hieß, den Lauf der Welt verändern. Bei den Kohlegrubenbesitzern kam die »Rakete« deswegen so gut an, weil sie deren eigenes Produkt als Heizstoff verwendete; als man die »Rakete« auch für andere Zwecke (außer zur Beförderung von Kohle) einsetzte, wurde sie einer ihrer besten Kunden.

Die »Rakete« war eine Lokomotive, die anderen frühen Versuchen des Lokomotivenbaus überlegen war, weil Stephenson einen revolutionären Dampfkessel erfand. Das Erfolgsgeheimnis einer Lokomotive bestand darin, so viel Hochdruckdampf wie möglich zu erzeugen. Stephenson gelang dies, indem er in 25 Kupferrohren heißes Wasser aus dem Boiler durch die heißen Abgase leitete, die aus der Feuerbüchse strömten und durch den Schornstein entwichen. Die Rohre boten eine viel größere Erhitzungsfläche und erzeugten daher viel mehr Hochdruckdampf zum Antrieb der Zylinder, deren Kolben Kurbeln antrieben, welche die Räder der Lokomotive in Bewegung setzten.

Im Jahre 1829 sollten auf einem Gleisabschnitt im englischen Rainhill Testfahrten durchgeführt werden; die Direktoren der Eisenbahnen von Liverpool und Manchester boten eine Prämie von 500 Pfund für die beste Lokomotive. *Rocket* gewann das Rennen mühelos. Das Modell *Novelty* landete bei dem Wettbewerb auf dem letzten Platz, was seinen schwedischen Erbauer, John Ericsson, so entmutigte, daß er nach New York auswanderte. Ericssons Schlappe in Rainhill sollte jedoch entscheidende Folgen für die Kriegsführung im amerikanischen Bürgerkrieg haben.

Neben Lokomotiven kannte sich Ericsson auch mit Schrauben aus. Er hatte bereits ein Schiff mit Schraubenantrieb (die *Robert F. Stockton*) gebaut, das erfolgreich den Atlantik überquert hatte (allerdings nicht ohne den Einsatz von Segeln). Diese Verbindung zur Schiffahrt öffnete ihm die Tür zum amerikanischen Ministerium der Kriegsmarine. Im Jahre 1861, bei Ausbruch des Bürgerkriegs, schrieb Ericsson an Prä-

sident Lincoln und bot ihm an, für die Marine der Föderation
101 ▪ 174 183 eisengepanzerte Schiffe zu bauen. Schon im Krimkrieg[101] ein Jahrzehnt zuvor hatte das Militär erkannt, daß Holzschiffe bei Granatfeuer äußerst gefährdet waren. Ericsson wollte daher eine völlig neue Art von Schiff bauen. Lincoln willigte ein, und im Oktober 1861 wurde im Continental Eisenwerk in Brooklyn der erste Kiel gelegt. 100 Tage später war das Schiff fertig und lief Ende Januar 1862 vom Stapel.

Weder davor noch danach gab es jemals ein Schiff, das der *Monitor* geglichen hätte. Sie hatte eine Verdrängung von 987 Tonnen, führte auf einem zylindrischen Drehturm zwei Elf-Zoll-Geschütze und schaffte mit ihrem dampfgetriebenen Propeller sechs Knoten. Außerdem war sie vom Vorsteven bis zum Heck mit Eisen gepanzert. Das Ungewöhnlichste war jedoch, daß sie halb untergetaucht operierte und einen extrem flachen Tiefgang von nur knapp dreieinhalb Metern hatte. Die *Monitor* eignete sich ideal für Lincolns Plan, die Küste der Südstaaten mit einer Blockade zu belegen, denn sie konnte selbst in flachen Flußmündungen und Buchten manövrieren und war wegen ihres ausgesprochen flachen Profils ein schwieriges Ziel für Geschützbatterien an Land. Ihr drehbarer Geschützturm ermöglichte Rundumfeuer auch ohne Änderung der Position.

Nach ihrem ersten Einsatz in den Hampton Roads, bei dem die *Monitor* gegen das Schlachtschiff *Merrimac* antrat, wollte jede Kriegsmarine in Europa solch ein Schiff haben; Lincoln ordnete den Bau weiterer sechs Exemplare an. Eine Blockade, die durch den Einsatz der *Monitor* noch wirkungsvoller durchgesetzt wurde, unterband die Baumwollexporte, die für die Südstaaten die wichtigste Quelle zur Finanzierung des Krieges war. Bei der Planung der Blockade wurden einige Südstaatenhäfen als Ziele für eine Besetzung bestimmt. Einer davon war Port Royal auf den Sea Islands vor der Küste South Carolinas. Port Royal wurde 1861 von den Verbänden der Union eingenommen und diente dann als Lager und Instandsetzungsdepot für die Kriegsmarine der Nordstaaten.

Ab 1862 erlebte Port Royal eines der ungewöhnlichsten gesellschaftlichen Experimente in der Geschichte der Vereinigten Staaten. Im Rahmen des sogenannten Port Royal Experiments gab man den 10 000 schwarzen Sklaven der Insel die Freiheit und das Recht, eine eigene Lokalverwaltung zu wählen. Über 6000 Hektar Land, das die ehemaligen Herren der Sklaven aufgegeben hatten, wurden während des Krieges vom »Amt für Flüchtlinge, freigelassene Sklaven und aufgegebene Ländereien« konfisziert und für zweieinhalb Dollar pro Hektar langfristig und bei niedrigen Zinsen als Grundeigentum zur Verfügung gestellt. Jede Familie durfte höchstens 16 Hektar erwerben. In Berufsschulen, die von Absolventen der Universitäten Yale, Harvard und Brown eingerichtet wurden, unterrichtete man Lesen, Schreiben, Geographie, Nähen und Rechnen.

Als der Krieg 1865 zu Ende war, kehrten die weißen Plantagenbesitzer nach und nach zurück. Mit intensiver Lobbyarbeit in Washington (und aufgrund des Eindrucks, die Schwarzen würden das Land nicht ertragreich genug bewirtschaften) ließ sich bei den Behörden schließlich durchsetzen, daß »begnadigte« weiße Südstaatler den Großteil ihres Grundeigentums wieder in Besitz nehmen konnten. Einige wenige Parzellen blieben in schwarzer Hand, doch insgesamt galt das Experiment als gescheitert. Und so nahm man auf den Sea Islands wieder die Produktion der Sea Island Baumwolle auf, für die die Inseln bereits bekannt waren. Die Baumwolle stammte zwar ursprünglich aus Westindien, doch gegen Ende des 18. Jahrhunderts wurde sie mit großem Ertrag an der Küste von South Carolina angepflanzt. Sie galt als besonders wertvoll, weil die weichen weißen Fasern fest, seidig und über vier Zentimeter lang waren. Mitte des 19. Jahrhunderts wurde die Sea Island Baumwolle hauptsächlich für Unterwäsche und Unterröcke verwendet (es gab Zeiten im amerikanischen Süden, in denen es ein Muß für Damen war, nicht weniger als 16 Petticoats zu tragen).

Während dieser ganzen Zeit stützte sich die Wirtschaft der Südstaaten fast ausschließlich auf die Baumwolle, die größtenteils nach Großbritannien ausgeführt wurde, wo die Baum-

wollmanufaktur einen großen Teil der Industriellen Revolution ausmachte. Um 1780 hatte es in England 100 Baumwollspinnereien gegeben. Im Jahre 1830 zählte man über 1000, und es wurden immer mehr. Ungefähr ab 1820 stammten 80 Prozent der britischen Baumwollimporte aus den Vereinigten Staaten, wo sich die Preise aufgrund der Sklavenarbeit und der
102 ▪ 79 72 Baumwollentkörnungsmaschine[102] auf einem Tiefstand bewegten, mit dem Indien nicht konkurrieren konnte. Durch den Bürgerkrieg wurde der Nachschub zwar vorübergehend unterbrochen, doch ab 1880 funktionierte die Produktion wieder ganz normal und in den Spinnereien ratterte es Tag und Nacht – dank des Gaslichts.

Seit der Erfindung der Dampfenergie hatten sich alle großen englischen Baumwollfabriken in Kohlerevieren angesiedelt, vor allem in Lancashire in den English Midlands. Folglich gab es vor Ort auch genügend Rohstoff für die Herstellung von
103 ▪ 29 42 Kohlengas.[103] Das Gaslicht ermöglichte die Einführung von
103 ▪ 29 63 Nachtschichten und verdoppelte die Produktivität auf einen Schlag.

Ganz deutlich verringert wurde durch das Gaslicht die Brandgefahr in Spinnereien, denn ein einziger Gasstrahl erzeugte dieselbe Lichtstärke wie 23 Kerzen. Mitte des 19. Jahrhunderts war das Gaslicht schon weit verbreitet. In den englischen Städten erleuchtete es die meisten größeren Straßen; ab 1850 gab es auch in Toronto Gaslicht und ab 1872 in Tokio. Genau dieser möglicherweise lukrative städtische Absatzmarkt für billige Beleuchtung weckte die Aufmerksam-
104 ▪ 31 43 keit von Thomas Edison,[104] der behauptete, er werde die Elek-
104 ▪ 41 47 trizität so billig machen, daß nur noch die Reichen bei Kerzen-
104 ▪ 55 61 licht speisen würden. Im Jahre 1882 ließ er in der Pearl Street in New York das erste Kraftwerk für Elektrolicht ans Netz gehen. Dieses Ereignis war eine Katastrophe für die Gaslichtindustrie; die Investitionen in Gaswerke sanken rapide. Drei Jahre später entdeckte ein Österreicher, der bei Robert Bun-
105 ▪ 86 82 sen[105] studiert hatte (und folglich etwas von Gas verstand),
105 ▪ 196 209 eine Möglichkeit, das Lebenslicht der Gaslichtgesellschaften um einige Jahrzehnte zu verlängern.

Carl Auer von Welsbach war der Sohn des Direktors der Kaiserlichen Druckpresse in Wien. In Bunsens Laboratorium in Heidelberg fing Welsbach an, sich für »Seltene Erden« zu interessieren. Bei seinen Forschungsarbeiten kam er darauf, daß einige Seltenerden extrem hell leuchteten, wenn man sie erhitzte. Nach einer Reihe von Experimenten entdeckte er folgendes: Wenn man ein Stück Sea Island Baumwollgewebe mit Thoriumnitrat und der Seltenerde Zer[106] imprägnierte und 106 ▪ 311 373
dann in eine Gasflamme hielt, wurde das Gewebe weißglühend.

Im Jahre 1885 ließ Welsbach diesen »Glühstrumpf« patentieren. Das Verfahren erhöhte die Leuchtkraft des Gaslichts[107] 107 ▪ 290 338
um das Siebenfache; die Fabriken konnten die Baumwollproduktion steigern und die Kosten senken; und die Gasindustrie hielt sich damit bis kurz vor dem Ersten Weltkrieg über Wasser, als das Gas im Vergleich zur Elektrizität dann schließlich doch zu teuer wurde. Glühstrümpfe finden noch heute in Campinggasbrennern Verwendung. Welsbach erforschte und entdeckte bis zu seinem Lebensende weitere Seltenerden, doch die offizielle Anerkennung (die ihm schließlich in Form einer österreichischen Baronetswürde zuteil wurde) galt seiner ursprünglichen Arbeit am Glühstrumpf. In allem Ernst wählte Welsbach als aristokratisches Familienmotto die Losung »Mehr Licht«.

Besonders in der textilverarbeitenden Industrie entstand durch die immer größer werdende Produktvielfalt ein verstärkter Bedarf an Möglichkeiten, die Umgebung zu beeinflussen, in der die Fäden gesponnen und gewoben wurden. Ganz wichtig war die Regulierung von Temperatur und Feuchtigkeit. Bereits 1838 wurde in einer amerikanischen Textilfabrik die erste größere Klimaanlage installiert; dabei wurde mit Hilfe von Rotationsvakuumpumpen und Wassersprühdüsen die Luft befeuchtet, damit die Fäden nicht rissen. Im Jahre 1890 ventilierte man Luft über Eis, um in der Carnegie Hall für kühle Temperaturen zu sorgen und bei Eastman Kodak[108] 108 ▪ 45 52
Filmmaterial zu schützen.

Im Grunde konnten jedoch die Baumwollfabrikanten für

sich in Anspruch nehmen, das Air conditioning erfunden zu haben. Den Begriff verwendete erstmals ein Baumwollspinner namens Stuart W. Cramer in einem Vortrag, den er 1907 vor der American Cotton Manufacturers' Association hielt. Der Ausdruck bezog sich dabei nicht auf die Regulierung der Luft an sich, sondern auf die Art und Weise, wie sich die Befeuchtung auf den Zustand der Baumwolle auswirkte. Die erste wissenschaftlich konstruierte Klimaanlage (im modernen Sinne) wurde 1902 von Willis Carrier, einem Ingenieur aus Buffalo im Staat New York, entwickelt. Carrier leitete kaltes Wasser durch Kupferrohrschlangen, fächerte Luft darüber und regulierte die Raumtemperatur dadurch, daß er die Temperatur in den Rohren und die Ventilationsgeschwindigkeit der Luft veränderte.

Der eigentliche Durchbruch in der Temperaturregulierung erfolgte jedoch erst mit der Entwicklung wirksamer Isolation, und diese verdankte ursprünglich ihren Erfolg den beiden berühmten »Glaskleidern«, von denen eines für die spanische Prinzessin Eulalia entworfen wurde. Das andere, das für den Broadwaystar Georgia Cayvan gefertigt und 1893 auf der
109 ▪ 42 47 Weltausstellung in Chicago[109] gezeigt wurde, ist heute im
109 ▪ 73 69 Museum of Arts and Crafts in Toledo im amerikanischen Bundesstaat Ohio zu sehen. Die Kleider schlugen ganz groß ein, auch wenn sie eher wegen ihres Publicityeffekts kreiert worden waren als in der Hoffnung, sie als Gebrauchskleidung anzubieten. Sie bestanden aus mit Glasfasern verwebter Seide und sahen aus, als seien sie aus hochglänzendem Satin. Ihre Herstellung war natürlich höchst kostspielig gewesen. Angefertigt hatte sie Edward Drummond Libbey, der in Toledo eine Glasfabrik besaß, in der ein junger Aufseher namens Michael Owens arbeitete. Gemeinsam mit Libbey gründete Owens im Jahre 1903 die Owens Flaschenmaschinen-Gesellschaft und später einen der größten Glasherstellungskonzerne der Vereinigten Staaten: Owens-Illinois.

Richtig angekurbelt wurde die Glasproduktion durch die Nachfrage nach Qualitätsglas für Ferngläser, Kameras, Artillerie-Zieloptiken und Filmprojektorlinsen während des Ersten

Weltkriegs. Bis dahin hatten die Amerikaner das meiste Glas dieser Qualität aus Deutschland importiert, doch als sie in den Krieg gegen Deutschland eintraten, wurden die Glasvorräte in Amerika rasch knapp. Der Nationale Forschungsrat der Vereinigten Staaten kam zu dem Schluß, daß im Namen der nationalen Sicherheit mindestens sechs verschiedene Glasarten von einem einheimischen Hersteller produziert werden sollten und daß das Militär allein einen Bedarf von mindestens 2000 Pfund Glas pro Tag hatte. Die Glasherstellung wurde umgehend auf Massenproduktion umgestellt und in die wissenschaftliche Forschung einbezogen.

Nach dem Krieg (als Owens-Illinois und der zweite amerikanische Glasgigant, Corning, sich in der Forschung zusammenschlossen) erzielte die Fiberglasproduktion entscheidende Fortschritte; inzwischen konnten neue Glasgarne gewoben werden, die in der Elektroisolation und als Filtergewebe Verwendung fanden. Bei denselben Experimenten entstand auch Glaswolle, ein extrem leichtes Isolationsmaterial. Fiberglas wurde hergestellt, indem man geschmolzenes Glas durch winzige Löcher in einem erhitzten Platintiegel preßte. Die austretenden Glasfäden wurden verzwirnt und auf Trommeln gewickelt. Dieses Produkt konnte dann gewoben und in feste Formen gebracht werden. Während des Zweiten Weltkriegs wurde es für nichtmagnetische Minen, Abwurftanks und Wärmeisolierungen jeglicher Art verwendet.

Nach dem Zweiten Weltkrieg brachte die Firma Owens-Corning ihr neues Produkt in einer Wanderausstellung an die Öffentlichkeit; zu bestaunen waren Wecker, die in Fiberglasbehältern ungehört vor sich hinklingelten oder Eiscreme, die in ihrer Fiberglasisolation direkt neben einem beheizten Backofen gefroren blieb. Die Stärke von Fiberglas wurde demonstriert, indem ein schwergewichtiger Footballspieler an dünnen Fiberglasschnüren baumelte oder jemand aus dem Publikum versuchen sollte, ein Stück Fiberglas mit einem schweren Hammer zu zerbrechen (was niemandem gelang).

Im Jahre 1951 kam Charles Townes auf eine Idee, die die Verwendungsweise von Fiberglas radikal veränderte und zufälligerweise dort weiterführte, wo Welsbach aufgehört hatte. Townes war ein Spezialist auf dem Gebiet der Unterwasser-Radiowellenübertragung. Er saß gerade auf einer Parkbank in Washington, D.C., und wartete auf einen Termin beim Office of Naval Research, als ihm der Gedanke durch den Kopf schoß, daß man Moleküle dazu bringen könnte, zu schwingen und Mikrowellenstrahlung abzugeben. In seinem Labor versuchte er, Ammoniakmoleküle zu erregen, die 240 Milliarden Mal pro Sekunde schwingen, wenn ihnen mit Hitze oder Elektrizität Energie zugeführt wird. Townes hatte die Absicht, diese erregten Moleküle einem Mikrowellenstrahl mit derselben Schwingungsfrequenz auszusetzen. Dadurch sollten die Ammoniakmoleküle Mikrowellen mit einer erhöhten energetischen Leistung abgeben. Diese Mikrowellen sollten wiederum andere Ammoniakmoleküle dazu anregen, Mikrowellen abzugeben, und so eine Art Kettenreaktion auslösen.

Im Jahre 1953 erzeugte Townes im Rahmen seiner Experimente einen Mikrowellen-Triggerstrahl, und zwar mit Hilfe eines Verfahrens, das als »Mikrowellenverstärkung durch induzierte Emission von Strahlung« (Maser) bezeichnet wurde. 1960 führte Theodore Maiman das Verfahren einen Schritt weiter, indem er die Moleküle eines Rubins verwendete. Einem Rubinzylinder, dessen glattpolierte, parallele Enden mit Silber ummantelt waren, führte Maiman mit einer Xenonlampe Energie zu. Die freien Seiten des Rubinzylinders ließen das Licht durch; und weil die Rubinmoleküle magnetisch auf eine Schwingung in der Frequenz des eintretenden Lichts eingestellt werden konnten, verstärkten sich die beiden und erzeugten die typische gebündelte Mikrowellenemission auf einer einheitlichen Frequenz. Diese Emission wurde zwischen den versilberten Enden hin und hergeworfen, verstärkte ihre Intensität und erzeugte schließlich einen unglaublich starken und kohärenten Lichtstrahl.

Diesen Prozeß der Intensitätsverstärkung bezeichnete man als »Lichtverstärkung durch induzierte Emission von Strahlung« (Laser). Weitere Experimente ergaben, daß nicht Rubin das geeignetste Material war, sondern extrem reines Glas mit einem Zusatz von Neodymium, einer jener Seltenerden, die Welsbach entdeckt und in seinem Glühstrumpf erprobt hatte. Dieser Neodymiumlaser diente nun als Quelle für ein extrem starkes Licht, mit dem man andere Materialien erregen und somit noch stärkere Strahlen von gebündeltem Licht erzeugen konnte.

Heutzutage ist diese ungewöhnliche, neue Lichtquelle unglaublich kohärent. So zeigte sich bei den ersten »Apollo«-Missionen, daß der Lichtstrahl selbst über die Distanz zwischen Erde und Mond nur ganz geringfügig streut. Außerdem ist das Laserlicht genauso scharf wie präzise; Stahl läßt sich damit ebenso schneiden wie die menschliche Netzhaut. Im Bereich der modernen Kommunikation übermittelt Laserlicht alle möglichen digitalisierten Signale über faseroptische Leitungsnetze. Es wird verwendet, um mit extremer Präzision Distanzen zu messen. Laser-Endoskope leuchten das Innere des menschlichen Körpers aus und unterstützen so die nichtinvasive Chirurgie. Laserlicht zertrümmert Nierensteine, ohne andere Organe zu schädigen. Mit Laserstrahlen lassen sich Hologramme erzeugen, die minimalste Grade an Verschmutzung in Gasen[110] feststellen, innere Organe wie das Gehirn 110 ▪ 197 209
abtasten, Materialfehler aufspüren und frühzeitige Brandwar- 110 ▪ 240 272
nungen geben; und aus dem Weltraum lassen sich die winzigen Verschiebungen der Erdoberfläche registrieren, die Erdbeben ankündigen.

Die vielleicht spektakulärste Verwendungsweise des Laser in jüngster Zeit ist jedoch seine Nutzung auf dem Schlachtfeld, vor allem in Form der gelenkten Bombe, der sogenannten *smart bomb*. Während des Golfkrieges wurde diese Waffe mit vernichtender Wirkung eingesetzt; diese Bomben werden von einem Flugzeug abgeworfen und dann millimetergenau auf ihr Ziel gelenkt, und zwar mit Hilfe eines haarfeinen Lichtstrahls, der von einem Laser in einem zweiten Flugzeug ausgesandt wird, welches die genaue Position des Ziels bestimmt hat. Und so endet diese Geschichte, die mit dem mittelalterlichen Gewürzhandel im Nahen Osten begann, ironischerweise mit dem Bordschalter, der die Lenkwaffe auslöst und der als *pickle* bezeichnet wird. In geladenem und abwurfbereitem Zustand spricht man von einem *hot pickle.*

Gelenkte Bomben gehören zum Allerneusten im militärischen Arsenal schnellreagierender Waffen, die in der Ära nach dem Kalten Krieg zum Einsatz kommen, in der eine flexible Reaktion entscheidend ist. Doch so war es im Grunde immer schon ...

6 Flexible Reaktion

Im Krieg trägt meist diejenige Armee den Sieg davon, die am ehesten in der Lage ist, auf jede Situation geeignet zu reagieren, nach Belieben den Standort zu wechseln, massive Feuerkraft mit extremer Präzision genau am richtigen Ort und zur richtigen Zeit einzusetzen und dann reibungslos und ohne Verluste wieder zurückzuziehen und an anderer Stelle einzusetzen. Solche Flexibilität in der Reaktion war schon immer der Schlüssel zum Erfolg.

Eine der ersten und wirksamsten Waffen, die solch eine flexible Anwendung erlaubten, war der Bogen. Ironischerweise bedingte die vielseitige Verwendungsweise einer bestimmten Bogenart eine Reihe von Ereignissen, die zu einer modernen Erfindung führte, welche jene flexible militärische Reaktion ermöglicht, ohne die wir das Chaos in der Ära nach dem Kalten Krieg vielleicht gar nicht überlebt hätten. Bei der historischen Waffe handelt es sich um den berühmten mittelalterlichen Langbogen.

Niemand weiß, woher der Langbogen ursprünglich stammte, aber erste Hinweise auf ihn deuten nach Wales. Gerald de Barri war einer jener mittelalterlichen Kleriker und Chronisten, die faszinierende Berichte über ihr Leben und ihre Zeit schrieben. Im Jahre 1188 begleitete Gerald Erzbischof Baldwin auf einer Reise durch Wales, auf der dieser zum Dritten Kreuzzug ins Heilige Land aufrief. Über diese Reise verfaßte Gerald einen Bericht voller Kuriositäten und Geschichten aus jener Region. In einer dieser Fabeln schilderte er einen Vorfall, der sich anscheinend sechs Jahre früher bei der Bestürmung von Abergavenny Castle ereignet hatte: »Zwei Soldaten liefen über eine Brücke, um in einem der Türme Zuflucht zu suchen. Walisische Bogenschützen schossen hinter ihnen her und jagten ihre Pfeile mit solcher Wucht in das Eichentor des Turmes, daß die Pfeilspitzen das Türholz durchbohrten, das fast eine Handbreit dick war; und die Pfeile wurden als Mahnzeichen in der Tür stecken gelassen.« Gerald hatte die fraglichen Pfeile selbst gesehen und erzählte noch eine weitere Geschichte über dieselbe Art von Bogen. In diesem Falle wurde ein englischer Soldat von einem Pfeil verwundet, der seine Beinpanzerung durchdrang, seinen Schenkel und den Sattel durchbohrte und schließlich sein Pferd tötete.

Im 14. Jahrhundert verfügten die englischen Könige über ganze Bataillone walisischer Bogenschützen. Aufgrund ihrer Schießtechnik und der Reichweite der Pfeile von fast 400 Metern waren diese Schützen ernstzunehmende Gegner. Sie standen dem Feind nicht frontal sondern gestaffelt gegenüber und waren dadurch schwer zu treffen. Ein geübter Bogenschütze konnte bis zu 15 Pfeile in der Minute abschießen. Eine Staffel von Schützen trat vor und schoß, während die andere den nächsten Schuß vorbereitete. Auf diese Weise konnte ein ununterbrochener Pfeilhagel auf den Feind niedergehen und eine verheerende Wirkung erzielen. Man rechnete aus, daß während der achtstündigen Schlacht, die sich die Engländer und Franzosen bei Crécy lieferten, über eine halbe Million Pfeile verschossen wurden. Der große taktische Vorteil der Bogenbataillone bestand darin, daß die Schützen zu jeder Position laufen und sich dank der Leichtigkeit und extremen Reichweite ihrer Waffe rasch auf eine veränderte Lage einstellen konnten, was der Kavallerie und den Pikenieren nicht möglich war.

Im Mittelalter waren Langbogenschützen regelrechte Superstars. Der berühmteste Vertreter dieser Zunft war wahrscheinlich Robin Hood mit seiner legendären Kunstfertigkeit, aus mehreren hundert Metern einen Pfeil zu spalten. Über Robin Hood gibt es mehr Legenden als über Jesse James. Erstmals erwähnt wird der Mann in Lincolngrün in Langlands Gedicht »Piers Plowman«, das um 1377 geschrieben wurde und auf volkstümlichen Versen beruhte, die bereits verbreitet waren.

Robin Hood ist in den unterschiedlichsten Gestalten porträtiert worden. Einer Version zufolge ist er ein liebenswürdiger Schelm, ein vogelfreier Vagabund, der mit seinem lustigen Haufen im Sherwood Forest von Nottingham sein Unwesen treibt, die Reichen bestiehlt und die Armen beschenkt. Dies ist wahrscheinlich die unglaubwürdigste Version, denn es gibt keinerlei Indizien, die sie stützen. An anderer Stelle ist er ein Held der Volkssage, der mit den Fruchtbarkeitsritualen des Maitages in Verbindung steht. Er begegnet uns auch als enteigneter Adeliger, der um sein Erbe kämpft; als englischer Partisane, der gegen die normannischen Eindringlinge kämpft; als Kreuzfahrer im Dienste König Richards, der nach Richards Tod und der Thronbesteigung durch dessen bösen Bruder, König John, für Gerechtigkeit eintritt; und schließlich als adeliger Höfling König Edwards II. Er taucht auch als Robin Hod auf, als flüchtiger Rechtsbrecher aus Yorkshire, der in den Wäldern von Barnsdale lebt.

Soweit laufen diese verschiedenen Versionen auf einen Volkshelden hinaus, der zu ungewöhnlich mutigen Taten fähig war und seine Waffe wie kein zweiter gebrauchen konnte. In diesem Sinne stellt Robin Hood ein Motiv dar, das seit den uralten mesopotamischen Reichen immer wieder in Sagen und Legenden auftauchte – ein utopischer Superman, der die gewöhnlichen Menschen aus der Not und dem Elend ihres Alltags erlöst. Diese Art von Geschichten war besonders verbreitet in Gesellschaften, in denen eine willkürliche Rechtspraxis die Abstellung von Mißständen praktisch unmöglich machte.

Die nüchternste (und wahrscheinlich wahrheitsgetreuste) Version der Robin-Hood-Legende finden wir in kürzlich entdeckten Dokumenten über Gerichtsverfahren in Eyre, einem Dorf in Berkshire. Diese Gerichtsprotokolle erwähnen einen Flüchtigen namens William Robehod, der 1261 angeklagt worden war, weil er einer kriminellen Bande von drei Männern und zwei Frauen angehörte, die des Raubes verdächtigt wurde.

Aber egal wer Robin Hood gewesen sein mochte (und es besteht kaum ein Zweifel, daß es ihn irgendwann im 13. Jahrhundert tatsächlich gegeben hat), so haben wir es hier wahrscheinlich mit demselben Phänomen zu tun wie später im Falle von Jesse James. So viele Leute benutzten seinen Namen, daß er zu ganz unterschiedlichen Zeiten an den unterschiedlichsten Orten auftauchte.

Aller Wahrscheinlichkeit nach ist Robin also kein Mythos. Maid Marian dagegen ist zweifellos ein Mythos. Die Jungfer wird zwar traditionell mit ihm in Verbindung gebracht, doch in keiner ursprünglichen mittelalterlichen Version seiner Abenteuer wird sie je erwähnt. Das Motiv dieser Beziehung taucht überhaupt erst im 16. Jahrhundert auf. Die ganze Romanze zwischen Robin und Marian beruhte wahrscheinlich auf einem Musikstück, das 1283 in der flandrischen Stadt Arras geschrieben wurde. Dieses Stück hatte jedoch nicht das Geringste mit England, Wäldern oder Räubern zu tun. Der Autor war Adam de la Halle, ein verheirateter Kleriker, der möglicherweise in Paris Polyphonie studierte und später als Hofmusiker bei Graf Robert II. von Artois tätig war. Sehr wahrscheinlich wurde das Stück (genauer gesagt ein Schäferspiel) zur Unterhaltung der Soldaten von Adams Herrn geschrieben, als dieser in Süditalien weilte, um seinem Vetter, dem König von Neapel, Militärhilfe zu leisten.

Das Stück von de la Halle bot den heimwehkranken Soldaten alles, was ihnen fehlte: Eine romantische, amüsante und leicht frivole Szenerie aus dem Leben in der Heimat. Das Stück hielt sich an die traditionelle Form des Schäferspiels, einer literarischen Gattung, die man bereits im antiken Griechenland kannte und in der es im allgemeinen um Begegnungen zwischen einfachen Dorfleuten (normalerweise Schäfern und Schäferinnen) und berechnenden Stadtmenschen ging (wobei die letzteren die ersteren betrügen oder verführen wollen). In de la Halles Version trägt die Heldin (die der Verführung durch einen Ritter aus der Stadt nur knapp entgeht) den Namen Marion. Das Werk weist die traditionellen Zwischenspiele aus Lied und Tanz auf, die zwischen diverse Episoden einer ziemlich einfach gestrickten Geschichte eingestreut sind: Marion läßt sich von dem ritterlichen Charmeur überreden, ihre Herde zu verlassen, bemerkt in letzter Minute, daß seine

Absichten unredlich sind, kehrt in ihr Dorf zurück und landet – unversehrt – in den Armen ihres Freundes Robin.

Ein Mann wie de la Halle konnte sich in Arras über Wasser halten, weil die Stadt zu jener Zeit eine blühende Gemeinde mit mehr als 20 000 Einwohnern war, die bereits 200 Dichter und Musiker ernährte. In gewissem Sinne ist das Schäferspiel »Robin und Marion« ein Kommentar auf die Beziehung zwischen den Schafzüchtern auf dem Land und dem Stadtvolk (wie etwa in Arras), das von der Wolle profitierte. Der Reichtum von Arras beruhte, wie fast in ganz Flandern, auf der Wolle. Seit dem frühen Mittelalter waren die flachen Landstriche Flanderns,[111] die sich bis an die Nordsee erstreckten und 111 ▪ 203 218 von schiffbaren Flüssen durchzogen wurden, ein blühendes Zentrum des Handels und der Schafzucht. Die Textilbranche war damals führend im europäischen Gewerbe, und Flandern war führend in der europäischen Textilbranche. Zu Zeiten de la Halles dehnten sich Arras und die anderen großen Textilstädte wie Ghent und Ypern rasant aus und weiteten ihre Gerichtshoheit auf die umliegenden Landregionen aus.

Die erste industrielle Revolution, die in Flandern ihr Zentrum hatte, beruhte fast ausschließlich auf der Einführung eines neuen horizontalen Webstuhls, der aus der arabischen Welt kam. Diese Neuheit verfügte über Fußpedale, mit denen die Kette angehoben werden konnte, so daß der Weber die Hände frei hatte, um das Schiffchen hin- und herzuwerfen. Dadurch konnte man viel schneller und profitabler arbeiten und vor allem viel längere Stoffe weben. Aufgrund ihrer jahrhundertelangen Erfahrung in der Wollverarbeitung waren die Flamen die besten Weber im Europa des 13. Jahrhunderts. Flämische Stoffe wurden überall in der bekannten Welt verkauft. Die Hersteller reisten bis nach Westindien und ins Baltikum, um sich ihre Textilfarben zu beschaffen; und das Alaun, mit dem sie ihre Farben fixierten, besorgten sie sich in den Minen des Vorderen Orients.

Dieser außergewöhnliche Erfolg der Flamen beruhte zum Teil auf einer neuen Kleidermode, die sich Ende des 12. Jahrhunderts in Europa durchsetzte. Die Reichen trugen neuerdings Wollröcke, anstatt der früheren Leinengewänder. Die Nachfrage überstieg das Angebot, und bei den Flamen gingen so viele Bestellungen ein, daß sie sogar zusätzliche Wolle aus England importieren mußten. Das Gewerbe nahm gigantische Ausmaße an, und so fing man in den einzelnen Zweigen an, sich zu spezialisieren. Am meisten spezialisierten sich die Berufsgruppen, die das gewebte Material weiterverarbeiteten. Der eine schlug den Stoff, um Fett und Schmutz zu entfernen; der andere entfernte Noppen und lose Fäden; der Walker machte das Tuch weich und glatt; der nächste rauhte das Haar auf; der Scherer schnitt den Flor glatt und ein weiterer flickte eventuelle Löcher.

Vor allem eines sicherte das anhaltende Florieren der flämischen Wirtschaft – die Möglichkeit, das Meer zurückzudrängen und immer mehr Land für die Hunderttausende Schafe zu gewinnen, die den wichtigsten Naturreichtum des Landes darstellten. Bereits im 12. Jahrhundert war Flandern bekannt für seine Landgewinnungstechniken. Im 13. und 14. Jahrhundert führten jedoch große Klimaveränderungen zu einem Ansteigen der Meere, und katastrophale Flutwellen überspülten die Deiche. In der Nacht des 19. November 1421 wurden in der Gegend von Hollandse Waard weit über 40 000 Hektar Land überschwemmt; 72 Dörfer gingen unter und 100 000 Menschen ertranken. Die Überflutungen wurden immer schlimmer; die größten Katastrophen ereigneten sich in den Jahren 1468, 1526, 1530, 1532, 1551 und die allerschlimmste an Allerheiligen im Jahre 1570.

Verständlicherweise gab es am Ende des 16. Jahrhunderts – nach 100jähriger Hochwassererfahrung – in Holland die besten Hydrauliker Europas. Einer dieser Wasserbauer war Simon Stevin. Über seine ersten Lebensjahre ist nicht viel bekannt. Er wurde 1548 als uneheliches Kind in Brügge geboren, wuchs in wohlhabenden Verhältnissen auf, trat in seiner Heimatstadt in den Finanzdienst ein, reiste als 20jähriger nach Polen, Rußland und Norwegen und studierte dann an der Universität von Leiden. Mit 38 Jahren war er ein versierter Hydraulikingenieur; er schrieb Abhandlungen über die Konstruktion von Dämmen, Wehren, Schleusen und Kanälen, über den Aufbau von Sandbänken sowie über andere Themen, die wichtig waren für den Erhalt der Polder. Diese eingedeichten Landstriche wurden gewonnen, indem man Dämme baute, das Wasser abzog, weiteres Erdreich aufschüttete und das Gelände austrocknen ließ.

Stevin verstand sich auch auf den Windmühlenbau. Windmühlen waren die einzige Möglichkeit, um Wasser aufzupumpen, da es in diesem Flachland keine schnellfließenden Gewässer gab, an denen man Wassermühlen betreiben konnte. Stevins Beitrag zur Landgewinnung in Holland bestand darin, daß er Mühlen mit größeren Schaufelrädern baute, die sich langsamer drehten, und Übertragungssysteme mit wirksameren, konischen Zahnrädern konstruierte. In Relation zu Anzahl und Größe der Zähne an den Getrieberädern konnte er sogar errechnen, welcher Mindestwinddruck pro Quadratmeter Flügelfläche erforderlich war, um das Wasser auf die notwendige Höhe zu heben. Damit konnte er kalkulieren, wieviel Wasser bei jeder Umdrehung der Flügel hochgepumpt wurde.

Wie so mancher seiner Zeitgenossen der Spätrenaissance interessierte sich Stevins für ein weitgefächertes Spektrum von Wissensgebieten, unter anderem für Mathematik, Astronomie, Navigation, Wehrkunde, Musiktheorie, Staatsbürgerkunde, Geographie, Hochbau und Buchhaltung. Im Gegensatz zu seinen Zeitgenossen schätzte Stevin jedoch den Wert der Umgangssprache. Er vertrat die Auffassung, die holländische Sprache sei durchaus dazu geeignet, Dinge klar verständlich zu machen. Sein Schreibstil ist zugleich präzise und amüsant. Leider verstanden nur sehr wenige Menschen außerhalb der Niederlande Holländisch, und so blieb ein großer Teil von Stevins ausgesprochen originellen Arbeiten unbeachtet, bis sie später übersetzt wurden.

Eines seiner Werke, die eine breite Leserschaft erreichten, waren die *Zinstabellen* aus dem Jahre 1582, in denen Stevin die Regeln zur Errechnung von Zinsen und Zinseszinsen aufstellte und Tabellen zur schnellen Berechnung von diversen

Raten und Rabatten vorlegte. Der Grund, weshalb man sich plötzlich so für das Rechnungswesen interessierte, war der ungeahnte Aufschwung der holländischen Wirtschaft. Der Handel expandierte rapide, nicht zuletzt dank der Entwicklung 112 ▪ 206 221 eines revolutionären neuen Schiffes, des sogenannten *Fluyt*[112], bei dem die Segel mit Hilfe von Flaschenzügen gehißt und gestrichen wurden, so daß man mit einer kleinen Mannschaft auskam. Außerdem war die Größe der Deckhäuser knapp gehalten, um mehr Platz für die Frachtverladung zu haben. Und mit seinem fast flachen Boden verfügte dieser Schiffstyp über einen großen Laderaum. Aufgrund all dieser Eigenschaften war das Schiff sowohl effizient als auch billig, und mit seinem geringen Tiefgang eignete es sich ideal für den Transport in Binnen- und Küstengewässern. Ende des 16. Jahrhunderts hatten die Holländer praktisch das Monopol über Transport und Reexport inne; sie belieferten die holländischen Seehäfen und vertrieben dann die Waren mit *Fluyts* in ganz Europa.

Da die Holländer inzwischen in Geld schwammen, mußten sie als nächstes die Kredit- und Wechselbank erfinden, um so die Gelder gegen Zinsen verleihen zu können. Im Jahre 1585 verpaßte Stevin dem holländischen Kapitalmarkt eine weitere Spritze, indem er das Geschäft der Geschäfte einen Schritt weiterbrachte. In einer 29seitigen Broschüre mit dem eher nüchternen Titel *Das Zehntel* führte er eine Änderung in einem wichtigen Bereich der mathematischen Schreibweise ein. Damit machte er nicht nur den Buchhaltern das Leben leichter, sondern ermöglichte auf einen Schlag die unglaublich komplexen Berechnungen, die für die großen astronomischen Entdeckungen des folgenden Jahrhunderts erforderlich waren. Stevins arithmetische Revolution begründete eine radikal neue Art des Rechnens.

Bisher hatte man mit Bruchteilen gerechnet, indem man Brüche aus ganzen Zahlen notierte (beispielsweise $1\,^{2}/_{3}$). Diese Methode war ausgesprochen zeitraubend, wenn Brüche addiert wurden (beispielsweise $1\,^{19}/_{32} + 3\,^{12}/_{62} + 8\,^{46}/_{83} = ?$). Das indisch-arabische Zahlensystem war in Europa durchaus bekannt, und die Schreibweise der Zahlen hatte sich mehr oder weniger in ihrer modernen Form durchgesetzt. Da das Dezimalkomma seit dem Mittelalter gebräuchlich war und durchaus verstanden wurde, kam Stevin auf die Idee, Dezimalzahlen auch in Brüchen anzuwenden. Dezimalbrüche erleichterten das Rechnen ungemein, und das neue System verbreitete sich wie ein Lauffeuer.

Ein nicht ganz so einschlagender Erfolg war Stevins Vorschlag, das neue System auch auf das Münzwesen anzuwenden. Von dieser Idee nahm man erst Ende des 18. Jahrhunderts wirklich Notiz, und zwar in einem fernen Land, das ebenso viele unterschiedliche Währungen kannte wie Einwanderernationen. Als die Vereinigten Staaten gegründet wurden, hatten sie noch keine eigene Währung. Die Amerikaner bezahlten mit spanischen Dublonen und Dollars, portugiesischen Moidors und Johannes, französischen Livre, Sous, Pistolen und Guineen, britischen Pfund, Shillings und Pence sowie diversen Dukaten, Kupfermünzen, Kronen und Pesos. Und all diese Münzen hatten in den verschiedenen Staaten und Commonwealths einen anderen Wert.

Der Mann, der diesem Währungschaos ein Ende machte, war ein einbeiniger, blaublütiger und betuchter New Yorker, der während der Schreckensherrschaft als amerikanischer Gesandter in Frankreich weilte, in den Kontinentalkongreß gewählt wurde, Assistent des amerikanischen Finanzministers war und sich Gouverneur Morris schimpfte. Im Jahre 1782 wurde er vom Kongreß beauftragt, einen Bericht über den Umlauf ausländischer Währungen im Land vorzulegen. In einer Nachbemerkung zu seinem Bericht äußerte er die Absicht, das amerikanische Münzwesen auf das Dezimalsystem umzustellen. Der Gedanke wurde von Thomas Jefferson[113] aufgegrif-
113 ▪ 80 73
fen. Jefferson faßte den Beschluß, als Währungseinheit den
113 ▪ 213 230
spanischen Dollar einzuführen, der in hundert Cents unter-
113 ▪ 295 346
teilt und mit einem Symbol gekennzeichnet werden sollte, das auf den Buchstaben P und S aus dem spanischen Wort *pesos* beruhte und als $ ausgeschrieben wurde. Da Jefferson weitaus berühmter war als Morris, hat man vergessen, daß die Idee ursprünglich von letzterem stammte. Doch Morris sollte noch in

einer Weise seine Spuren hinterlassen, die mindestens genauso bedeutsam wurde wie der Dollar.

Im Jahre 1803 berichtete er dem Generalgeometer des Staates New York, Simeon DeWitt, von seiner Idee, »den Erie-See anzuzapfen ... und dessen Wasser in einem künstlichen Fluß direkt über das Land in den Hudson River zu leiten«. Trotz der allgemeinen Begeisterung für die Idee war Jefferson der Meinung, es sei 100 Jahre zu früh für solch ein Projekt, und verweigerte jegliche Bundesmittel, bis der kommerzielle Druck 1810 nicht mehr ignoriert werden konnte. Der Bürgermeister von New York, DeWitt Clinton, veranstaltete riesige Kundgebungen als Zeichen der öffentlichen Unterstützung für den Plan. Doch vor allem dank der unablässigen Bemühungen von Morris selbst wurde das Erie-Kanal-Gesetz 1816 schließlich im Kongreß verabschiedet. Die Bauarbeiten begannen im folgenden Jahr.

Der Kanal zwischen dem Eriesee und dem Hudson wurde nach siebenjähriger Bauzeit fertiggestellt. Er hatte eine Länge von 580 Kilometern und zählte 87 Schleusen, darunter fünf Doppelschleusen. Der Kanal galt als Wunder der Baukunst, auch wenn er trotz seiner gigantischen Länge von eher bescheidenen Dimensionen war: An der Oberfläche war er nur zwölf und am Grund nur achteinhalb Meter breit und insgesamt nur eineinviertel Meter tief. Vielleicht deswegen wurde er oft als »Clinton-Bach« bezeichnet.

Am Tag der Eröffnung, am 25. Oktober 1825, wurden entlang der gesamten Kanalstrecke Festlichkeiten veranstaltet, unter anderem mit einer prächtigen Prozession von Booten, die von Pferden den Kanal hinunter bis nach New York City gezogen wurden, wo als Symbol dieser neuen Verbindung zwei Fässer Erieseewasser feierlich in den Atlantik geschüttet wurden. Sobald der Kanal in Betrieb war, zeigte sich, daß Morris mit seinen Voraussagen recht gehabt hatte. Die Frachtkosten sanken auf ein Zehntel der ursprünglichen Höhe, und überall entlang des Treidelpfades boomte das Geschäft. In den ersten zehn Jahren wurden die Baukosten des Kanals durch die Einnahmen gedeckt; es wurden 1200 Einwanderer pro Tag nach Detroit befördert; New Yorks Stellung als wichtigster

Einfuhrhafen Amerikas wurde gesichert und Chicago entwickelte sich vom Dorf zur Großstadt. Als im Jahre 1852 mehr als 300000 Einwanderer in New York ankamen, reisten die meisten auf dem Kanal weiter nach Westen. Der Kanal wurde in der Literatur und Kunst gefeiert und bereits während seiner Bauzeit von dem Dichter Philip Freneau besungen:

By hearts of oak and hands of toil
The Spade inverts the rugged soil
A work, that may remain secure
While suns exist and Moons endure.

In seinem Optimismus übersah Freneau allerdings den Blitzschlag der Innovation. Nur 20 Jahre nach der Eröffnung des Kanals begannen entlang der großen Wasserader die Bauarbeiten für ein radikal neues Beförderungsmittel, mit dem der Eriekanal (und jeder andere Kanal) auf einen Schlag veraltet war. Es handelte sich um die Eisenbahn, die dem Kanal weit überlegen war, weil sie eine direktere Route ermöglichte, auch in unebenem Gelände mit billigeren Baukosten auskam, nicht von einer konstanten Wasserversorgung abhing, weniger teuer im Unterhalt war und vor allem erstmals eine Frachtbeförderung ermöglichte, die schneller war als von Pferden gezogene Schleppkähne.

Ab 1845 verband die New York & Erie Railroad den Eriesee mit dem Hudson, und mit der Einführung dieser Eisenbahn kamen auch ganz moderne Geschäftsmethoden auf. Einer der ersten Direktoren der Erie Railroad, Charles Minot, löste das Problem, das die neuen Dampfroßlinien anfangs plagte – die Verspätungen, die dadurch entstanden, daß Züge auf den eingleisigen Strecken auf Nebengleisen warten mußten, um einander sicher zu passieren. Rückblickend mußte sich die Lösung förmlich aufgedrängt haben. Minot nutzte nämlich ab
1851 den Telegraphen[114] (dessen Drähte parallel zu den Glei- **114 ▪ 30** 43
sen verliefen), um den Zügen zu signalisieren, wann sie warten **114 ▪ 235** 262
mußten oder passieren durften. Dies führte bald zur Ein- **114 ▪ 275** 314
führung eines vereinheitlichten Fahrplansystems, das sich die nächsten 30 Jahre bewähren sollte.

Für den neuen Direktor, Daniel McCallum, war die Eisenbahnverwaltung das reinste Chaos, und so entwarf er 1854 ein pyramidenförmiges Organisationsschaubild, aus dem hervorging, in welcher Weise detaillierte und präzise Führungsinformation durch das System fließen sollte. Die Öffentlichkeit war so beeindruckt von seinem Schaubild, daß es für einen Dollar pro Exemplar verkauft wurde, im *Atlantic Monthly* erschien und sogar in britischen Parlamentsdebatten erwähnt wurde. McCallum legte auch stündliche, tägliche, wöchentliche und monatliche Berichtsprozeduren fest und sorgte dafür, daß die leitenden Angestellten mit ihrer Belegschaft per Telefon Kontakt hielten.

Als McCallum seinen Posten übernahm, wurde gerade die neue Pennsylvania Railroad eingeweiht. Deren Direktor, J. Edgar Thomson, erkannte, daß die künftige Rentabilität der Eisenbahnen in erster Linie von der Möglichkeit abhing, die Fracht vom Versandort direkt zum endgültigen Bestimmungsort zu befördern. So entwickelte er das Konzept der Stablinienführung und der Spartenorganisation. Dieses Konzept war so wirksam, daß die Pennsylvania Railroad, die 1880 50 000 Mitarbeiter zählte, zum größten Unternehmen Amerikas aufstieg.

Als nächstes faßte die Baltimore & Ohio Railroad McCallums und Thomsons Werk zu einer Organisation zusammen, die aus den Abteilungen für Verwaltung, Finanzen, Betriebsbereich und Recht bestand. Albert Fink, der 1869 Vizedirektor der Louisville & Nashville Railroad war, kam schließlich dahinter, wie sich die allerwichtigste Managementinformation errechnen ließ – die Betriebskosten pro Tonnenkilometer. Dazu ordnete er alle Finanzdaten und Statistiken, die von der Buchführungs- und der Transportabteilung erstellt wurden, und strukturierte bestehende Konten nach der Art ihrer Kosten um (anstatt danach, welche Abteilung die betreffende Funktion ausführte). Dann teilte Fink sämtliche Daten in vier allgemeine Kategorien ein, um vergleichen zu können, wie einzelne Bahnstationen geführt wurden, und um herauszufinden, weshalb ihre Kosten variierten.

All diese Verbesserungen verbanden sich in der amerikanischen Form der Spartenorganisation. Regionale Abteilungs- oder Spartenleiter wurden delegiert, den Verkehr zu kontrollieren und zu koordinieren; dadurch hatten die Eisenbahnen eine flexible Kontrolle über ihre Betriebsbereiche, von denen manche Hunderte von Meilen von der Zentrale entfernt lagen. Die Eisenbahnen waren auch die ersten Unternehmen, die professionelle Full-Time-Manager einsetzten, die in einer formalen Führungshierarchie tätig waren, große Betriebsbereiche über riesige Entfernungen managten und es mit Tausenden von Kunden und Hunderten von Gütern und Dienstleistungen zu tun hatten. Die Eisenbahngesellschaften hatten die moderne Konzernstruktur erfunden.

Innerhalb kürzester Zeit wurden sie von einem ganz speziellen Gewerbeunternehmen nachgeahmt, das seine Existenz sogar der Eisenbahn verdankte und ähnliche Geschäftsabläufe wie diese aufwies. Das Kaufhaus operierte, wie die Eisenbahn, mit Masseninventaren und Massenumsätzen; Tausende von Kunden kauften an Hunderten verschiedener Verkaufspunkte; eine große Warenpalette durchlief das System in rasantem Tempo; gewaltige Investitionsausgaben standen geringen Gewinnspannen gegenüber, und man war auf tägliche Informationen über Lagerbestände und Kassenstände angewiesen.

Die neuen Kaufhäuser veränderten den Handel auf revolutionäre Weise. Sie nutzten den Telegraphen, die Eisenbahn, das Dampfschiff und den Postdienst und führten dieselbe Organisationsstruktur ein wie die Eisenbahnen. In den 1870er Jahren fungierten Warenhäuser wie etwa Marshall Field in Chicago und Stewart's in New York hauptsächlich als Großhändler; der Einzelhandel machte nur etwa 15 Prozent ihrer Umsätze aus. Doch in den 1880er Jahren ging der Einzelhandel in Führung, nicht zuletzt aufgrund der rapiden Zunahme der Stadtbevölkerung und des Ausbaus der Straßen und günstiger öffentlicher Verkehrsmittel,[115] wie beispielsweise 115 ▪ 35 45
Hochbahnen.

Das Einkaufen in diesen neuen Kommerzpalästen – mit ihren Kronleuchtern, Marmorböden, neoklassizistischen Portalen, spiegelnden Glasscheiben, Rundhallen und Galerien – wurde zu einem kulturellen Ereignis. Das Warenangebot reichte von den Textilwaren, mit denen viele dieser Kaufhäuser angefangen hatten, bis zu Luxusartikeln wie Schmuck, Glas, Silber, Uhren, Bücher, Strumpfwaren, Taschentücher, Handschuhe, künstliche Blumen, Federn und Möbel.

Der neue Komfortkonsum fand in Marktzentren statt, die oft mehr Angestellte zählten als so manche amerikanische Stadt. Die Käufer wurden als »Gäste« bezeichnet und mit Schönheitssalons, Restaurants, Musikdarbietungen, Toiletten und Postschaltern sowie mit Liefer- und Reparaturservice verwöhnt. Da die Kaufhäuser gewaltige Summen für ihre Dienstleistungen, Anlageinvestitionen und Personalbestände aufbrachten und mit geringen Gewinnspannen rechneten, mußte man sich bald etwas Neues einfallen lassen, um den Kunden mehr Geld aus der Tasche zu ziehen.

Wie das ging, zeigte ein Mann namens Henry P. Crowell aus Ravenna, Ohio. Im Jahre 1881 kaufte er für 25 000 Dollar eine bankrotte Mühle und fing an, die Leute zu überreden, etwas zu verzehren, was bis dato nur notleidende Schotten, Deutsche und Pferde konsumiert hatten. Crowell brachte die Leute so weit, Hafer zu mögen. Dazu startete er die erste echte industrielle Werbekampagne, von der jedes Element auf eine spezielle Wirkung abzielte. Zuerst wählte er als Markenzeichen für sein Produkt das lächelnde Gesicht eines Quäkers. Man traute den Quäkern, weil sie im Ruf standen, fair und untadelig zu sein. Und so nannte Crowell sein Produkt *Quaker Oats*. Crowell kombinierte erstmals all die verschiedenen Werbemethoden, die damals gebräuchlich waren. In den gedruckten Anzeigen betonte er den hohen Nährwert der Haferflocken mit Sprüchen wie: »Das einzig Wichtige im Leben ist die Gesundheit« und »Körneresser sind robuster als Fleischesser«. Bei Crowell gab es Werbegeschenke, Rückerstattungsgarantien, Coupons auf der Verpackung, Empfehlungen durch Prominente und wissenschaftliche Zertifikate. Er rief auch den »Quaker-Zug« ins Leben, der mit Gratisproben durchs Land fuhr.

Der vielleicht wichtigste Beitrag, den Crowell zum modernen Merchandising leistete, war jedoch seine Art der Verpackung. Die Haferflocken wurden fertig abgepackt in einer Schachtel geliefert, die jede Hausfrau ansprach, weil die Verpackung Produktreinheit, Qualitätskontrolle und ein geeichtes Gewicht gewährleistete. Die Verpackung sprach auch die Händler und Verkäufer an, weil sie leicht zu transportieren und auszulegen war. Crowell führte das moderne Marketing ein, und zwar mit erstaunlichem Erfolg.

Nachdem nun der Konsument zum Kaufen animiert worden war, mußte man nur noch die Fabrikarbeiter zum Produzieren bringen. Im Jahre 1924 setzte eine größere Studie zur Arbeitsmotivation ein, die sich auf jeden Aspekt der Produktion und der Personalwirtschaft auswirken sollte. Die Untersuchung wurde an den 29 000 Angestellten der Firma Western Electric in den Hawthorn-Werken in Chicago durchgeführt. Über einen Zeitraum von fünf Jahren versuchte man herauszufinden, wie sich das Betriebsmilieu auf die Arbeitsleistung auswirkte. Als erstes schufen die Studienleiter Variablen in den Bereichen Raumbeleuchtung, Raumtemperatur, Luftfeuchtigkeit, Arbeitszeit, Ruhepausen, Ernährung, nächtliche Schlafenszeiten, Länge der Arbeitswoche und Urlaube sowie Veränderungen in den allgemeinen Arbeitspraktiken.

In den ersten beiden Jahren schienen die Ergebnisse der Experimente zu belegen, daß sich die Müdigkeit am stärksten auf die Leistung auswirkte, doch dann traten einige Unregelmäßigkeiten auf. Als man einer Gruppe von Arbeitern versprach, die Arbeitsbedingungen zu verbessern, erhöhte sich ihre Leistung (obwohl die Bedingungen gar nicht verändert wurden). In anderen Fällen hatte man zuerst die Arbeitsatmosphäre und dadurch die Leistung verbessert und dies den Arbeitern auch mitgeteilt und dann die Atmosphäre heimlich wieder auf ihren Ausgangsstand gebracht – die Leistung blieb dennoch hoch. Erst nach einer Reihe erschöpfender Befragungen kamen die Studienleiter dahinter, was sich wirklich abspielte. Weil die Belegschaft schon in die Vorbereitungen für die Tests einbezogen worden war, hatten sich die Personalbeziehungen so sehr verbessert, daß sich die Leistung steigerte. In mehreren Fällen führte allein die Erwartung verbesserter Bedingungen zu höheren Leistungen, auch wenn gar keine Verbesserungen eintraten. Dies war das erste Beispiel für das, was man später allgemein als Hawthorn-Effekt (beziehungsweise Placebo-Effekt) bezeichnete. Die bloße Teilnahme an einem Experiment wirkt sich auf die Versuchsperson und damit auch auf das Versuchsergebnis aus, und die Erwartung, daß Verbesserungen eintreten, genügt schon, um den physischen und psychischen Zustand des Arbeiters zu beeinflussen.

Diese Erkenntnisse bestätigten die Forschungsergebnisse von Walter Cannon, einem Professor der Physiologie an der Universität Harvard. Einige Jahre zuvor war Cannon ganz fasziniert gewesen von der neuen Möglichkeit, mit Hilfe des
116 ▪ 39 46 Röntgenverfahrens[116] die Schluckmechanismen des Körpers zu
116 ▪ 226 248 studieren, und so fing er an, Patienten mit Magen- und Darmbeschwerden ein Kontrastmittel mit Bariumsulfat (den sogenannten Bariumbrei) zu verabreichen. Bei der Röntgendurchleuchtung machte die Fließbewegung des Bariumbreis durch den Verdauungskanal bestimmte wellenartige Kontraktionen des Magens sichtbar. Dies veranlaßte Cannon, das Phänomen des Hungers zu erforschen, wobei er feststellte, daß das Gefühl des Hungers durch Magenkontraktionen und gleichzeitige Mundtrockenheit erzeugt wird.

Cannon hatte auch festgestellt, daß diese peristaltischen Bewegungen bei Versuchstieren im Labor abrupt aufhörten, wenn die Tiere gestört oder eingeschüchtert wurden, und so richtete er seine Aufmerksamkeit auf die Auswirkungen der emotionalen Verfassung auf körperliche Systeme. Als Cannon bei einem Tier den Sympathikusnerv entfernte, konnte es sich nicht mehr gegen Veränderungen des körperlichen Zustands wehren. Gleichzeitig verschwand eine Substanz, die in solchen Situationen normalerweise im Blutkreislauf nachweisbar war. Cannon erkannte, daß dies wahrscheinlich ein chemischer Botenstoff war, der den Organismus normalerweise in die Lage versetzte, auf unterschiedliche körperliche beziehungsweise emotionale Zustände entsprechend zu reagieren.

Cannon stellte außerdem fest, daß physiologische Reaktionen oft noch lange anhalten, nachdem der auslösende chemische Stimulus längst ausgeschaltet ist; dadurch konnte er bestimmen, welche Rolle Adrenalin bei der Bewältigung von Streß spielt. Wenn die angemessene Reaktion auf eine Situation in Flucht oder Kampf besteht, sorgt die Nebenniere für eine massive Ausschüttung von Adrenalin in das Blut. Das Blut strömt dann vom Unterleib (wo es normalerweise für die Verdauungsvorgänge gebraucht wird) in das Herz, die Lunge und die Gliedmaßen. In den 20er Jahren vertrat Cannon die These, daß höher entwickelte Tierarten über ein komplexes Repertoire von selbstregulierenden Mechanismen verfügten, die den Organismus unter den verschiedensten physischen und psychischen Umständen stabilisierten. In einem bahnbrechenden Buch mit dem Titel *The Wisdom of the Body* (Die Weisheit des Körpers), das 1932 erschien, prägte Cannon den Begriff der »Homöostase«, der diesen Prozeß des inneren Ausgleichs umschrieb.

In den letzten 15 Jahren seines Lebens arbeitete Cannon vor allem mit Arturo Rosenblueth, einem Physiologen der Harvard Medical School, zusammen. Später, in den ersten Jahren des Zweiten Weltkriegs, tauschte sich Rosenblueth mit Norbert Wiener, einem Mathematikprofessor am Massachusetts Institute of Technology (MIT), über Cannons Arbeit aus. Damals arbeiteten Wiener[117] und sein Assistent, Julian Bige- 117 ▪ 122 125
low, an einem Problem im Zusammenhang mit Flugabwehrgeschützen und interessierten sich sehr für die Funktionsweise der Homöostase im Menschen. Ganz besonders faszinierte sie die Frage, wie Informationen des Auges und der Tastorgane Signale an das Gehirn weiterleiteten, die es dem Menschen ermöglichten, nach einem Glas Wasser zu greifen oder einen Bleistift in die Hand zu nehmen, ohne dabei am Ziel vorbeizuschießen.

In der Folge dieser Gespräche mit Rosenblueth formulierte Wiener ein allgemeines Konzept, das er (nach dem griechischen Wort für »Steuerung«) als »Kybernetik« bezeichnete und das er und Bigelow auf ihre Arbeiten an Flugabwehr-

118 ▪ 238 266 geschützen[118] anwandten. Sie drückten dieses kybernetische Konzept in mathematischen Algorithmen aus, die es ermöglichten, unvollständige Radardaten über die bisherige Spur eines Zielobjekts zu bearbeiten, um so die wahrscheinlichste zukünftige Position des Zielobjekts zu errechnen. Aufgrund dieser Daten konnten die Geschütze auf den Punkt gerichtet werden, an dem sich das Ziel beim Auftreffen des Geschosses wahrscheinlich befand.

Im Jahre 1944 existierte dieses neue System zunächst in Form des M-9-Prädiktors; bereits in den ersten Wochen seines Einsatzes gegen anfliegende V-1-Raketen entlang des Ärmelkanals war es ein durchschlagender Erfolg. Zu Beginn des
119 ▪ 43 48 letzten Monats der deutschen Raketenangriffe[119] wurden 24 Prozent der Ziele zerstört. Von den 104 Geschossen, die am letzten Tag des Raketenbombardements abgefeuert wurden, konnten 68 von Wieners kybernetisch gelenkten Waffen zerstört werden. England war gerettet.

Nach dem Krieg wurde die Kybernetik ein wichtiger Bestandteil von Rechenprozessen und Automatisierungen unterschiedlichster Art, und das Feedbackprinzip wurde bald bei vielen Maschinentypen eingesetzt. Eine der spektakulärsten Verwendungsweisen in heutiger Zeit ist die Trägheits-
120 ▪ 182 192 navigation. Inertialgyroskope[120] peilen die Richtung, in der sich ein Flugzeug oder ein Flugkörper bewegt, und Beschleunigungsmesser reagieren auf jede Veränderung der Geschwindigkeit. Beide Systeme interagieren mit Elektromotoren, die jede Veränderung im Zustand dieser Instrumente aufgrund von Veränderungen in Richtung und Geschwindigkeit registrieren; und mit diesen Daten als Feedback werden die Instrumente tausendemal pro Sekunde auf ihren ursprünglichen Zustand eingestellt. Die elektrische Ladung, die für diese Justierung erforderlich ist, hängt davon ab, wie weit sich das Instrument von seiner Ausgangseinstellung entfernt hat. An einer eingebauten Anzeige läßt sich ablesen, wo sich das bewegliche Objekt zu einem bestimmten Zeitpunkt befindet.

Ganz nach dem Prinzip des Langbogeneinsatzes kann die moderne Kriegsführung mit ungeheuer flexiblen Geschoßsystemen operieren, die mit Hilfe von kybernetischem Feedback auf jede Veränderung der Schlachtfeldbedingungen reagieren – wie etwa den Zustand der Atmosphäre oder die Höhe des überflogenen Geländes – und sich unfehlbar über Hunderte von Kilometern hinweg selbst steuern. Eingebaute Trägheitslenkung sorgt dafür, daß moderne Geschosse ihre fernen Ziele mit einer Abweichwahrscheinlichkeit von nur wenigen Metern treffen – einem Maß an Genauigkeit, auf das selbst Robin Hood stolz gewesen wäre.

Der moderne High-Tech-Krieg wird auf Distanz ausgetragen; dabei kommen oft Ortungssysteme und Abwehrmaßnahmen ins Spiel, lange bevor einzelne Menschen direkt betroffen sind. Diese Taktiken verdanken ihre Existenz einem der gar nicht so seltenen Zufälle in der Geschichte …

7 Höchste Zeit

Die moderne Technologie ist meist derart allgegenwärtig, daß sie oft gar nicht mehr als solche wahrgenommen wird. Im Zusammenhang von Informationssystemen, die so reibungslos miteinander interagieren, als stünde nichts zwischen ihnen, spricht man von »Transparenz«. Man bemüht sich, diese innovative Technik so »benutzerfreundlich« zu machen, daß wir uns ihrer Präsenz meist gar nicht mehr bewußt sind. Die Plastikfolie ist vielleicht eines der besten Beispiele dafür. Sie ist wichtig, allgegenwärtig, leicht zu benutzen und (im wahrsten Sinne des Wortes) transparent. Und wie fast jedes andere Beispiel moderner Technologie entstand sie rein zufällig.

Auf die Plastikfolie wurde die Allgemeinheit erstmals zu Beginn des Zweiten Weltkriegs aufmerksam. Damals flogen deutsche Bomber fast wahllos nächtliche Luftangriffe gegen
121 ▪ 119 122 England.[121] Die einzige Abwehr bildeten ein paar Jagdflugzeuge, die von Fluglotsen dirigiert wurden, welche unter den gravierenden Einschränkungen des damaligen Frühwarnradars arbeiteten. Die Warnungen erfolgten nämlich nicht gerade früh. Außerdem operierten die Radarsysteme, die an der Süd- und Ostküste Englands stationiert waren, mit Langwellensignalen, für die lange Antennen erforderlich waren, die leichte Ziele abgaben. Deswegen mußten die Engländer Möglichkeiten finden, Radarsignale mit kleineren Antennen zu übertragen. Andernfalls war der Krieg genauso schnell zu Ende, wie er begonnen hatte.

Die Engländer wußten gar nicht, daß das Problem bereits gelöst war, und zwar dank eines Unfalls, der sich am 24. März 1933 ereignet hatte. Forscher des britischen Chemieunternehmens I.C.I. arbeiteten damals daran, Farbstoffe unter extrem hohem Druck herzustellen, und verwendeten dabei spezielle Glasbehälter (sogenannte »Bomben«). An jenem besagten Tag explodierte eine dieser »Bomben«; anschließend entdeckte man am Einlaßrohr des Behälters einen weißen, wachsartigen Rückstand. Dasselbe passierte noch einige Male. Im Jahre 1935 stellte man schließlich fest, daß es sich bei den Molekülen des Rückstands um ein Polymer handelte (das heißt, eine »Verbindung aus mehreren Teilen«), das wasserabweisend und (vor allem) ausgesprochen isolationsfähig war. Dieses sogenannte »Polyethylen« stellte man bald in geregelter Produktion her; es wurde maschinell als Folie geblasen, ähnlich wie man mit einer Drahtschlinge Seifenblasen erzeugt.

Polyethylen wurde bereits kurz vor dem Ausbruch des Krieges hergestellt, doch seinen Wert für die Radartechnologie erkannte man erst, als man das Material den Wissenschaftlern im Atomwaffenforschungszentrum als Isolierstoff anbot. Diese guten Isoliereigenschaften sollten Großbritannien einen entscheidenden militärischen Vorteil bieten, denn nun konnte man viel kleinere Radargeräte[122] mit einer höheren Frequenz 122 ▪ 117 121
bauen, deren relativ schwache Signale nicht mehr verloren gingen. Eine höhere Frequenz bedeutete ein besseres Auflösungsvermögen und ein präziseres Signalecho von den Zielobjekten; und sie ermöglichte Radargeräte, die klein genug waren, um auf Schiffen und in Flugzeugen installiert zu werden. Im Jahre 1943 schossen britische Nachtjäger mit Hilfe von Radar mit einer Wellenlänge von drei Zentimetern deutsche Bomber ab, und die britische Kriegsmarine nahm es sogar im Dunkeln mit feindlichen Kriegsschiffen auf. Durch die entsprechenden U-Boot-Verluste waren die Deutschen gezwungen, die Schlacht im Atlantik abzublasen.

Eines der gängigsten Verfahren zur Herstellung von Polyethylen ist das Folienblasen. Plastik bildet Blasen, weil sich seine äußerst großen Moleküle zu langen Ketten verbinden, die sich durch Festigkeit und Beständigkeit auszeichnen. Deshalb verhält sich Plastik bisweilen wie Seife, die aus denselben Gründen eine hohe Beständigkeit aufweisen kann. Der schottische Forscher James Dewar brachte es im 19. Jahrhundert fertig, eine Seifenblase drei Jahre lang in Form zu halten.

Plastik und Seife weisen dasselbe Verhalten auf, weil beides »kolloidale« Stoffe sind – das heißt, sie breiten sich leicht über Membranen aus. Bei der Seife ballen sich die Moleküle zu extrem großen Klumpen, sogenannten Mizellen, zusammen. Diese spielen eine entscheidende Rolle bei dem Vorgang, bei dem die Seife ihre Reinigungskraft entfaltet. Die Seife überzieht die Schmutz- und Fettpartikel mit Molekülen, welche die Partikel wasseranziehend machen; sie lockern sich ein wenig von dem Stoff (oder der Haut), nehmen eine kugelige Form an und lösen sich ab. Sobald sich die Partikel gelöst haben, legen sich die Mizellen um sie und sorgen dafür, daß sie sich nicht wieder binden. Auf diese Weise wird der Gegenstand (oder die Haut) sauber und bleibt es auch.

Nicht oft wird jemand zum Nationalhelden, wird von Künstlern verehrt und mit Ehrungen überhäuft, und alles nur der Seife wegen, doch M.E. Chevreul ist es so ergangen. Er begann seine Laufbahn als junger Chemiker in Paris, wo er als erster dahinterkam, was es mit der Seife auf sich hatte. Im Jahre 1811 hatte er begonnen, sich mit Farbstoffen und den komplizierten Mixturen aus Pflanzenölen und Harzen zu beschäftigen, aus denen Farben gewonnen wurden. Diese Studien brachten ihn dazu, sich die Fette genauer anzuschauen, und zur gegebenen Zeit entdeckte er die Fettsäuren. Im Jahre 1823 veröffentlichte er seinen ersten größeren Bericht, in dem er konstatierte, daß Seife lediglich aus Fettsäuren und einer Base bestehe. Chevreul führte all jene Fettsäuren auf, die sich für eine Verseifung eigneten, und erhob dadurch die Seifenherstellung zur Wissenschaft. Chevreul ging noch ein weiteres Licht auf – aus Fettsäuren konnte man auch Kerzen machen. Dank Chevreul war die Welt nun ein heller, reinlich riechender Ort. Alles was Rang und Namen hatte, bekam Wind davon, und Chevreul wurde auf einen Schlag berühmt. Als er im Alter von 102 Jahren starb, ordnete die Regierung einen Staatstrauertag an.

Chevreul hatte noch einen weiteren Grund, sich für Seife zu

interessieren. Er war Direktor der Färberabteilung der bereits weltberühmten Pariser Gobelinwerkstätten[123] und wußte, daß 123 ▪ 12 30
sich Farben auf Textilien genauso verhalten wie Seife. Chevreul versuchte, die Wirkung von Naturfarben zu intensivieren und dafür zu sorgen, daß sie nicht so leicht verblaßten. Während er sich mit diesen Problemen befaßte, entdeckte er, daß die Intensität einer Farbe weniger von der Stärke ihrer Pigmente abhing als vielmehr von der Schattierung der benachbarten Farben. Das Nebeneinander war entscheidend dafür, wie das Auge eine Farbe wahrnahm. Chevreul kam durch sein »Gesetz des simultanen Kontrastes« darauf, ein ungewöhnliches neues Hilfsmittel zu erfinden. Er reihte zwischen die drei Primärfarben – Rot, Blau und Gelb – jeweils 23 verschiedene Farbmischungen und schuf so einen chromatischen Kreis von 72 Farben. Dann tönte er jede dieser Farben durch Beimischungen von Schwarz beziehungsweise Weiß ab. Das Ergebnis war das Farbenspektrum mit 15 000 Farbtönen, das seither von sämtlichen Färbern verwendet wird.

Chevreuls Plazierung der Farben um des Effektes willen kam jedoch nicht nur dem Textilgewerbe zugute. Seine Neuerung veränderte auch die Welt der Kunst, denn sie löste die »wissenschaftliche« Bewegung des französischen Impressionismus aus. Maler wie Seurat, Signac und Pissarro wandten in ihren Werken Chevreuls neues Kontrastgesetz an. Indem sie zwei verschiedenfarbige Tupfer nebeneinanderstellten, schufen sie den Eindruck einer dritten Farbe und erzielten dabei den charakteristisch schimmernden Effekt, für den der Impressionismus berühmt ist. Eines der bedeutendsten (und wertvollsten) Beispiele für die Umsetzung von Chevreuls Ideen ist Seurats Gemälde *Un dimanche à la grande jatte*.

Einer der Gründe, weshalb sich Chevreul überhaupt so intensiv mit Farbkontrasten beschäftigte, war vielleicht die starke Nachfrage nach weiteren Farbtönen für die Wandteppiche, die in der Gobelinmanufaktur hergestellt wurden, in der er arbeitete. Schon 50 Jahre zuvor war der Direktor der Manufaktur, François Boucher, ein großer Liebhaber von *objects d'art* aus China gewesen. Seit der Mitte des 18. Jahrhunderts

war Frankreich ganz von der dekorativen Kunst eingenommen, die aus dem geheimnisvollen Osten importiert wurde.
124 ▪ 242 273 Chinoiserien[124] waren sozusagen der letzte Schrei. Die neue Mode prägte einen viel raffinierteren Gobelinstil, bei dem die Weber leichte, aber vielfältige Materialien verwendeten und zum Beispiel Seide, Leinen, Wolle und Baumwolle ineinander verwoben, um so feinere Wirkungen zu erzielen. Aus diesem Grund brauchte man auch mehr Farbtöne, was Chevreul dazu bewog, sein Farbenrad mit 15 000 Farbtönen zu kreieren.

Die französische Manie für alles Chinesische nahm solche Ausmaße an, daß die Regierung im Jahre 1762 eine spezielle Abteilung in der Gobelinmanufaktur einrichtete. Diese Abteilung, die sogenannte *Ouvrange de la Chine*, sollte Imitate chinesischer und japanischer Produkte herstellen, vor allem Lackmöbel, die mit Abstand am begehrtesten waren. Gelungene Imitate sollten die öffentliche Nachfrage befriedigen und somit die französischen Auslagen an Gold (das die Chinesen als einziges Zahlungsmittel für ihre Exporte akzeptierten) ver-
125 ▪ 95 90 ringern, zumal die Goldreserven ohnehin mager waren.[125] Die ersten japanischen Lackmöbel tauchten 1610 im Westen auf. Es handelte sich um neun verzierte Kommoden, die an Bord der *Red Lion*, einem Schiff der Dutch East India Company, nach Holland kamen. Die Nachfrage und der Seltenheitswert trieben die Preise sofort in astronomische Höhen, und es gab so viele potentielle Kunden für Lackkunst, daß die neugegründete Handelsgesellschaft einen anderen Zugang zur Bezugsquelle suchte. Das Problem war nämlich, daß die beiden traditionellen Routen nach China und Japan (um die Südspitze Afrikas und durch den Indischen Ozean oder um die Südspitze Südamerikas und durch den Pazifik) von den Portugiesen beziehungsweise Spaniern beherrscht wurden.

Darum suchten die Holländer eine alternative und wenn möglich kürzere Route. Seit dem Ende des 15. Jahrhunderts hatten Forscher wie die Familie Cabot versucht (allerdings vergeblich), durch die Polarmeere nördlich von Kanada und Alaska die Nordwestpassage zum Pazifik zu entdecken. Alle waren überzeugt, daß es solch eine Passage gab, denn niemand war weit genug in den Norden vorgedrungen um festzustellen, daß das ewige Eis der Polarregion solch einen Versuch schwierig, wenn nicht sogar unmöglich machen würde. So wurde der englische Forscher Henry Hudson ermutigt, sein Glück zu versuchen. Er kannte John Smith (der durch Pocahontas berühmt geworden war) und mochte gedacht haben, bei den Großen Seen, von denen Smith sprach, handelte es sich um den Pazifik. Deshalb hatte es die Dutch East India Company nicht schwer, ihn im Jahre 1607 dafür zu gewinnen, die Passage zu suchen.

Die Reise, die Hudson für seine holländischen Auftraggeber unternahm, führte ihn nach Grönland und dann nach Spitzbergen und wieder zurück nach Grönland. Immer wenn er weiter nach Norden wollte, versperrte ihm die Eiskappe den Weg. Schließlich gab er auf und kehrte nach Hause zurück, aber nicht ohne entdeckt zu haben, daß es vor der Küste Spitzbergens nur so von Walen wimmelte. Im Jahre 1619 richteten die Holländer auf der nahegelegenen Insel Amsterdam Island einen Stützpunkt für den Walfang[126] ein. 126 ▪ 61 63 Damals war das Einträglichste, was sich in den Weltmeeren tummelte (abgesehen von einer spanischen Galeone), ein Wal. Die Barten der Wale dienten zur Herstellung von Bürsten, Stielen, Sieben, Armbrüsten, Bettunterlagen, Sofarahmen und Kutschenlehnen und wurden auch als Streben bei Korsetten, Rüschen, Halskrausen und Manschetten verwendet. Aus dem Blubber des Wals machte man Kerzen und Seife, und Walöl diente als Brennstoff für Lampen. Beim Walfang erzielte man eine 500prozentige Rendite auf die Investition, und angesichts der niedrigen Kreditkosten in Holland verfügte das Land bald über das größte Walfanggewerbe im Atlantik. Die Wale vor Spitzbergen waren besonders lukrativ: Weil das Wasser dort so kalt war, legten sich die Tiere dicke Fettschichten zu. Holland sollte über 300 Jahre lang vom Walfang profitieren. So war Hudsons Reise also kein totaler Fehlschlag.

Der Mann, der Hudson ursprünglich von der Durchführbarkeit seiner Reise überzeugt hatte, war der Kartograph Pieter Platvoet, besser bekannt unter seinem Pseudonym Plan-

cius. Dieser Plancius war es übrigens, der die holländischen Behörden überhaupt dazu gebracht hatte, die Dutch East India Company zu gründen. Er war auch ein Verfechter der Nordroute, und seine Ansichten wurden ernst genommen, weil er einer der genialsten Schüler des großen Kartographen Mercator gewesen war. Mercator war auf dem ganzen Kontinent berühmt geworden, weil seine Arbeiten vom bedeutendsten europäischen Drucker in jener Zeit, Christophe Plantin, ge-
127 ▪ 204 19 druckt wurden.[127]

In seiner Druckerei in Antwerpen (die heute noch steht) betrieb Plantin 22 Druckpressen sowie ein lukratives Nebengeschäft – den Handel mit französischen Dessous, Wein, feinem Leder und Spiegeln, die er über eine Agentur mit Niederlassungen von Schweden bis Algerien vertrieb. Sein größtes Geschäft machte Plantin jedoch – dank Philipps II. von Spanien und dank des Konzils von Trient – mit heiligen Schriften. Mitte des 16. Jahrhunderts traten die Gläubigen scharenweise aus der katholischen Kirche aus und folgten Luthers protestantischer Lehre. Im Jahre 1545 beschloß Rom, etwas dagegen zu unternehmen, und berief in der norditalienischen Stadt Trient eine Bischofskonferenz ein. Das Konzil dauerte mehrere Jahrzehnte und führte im wesentlichen zu vier Beschlüssen: Durch die Erteilung von Aufträgen für das, was man heute als barocke Sakralkunst bezeichnet, sollte eine wirkungsvollere Propaganda betrieben werden; dem Jesuitenorden sollte die Befugnis erteilt werden, scharf gegen die Abtrünnigen durchzugreifen und in ganz Europa Kollegien zu gründen; sämtliche liturgischen Texte sollten vereinheitlicht werden, so daß überall dieselben Messen zelebriert und dieselben Gebete gesprochen wurden; und – last but not least – es sollte ein Index verbotener Bücher erstellt werden.

Reich wurde Plantin durch die standardisierten liturgischen Texte, denn nach dem Konzilserlaß erteilte Philipp II. von Spanien dem holländischen Drucker nicht nur den Auftrag, 40 000 Exemplare der neuen, anerkannten Ausgaben von Meßbüchern und Breviers zu drucken, sondern billigte auch Plantins Vorschlag, eine völlig neue, »wissenschaftliche« Bibel herauszugeben. Die Arbeit begann 1568 unter dem wachsamen Auge von Philipps Vertreter, Arias Montano. Sie dauerte elf Jahre und hatte langfristige Auswirkungen, die weit über die Bibel hinausgingen. Die »Wissenschaftlichkeit« der neuen Bibel bestand in ihren Anhängen zu so unterschiedlichen Themen wie biblisches Münzwesen, Abstammung der Propheten, judaische Medizin, aramäische Maße und Gewichte, Glossare und Grammatiken der biblischen Sprachen, Flora und Fauna Palästinas und Landkarten des Heiligen Landes.

Plantin holte für die Arbeit an diesen Anhängen eine Reihe von Experten zusammen. Als diese ihr Werk beendet hatten, nutzten sie ihre neugewonnene Erfahrung im Druck- und Verlagswesen und etablierten ihre jeweiligen Gebiete als eigenständige intellektuelle Disziplinen. Den letztendlichen Effekt dieses Niederschlags an Wissen bezeichnen wir heute als wissenschaftliche Revolution. Diese Revolution setzte ein, als die neugeschulten Experten ihre redaktionellen Kenntnisse dazu nutzten, klassische griechische und römische Texte über Themen wie Botanik, Medizin und Kartographie kritisch zu überprüfen.

Was den neuen Index verbotener Bücher betraf, so enthielt er als einen der ersten Titel ironischerweise ein Werk, das ursprünglich die römische Kirche selbst in Auftrag gegeben hatte. Es ging um folgendes: Da damals das aristotelische Weltsystem (das fälschlicherweise die Erde in den Mittelpunkt des Sonnensystems stellte) als offiziell anerkannt galt, war das Datum des Osterfestes (das von Berechnungen der relativen Positionen von Sonne und Mond abhing) falsch. In welcher Größenordnung sich die Abweichung bewegte, war unbekannt. Weil aber die genaue Einhaltung religiöser Feiertage entscheidend war für die Errettung der menschlichen Seele, mußte das richtige Datum des Osterfestes herausgefunden werden. Deshalb bat die Kirche einen polnischen Astronomen und Geistlichen namens Nikolaj Kopernik (besser bekannt als Kopernikus[128]), die Sache zu klären. Er tat dies, indem er die 128 ▪ 246 280
Erde aus ihrer zentralen Stellung entfernte und sie (gemeinsam mit den anderen Planeten) in eine Umlaufbahn um die

Sonne plazierte. Da dies aber den Menschen aus seiner biblisch gesicherten zentralen Stellung im Kosmos verdrängte, galt die Schrift des Kopernikus aus dem Jahre 1523 als ketzerisch und landete auf dem Index.

Im Jahre 1610 sorgte dann der italienische Mathematikpro-
129 ▪ 168 179 fessor Galileo Galilei[129] mit seinen astronomischen Erkenntnissen für helle Aufregung unter den Theologen; er veröffentlichte Zeichnungen dessen, was er durch ein erstaunliches neues »Guckinstrument« gesehen hatte, das ein unbekannter
130 ▪ 158 169 holländischer Brillenmacher namens Hans Lippershey[130] 1608
130 ▪ 247 280 erfunden hatte (und das sein Auftraggeber, Prinz Moritz von Oranien-Nassau, verschmähte, weil er eigentlich einen Feldstecher für das Schlachtfeld gewollt hatte). Ab 1609 wurde das Teleskop in Paris und London gebaut. Galileo hörte davon und konstruierte sich selbst eines. Er benutzte dieses neue Instrument für gefährlich ketzerische Dinge, beispielsweise beobachtete er Phänomene wie Berge auf dem Mond und Flecken auf der Sonne (wohingegen die Kirche behauptete, die Himmelskörper seien merkmalslose, ja makellose Kugeln). Am schlimmsten war jedoch, daß Galileo Monde um den Jupiter kreisen sah (wohingegen die Kirche behauptete, alles drehe sich um die Erde). Sein Frevel gipfelte schließlich darin, daß er den Durchgang der Venus durch die Sonne beobachtete. Dies war nur möglich, wenn das Zentrum des Sonnensystems tatsächlich die Sonne war. Galileos Veröffentlichung seiner Erkenntnisse in *Sidereus nuncius* (*Sternenbotschaft*) löste eine Sensation aus.

Als Galileo 1611 nach Rom ging, um den Jesuiten seine Entdeckungen zu zeigen, waren die Ordensleute so beeindruckt, daß das römische Kolleg (das intellektuelle »Kraftwerk« der Jesuiten) bald zu einem Zentrum für astronomische Forschungen wurde. Trotzdem standen die Neuigkeiten, die Galileo verbreitete, in direktem Widerspruch zu den Lehren der Kirche. Rom folgte dem Rat der Jesuiten und war bereit, die Veröffentlichung von Galileos neuer Schrift, *Dialogo sopra i due massimi sistemi* (*Dialog über die beiden hauptsächlichsten Weltsysteme*), nur vorübergehend zu unterbinden. Es hieß, man brauche Zeit, um die Kirchendoktrin an die neue Realität anzupassen, und wenn diese Schritte vollzogen seien, könne Galileo jederzeit veröffentlichen. Der Mann war jedoch nicht kompromißbereit und brachte sein Buch trotzdem heraus. Im Jahre 1632 bezahlte er für seine Sturheit mit lebenslangem Hausarrest und dem Verbot weiterer Veröffentlichungen.

Der Gipfel der Ironie bestand indes darin, daß der Mann, der das Teleskop noch verbesserte (und viel mehr damit sah, als Galileo je gesehen hatte), ein deutscher Jesuit war. Dieser Zeitgenosse Galileos war Christoph Scheiner, ein Professor für Hebräisch und Mathematik in Ingolstadt. Auch er beobachtete Sonnenflecken, hielt diese jedoch für winzige Planeten. Scheiners Teleskop war stärker als das von Galileo, das nur 30 Zentimeter lang war, aus einer konvexen und einer konkaven Linse bestand und nur etwa die halbe Mondoberfläche sichtbar machte. Scheiner dagegen verwendete eine starke konvexe Linse am Okular und eine schwächere am anderen Ende. Dies ergab eine Brennweite von 60 Zentimetern und lieferte ein scharfes, allerdings umgekehrtes Bild. Durch die Verlängerung der Brennweite ließ sich die Vergrößerung praktisch unbegrenzt steigern. Dies führte schließlich zu Teleskopen[131] mit einer Länge von bis zu 45 Metern, die an Seilen 131 ▪ 199 211
und Flaschenzügen aufgehängt wurden. Diese langen Instrumente schwankten zwar beim leisesten Luftzug, doch sie ermöglichten im 17. Jahrhundert Entdeckungen wie die Monde und das Ringsystem des Saturn,[132] die »Kanäle« auf dem Mars 132 ▪ 84 78
(die Scheiner als erster sah) und die Gürtel des Jupiter. Ein fran- 132 ▪ 252 284
zösischer Astronom plante sogar einmal ein 300 Meter langes Teleskop, durch das er Tiere auf dem Mond sehen wollte.

Diese neuen Teleskope machten auch den Seeleuten das Leben leichter, als beispielsweise der französische Astronom Cassini genaue Angaben über Zeiten und Positionen der Jupitermonde sammelte und diese Feinheiten in den Sternentafeln der Navigatoren berücksichtigte. Mit diesen Tafeln maß man die Position eines Himmelskörpers und verglich diese mit der Position, die er zur selben Zeit im Heimathafen hatte. An der Differenz von Position und Zeit konnte der Navigator dann ablesen, wie weit östlich oder westlich er sich befand. Wichtig war jedoch eine ausgesprochen präzise Bestimmung der Sternenposition, aus dem einfachen Grund, weil sich die Erde 24 Kilometer in der Minute dreht und eine Sternenposition, die nur um eine Bogenminute abwich, somit eine Position ergab, die 24 Kilometer daneben lag. Und bei schlechter Sicht konnte man damit schon sein Ziel verfehlen.

Um einiges komplizierter wurde das Ganze wiederum durch eine französische Expedition nach Cayenne unweit des Äquators in Südamerika. Die mitreisenden Astronomen beobachteten nämlich, daß das Pendel ihrer Uhr etwas weniger weit ausschlug als in Paris. Dieser Unterschied bedeutete ihrer Meinung nach, daß es weniger wog; und wenn dem so war, konnte die Erde keine perfekte Kugel sein. Auf einer gleichmäßigen Kugel würde überall dieselbe Schwerkraft herrschen. Damals ging man davon aus, daß sich Säulen von Materie vom Erdmittelpunkt zur Oberfläche erstreckten und daß äquatoriale Säulen weniger dicht waren und daher weniger Schwerkraft erzeugten. Diese Theorie erklärte, weshalb das Pendel weniger wog und weniger ausschlug: Wenn die Säulen am Äquator weniger dicht waren, mußten sie sich weiter ausdehnen – und das bedeutete, daß der Erdradius am Äquator größer sein mußte als an den Polen.

Traditionalisten, die am Bild einer kugelrunden Erde festhielten, lehnten diese These ab, und so entbrannte ein hitziger Streit. Newton und die Engländer behaupteten, die Erde sei ein an den Polen abgeflachter Sphäroid. Die Franzosen bestritten das. Dies war mehr als nur ein akademischer Disput. Wenn die Form der Erde nicht stimmte, dann stimmten auch die darauf basierenden Karten nicht, und dann stimmte auch die Navigation nicht, die sich auf die Karten stützte. Die Sache wurde um so dringlicher, als ein Navigationsfehler des er-
133 ▪ 283 329 lauchten Sir Cloudesley Shovell,[133] seines Zeichens Admiral der englischen Flotte, dazu führte, daß er 1714 bei seiner Rückkehr von Gibraltar bei Nacht und Nebel die Felsen vor den Isles of Scilly rammte und dabei all seine Schiffe, 2000 Mann Besatzung und sein eigenes Leben verlor.

Es gab nur eine Möglichkeit, die Streitfrage (und das Navigationsproblem) zu lösen; dazu mußte man ein Grad der Erdoberfläche am Äquator und ein Grad im hohen Norden messen und beide vergleichen. Im Jahre 1735 wurde der französische Naturwissenschaftler La Condamine nach Peru entsandt. Ein Jahr später brach eine zweite Gruppe unter Leitung von Maupertuis nach Lappland auf. Maupertuis vermaß ein Grad der Erdkrümmung auf die Weise, daß er einen Punkt auf der Erde fixierte, indem er zu einem genau bestimmten Zeitpunkt eine ganz genaue Sternbestimmung machte. Dann ging er weiter nach Norden, bis die Position desselben Sterns zur selben nächtlichen Stunde um ein Grad abwich. An dieser Stelle maß er die Entfernung, die er von seinem vorigen Meßpunkt zurückgelegt hatte.

Das klingt zwar einfach, war im Grunde jedoch ausgesprochen schwierig und erforderte vor allem außergewöhnlich präzise Messungen. Vor seiner Expedition reiste Maupertuis nach London (dem damaligen Zentrum für High-Tech-Instrumente) und kaufte sich ein Neun-Zoll-Teleskop, dessen Ziel sich am Standsockel mit einer Feinmeßschraube äußerst präzise einstellen ließ und das in der Linse ein Fadenkreuz aus Silberdraht aufwies. Das Teleskop war außerdem gefedert, um die extremen Temperaturschwankungen auszugleichen, dem das Instrument während seines Einsatzes im Laufe des Jahres ausgesetzt war. Maupertuis kaufte sich auch die modernste Pendeluhr.

Mit diesen Instrumenten konnten die Expeditionsteilnehmer feststellen, daß ein Breitengrad in Lappland tatsächlich länger war als ein Breitengrad in Frankreich. Die französische Peru-Expedition kehrte 1738 zurück und meldete, am Äquator sei ein Breitengrad sogar noch kürzer. Die Engländer hatten also doch recht gehabt. Nun konnte man endlich akkurate Landkarten erstellen.

Die Engländer hatten noch einen weiteren Grund, sich über den Ausgang der Debatte zu freuen, denn die Instrumente, die den Forschern in Lappland so gute Dienste erwiesen hatten, stammten von George Graham, dem bedeutendsten englischen

Instrumentenbauer. Am bekanntesten war (und ist) er für seine Uhren, denn er fand eine clevere Lösung für ein Problem, das bei Pendeluhren immer wieder auftauchte – die Zahnradblockierung. Die Uhr wurde von einem Gewicht in Bewegung gehalten, das an einer Schnur hing, welche um eine Antriebswelle gewickelt war. Wenn das Gewicht langsam herabsank, drehte die Schnur die Antriebswelle. Diese wiederum drehte ein Zahnrad, das mit der Welle verbunden war. Die Rotation dieses Rades erfolgte jedoch in kleinen ruckartigen Bewegungen, bedingt durch zwei nach innen weisende flache Metallnägel (die man als Paletten bezeichnete). Diese Paletten waren jeweils an den Enden eines bogenförmigen Metallbandes befestigt, das oben in der Mitte mit dem Pendel verbunden war. Wenn das Pendel hin- und herschlug, bewegten sich die Enden des Bogens abwechselnd seitlich ein- und auswärts, wobei die Paletten beim Mitschwingen die Räder des Zahnrades bewegten. Durch die Bewegung des Pendels schwangen die Paletten abwechselnd nach außen, klinkten sich aus dem Zahnrad aus, so daß dieses rotieren konnte (weil die Antriebswelle von dem Gewicht herumgedreht wurde). Dann schwang die andere Palette und brachte den nächsten Radzahn zum Einrasten, hielt ihn einen Augenblick fest, bevor sich das Pendel wieder in die andere Richtung bewegte, die Palette sich ausklinkte und das Rad freigab, und so weiter.

Das Problem für Präzisionsfanatiker (wie die französischen Gradprüfer) bestand darin, daß Pendel manchmal unregelmäßig schwingen konnten. In diesem Fall klinkte sich die Palette nicht richtig ein oder aus und führte so zu einer kleinen Verzögerung in der Drehung des Rades. Für die Sternenortung war dies eine inakzeptable Ungenauigkeit, denn die geringste zeitliche Abweichung brachte die Berechnungen völlig durcheinander.

George Graham brachte die entscheidende Verbesserung. Eigentlich sorgte er nur dafür, daß die Paletten nicht in den Zähnen steckenblieben, selbst wenn die Pendelschwünge unregelmäßig waren. Dies gelang ihm, indem er die Paletten in einer Weise umkonstruierte, die man als aperiodische Hemmung bezeichnete. Bei dieser Abänderung wurden die Seiten der Paletten so geformt, daß der Radzahn bei seiner Drehung an einer flachen Palettenseite einrastete, die das Rad stoppte. Bei der nächsten Pendelbewegung drückte die gebogene Kante an der anderen Seite der Palette den Radzahn von sich weg. Somit war das Rad jedesmal blockiert, wenn es stillstand. Grahams Hemmung sorgte dafür, daß sich die Uhrenzeiger sehr glatt und präzise bewegten und eine genaue Zeitmessung leichter machten. Dadurch konnte Maupertuis bei seiner Bestimmung von Sternenpositionen äußerst exakte Berechnungen anstellen.

Die Hemmung sorgte in allerlei Kreisen für höhere Präzisionserwartungen, unter anderem auch bei den kommunalen Behörden in den rapide wachsenden Großstädten des industriellen 19. Jahrhunderts. Von schmucken neuen Rathäusern ragten oft Uhrentürme auf, die allerdings ein neues Problem mit sich brachten. Auf der Antriebswelle sammelten sich Exkremente von Fledermäusen, Schmutz und Staub an, und auf den Zeigern vor dem Zifferblatt lagerten sich Eis und Schnee ab. Dadurch konnte die Antriebswelle so sehr beeinträchtigt werden, daß sie sich nicht mehr reibungslos drehte, was sich wiederum auf die Mechanik der Pendel und Paletten auswirkte. Das Resultat waren ungenaue Zeitangaben.

Dieses Ärgernis wurde in Großbritannien regelrecht zur Staatsaffäre, als das Parlament den Bau eines Turms mit einer Uhr beschloß, die schon lange vor der Vollendung des Bauwerkes als die genaueste Uhr des britischen Empire (und damit natürlich der ganzen Welt) gepriesen wurde. Die Lösung des Problems fand ein Anwalt namens E.B. Denison (später zum Lord Grimshaw geadelt), der die feste Verbindung zwischen Pendel und Paletten abschaffte. Bei Denisons Variante schob das schwingende Pendel Metallarme weg, von denen jeder an einer einzelnen, unabhängig drehbaren Palette angebracht war. Wenn der Palettenarm von der Pendelstange weggestoßen wurde, rastete das andere Ende des Arms aus einer von drei Klinken aus, die aus der Antriebswelle herausragten. Unter dem Druck des Uhrengewichts drehte sich die Antriebswelle, bis die nächste Klinke herumkam und die andere Palette einschnappte. Diese wurde durch die nächste Pendelbewegung, die diese Palette wegschob, wieder freigegeben.

Der Erfolg dieses Mechanismus beruhte darauf, daß der Palettenarm in dem Moment, in dem die Palette vom Pendel weggeschoben wurde und das Pendel in die andere Richtung schwang, durch sein Eigengewicht in die Ausgangsposition zurückfiel und dort den Antriebswellenflügel während des nächsten Zyklus festhielt.

Dank Denisons Idee wurde der Big Ben so genau, daß er inzwischen zum Zeitmesser der Nation wurde und sein Glokkenschlag heute in Rundfunk und Fernsehen übertragen wird. Big Ben ist mittlerweile ein fester Bestandteil des britischen Lebensalltags und sein Geläut wirkt so unaufdringlich und benutzerfreundlich wie die Plastikfolie, mit der diese Reise durch die Geschichte begann.

Die Uhr war eine der ersten Erfindungen der Welt, bei der austauschbare Einzelteile verwendet wurden. Dabei lernten die amerikanischen Uhrmacher des 19. Jahrhunderts ihre Techniken von den Büchsenmachern …

8 Stück für Stück

In den Nachrichtensendungen, die man am Ende des 20. Jahrhunderts zu sehen bekommt, geht es allzu oft um eine Schußwaffe. Immer wieder sieht man Bilder eines stehenden Flugzeugs voller erschöpfter und entsetzter Passagiere und eines Flugzeugentführers, der dem Piloten eine Pistole an den Kopf hält. Scharfschützen der Polizei warten in einsatzbereiten Hubschraubern auf die Möglichkeit, den Entführer zur Strecke zu bringen, und Krankenwagen stehen für die Versorgung von Verletzten bereit. Die Pfade des Wandels sind so ungewöhnlich, daß ironischerweise alle drei Elemente in dieser modernen Tragödie – das Flugzeug, die Waffe und die medizinische Technologie – miteinander verknüpft sind. Jedes der drei Elemente verdankt seine Existenz zum Teil der Existenz der anderen.

An Bord des Krankenwagens befinden sich sämtliche Hilfsmittel des modernen Rettungsdienstes, mit denen nach einer friedlichen oder gewaltsamen Lösung die Betroffenen, Verletzten oder Sterbenden behandelt werden können. Nicht wegzudenken ist aus der heutigen Notfallversorgung, abgesehen von den allgegenwärtigen Antibiotika,[134] das Narkosegas. 134 ▪ 152 161
Den Weg dafür bereitete im 19. Jahrhundert der französische Physiologe Paul Bert, der zu Beginn seiner Laufbahn mit Rattenschwanzgewebe experimentierte. Bert lebte in Paris und wurde schon früh bekannt durch seine klassischen Arbeiten über Sinnpflanzen; er betäubte beispielsweise empfindliche Mimosen um festzustellen, weshalb sie sich bei einer Berührung schlossen. Wie sich herausstellte, erfolgte die Reaktion aufgrund von Veränderungen im Zellvolumen in winzigen

Strukturen (den sogenannten Pulvini) an der Basis einer jeden Blattspreite, welche die Pflanze vor Druckschäden bewahren sollen.

Bert interessierte sich für alle Arten von Druckphänomenen. Im Jahre 1868 baute er sich eine Stahlkammer und studierte in Selbstexperimenten die Auswirkungen von Niederdruck und Hochdruck auf Taucher und Bergsteiger. Niederdrucksauerstoff, so stellte er fest, führte zu erhöhter Pulsfrequenz, Kopfschmerzen, Schwindel, verminderter Sehkraft, Übelkeit und allgemeiner geistiger Erschöpfung. Hochdrucksauerstoff war schlicht und einfach giftig. Bert entdeckte auch die »Bends«, ein Symptom bei Tauchern, die zu schnell auftauchen und in deren Blut sich deshalb Stickstoffblasen bilden. Berts wichtigste Entdeckung war jedoch die Erkenntnis, daß bei sämtlichen Gasen die Wirkung nicht von der vorhandenen Menge abhängt sondern vom Druck.

Bert widmete einen großen Teil seiner Forschungen der Frage, weshalb Lachgas (Stickstoffoxid) sowohl zur Narkotisierung als auch zum Ersticken führen kann. Schließlich probierte er eine Mischung aus 1/6 Sauerstoff und 5/6 Lachgas bei eineinhalbfachem atmosphärischem Druck aus und stellte fest, daß der Körper bei diesen Mengen genügend Sauerstoff für die Atmung erhielt *und* genügend Lachgas für eine Narkose. Praktische Versuche brachten Bert dazu, mit Ballonfahrern zu arbeiten, die meist in unterschiedlichen Höhen und Druckverhältnissen atmeten. Bert trainierte in seiner Druckkammer zwei Ballonfahrer und gab ihnen 1875 Beutel aus Kuhdärmen mit unter Druck gehaltenem Sauerstoff, den sie einatmen sollten, wenn sie in großen Höhen Schwindelgefühle bekamen. Gaston Tissandier, der den Beutel genau nach Berts Anweisung benutzte, überlebte, doch sein Kollege starb. Bert veröffentlichte seine Forschungsarbeiten im Jahre 1878; *La pression barométrique* wurde während des Ersten Weltkriegs zum Standardwerk der Flugmedizin.

Zu Berts Zeiten stiegen die Ballonfahrer bereits bis auf Höhen von über 7000 Metern auf, um Wetterbeobachtungen sowie Luftaufnahmen zu machen (die ersten Luftaufnahmen von Paris stammen aus dem Jahre 1858). Zu Beginn des 19. Jahrhunderts setzte Napoleons Armee Ballons auch als fliegende militärische Beobachtungsposten ein.

135 ▪ 20 38
135 ▪ 69 66
135 ▪ 81 74

Der Fesselballon[135] verdankte seine Ursprünge der Papierherstellung, denn die beiden ersten Ballonenthusiasten, die Brüder Joseph und Jacques Montgolfier, besaßen in der Nähe von Paris einige Papierfabriken. Ihr Gewerbe warf genug Rohmaterial zum Bau von Modellballons und zur Befeuerung der Ballons ab. Die Brüder wurden wahrscheinlich zu ihren ersten Versuchen durch einen Preis angeregt, der für eine Idee ausgeschrieben wurde, wie man die Belagerung von Gibraltar aufheben konnte. Ab 1781 wurden dort spanische Truppen zwei Jahre lang von den Engländern eingeschlossen, und die Franzosen waren insofern in die Sache verwickelt, als sie auf der Seite der Spanier kämpften.

Die Brüder Montgolfier dachten, mit einem Ballon müßte man über die Köpfe der britischen Armee hinweg nach Gibraltar kommen, und so begannen sie am 15. November 1782 in Annonay – außerhalb von Paris – mit ihren Versuchen. Ihr erster Modellballon stieg auf eine Höhe von 21 Metern auf; als Brennstoff dienten zerhacktes Heu und Wolle, die unter einer Ballonhülle aus Taftseide verbrannt wurden. Am 5. Juni 1783 erreichte ein 12 Kubikmeter großer Ballon aus papierbeschichtetem Leinen mit einem Durchmesser von zehn Metern und 400 Pfund Ballast eine Höhe von 1800 Metern. Leider wurde der bemannte Heißluftballon nicht rechtzeitig genug entwickelt, um die Blockade von Gibraltar zu brechen. Der erste bemannte Flug fand 1783 im Pariser Bois de Boulogne statt. Der Flug dauerte 26 Minuten und ging über eine Entfernung von 12 Kilometern und bis auf eine Höhe von 900 Metern. An Bord waren J.F. Pilatre de Rozier und der Marquis d'Arlandes, zwei aristokratische Amateuraeronauten. Einen Monat zuvor hatten die Gebrüder Montgolfier in Anwesenheit des Königs und der Königin einen Versuchsballon mit einem Hahn, einem Schaf und einer Ente an Bord aufsteigen lassen.

Die Belustigungen des Königs bestanden nicht nur darin, fliegenden Tieren nachzuschauen, sondern auch die kunstvollen Fontänen im Schloßgarten von Versailles zu bestaunen. Diese wurden unter enormem finanziellem Aufwand über Druckleitungen mit Wasser aus der nahegelegenen Seine gespeist; dazu hatte man extra eine riesige Pumpstation gebaut, die von einer Wassermühle angetrieben wurde. Als Joseph Montgolfier 1795 am Strand Urlaub machte, kam ihm die Idee, wie man für viel weniger Geld und ohne bewegliche Teile Wasser unter Druck setzen konnte. Der Gedanke dazu kam ihm, als er sah, wie die Brandung durch Löcher in einem Felsen donnerte. Die Maschine, die auf diesem Prinzip beruhte, bezeichnete er als hydraulischen Widder.

Der erste Prototyp eines hydraulischen Widders wurde 1805 in einem Flußbett konstruiert. Dort floß das Wasser unter Druck in eine Kammer mit einem Absperrventil. Bei einem bestimmten Wasserdruck schloß sich das Ventil, so daß sich das Wasser in der Kammer staute und in eine weitere Kammer mit Luft strömte, die durch das Wasser komprimiert wurde. Bei maximaler Kompression schloß sich das Eintrittsventil der Kompressionskammer, ein Austrittsventil öffnete sich und das Wasser in der Kompressionskammer wurde durch eine Druckleitung nach oben geführt. Darauf fiel der Luftdruck, das Wasserzulaufventil öffnete sich und weiteres Wasser konnte zufließen – der ganze Zyklus begann erneut. Der Widder schaffte dies 120 Mal in der Minute.

Anfang des 19. Jahrhunderts waren in ganz Frankreich 700 solcher Stoßheber in Betrieb – in der städtischen Wasserversorgung, in Bewässerungsanlagen und Kanälen. James Watt
136 ▪ 17 36 kaufte einen für seine Fabrik in Birmingham[136], und später
136 ▪ 221 245 wurden sie auch beim Bau der Brittannia Bridge in Wales und des Hudson-Tunnels in New York eingesetzt. Doch in Versailles wurden trotz des Erfolgs des Stoßhebers und der Versprechungen der Regierung keine Mittel bereitgestellt, um die *machine de Marly* auszutauschen.

Der Stoßheber sollte ungefähr 50 Jahre nach seiner Erfindung auch politische Folgen zeitigen, nämlich in der kurzzeitigen Einigung Italiens. Mitte des 19. Jahrhunderts hielt es der König von Sardinien (der außerdem als König über große Teile

Norditaliens regierte) für an der Zeit, etwas für seine Provinz Savoyen zu tun, die auf der falschen (das heißt: nördlichen) Seite der Alpen lag. Neben diesem kleinen politischen Problem verursachten die Alpen auch allerlei andere Sorgen.

Das gesamte nordeuropäische Eisenbahnnetz mußte nämlich vor den Alpen haltmachen. Der Handel mußte die Berge umgehen und unter hohen Kosten auf den Schiffsverkehr ausweichen. Dasselbe galt für Reisende, besonders jene mit Zielen auf dem Balkan und im vorderen Orient. Das Hindernis, das die Alpen darstellten, kostete also viele Leute eine Menge Geld – was stets ein Anreiz zur Innovation ist.

Am 15. August 1857 begannen im Beisein von König Emmanuele und Kaiser Napoleon III. die Bauarbeiten zu einem Tunnel durch den Mont Cenis[137]; der Tunnel sollte Modane in 137 ▪ 179 188
Savoyen mit Bardonecchia in der Nähe von Turin verbinden und je zur Hälfte von Sardinien und Frankreich finanziert werden. Am Anfang bohrten die Ingenieure die Sprenglöcher noch von Hand. Das bedeutete, daß sich der Tunnel pro Tag ungefähr 20 Zentimeter in den Berg fraß. Bei diesem Tempo war mit einer Gesamtbauzeit von über 40 Jahren zu rechnen. Deshalb beschloß der Chefingenieur Germain Sommellier im Jahre 1861, das ganze ein wenig zu beschleunigen, und zwar mit einer Abwandlung von Montgolfiers hydraulischem Widder, einem Steinbohrer mit Druckluftantrieb.

Die Hydraulik wurde mit Wasser betrieben, das durch eine Reihe von Rohren aus einem 50 Meter höher gelegenen Reservoir herangeführt wurde. Das herabstürzende Wasser setzte Räder in Bewegung, die Kolben antrieben, welche Wasser in Rohre preßten, in denen dadurch die Luft komprimiert wurde. Mit dem üblichen Ventilsystem wurde verhindert, daß sich Wasser und Luft mischten. Die komprimierte Luft wurde dann durch Röhren in den Tunnel geleitet, wo sie neun rotierende Zwölf-Tonnen-Automatikbohrer antrieben. Die Bohrer wurden auf Schienen vorwärtsbewegt. Bei jeder Etappe wurden 80 verschieden tiefe Löcher gebohrt, die bis auf die drei mittleren mit Schießpulver gefüllt wurden.

Dank der neuen Bohrer erhöhte sich das Tempo des Tunnelbaus um das Zwanzigfache; nun schaffte man etwa viereinhalb Meter pro Tag. Die Vollendung des Mont-Cenis-Tunnels (und ähnlicher Bauwerke) sollte also doch nicht ein ganzes Menschenleben in Anspruch nehmen. Der Durchbruch erfolgte am Weihnachtstag des Jahres 1870. Die knapp 14 Tunnelkilometer kosteten drei Millionen Pfund, fast drei Millionen Zündgänge und 28 Menschenleben. Während der Bohrungen wütete der italienische Befreiungskrieg, und Savoyen fiel an Frankreich. Die Franzosen hatten ihre Hälfte der Kosten jedoch schon bezahlt. Nach dem durchschlagenden Erfolg des Mont-Cenis-Tunnels waren die Investoren, besonders in der Schweiz, nicht mehr zu bremsen. Innerhalb von 30 Jahren wurden der Gotthard-, Arlberg- und Simplontunnel vollendet, und der neue Orient-Express beförderte Reisende nun von Calais bis Istanbul.

Es ist wohl eine höchst sonderbare Ironie des Schicksals, daß Sommellier und die anderen beiden Chefingenieure des Mont-Cenis-Tunnels allesamt an Herzinfarkten starben. Sie alle hatten bei den Tunnelarbeiten ausgiebigen Gebrauch von einem neuen Sprengstoff gemacht. Nitroglyzerin war 1846 von einem Italiener namens Ascanio Sobrero entdeckt worden, doch die Herstellung war, gelinde gesagt, gefährlich. Im Jahre 1862 entwickelten ein Schwede und sein Sohn ein etwas weniger riskantes Verfahren zur Herstellung von Nitroglyzerin. Leider war die Prozedur noch immer nicht sicher genug. Ihre gesamte Fabrik in Heleneborg flog 1864 in die Luft; dabei kam auch der zweite Sohn des schwedischen Fabrikanten ums Leben. Doch die Suche nach einem sicheren Verfahren ging weiter, und 1867
138 ▪ 47 55 konnte Alfred Nobel[138] (der Sohn, der überlebte) eine Mischung aus Nitroglyzerin und Kieselgur, einer Art Lehm, als
139 ▪ 48 55 neuen Sprengstoff namens Dynamit[139] patentieren lassen. Das erstmals im Mont-Cenis-Tunnel verwendete Dynamit hatte eine viel stärkere Durchschlagskraft als andere Sprengstoffe.

Die Ironie bestand nun darin, daß die Herzinfarkte, die alle drei Chefingenieure des Mont-Cenis-Projekts erlitten, durch eben jene Chemikalie hätten verhindert werden können, die sich beim Sprengen ihres Tunnels als so nützlich erwies. Seit

1867 nutzte man Nitroglyzerin nämlich auch im pharmazeutischen Bereich; das sogenannte Glonoin (das zu einem Prozent aus Nitroglyzerin und zu 90 Prozent aus Alkohol bestand) wurde zur Gefäßerweiterung eingesetzt, um Herzschmerzen und die Symptome der Angina pectoris zu lindern. Kleine Mengen Nitroglyzerin entspannten die Herzkranzgefäße und andere Blutgefäße, steigerten die Blutzirkulation und senkten den Blutdruck.

Eine unerfreuliche Nebenwirkung der anderen, explosiven Form des Nitroglyzerin bestand darin, daß längeres Hantieren mit dem Material zu »Dynamitkopfschmerzen« führte, wie die Ärzte es damals zurückhaltend nannten. Gelindert werden konnte dieses Leiden manchmal mit Nitroglyzerin in Form von Glonoin; dies erweiterte die Arterien im unteren Nacken, die aufgrund von Spannung (oder infolge eines »Katers«) zu Kopfschmerzen führen konnten.

Dies blieb gängige Praxis, bis ein neues Medikament die Welt des Schmerzes grundlegend änderte. Im Jahre 1853 hatte der französische Chemiker Charles Gerhardt eine Form von Salizylsäure hergestellt, die als Azetylsalizylsäure (ASS) bezeichnet wurde. Gerhardts Verfahren beruhte auf den Arbeiten eines deutschen Chemikers, der die Salizylsäure ursprünglich aus dem Spierstrauch gewonnen hatte. Mit diesem pflanzlichen Stoff konnte man Kopfschmerzen behandeln, doch die Gewinnung war so zeitraubend, daß der Chemiker schließlich aufgab. Spätestens ab 1890 versuchte jeder **140 ▪ 32** 44
deutsche Chemiker, irgendwelche chemischen Substanzen aus **140 ▪ 62** 64
dem Steinkohlenteer[140], jenem klebrigen neuen Abfallprodukt **140 ▪ 195** 209
des Gaslichts, zu gewinnen. August Hofmann,[141] der für die **141 ▪ 70** 67
Firma Bayer[142] arbeitete, entdeckte die Substanz Phenol, aus **142 ▪ 72** 67
der man ganz simpel, schnell und billig *künstliche* Azetylsalizylsäure gewinnen konnte. Als Name für das Produkt wählte man ein Akronym aus den Buchstaben *A* (aus Azetyl), *Spir* (aus *Spiraea ulmaria*, dem botanischen Namen des Spierstrauchs) und *In* (Ursprung unbekannt). Diese Buchstaben ergaben den Handelsnamen »Aspirin«. Die Zeiten schädelsprengender Kopfschmerzen waren vorbei.

Auch für das Phenol gab es einen anderen Namen: Karbolsäure. Rückblickend würde man wohl meinen, daß diese Substanz zur Desinfektion verwendet wurde. Die Verbindung zwischen diesem historischen Ereignis und der Flugzeugentführung, mit der dieses Kapitel begann, bestand jedoch in der besonderen Weise, in der das Desinfektionsmittel zubereitet und angewandt wurde. Im Jahre 1834 hatte ein weiterer deutscher Chemiker namens Runge herausgefunden, daß sich die Rohform der Karbolsäure (das sogenannte Kreosot) dazu eignete, die Holzfäule zu stoppen. Und 1857 versuchte man im englischen Carlisle, allerdings vergeblich, mit Karbolsäure
143 ▪ 32 44 Milzbrand bei Rindern zu bekämpfen.[143]

143 ▪ 64 64 Joseph Lister, Professor für Chirurgie an der Universität
143 ▪ 65 64 Glasgow, der von den Versuchen in Carlisle gehört hatte, entwickelte 1867 einen neuartigen Verband; in Paraffin gelöste Karbolsäure auf einer Lage Musselin bildete eine Art künstlichen Wundschorf. Später benutzte er als Wundverband dün-
144 ▪ 37 45 nes gummibeschichtetes Tuch[144] und verwendete dabei Mate-
144 ▪ 66 64 rial, das ursprünglich der schottische Erfinder Macintosh für seine Regenmäntel entwickelt hatte. Damals waren Todesfälle aufgrund postoperativer Infektionen alltäglich, doch niemand wußte weshalb. Als Lister den neuen Verband bei 13 offenen Brüchen ausprobierte, überlebten alle 13 Patienten auf wundersame Weise.

In jener Zeit führten chirurgische Eingriffe oft zu Komplikationen und prägten die Formel: »Operation gelungen, Patient tot.« Die damaligen Mediziner wußten nicht, daß die Bedingungen in den Krankenhäusern (unsäglicher Dreck) für die vielen Infektionen verantwortlich waren. Im allgemeinen gingen die Leute mit der Erwartung ins Krankenhaus, dort zu sterben. Erst als Lister dazu überging, Karbolsäure zu verwenden, fing die Chirurgie an, sich vom Schlachterhandwerk zu unterscheiden. Listers Erfolg wiederum beruhte größtenteils auf den früheren Bemühungen eines bescheidenen Fahrradfanatikers namens Benjamin Richardson, der kurz zuvor die erstaunliche Entdeckung gemacht hatte, daß extreme Kälte ein Gefühl der Taubheit hervorruft.

Richardson war Anästhesist. Wie Lister und alle anderen spielte auch er mit Karbolsäure herum. Er kam dahinter, daß gefrorene Karbolsäure tatsächlich die Haut betäubt, dabei allerdings auch das Gewebe abtötet. Eines Abends im Jahre 1867 träufelte oder sprenkelte ihm eine junge Dame auf einem Ball etwas Eau de Cologne auf die Stirn, und er bemerkte die kühlende Wirkung, die diese Substanz bei der Verdunstung entfaltete. Und so ging er nach Hause und erfand das Ätherspray. Äther war ein bekanntes Anästhetikum; nun konnte es lokal auf Zahnfleisch, Tumorgewebe oder die Brust gesprüht werden, überall wo der Chirurg ein Lokalanästhetikum brauchte.

Ob eine Verbindung zu Lister bestand, ist nicht bekannt, aber da zu jener Zeit bei allen Londoner Gesellschaften und in den Theatern der modische neue »Parfümzerstäuber« benutzt wurde, war er beinahe allgegenwärtig. Als Lister 1871 damit begann, in seinen Operationssälen mit einem Gerät, das wahrscheinlich eine Weiterentwicklung von Richardsons ursprünglichem Sprühfläschchen war, einen Karbolnebel zu verstäuben, löste die präoperative Formel *Let us spray* (Laßt uns sprühen) bald die altvertraute Phrase *Let us pray* (Laßt uns beten) ab. Der Nebel war wirksam, führte jedoch bald zu Beschwerden seitens der Patienten, einschließlich Queen Victorias, denn er verursachte auf offener Haut ein schmerzhaftes Brennen. So wurde das Spray 1887 durch verstärkte Hygienemaßnahmen im allgemeinen abgelöst.

Den nächsten Schritt vollzog der deutsche Ingenieur Wilhelm Maybach. Im Jahre 1893 arbeitete Maybach mit einem etwas bekannteren Kollegen, Gottlieb Daimler, zusammen, dessen Verkaufsleiter eine Tochter mit dem allseits bekannten Namen Mercedes hatte. Maybach griff das Sprühprinzip auf und erfand den Vergaser, den er in das neue Automobil einbaute, das Daimler nach dem Mädchen benannte. In dem Vergaser wurde ein feiner Strahl aus Luft und Treibstoff in einen Zylinder eingesprüht, in dem die Mischung mit einer Zündkerze entzündet wurde, wodurch der Zylinderkolben in Bewegung gesetzt wurde. Maybachs Vergaser funktionierte so gut, weil er auf dem Prinzip der schwimmerregulierten Zuleitung beruhte. Das Benzin wurde mit Druck oder per Schwerkraft in eine kleine Kammer geleitet, die einen Schwimmer enthielt. Von dort stieg der Kraftstoff durch eine Leitung, die in einem kleinen Loch endete, welches sich an einer geeigneten Stelle in der Luftansaugleitung befand. Der Sog, der durch den Hub des Zylinderkolbens entstand, zog aus der Kraftstoffleitung Benzin, das sich mit der in den Zylinder strömenden Luft zu einem feinen Spray vermischte. Der Schwimmer steuerte ein Nadelventil, das die Benzinmenge regulierte, die aus dem Benzintank in die Schwimmerkammer strömte. Auf diese Weise konnte der Benzinstand in der Kammer äußerst genau kontrolliert werden. Dieses Schwimmerprinzip wurde bei fast allen Automobilen übernommen, denn es löste das Problem, Luft und Kraftstoff im richtigen Verhältnis zu mischen.

Die Hubbewegung des Zylinders in Maybachs Motor wurde dann in die Drehbewegung einer Antriebswelle mit Zahnrädern übersetzt, welche die Autoräder oder anderes antrieben, was sich in hoher Geschwindigkeit drehen sollte. Der Prozeß glich dem einer Turbine am vorderen Ende eines Strahltriebwerks, die sich dreht und Luft heraustreibt, welche durch einen entzündeten Treibstoffnebel extrem erhitzt und dann am hinteren Ende des Motors herausgestoßen wird und dabei ein Flugzeug wie jenes antreibt, das zu Beginn dieses Kapitels entführt wurde.

Die Passagiere, die voller Panik aus den Fenstern des gekaperten Flugzeugs starren, sind in der Regel aus einem ganz bestimmten Grund an Bord. Vor Antritt der Reise kauften sie oder ihr Reisebüro Tickets für diesen verhängnisvollen Flug, und zwar über eines der vielen weltweiten Flugreservierungssysteme. Das erste landesweite Flugreservierungssystem verdankte seine Existenz der völlig unerwarteten Detonation einer russischen Atombombe im August 1949.

Die Amerikaner reagierten auf die Explosion mit Panik und fingen an, ihre Landesverteidigung völlig neu zu überdenken. Sie starteten ein massives Jagdbomberbauprogramm und entwarfen das erste computerverbundene Radarnetz. An einer fast 5000 Kilometer langen Linie entlang der Nordküste Kanadas und Alaskas, von Point Barrow im Osten bis Baffin Island im Westen, wurden im Rahmen des neuen Fernfrühwarnsystems mehr als 50 Radarstationen errichtet. Die Stationen waren in sechs Sektoren aufgeteilt, von denen jeder 800 Küstenkilometer abdeckte. Die Signale von diesen subarktischen Stationen, die Flugzeuge auf eine Entfernung von über 300 Kilometern aufspüren konnten, wurden in die neue Nationale Kommandozentrale unter dem Cheyenne Mountain in Colorado weitergeleitet. Nun hatte Amerika bei einem Bomberangriff über den Nordpol eine Vorwarnzeit von bis zu vier Stunden. Die Computer verbanden alle Stationen des Fernfrühwarnsystems mit der Kommandozentrale, korrelierten und analysierten die Signale und präsentierten ein Gesamtbild des Verteidigungsluftraums.

Im Frühjahr 1953 befand sich ein IBM-Ingenieur, der an dem Fernfrühwarnsystem mitgearbeitet hatte, auf einem Flug der American Airlines von San Francisco nach New York und saß dabei zufällig neben dem Präsidenten der Fluggesellschaft. Nachdem sie festgestellt hatten, daß sie beide Smith hießen, kamen sie ins Gespräch. Aus solchen kleinen Steinchen entsteht das Bild der Geschichte. Der Mann von IBM erklärte seinem Namensvetter das Prinzip, das hinter dem Fernfrühwarnsystem stand, und dieser erkannte sofort, daß die Informationsvernetzung, die die Luftverteidigungscomputer von IBM ermöglichten, ein perfektes Flugreservierungssystem abgeben würde. Als American Airlines das System 1962 einführte, nannte man das ganze »Semi-automatic business environment research« (Halbautomatische Betriebsumfeldrecherche), kurz SABER. Es war der Prototyp aller nachfolgenden Reservierungssysteme.

SABER verknüpfte Tausende von Reisebüros, Agenturen, Buchungsplätzen und Ticketschaltern. Es aktualisierte auch ständig Informationen wie Kontaktierungsnummern von Passagieren, Verpflegungsbedarf sowie Hotel- und Autoreservierungen. Das System wurde bald deutlich erweitert und wickelte fortan auch andere Bereiche ab, zum Beispiel Flugplanung, Wartungsberichte, Creweinteilung, Treibstoffversorgung und andere Echtzeit-Aspekte im Betrieb einer Fluggesellschaft, und zwar auf eine viel komplexere Weise, als dies je möglich gewesen war.

Durch SABER erreichte der Flugverkehr ganz neue Dimensionen und ein ungeahntes Maß an technischer Perfektion und führte seinerseits zum Start des Projekts Beacon, eines neuen automatischen Systems der Flugverkehrskontrolle, das auf demselben Prinzip der Computerisierung beruhte und erstmals im Jahre 1966 auf dem Flughafen von Atlanta in Betrieb genommen wurde. Erst als mit SABER Tausende von Terminals miteinander verknüpft und Unmengen von Daten innerhalb von Sekunden verarbeitet wurden, konnte sich der moderne Flugverkehr in dieser ungeheuer komplexen Weise entfalten. Außerdem zeigte es der Geschäftswelt, welche Vorteile solch ein System einem Industriezweig bot, in dem unterteilte Betriebsbereiche immer besser und wirksamer organisiert werden mußten.

Der Grund, weshalb SABER im speziellen und Computer im allgemeinen überhaupt erfunden wurden, läßt sich in einer jener ungewöhnlichen Querverbindungen, wie sie in der Geschichte bisweilen vorkommen, auf ein ganz bestimmtes Ereignis zurückführen. Im Jahre 1798 stieß ein Offizier Napoleons auf dem Ägyptenfeldzug am Nil auf feine Seidenschals, welche die Ägypter aus Kaschmir einführten. Nachdem er und seine Kameraden die Schals als Geschenke nach Hause geschickt hatten, waren bald alle französischen Frauen ganz verrückt danach. Napoleons Gemahlin, Königin Josephine, kaufte 4000 Stück. Es konnte mehrere Jahre dauern, ein Paar Schals zu fertigen (üblicherweise wurden immer zwei gleichzeitig gemacht); sie waren so fein, daß sie leicht durch einen Ring paßten, und traditionell dienten sie als Hochzeitsgeschenk. In Kaschmir waren die Schals ursprünglich Präsente, mit denen sich die Fürsten für die Gaben ihrer Vasallen bedankten (das Wort *Shawl* bedeutet »Geschenk«).

Kaum hatte die Mode in Paris eingeschlagen, wurde sie in England imitiert. Zuerst fertigte man für die wohlhabenderen

Kunden Schals aus Seide oder Wolle, und als die Manie weiter um sich griff, stellte man für den Massenmarkt auch welche aus Baumwolle her. Fabriken für »Kaschmirschals« entstanden in den französischen Städten Reims und Lyon sowie in den englischen Orten Norwich, Huddersfield und Bradford und vor allem in der schottischen Stadt Paisley. Von dort stammten ursprünglich die Schals, Halstücher und Krawatten mit Paisley-Muster. Ende der 1860er Jahre waren Kaschmirschals ein gängiges Accessoir und ein allgemein übliches Hochzeitsgeschenk. Das Muster war nicht leicht zu kopieren; es bestand aus komplizierten traditionellen Formen wie Kiefern- oder Tannenzapfen, die in der islamischen Welt Fruchtbarkeit und Wohlstand symbolisierten (was allerdings im prüden viktorianischen England nicht groß publik gemacht wurde, und auch nicht im noch spießigeren Amerika, wo die Mode kurz vor der Jahrhundertwende ihren Höhepunkt erreichte).

Der junge Ingenieur Herman Hollerith, der an der amerikanischen Volkszählung von 1890 mitarbeitete, interessierte sich brennend für ein automatisiertes Zählverfahren. Und auch hier stoßen wir wieder auf einen jener Pfade im Netz des Wandels, der so grundlegende Folgen zeitigte, daß die Wege der Geschichte ihn immer wieder kreuzen. Holleriths Schwager war im Textilbereich tätig und erzählte ihm von einem neuen Webstuhl, der fehlerlos solch komplizierte Muster wie die der teuersten Seidenkaschmirschals weben konnte. Bei diesem Webstuhl (der als Jacquardmaschine bezeichnet wurde) verwendete man als Steuerungsmechanismus einen Pappkarton mit Löchern, die ein bestimmtes Muster abgaben. Gefederte Drahthaken, sogenannte Platinen, wurden gegen die Musterkarte gedrückt, und überall dort, wo sich ein Loch befand, ging ein Haken durch die Karte und nahm den entsprechenden Faden auf. So konnte das Weben hochkomplizierter Muster automatisiert werden.

Hollerith griff diese Idee auf. Er benutzte Pappkarten in der Größe eines Dollarscheins, denn Sortiermaschinen für Dollarscheine waren bereits auf dem Markt. Die aufgenommenen Daten wurden durch Löcher in der Karte dargestellt; handelte es sich beispielsweise um die Karte eines männlichen, griechischstämmigen Zimmermanns aus Philadelphia, so wurde jede dieser Daten durch ein bestimmtes Loch gekennzeichnet. Überall wo sich ein Loch befand, nahmen gefederte elektrische Drähte Kontakt mit einem elektrischen Zähler, und das Kontaktsignal drehte den Zeiger des Zählers, der die entsprechende Information registrierte. Mit dem Sortiersystem, das auf dem Dollarschein basierte, konnten später sämtliche Daten in großer Geschwindigkeit zusammengetragen und analysiert werden. Holleriths Konzept für das Sammeln, Vergleichen und Auswerten von Zahlen war so erfolgreich, daß er mit einigen Leuten ein Unternehmen gründete, das später in International Business Machines (IBM) umbenannt wurde.

Im Jahre 1908 sollte John Powers, der mit Hollerith zusammengearbeitet hatte und die Volkszählung von 1910 vorbereitete, in staatlichem Auftrag ein System entwickeln, das sich genügend von Holleriths Patent unterschied, denn diesmal war dem Statistischen Bundesamt Holleriths Preis zu hoch. Powers nutzte das Kartenprinzip in leicht abgewandelter Form. Bei der Maschine, die er konstruierte, standen die Löcher in den Karten für Zahlen, wie sie auf Rechnungen, in Inventarlisten, Bilanzen und Umsatzübersichten auftauchten. Jede Karte zählte 45 Kolumnen und bis zu neun Löcher pro Kolumne. Bei der Verarbeitung der Daten suchte eine elektrische Sortiermaschine die für die Kollationierung oder Auswertung erforderlichen Karten aus, indem eine Metallbürste durch die jeweiligen Löcher in der Karte auf einen elektrischen Impuls reagierte, der von einer Stromquelle hinter der Karte ausging.

Diese Maschine sortierte 15 000 Karten in der Stunde und konnte an eine Tabelliermaschine angeschlossen werden, die zusammenzählte, wie viele Male ein bestimmtes Loch (das heißt eine bestimmte Information) registriert wurde. Sie eignete sich also ideal für Statistiken, Bestandsverzeichnisse und Lagerlisten jeder Art. Von nun an kam die Buchführung ohne Bücher aus. Im Jahre 1913 war dies eine besonders gute Nachricht für die Eintreiber der neuen bundesweiten Einkommensteuer in den Vereinigten Staaten, denn die Finanzämter waren natürlich besonders scharf auf eine Automatisierung.

Aber die eigentliche Voraussetzung für den Erfolg der Tabelliermaschine und die Verbindung zu der Flugzeugentführung am Beginn dieses Kapitels bestand in der Art und Weise, wie die Löcher in Powers' Karten gestanzt wurden. Powers entwickelte eine kleine Tastatur mit zehn Tasten, mit denen er Löcher für die Zahlen von 0 bis 9 stanzen konnte. Sobald eine Kolumne gelocht war, wurde die Karte automatisch weitergeschoben, und die nächste Kolumne landete unter dem Locher. Bei den Fähigkeiten dieser Maschine war es ganz logisch, daß sich Powers den gigantischen Betriebswirtschaftsboom der 1920er Jahre (besonders in den Bereichen Rechnungswesen, Finanzwesen, Vertrieb und Unternehmensführung) zunutze machte und sich mit einem Büromaschinenhersteller zusammenschloß, der Schreibmaschinen produzierte. Die Tastatur seines Lochers bestand aus Schreibmaschinentasten, und so wurde Powers 1927 Partner der Remington Typewriter Company,[145] die ihrerseits der größten 145 ▪ 21 38
Büromaschinenfirma Amerikas, Rand, gehörte. Rand stellte über 4000 verschiedene Büroartikel her, von Karteikarten bis Aktenschränken, in erster Linie für Banken, Versicherungen, Bibliotheken und Behörden – wer immer sich für eine akkurate Registratur interessierte.

All diese Büroarbeit war überhaupt erst durch die Schreibmaschine entstanden. Im Jahre 1867 griff ein Drucker namens Christopher Sholes die Idee der Klaviertasten auf und erfand die Schreibmaschine. Er entwickelte die heute noch gängige Tastenanordnung, wobei er von der Überlegung ausging, daß die Tasten einander einklemmen würden, wenn die am häufigsten benutzten zu dicht beieinanderlagen. Das größte Problem bestand jedoch darin, daß Sholes nicht über die Ausrüstung verfügte, um die Teile mit dem notwendigen Maß an Präzision anzufertigen. Deshalb legte er seine Konstruktionspläne 1873 einer Firma namens E. Remington & Sons in Ilion im Staat New York vor, und bereits 1888 erwiesen sich deren Schnellschreibwettbewerbe als ein so wirksamer Reklametrick, daß

Remington die Nachfrage gar nicht mehr decken konnte. Vor allem eröffnete die Schreibmaschine den Frauen die Geschäfts-
146 ▪ 76 69 welt als Tätigkeitsfeld.[146]

Remington hatte Sholes' Idee gekauft, weil sich die Firma nach dem Ende des Bürgerkriegs nach Möglichkeiten umsah, die Präzisionsmaschinen in ihren Fabriken für andere Zwecke zu nutzen. Diese Maschinen waren ursprünglich zur Fertigung austauschbarer Teile entwickelt worden und eigneten sich daher ideal für die Herstellung aller Einzelteile einer Schreibmaschine. Vor 1873 hatten die Maschinen jedoch einem ganz anderen Zweck gedient: Remington hatte damit eine neue Waffe hergestellt. Das bei praktischen Versuchen gemeinsam mit dem Waffenamt der Vereinigten Staaten entwickelte Spaltverschlußstück von Remington wurde zum wesentlichen Bestandteil des populärsten Armeegewehrs der Welt. Das Verschlußstück und das Spannstück waren an Zentralbolzen aufgehängt, die einen rechten Winkel zur Achse des Laufs bildeten. Diese Ausrichtung sorgte im Augenblick der Zündung, in dem die beiden Teile aufeinanderschlugen, für eine vollkommene Abdichtung. Die Kugel, die damit verschossen wurde, war eine französische Randfeuerpatrone, und der Verschluß hatte einen Spalt, durch den der Hahn auf den oberen Rand der Patronenhülse aufschlagen konnte. Remington verkaufte über eine Million Gewehre an Armeen in Dänemark, Schweden, Spanien, Ägypten, Frankreich und den Vereinigten Staaten.

Die Randfeuerpatrone ermöglichte auch die Entwicklung der automatischen Pistole. Der König des Pistolenbaus war natürlich Sam Colt, dessen Firma während des Bürgerkriegs als einzige mit Remington konkurrieren konnte. Colt soll die Idee zu seinem berühmten Revolver von einem Engländer gestohlen haben, als er im Jahre 1830 englische Truppen in Kalkutta besichtigte. Wie dem auch sei – als er 1831 mit Skizzen und einem hölzernen Modell zurückkehrte, konnte er keine Mittel für die Herstellung auftreiben. Und so verdiente er sich eine Zeitlang Geld mit Vorträgen über die medizinischen Eigenschaften eines neuentdeckten Anästhetikums namens Stickstoffoxid (das seiner Wirkung wegen auch als Lachgas bezeichnet wurde). Um die Massen anzulocken, kündigte er sich als »Dr. Coult« an und gab wissenschaftliche Qualifikationen vor (was natürlich alles Schwindel war).

Im Jahre 1836 hatte Colt gerade genug Geld beisammen, um endlich in die Revolverproduktion einzusteigen. Doch schon bald machte er Bankrott und mußte einen anderen militärischen Goldesel auftun. Im Jahre 1841 kam er auf die Idee, Unterwasserminen zu bauen, gründete die Submarine Battery Company und erhielt von der amerikanischen Regierung 6000 Dollar, um eine Vorführung vorzubereiten. Er beschaffte sich auch eine Einladung nach Rußland für denselben Zweck, denn die Russen betrieben damals als einzige ein systematisches Minenprogramm. Erst 1842 hatte Colt endlich genug Schießpulver für seine Vorführung in Amerika. Mit einem elektrischen Signal, das mittels eines Hunderte von Metern langen Kupferdrahts übertragen wurde (den er von
Samuel Morse,[147] seinem Nachbarn am New Yorker Washing- **147 ▪ 30** 43
ton Square, ausgeliehen hatte), zündete er im Hafen von New **147 ▪ 215** 238
York eine Kiste Schießpulver, die am Rumpf einer Hulk befestigt war. Bei einer späteren Vorführung auf dem Potomac River in Washington jagte er vor 8000 Zuschauern über eine Entfernung von acht Kilometern ein fahrendes Schiff in die Luft. Aber da Colt nicht verraten wollte, wie er das gemacht hatte (es kursierten Gerüchte über Türme und Späher und Spiegel), erklärte die U.S. Kriegsmarine, sie sehe keine Verwendungsmöglichkeit für die Idee. Damit war der Fall erledigt.

In Rußland war unserem Mister Colt inzwischen bereits
Herr Nobel[148] zuvorgekommen, der bewies, daß er das Ganze **148 ▪ 47** 55
auch ohne Draht und ohne Signalgeber auf Türmen schaffte. Der militärischen Sicherheit wegen gründete er mit finanzieller Unterstützung der Russen eine Firma mit dem herrlichen Decknamen »Oberst Ogarews und Mister Nobels staatlich anerkannte Mechanik- und Roheisenfabrik«. Hier stellte er Minen her, die unter Wasser so vertäut werden konnten, daß sie wenige Meter unter der Oberfläche schwammen. Jede Mine bestand aus einem größeren Behälter mit Schießpulver und einem Behälter aus Blei und Glas von der Größe eines

Bleistifts. In dem kleinen Röhrenbehälter befand sich Schwefelsäure und darunter eine Mischung aus Kaliumchlorat und Zucker. Wenn das Blei durch den Kontakt mit einem Schiffsrumpf verbogen wurde, zerbrach das Glas, die Säure träufelte auf die Mischung, die sofort entflammte und das Schießpulver explodieren ließ.

Die Russen waren begeistert von dieser Technik und orderten Hunderte dieser Minen bei Alfred Nobel (der inzwischen
149 ▪ 48 55 dank seiner früheren Erfindung des Dynamits[149] weltweit als führender Sprengstoffexperte galt). Nachdem es den Russen zunächst gelang, mit den neuen Waffen ihre Ostseehäfen zu sichern, säten sie sie während des Krimkrieges auch in den Gewässern vor Sewastopol aus. Diese Taktik zwang die Alliierten zu einem schwierigen Landangriff auf Sewastopol, der von einer Nachschubflotte gedeckt wurde, die (aus demselben Grund) vor dem nahegelegenen Hafen von Balaklawa vor Anker liegen mußte. Dort wurde die gesamte Flotte in dem
150 ▪ 173 182 schrecklichen Orkan vom 14. November 1854[150] vollkommen
150 ▪ 178 188 zerstört. Dadurch waren die Alliierten gezwungen, einen Winterfeldzug zu führen, für den sie inzwischen elend schlecht ausgerüstet waren.

Die Schlachten auf der Krim im Winter 1854 offenbarten den desolaten Zustand der britischen Armee. Als Howard Russell in der Londoner *Times* über die Versorgung der Kranken und Verwundeten berichtete, war ganz England zutiefst empört. Im Oktober brachen Florence Nightingale und 28 Krankenschwestern zur Krim auf. Miss Nightingale war eine patente und unerschrockene Frau. Sie engagierte sich so sehr für die Krankenpflege, daß sie deswegen Heiratsanträge ausschlug. Sie pflegte im Londoner Middlesex Hospital Cholerakranke. Da las sie in der Zeitung, es sei ein Skandal, daß es auf der ganzen Krim keine einzige englische Krankenschwester gebe. Binnen weniger Tage hatte sie sich eingeschifft.

Was Miss Nightingale bei ihrer Ankunft sah, ließ sich nicht mit Worten beschreiben. Das Lazarett war ein Leichenhaus. Es gab kein Krankenhausmobiliar, keine Schwestern, keine Geräte; die Matratzen und Fußböden waren voller Schmutz und Exkremente. Es fehlte an Operationstischen; das zahlenmäßige Verhältnis zwischen Ärzten und Patienten war 2 zu 500; 1000 Männer litten an Durchfall, doch es gab nur 20 Nachttöpfe, und es fehlte auch an Leintüchern und Hemden. Chloroform und Äther waren in Europa und Amerika seit 1847 routinemäßig im Einsatz, doch auf der Krim sah man nichts davon – die Heeresverwaltungen hielten dergleichen für »viel zu zeitaufwendig«. Die Verwundeten starben entweder auf dem Schlachtfeld oder wurden von ihren Kameraden zur Versorgung weggeschleppt. Die Frontärzte verfügten über keinerlei Transportmittel; wenn sie sich durch knietiefen Schlamm und Schnee vorgearbeitet hatten, war es in der Regel schon zu spät. Einige Verwundete schafften es bis zum Lazarettschiff, auf dem jedoch noch schlimmere Verhältnisse herrschten als im Krankenhaus. Militärärzte und Experten in London empfahlen Zigarettenrauch und Schnurrbärte, um Keime abzutöten und Krankheitserreger zu stoppen.

Florence Nightingale verfügte über 30 000 Pfund aus öffentlichen Spendenmitteln, die die Londoner *Times* gesammelt hatte. Das Geld war im Nu verbraucht – allein für die Anschaffung des Allernötigsten wie zum Beispiel Hemden, Socken, Wasserkessel, Schüsseln, Operationstische, Handtücher, Waschlappen, Seife, Scheren und die wichtigsten Nahrungsmittel. Sie überredete sogar den Chefkoch des Londoner Reform Club, auf die Krim zu kommen und die Leitung der Lazarettküchen zu übernehmen. Sechs Monate nach ihrer Ankunft war die Sterblichkeitsrate von 44 auf 2 Prozent gesunken. Außerdem drängte diese ungewöhnliche Frau die Militärbehörden unentwegt, einen Sanitärdienst einzusetzen, der die Krankenhauswände reinigte und kalkte und die Kloake unterhalb der Krankenstationen beseitigte. Im Juni des folgenden Jahres wurde aufgrund der anhaltenden Bemühungen Nightingales das Heeressanitätskorps eingeführt.

Nach dem Ende des Krieges wurden Miss Nightingales 1000seitiger Bericht und die Reaktion des Militärs veröffentlicht. Aus dem Bericht ging hervor, daß die meisten Soldaten zwar aus den gesündesten Kreisen der männlichen Bevölkerung stammten und zwischen 17 und 35 Jahre alt waren, daß ihre krankheitsbedingte Sterblichkeitsrate jedoch *selbst in Großbritannien* doppelt so hoch war wie bei den Zivilisten. Von den 18058 Soldaten, die auf der Krim den Tod fanden, waren nur 1761 durch Feindeinwirkung sofort ums Leben gekommen. Die anderen 16297 Todesfälle traten nach einem Aufenthalt im Lazarett ein. Als der Königliche Kriegsausschuß diese Statistiken las, kam es zu einem Proteststurm und dem Sturz der Regierung.

Einer derjenigen, die von Florence Nightingale und ihrem Bericht am stärksten beeinflußt wurden, war der schweizerische Philanthrop Jean-Henri Dunant, der im Jahre 1859 bei der Schlacht von Solferino im Französisch-Österreichischen Krieg ähnliche Erfahrungen gemacht hatte. Als Ergebnis seines Einsatzes (und aufgrund des europaweiten Werbefeldzugs von Miss Nightingale) wurde die erste Genfer Konvention geschlossen – zur »Verbesserung des Loses der Verwundeten und Kranken der im Feld stehenden Heere«. Bei der Konvention verabschiedete man die Grundregeln für die Tätigkeit einer neuen internationalen Organisation, die als Rotes Kreuz bezeichnet wurde. Deren Symbol sieht man heute auf Krankenwagen und Rettungsfahrzeugen, wie sie beispielsweise auch bei der Flugzeugentführung eingesetzt werden, mit der diese Reise durch die Geschichte begann.

In Krankenhäusern und Kliniken auf der ganzen Welt vertraut man heute in großem Maße auf Antibiotika, eines jener Wundermittel, die rein zufällig und völlig unerwartet entwickelt wurden ...

9 Das Rad des Schicksals

In gewisser Hinsicht geht es in den Naturwissenschaften um Vorhersagen, denn wenn eine wissenschaftliche Theorie richtig ist, sagt sie akkurat den Ablauf eines bestimmten Prozesses in der Natur voraus. Ironischerweise sind viele Facetten der alltäglichen Ereignisse, die zu wissenschaftlichen Entdeckungen führen, alles andere als vorhersagbar. Der Prozeß, durch den Entdeckungen möglich werden, ist fast immer voll von Zufallsmomenten, und nur sehr selten ist eine Entdeckung das Resultat sorgfältiger, rationaler Planung. Wie alles in der Geschichte hängt auch die Naturwissenschaft oft davon ab, wie sich das Rad des Schicksals dreht.

Dies scheint insbesondere für große naturwissenschaftliche Theorien zu gelten. Einstein sagte einmal, er sei auf die Relativitätstheorie gekommen, als er träumte, er reise auf einem Lichtstrahl. Die Bakteriologie entstand, als in eine Schale mit einer Gewebekultur aus Versehen ein Farbstoff geschüttet wurde, der ausgerechnet Bakterien verfärbte. Hollerith erfand die Lochkarte, die in Rechnern verwendet wurde, weil er zufällig einen Schwager in der Textilbranche hatte, der sich mit einer automatischen Webtechnik auskannte, bei der man perforierte Papierrollen benutzte. Plastikfolie war das Ergebnis einer zufälligen Explosion in einem englischen Chemielabor.

Zu Beginn einer bestimmten Ereigniskette, die schlußendlich vielleicht zu einer entscheidenden Neuerung führen mag, würden wohl nur wenige Betroffene Wetten über das Endergebnis abgeben. Eine der größten medizinischen Entdeckungen verstieß völlig gegen jedes Gesetz der Wahrscheinlichkeit, nicht zuletzt weil sie das Endresultat einer ungewöhnlichen Kette von Ereignissen war, die ausgerechnet am Spieltisch begann. Im Jahre 1915 war das Spielkasino im nordfranzösischen Badeort Boulogne-sur-Mer von den Alliierten als Feldlazarett in Beschlag genommen worden. Dort kam ein Team von Bakteriologen zusammen, die als Freiwillige für den Sanitätsdienst tätig waren, um die Soldaten zu impfen. Einer der Freiwilligen war ein junger Arzt namens Alexander Fleming, der sich bereits als Experte für die Behandlung der 151 ▪ 194 208 Syphilis[151] einen Namen gemacht hatte.

Während des Aufenthalts in dem Kasino-Hospital begann das Team, den Infektionsprozeß bei den Verwundeten zu studieren. Bald wurde klar, daß die wichtigste Infektionsursache die Gewebefetzen der Soldatenuniformen waren, die durch Kugeln oder Bombensplitter in den Körper getrieben wurden. Bis dahin ging man allgemein davon aus, daß die beste Behandlung in der Verabreichung starker Antiseptika bestand, doch das Team konnte nachweisen, daß diese Desinfektionsmittel oft nicht tief genug in die Wundhöhlen eindrangen – und manchmal sogar die körpereigenen Abwehrmechanismen zerstörten.

Als Fleming nach dem Krieg nach London zurückkehrte, beschloß er, sich der Frage zu widmen, wie man Bakterien abtöten könne, ohne das Gewebe zu schädigen oder dem Immunsystem zu schaden. Nun stand Fleming aber nicht nur in dem Ruf, ein brillanter Mediziner (und ein wahrer Meisterschütze) zu sein, sondern auch das unordentlichste Labor in ganz London zu haben. Im Saint Mary's Hospital in Paddington kam es nicht selten vor, daß er nach Abschluß einer Untersuchung Schalen mit Gewebekulturen einfach unsterilisiert herumliegen ließ. In kürzester Zeit war das Labor übersät mit Dutzenden dieser achtlos herumstehenden Kulturen, und früher oder später schaute Fleming dann beiläufig nach, ob es irgend etwas Interessantes zu sehen gab, bevor er sie schließlich mit Desinfektionsmitteln ausspülen ließ.

Eines Tages – es war Anfang September 1928 – kehrte er aus dem Urlaub in das gewohnte Chaos zurück. Vor dem Urlaub hatte er Farbveränderungen bei Bakterien studiert und dazu

Der Klipper *Teaping* führt im großen Teewettlauf von 1866 vor der *Ariel.* Ihr außergewöhnliches Tempo verdankten die Klipper dem neuartigen Segelwerk. Statt der üblichen drei Bäume an den drei Masten verfügten sie über vier; die Segel wurden geteilt, damit sie auch bei widrigem Wetter leichter zu handhaben waren.

Kalifornische Goldgräber auf einem Gemälde von 1849. Das Schürfen nach Gold war aufgrund klimatischer und geologischer Verhältnisse relativ einfach; Erosion, urzeitliche Gletschertätigkeit und Vulkanaktivitäten legten zahlreiche Goldadern frei. Wer eine Schüssel oder eine Schaufel hatte, mußte es nur noch einsammeln.

Eine V-2 beim Start in Peenemünde. Die vier großen aerodynamischen Leitschaufeln aus Graphit ragten direkt in den Ausstoß der Rakete. Nach dem Krieg wurden an die hundert V-2 von den U.S.-Streitkräften konfisziert und in New Mexico analysiert; viele technische Daten wurden später beim Bau amerikanischer Mondraketen genutzt.

Bild der Druckwellen eines Geschosses im Windkanal – nach der Schlierenmethode. Derartige Phänomene beobachtete Ernst Mach bei Experimenten, bei denen er 1889 die Schallgeschwindigkeit als »Mach 1« definierte. Das Schlierenverfahren wurde 1864 von August Topler entwickelt, um Schallwellen »sichtbar« zu machen.

Eisenbahnbrücke der Union-Pacific-Linie bei Dale Creek in Wyoming, eine typische Ursache für das große amerikanische Waldsterben. Die Brücke wurde 1868 mit Kiefernholz erbaut; sie war 213 Meter lang und fast 40 Meter hoch. Auf dem Höhepunkt des amerikanischen Eisenbahnbaus wurden jedes Jahr 30 Millionen Bäume gefällt.

Eine der Zeichnungen, die in der Geisteswelt des 18. Jahrhunderts für Aufruhr sorgten. Der Ausschnitt aus Leeuwenhoeks Brief an die Royal Society vom Weihnachtstag 1702 zeigt einige Skizzen von Organismen im Umfeld der Wasserlinse, insbesondere die Rädertierchen (fig. 3: Q, R). Die Zeichnungen sind so genau, daß sie selbst in einem modernen Biologiebuch nicht antiquiert wären.

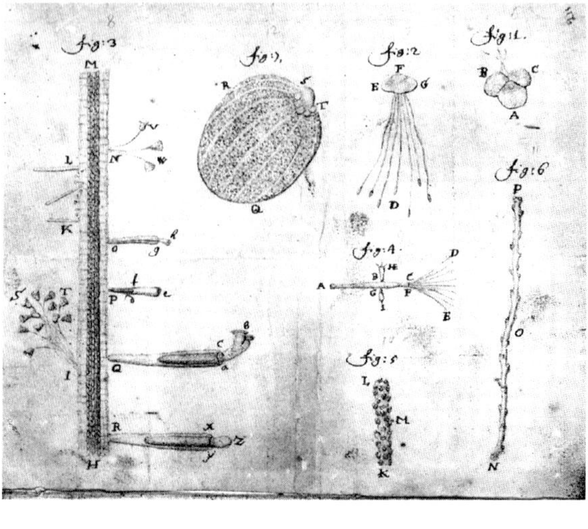

Aus einem Bericht über den amerikanischen Bürgerkrieg aus der *Illustrated London News* vom 12. April 1862. Darstellung der berühmten Begegnung zwischen John Ericssons *Monitor* (in der Mitte, fast untergetaucht) und dem Panzerschiff *Merrimac* der Südstaaten (mit Flagge, links). Nach vier Stunden trat die »unbesiegbare« *Merrimac* den Rückzug an.

Zeitgenössische Buchillustration der Schlacht von Crécy, die den Zenit der englischen Langbogenära markiert. Als es vor der Schlacht regnete, hatten die Engländer ihre Bogen entspannt, was die Franzosen bei ihren Bogen nicht konnten, weswegen ihre Bogensehnen Schaden nahmen. Am linken Rand sehen wir eine Kanone, jene neue Waffe, die den Langbogen ablöste und dem Krieg ein völlig neues Gesicht gab.

Am 25. Oktober 1825 übergab Gouverneur DeWitt Clinton den Erie-Kanal seiner Bestimmung, indem er in Sandy Hook, New York, feierlich ein Fäßchen Erieseewasser in den Atlantik schüttete. Der Kanal mit 83 Schleusen verband Buffalo mit Albany und galt als »achtes Weltwunder«.

Eine der bedeutsamsten Landkarten aller Zeiten – Gerard Mercators Wandkarte der Welt, so wie man sie 1569 kannte. Die Karte enthielt erstmals Längen- und Breitengradlinien, nach denen der Kurs eines Schiffes mit dem Lineal ermittelt werden konnte. Man beachte, wie sich Mercator die Nordwestpassage (oben links) als Verbindung zwischen Atlantik und Pazifik vorstellte.

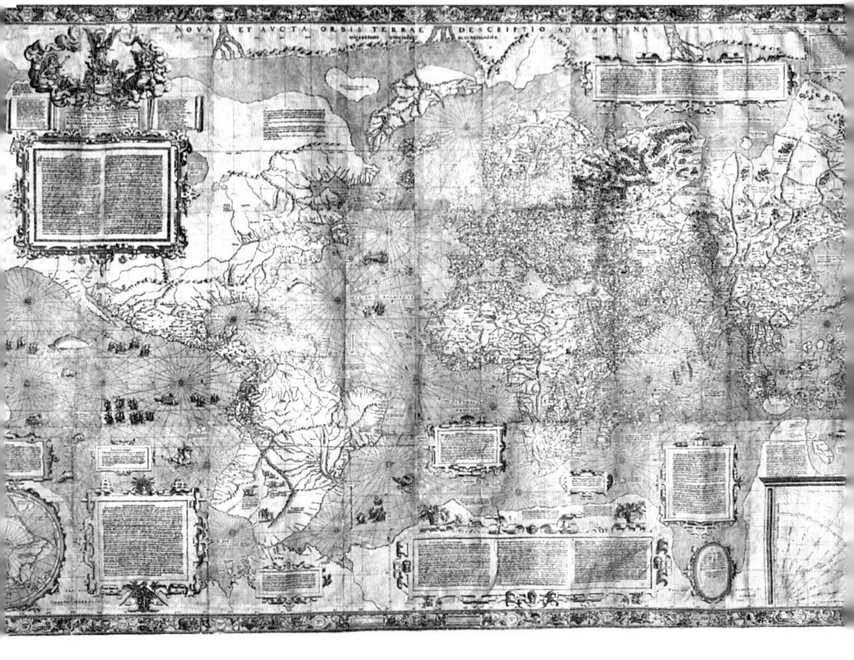

Der erste bemannte Flug mit einem Montgolfier-Heißluftballon im November 1783 (nach einer deutschen Druckgraphik). Einer der beiden Luftschiffer an Bord, Pilatre de Rozier, kam später bei einem ähnlichen Flug ums Leben. Die Gebrüder Montgolfier planten eine lenkbare Version ihres Ballons, doch die Französische Revolution durchkreuzte ihre Pläne.

So wurde 1574 ein Wal geflenst (der Walspeck abgezogen). Ab 1619 unterhielten die Holländer, die im Walfang jahrzehntelang in Führung lagen, in Spitzbergen eine regelrechte Walfangkolonie. In der Fangzeit arbeiteten über 1000 Walfänger mit bis zu 20 Schiffen in der »Walspeckstadt«.

Entwürfe aus einem Musterbuch für Schalmacher aus dem 19. Jahrhundert. Solche Muster, wie sie im schottischen Paisley gewoben wurden, waren bald in ganz Europa und Amerika Mode. Derart komplizierte Muster konnte man nur auf Webautomaten in Klassenproduktion fertigen.

Zeichnungen (aus Abraham Rees' *Cyclopedia* von 1820) nach Blumenbachs Einteilung der menschlichen Spezies in verschiedene Rassentypen. Blumenbachs Einteilung (die die Anthropologie zur Wissenschaft erhob) berücksichtigte Schädelform, Hautfarbe, Haar und Körperbau. Später schrieb er das bahnbrechende Handbuch der Vergleichenden Anatomie.

Der berühmte »Oberst« Edwin Drake (vorn rechts) vor seinem Bohrturm in Drake's Well, Pennsylvania. An den Bohrern in dem großen Holzturm arbeiteten oft Leute, die bei der Salzförderung in West Virginia, Kentucky und Ohio Erfahrungen mit Ölausbiß gemacht hatten. Drake's Well war nicht, wie Drake behauptete, der erste Ölbohrturm. Und Drake selbst war nicht Oberst, sondern Schaffner.

Im viktorianischen Zeitalter galt dies als Inbegriff des guten Geschmacks in Sachen Toilettenkultur. Dieses Produkt der Firma Crapper (die im England des 16. Jahrhunderts angeblich die erste Toilette mit Spülung erfand) kostete etwa so viel, wie ein Kanalarbeiter im Jahr verdiente. Ab 1888 konnte man solche Erzeugnisse aus reich illustrierten Versandkatalogen bestellen.

Dutzende von Kulturen mit Staphylokokken angelegt, die aus Geschwüren und Abszessen sowie von Nasen-, Rachen- und Hautinfektionen stammten. Einige dieser Schalen lagen auf einem Tablett und waren zur Hälfte in das Desinfektionsmittel Lysol eingetaucht; Fleming ließ wie üblich einen flüchtigen Blick darüber schweifen, bevor er die Proben wegwarf. Zu seiner Überraschung war in der Mitte einer Schale ein Schimmelpilz gewachsen, in dessen unmittelbarem Umkreis sich keinerlei Bakterien befanden; die Bakterien waren anscheinend von dem Schimmelpilz abgetötet worden. Diese zufällige Entdeckung sollte Alexander Fleming den Nobelpreis einbringen, denn der Schimmelpilz entpuppte sich als Penicillin.[152] 152 ▪ 134 139

Die Folge von Ereignissen, die erforderlich war, damit das Penicillin wuchs und Fleming es bemerkte, bestand aus einer Verkettung der ungewöhnlichsten Zufälle. Zunächst einmal hatte man das Fenster offen gelassen; dadurch konnten die Pilzsporen überhaupt von draußen hereingetragen werden. Außerdem hatten die Staphylokokken untypischerweise keine Inkubationsphase durchgemacht. Vom 27. Juli bis zum 6. August betrug die Raumtemperatur konstant 16 bis 20 Grad Celsius – in diesem Temperaturbereich wuchs der Schimmelpilz am besten. Danach folgte eine kurze Wärmeperiode, die gerade lang genug war, daß sich die Staphylokokken vermehren konnten. Nach seiner Rückkehr aus dem Urlaub fischte Fleming aus all den Schalen ausgerechnet diese heraus. Und aus purem Zufall war sie nicht in die Desinfektionslösung eingetaucht, die sowohl die Staphylokokken als auch den Schimmelpilz abgetötet hätte.

Penicillin, die Frucht der Flemingschen Unordentlichkeit, tötet Bakterien nicht direkt ab, sondern löst bei deren Nachkömmlingen einen Defekt aus, wodurch die sich teilenden Zellen anschwellen, durchsichtig werden und schließlich auseinanderplatzen. Ironischerweise war der Mensch, der den Prozeß der Zellpathologie ursprünglich entdeckt hatte, regelrecht ordnungssüchtig. Dies war der Arzt Rudolf Virchow, der aufgrund seiner strengen Arbeitsethik und seiner Unduldsamkeit gegenüber jeglicher Nachlässigkeit bald als »Papst der deutschen Medizin« tituliert wurde. Er sagte einmal, die wichtigste Eigenschaft eines guten Forschers sei »eiskalter Enthusiasmus«.

Virchow setzte sich auch für eine liberale Politik ein. Dies zeigte sich erstmals im Winter 1847, als er einen Bericht über eine Typhusepidemie schreiben sollte, die damals in Oberschlesien grassierte. Diese Provinz, in der eine polnischsprechende Minderheit lebte, litt auch unter einer schlimmen Hungersnot. Im März 1848 hielt sich Virchow drei Wochen lang dort auf; später sagte er, diese Zeit habe die Entwicklung seiner politischen und wissenschaftlichen Anschauungen entscheidend geprägt. In seinem Seuchenbericht, der sich auf soziologische, anthropologische und epidemiologische Analysen stützte, gab Virchow eindeutig und ausdrücklich der Regierung die Schuld. In Oberschlesien müsse man, so argumentierte Virchow, nicht nur Medikamente bereitstellen, sondern soziale Verhältnisse schaffen, die eine Wiederholung der Katastrophe verhinderten. Zu diesen Reformen gehörten eine vollständige und uneingeschränkte Demokratisierung, die Anerkennung des Polnischen als Amtssprache, die Trennung von Kirche und Staat, ein Straßenbauprogramm, eine gerechte Besteuerung sowie eine kostenlose allgemeine Schulbildung.

Ende März, kurz nach seiner Rückkehr aus Schlesien, brach in Deutschland die politische Revolution aus, die Virchow erhofft hatte. Er ging in Berlin auf die Barrikaden und wurde im Herbst Mitglied des neuen demokratischen Kongresses. Ein Jahr später (im Alter von 28 Jahren) nahm er in Würzburg eine Professur an und begann mit jenen Arbeiten, die ihn schließlich berühmt machten. Virchow verfügte über unendlich viel Energie und Tatendrang. Neben seiner Forschungstätigkeit veröffentlichte er mehr als 2000 Artikel und Bücher, reiste pausenlos und kam fast völlig ohne Schlaf aus.

Nach zwei Jahren intensiver Arbeit im Bereich der Mikroskopie publizierte er 1858 *Die Cellularpathologie*, ein Werk, das der Medizin neue Wege öffnete. Die Zelle, so Virchow, ist der grundlegende Baustein des Lebens, und jede Zelle stammt durch den Prozeß der Teilung von einer anderen Zelle ab.

Sowohl Krankheit als auch Gesundheit gehen von der Zelle aus. Zellen an sich sind weder gut noch schlecht; sie haben nur gewisse Funktionen. Die Pathologie der Zellen ist somit das Geheimnis der korrekten Diagnose. Und da nicht richtig arbeitende Zellen die Ursache für Krankheiten sind, besteht das Geheimnis der wirksamen Behandlung darin, die Krankheit im Bereich des einzelnen Organs zu bekämpfen, in dem sich die kranken Zellen befinden. Der Patient war fortan kein geheimnisvolles »Ganzes« mehr, sondern lediglich ein Körper aus Dutzenden verschiedener Organe und Systeme, die alle als Zellverbände funktionieren. Mit dieser Definition von Krankheit – nämlich als einem lokalen Phänomen, anstatt einem allgemeinen Zustand des gesamten Körpers – gab Virchow der Chirurgie immensen Aufschwung, denn der Chirurg konnte nun berechtigterweise erwarten, daß mit der Entfernung des kranken Körperteils die Krankheit selbst beseitigt wurde. Virchows Zelltheorie schuf auch die Grundlage für die Entwicklung der Chemotherapie, bei der Medikamente mit Wirkung auf bestimmte Zellen eingesetzt wurden.

In seinem Buch wurde auch seine politische Haltung sichtbar, denn Virchow verglich den Körper mit einem freien Verbund gleichberechtigter Individuen, einem demokratischen Zellenstaat: »Sie bilden einen freien Staat von Individuen mit gleichen Rechten, wenn auch mit unterschiedlichen Fähigkeiten, der deswegen besteht, weil die Individuen voneinander abhängen und weil es bestimmte Organisationszentren gibt, ohne deren Integrität die einzelnen Teile nicht die nötige Menge an Nährstoffen erhalten würden.« Diese einzigartige Mischung aus Sozialem und Medizinischem machte Virchow zu einem der führenden Experten im öffentlichen Gesundheitswesen, und so fungierte er 1870 auch als Berater bei der Planung der Berliner Kanalisation. Virchow prägte den Satz: Vorbeugen ist besser als Heilen.

An dieses Vorbild an Redlichkeit trat 1874 ein Mensch heran, der in fast jeder Hinsicht so sehr das Gegenteil von ihm war, daß man nur schwer nachvollziehen kann, weshalb die beiden später enge Freunde wurden. Viele hielten den Betreffenden für einen ausgemachten Schwindler. Er besaß mit Sicherheit eines der aufgeblähtesten Egos der Geschichte und pflegte als Selfmademan Geschäftspraktiken, die seinen ersten Arbeitgeber, die Firma B. H. Schröder (für die er im russischen St. Petersburg als Farbstoffvertreter tätig war), dazu veranlaßte, ihm im Jahre 1846 zu bescheinigen: »Unsere schlimmsten Befürchtungen haben sich leider bewahrheitet. In ihrem Briefverkehr maßen Sie sich einen Ton an, den kein Geschäftsmann pflegen würde ... Schreiben Sie uns nie wieder vor, was wir zu tun haben ... Ihre Einschätzung Ihres Einflusses und Ihrer Fähigkeiten können wir in keinster Weise teilen.«

Heinrich Schliemann war ein Mensch, der sich nicht gern auf seine Unzulänglichkeiten aufmerksam machen ließ, wie sein unstetes Leben zeigen sollte. Ab 1850, auf dem Höhepunkt des
153 ▪ 1 17 Goldrausches,[153] verbrachte er zwei Jahre als Goldgräber in Kalifornien und wurde dabei unglaublich reich. 1853 ging er eine unheilvolle Ehe ein und arbeitete dann als selbständiger Großhändler in St. Petersburg. Nachdem er sich gewisse Exklusivrechte gesichert hatte, beherrschte er ab 1856 ein Drittel der gesamten Indigoimporte nach Rußland. Dadurch wurde er noch reicher. Im Jahre 1863 machte er seine Anlagewerte flüssig und fing an, um die Welt zu reisen, wobei er sich unentwegt über Unannehmlichkeiten und regionale Krankheiten beklagte, politischen Unruhen allerdings keinerlei Aufmerksamkeit schenkte und sich im allgemeinen recht unbeliebt machte.

Im Jahre 1866 verbrachte er ein Jahr an der Pariser Sorbonne und studierte Französisch, Arabisch, Altgriechisch und Ägyptisch sowie Archäologie und Vergleichende Sprachwissenschaften. Dann schmiedete er seinen genialen Plan, mit dem er beweisen wollte, daß Homer in *Ilias* und *Odyssee* die historische Wahrheit über Helena, Paris, Achilles und den ganzen Trojanischen Krieg geschildert hatte. Schliemann faßte den Beschluß, Troja zu entdecken. Er unternahm ausgedehnte Reisen durch den östlichen Mittelmeerraum, bei denen er als einzigen Reiseführer Homers Beschreibungen im Gepäck hatte, bis er glaubte, bei einem kleinen Hügel im nordtürkischen Hissarlik auf Troja gestoßen zu sein.

Nach einem kurzen Besuch in Indianapolis (wo er die amerikanische Staatsbürgerschaft erwarb) ließ er sich von seiner Frau scheiden und heiratete eine junge Griechin, weil diese (wie er später erklärte) Homer lesen konnte. Er bemühte sich, allerdings vergeblich, das Gelände in Hissarlik zu kaufen, und mußte deswegen eine offizielle Genehmigung für die Grabungen einholen. 1871 hatte er einen tiefen Graben durch den Hügel gezogen und ohne jegliche Dokumentation alles zerstört, was nicht in sein irriges Konzept paßte. Während eines Aufenthaltes in Europa im Jahre 1872 versuchte fast jeder namhafte Archäologe, ihn davon abzubringen, diese Verwüstung fortzusetzen, doch alle Bemühungen waren umsonst. Zu dieser Zeit wurde er durch den Homer-Forscher und britischen Premierminister William Ewart Gladstone mit Virchow bekanntgemacht. Neben seinen medizinischen Arbeiten hatte Virchow auch Artikel über die Gesichter geschrieben, die man bisweilen auf griechischen Urnen fand. Schliemann erkannte, daß der ehrenwerte Professor gut zu gebrauchen war, um sein lädiertes Image aufzupolieren, und lud Virchow ein, mit ihm nach »Troja« zu reisen. Aus einem unerklärlichen Grund, zu dem sich Virchow auch nie äußerte, nahm er die Einladung an.

Im Jahre 1873 entdeckte Schliemann den »Schatz des König Priamus«, wie er es nannte, eine riesige Sammlung von Goldobjekten, von denen man heute weiß, daß sie 1000 Jahre älter sind, als er dachte (und von denen viele heimlich in seinem Privatbesitz landeten). Nachdem er die nicht unerhebliche Strafe bezahlt hatte, mit der die türkische Regierung diesen Gesetzesverstoß ahndete, zog Schliemann nach Mykene weiter, um die griechische Heimat der Helden des Trojanischen Krieges ausfindig zu machen. Auch dies war ein unrechtmäßiges Vorgehen, das die griechischen Behörden vergeblich zu unterbinden suchten. Im Jahre 1876 stieß Schliemann auf einen weiteren riesigen Fund aus Gold, Keramik und Waffen. Eines der Objekte sah aus wie eine Totenmaske. Dies genügte ihm, um das Telegramm abzuschicken, das ihn in der ganzen Welt berühmt machte: Ich blickte in das Antlitz des Agamemnon!

In dieser ganzen Zeit fungierte Virchow als Schliemanns Führer und Mentor in allen organisatorischen und wissenschaftlichen Fragen; er hielt ihn an, die Funde zu sammeln und zu katalogisieren, zu kommentieren und zu fotografieren, um wenigstens die härteste Kritik abzuwenden. Doch weil Schliemanns Behauptungen immer absurder wurden, war er inzwischen zum Gespött der Gelehrten geworden. Im Jahre 1888 begleitete Virchow ihn auf einer Reise entlang des Nils, wo sie sich auf ein weiteres Abenteuer einließen, bei dem jedoch nichts herauskam. Zwei Jahre später starb Schliemann.

Wieso hatte sich der rechtschaffene und redliche Virchow auf diesen falschen Fuffziger eingelassen? Vielleicht weil bereits seit 1840 eines seiner großen Interessen – und vielleicht eine Möglichkeit, die Medizin mit der Politik zu verbinden – die Anthropologie war. Er hatte zahlreiche Studien über Schädelformen veröffentlicht, die Anatomie junger Gorillas studiert und im Jahre 1886 eine Untersuchung an über sechs Millionen deutschen Kindern abgeschlossen, die ergeben hatte, daß die Untersuchten keine einheitlichen rassischen Merkmale aufwiesen. Gladstone hatte ihn ursprünglich dem Ausgräber Schliemann empfohlen, weil er – Virchow – die rassenmorphologischen Merkmale der Gesichter auf griechischen Vasen identifizieren konnte.

Virchows Interesse an Gesichtern und Schädeln kam durch die Arbeiten des Göttinger Professors Johann Friedrich Blumenbach, der vor allem als Erfinder der »Blumenbachschen Position« bekannt wurde. Blumenbach zufolge konnte man die allgemeinen rassischen Merkmale eines Schädels am besten bestimmen, indem man den Schädel zwischen die Füße legte und von oben betrachtete. Diese Methode klingt zwar etwas absonderlich, doch wir dürfen nicht vergessen, daß damals noch viele Wissenschaftler glaubten, es gebe Menschen, die Augen an den Schultern hatten, auf einem einzigen Bein herumhüpften, deren Füße nach hinten zeigten oder deren Willenskraft am Winkel zwischen Rückgrat und Hals gemessen werden konnte. Das Schädelanstarren konnte daher als durchaus geeignete Methode gelten.

Blumenbach sammelte und klassifizierte sein Leben lang
Schädel. Anfangs, bevor man ihn eines Besseren belehrte, grub
er sie bei nächtlichen Besuchen auf Friedhöfen aus. Er wollte
die menschliche Rasse nach der Form des Kopfes klassifizie-
ren. Er nahm eine Einteilung in fünf sogenannte Großrassen
vor, die noch bis vor kurzem als Standard galt: kaukasisch,
mongolisch, äthiopisch, amerikanisch und malayisch. Wie es
für seine Zeit typisch war, hielt er die kaukasische für die
ursprüngliche Rasse, von der alle anderen abstammten. Blu-
menbach berücksichtigte bei seiner Einteilung auch Merk-
male wie Farbe, Haar und Körperbau. Mit seinem Buch *De
generis humani varietate nativa* schuf er im Jahre 1795 die
Grundlagen der wissenschaftlichen Anthropologie.[154] Aller- **154 ▪ 314** 377
dings wies Blumenbach als erster darauf hin, daß die mensch-
liche Spezies viel mehr gemeinsame als unterscheidende
Merkmale aufwies und daß sich alle Menschen durch diesel-
ben Grundeigenschaften auszeichneten. Seine Schädelsamm-
lung wurde weltberühmt, und viele Wissenschaftler pilgerten
nach Göttingen, um sie zu bewundern.

Die fixe Idee, von der auch Blumenbach besessen war –
nämlich die Natur zu klassifizieren –, herrschte bereits im
17. und im ganzen 18. Jahrhundert. Angefangen hatte alles mit
den Unternehmungen eines englischen Botanikers namens
John Ray.[155] Im Jahre 1662, als die Monarchie abgeschafft **155 ▪ 98** 93
worden war und Oliver Cromwell[156] den inzwischen republi- **156 ▪ 208** 224
kanischen Commonwealth of England regierte, mußte Ray **156 ▪ 303** 366
seine Stelle am Trinity College in Cambridge abgeben, weil
seine Sympathie für die Royals untragbar war. So verbrachte
er den Rest seines Lebens damit, Pflanzen zu studieren. Inner-
halb von 42 Jahren veröffentlichte er fünf wichtige (und ge-
wichtige) Werke über die Pflanzen in der Gegend von Cam-
bridge, über die Pflanzen in England, über eine neue Methode
der Pflanzeneinteilung, über Pflanzen in Großbritannien und
schließlich – als sein größtes Werk – die dreibändige Enzyklo-
pädie *Historia plantorum* (*Geschichte der Pflanzen*), für die
er 18 Jahre brauchte. Durch Rays unbeirrbaren Arbeitseinsatz
und seine ausgedehnten Forschungsreisen (die ihn durch ganz

England, nach Deutschland, in die Schweiz, nach Holland, Malta, Italien und Frankreich führten, und zwar zu einer Zeit, als man für 30 Kilometer noch einen ganzen Tag brauchte), wurde die Botanik zur Wissenschaft. Ray gab dem modernen Botaniker den Großteil der taxonomischen Techniken an die Hand, die auch heute noch üblich sind.

Ray war der Meinung, um richtig zu klassifizieren, müsse man den gesamten Organismus studieren. Aus diesem Grund befaßte er sich mit Form und Wachstum von Samen und versuchte erstmals zu bestimmen, was eine Pflanzenart ausmacht. Er stellte zunächst eine Liste von Unterschieden bezüglich Größe, Geruch und Geschmack auf. Dann berücksichtigte er Farbe und Form der Wurzeln, die Anzahl der Kanten des Stengels, Form und Kräuselung des Blattes, Farbe und Keimung der Blüte, Größe und Geschmack der Frucht sowie Farbe und Form des Samens. Ray erkannte, daß es aufgrund von Klima, Bodenbeschaffenheit, jahreszeitlichem Wechsel und ähnlichen Faktoren große Unterschiede geben kann. Er war es außerdem, der die Pflanzen in die modernen Kategorien der Monokotyledonen (das heißt, Einkeimblättrige) und Dikotyle (Zweikeimblättrige) unterteilte.

In den 30 Kapiteln seiner *Historia plantorum* lieferte Ray zu insgesamt 6000 Arten ausführliche Beschreibungen, Anmerkungen zum Fundort, Einzelheiten zum Habitat und Vergleiche mit ähnlichen Pflanzenformen. Einige dieser Anmerkungen erweiterte er zu kurzen Aufsätzen; in der Abhandlung über Weinarten stellte er sogar eine Liste von Weinen auf. Als er mit der Systematisierung der Botanik fertig war, beobachtete und beschrieb er den Lebenszyklus von Pflanzen, die er selbst aus Samen gezüchtet oder die ihm einer der vielen Sammler geschickt hatte, die er gebeten hatte, ihm Exemplare zukommen zu lassen.

Als Ray mit seiner Arbeit begann, herrschte keinerlei Übereinkunft in bezug auf Pflanzennamen, Merkmale und Unterteilungen. Viele »dokumentierte« Arten existierten gar nicht oder wurden mit anderen Spezies verwechselt; zahlreiche Beschreibungen waren irreführend oder unvollständig. Als

Ray sein Werk abschloß, verfügte die Botanik über ein modernes Handbuch. Damit war der Weg für den schwedischen Botaniker Linnaeus bereitet, der den ganzen Ruhm einstrich und dessen zweinamiges lateinisches Klassifikationssystem auch heute noch unter Botanikern gebräuchlich ist. Am Ende seines Lebens schrieb Ray etliche Bände über Zoologie, stellte eine Liste englischer Worte zusammen, sammelte Schmetterlinge und verfaßte eine Geschichte der Fische.

Rays Stärke bestand im Aufstellen von Listen. Das Auflisten entsprang der allgemeinen Sorge seiner Zeitgenossen, daß sich das menschliche Wissen zu schnell vermehrte, um überhaupt noch bewältigt zu werden. Ursache dafür war eine Entdeckung, welche die Epistemologie bis in ihre klassischen Fundamente erschüttert hatte. Es war die Entdeckung Amerikas. Kein biblischer oder antiker Autor – und die Bibel und das Schrifttum des klassischen Altertums bildeten schließlich die Säulen des Wissens – hatte die Existenz Amerikas je erwähnt. Kaum hatte der erste Europäer einen Fuß auf die Neue Welt gesetzt, wurde die Alte Welt von unzähligen Beschreibungen und Beispielen bislang unbekannter Organismen überschwemmt. Noch schlimmer wurde das Ganze Anfang des 17. Jahrhunderts, als nämlich die holländischen, portugiesischen und spanischen Forschungsreisenden[157] ähnliche Neuig- **157 ▪ 11** 29
keiten aus dem Osten mitbrachten.

Auf einmal gab es Pflanzen, auf die sich in der klassischen Literatur keinerlei Hinweis fand. Dazu gehörten Kakaopflanze, Annone, Cashewnuß, Guajava, Papaya, Chili, Ahorn, Ananas und Tabak. Plötzlich tauchten Tiere auf, die nicht an Bord der Arche Noah gewesen waren. Wo kamen sie also her? Und die tropischen Regenwälder der Neuen Welt verstießen völlig gegen das Wettergesetz des Aristoteles, demzufolge es immer trockener wurde, je weiter man nach Süden vordrang. Diesen Entdeckungen waren ähnlich schockierende Enthüllungen seitens der Astronomen vorausgegangen. Galileo[158] und andere **158 ▪ 130** 132
hatten bewiesen, daß die Erde nicht im Mittelpunkt des Uni- **158 ▪ 247** 280
versums stand und daß die Himmelskörper (beispielsweise die Sonne und der Mond) nicht die perfekten Kugeln waren, für

die man sie gehalten hatte. Es gab Flecken auf der Sonne und Berge auf dem Mond.

Es wurde klar, daß eine völlig neue Art der Wissenssammlung erforderlich war. Die antiken und biblischen Quellen waren unzuverlässig, und überhaupt gab es gar kein einheitliches, klares epistemologisches System, das Erklärungen lieferte, die einer kritischen Überprüfung standhielten. Im Jahre 1624 fiel einem adeligen englischen Anwalt namens Francis Bacon schließlich die Lösung ein. Der ganze Erkenntnisbetrieb mußte noch einmal völlig neu aufgerollt werden. Als Anleitung dazu publizierte er ein Werk mit dem Titel *Novum Organum Scientiarum* (*Das neue Organon*) – die inzwischen verworfene Forschungsmethode des Aristoteles war ursprünglich unter dem Titel *Organon* veröffentlicht worden. Bacon zufolge konnte man die Flut des Neuen nur bewältigen, wenn man so viele Daten wie möglich entweder persönlich sammelte oder aus zuverlässiger Quelle zusammentrug. Diese Daten sollten dann in Listen eingeteilt und geordnet werden, um eine Analyse ohne Verwirrung und Verwechslung zu ermöglichen. (Dieses System hatte später auch John Ray übernommen.)

Bacon meinte auch, die Verwendung von Zahlen sei bei weitem die beste Methode für eine verläßliche Analyse der Listen. Diese Argumentation überzeugte besonders die Bürokraten. In einer Zeit, in der die Forschung die Wirtschaft ankurbelte, in der Transportsysteme in ganz Europa den Verkehr erleichterten und in der Kolonien gegründet und Kriege geführt wurden, brauchten die Planungsstrategen und Steuereintreiber eine präzise Methode, um die Bevölkerung zu zählen. In England gab es bereits 1661 eine Möglichkeit dazu – allerdings wußte es
159 ▪ 273 309 niemand, bis John Graunt[159] den Wert der sogenannten *London Mortality Bills* erkannte (die bereits seit 70 Jahren regelmäßig veröffentlicht worden waren) und ein Pamphlet über das Thema verfaßte. Bei diesen *Bills* handelte es sich um die amtliche Erfassung der Taufen, Eheschließungen und Todesfälle in einer Pfarrgemeinde. In seiner Schrift zeigte Graunt auf, wie nützlich diese Zahlen für die Berechnung der Bevöl-

kerung sein konnten, und regte damit die Einführung standesamtlicher Register in ganz Europa an. In diesem Sinne kann er als der erste Statistiker bezeichnet werden. Graunts Arbeit war auch entscheidend dafür, daß die Lebensversicherungen zu einem lukrativen Geschäft wurden. Im Jahre 1693 stellte der berühmte Mathematiker und Astronom Edmund Halley auf der Grundlage des Personenstandsregisters von Breslau eine Tabelle auf und zeigte damit zum ersten Mal, wie wichtig die wahrscheinliche Lebenserwartung des Einzelnen für die Berechnung der Bevölkerungszahlen war. Den nächsten Schritt vollzog 1771 ein Mann namens Richard Price, ein liberaler presbyterianischer Pfarrer, der sich für Mathematik interessierte (und dessen Londoner Gemeinde auch die Mutter von Mary Shelley[160], Mary Wollstonecraft, angehörte). 160 ▪ 255 285

Ab 1760 wurden viele neue Versicherungsgesellschaften gegründet, die Witwen- und Altersrenten anboten. Price wies warnend darauf hin, daß die Versorgungsleistungen dieser Gesellschaften auf Planungen beruhten, die allesamt »ungenau und unzureichend« waren und daß sie bloß den Leuten ihre schwerverdienten Ersparnisse aus der Tasche zogen. Gegen diese Praktiken wandte sich Price 1771 mit der Veröffentlichung von *Observations on Reversionary Payments* (Anmerkungen zu einseitigen Überlebensrenten). Dieses Werk enthielt eine Sterblichkeitstabelle, die auf den besonders gründlich geführten Kirchenbüchern der Gemeinde All Souls in Northhampton beruhte. Für diese *Northhampton Table* (sowie für ihren Verfasser) fand die neugegründete Versicherungsgesellschaft Equitable Society sofort Verwendung.

Nach der Priceschen Tabelle wurde die Lebenserwartung eines Neugeborenen in Northhampton mit 26,41 Jahren berechnet. Multipliziert mit der Zahl der Geburten pro Jahr ergab die Tabelle, bei gleich vielen Geburten wie Todesfällen, die Bevölkerungszahl. Mit Hilfe der Tabelle konnten die Versicherungsgesellschaften ihre Prämien viel genauer kalkulieren, ihre Preise nach dem Alter des Klienten staffeln und mit einer mathematisch fundierten Geschäftspraxis mehr Kunden anlocken. Die Equitable Society verstärkte ihre Position sogar noch, als sie dem Rat von Price folgte und bei potentiellen Klienten »mit Lastern und latenten Erkrankungen« medizinische Untersuchungen verlangte.

Als Liberaler verkehrte Price natürlich in Clubs, die auch von anderen Liberalen frequentiert wurden, und in einem dieser Clubs, »The Honest Whig«, lernte er Benjamin Franklin und später Joseph Priestley kennen und freundete sich mit ihnen an.

Price stand ganz auf seiten der Amerikaner und ermunterte sie, für ihre Freiheit zu kämpfen. Nach dem Ende des Unabhängigkeitskrieges wollte der Kongreß ihn als Finanzberater gewinnen, doch er lehnte bescheiden ab. Kurze Zeit später wurde ihm von der Universität Yale (gemeinsam mit George Washington) die Ehrendoktorwürde verliehen.

Sein Freund Priestley hatte nicht so viel Glück. Wie Price und viele andere naturwissenschaftlich gesinnte Geister jener
161 ▪ 5 23 Zeit gehörte Joseph Priestley[161] der freien Kirche an. Wegen
161 ▪ 282 325 eines Sprachfehlers konnte er nicht als Prediger tätig werden
161 ▪ 306 368 und unterrichtete statt dessen an einer der neugegründeten Akademien, in denen die Söhne der Freikirchen-Mitglieder erzogen wurden. Wegen ihrer Ablehnung der Staatskirche von England durften die Anhänger der Freikirchen keine
162 ▪ 308 368 Universität besuchen.[162] Als Priestley zu einer logopädischen Behandlung in London weilte, lernte er Price und Franklin und durch sie viele bedeutende naturwissenschaftliche Denker jener Zeit kennen.

Priestley kam zu der Auffassung, die Naturwissenschaften dienten dem Fortschritt und nahm sich vor, einige Bücher über deren Geschichte zu schreiben. 1767 veröffentlichte er sein erstes (und einziges) Buch zu dem Thema, nämlich *The History and Present State of Electricity, with Original Experiments*. Priestley machte sich rasch einen Namen als Experimentator, und in den folgenden zehn Jahren gelangen ihm einige grundlegende Entdeckungen; unter anderem entdeckte er den Sauerstoff. Aufgrund seiner Arbeiten über Optik und Astronomie bot man ihm zu seiner großen Freude an, im Jahre
163 ▪ 268 299 1771 als Expeditionsastronom auf Captain Cooks[163] zweite

Reise mitzugehen. Wegen seiner liberalen religiösen und politischen Ansichten blieb ihm der Posten dann aber doch verwehrt.

Priestley[164] wollte trotzdem einen Beitrag zum Gelingen 164 ▪ 286 331 der Expedition leisten und machte sich an die Erfindung eines Getränks, das den Skorbut heilen sollte. Bei seinen Experimenten in einer Brauerei in der Nähe seines Wohnortes Leeds entdeckte er die Eigenschaften der Kohlensäure, die in den gärenden Bierfässern entstand (und die er als »fixierte Luft« bezeichnete). Dieses Kohlendioxid hatte unter anderem die Eigenschaft, Wasser, welches für einige Zeit in einer flachen Schale über die Fässer gestellt wurde, einen angenehm säuerlichen Geschmack zu verleihen, der Priestley an Selters Mineralwasser erinnerte.

Bei weiteren Experimenten kam er zu der Überzeugung, daß die Heilkräfte des Selterswassers möglicherweise von der Luft ausgingen, die darin gelöst war. Wenn man Wasser in der »fixierten Luft« über einem Bierfaß drei Minuten lang von einem Glas in ein anderes umschüttete, erzielte man dieselbe Wirkung. Im Jahre 1772 entwickelte er ein Pumpgerät, das Wasser mit Luft »schwängerte«, und diese Anlage wurde noch rechtzeitig vor der Reise an Bord der Cookschen Schiffe *Resolution* und *Adventure* installiert. Das Ganze war ein großer Erfolg. Doch Priestley bekam noch immer zu spüren, daß seine politischen Ansichten nicht genehm waren. Seine Begeisterung für die Französische Revolution galt als besonders verräterisch, und im Jahre 1794 brannte der Mob sein Haus und sein Labor nieder. Deshalb schiffte sich Priestley nach Pennsylvania ein und ließ sich in Northumberland nieder, wo ihn seine amerikanischen Gastgeber als großen Naturwissenschaftler feierten. Bei einem Festessen in Yale lernte er einen jungen Chemieprofessor kennen. Diese Begegnung sollte sich entscheidend auf das Leben des amerikanischen Teenagers im 20. Jahrhundert auswirken.

Vielleicht nahmen die Ereignisse ihren speziellen Gang, weil der junge Mann bei jenem Abendessen, Benjamin Silliman, nicht etwa nur Chemiker, sondern auch Hypochonder war.

Silliman bildete sich ein, unter Lethargie, Schwindelanfällen, nervösen Störungen und allen möglichen anderen Symptomen zu leiden. Wie manch anderer besuchte er (auf Kosten seiner Mutter) regelmäßig Kurorte wie Saratoga Springs im Staat New York und dadurch wußte er, daß solche Orte nur etwas für die Reichen waren. Seine Begegnung mit Priestley brachte ihn auf die Idee, die Mineralwasserkur auch dem gemeinen Volk zugänglich zu machen (ebenfalls auf Kosten seiner Mutter).

Im Jahre 1809 tat er sich mit einem Apotheker namens Darling zusammen, beschaffte sich Apparate, um 50 Flaschen Wasser pro Tag zu »schwängern«, und eröffnete in New York City zwei Ausschänke für Sodawasser, einen im Café Tontine und einen im City Hotel. Die Ausstattung war irrsinnig aufwendig (alles war vergoldet), doch am Tag der Eröffnung verkauften sie nur 70 Gläser Wasser. Darling war jedoch optimistisch. Ein Freund von Priestley besuchte den Ausschank und erklärte, die Trinkkur beuge gegen Gelbfieber vor. Silliman hoffte noch immer, durch das Geschäft reich zu werden, doch am Ende des Sommers erwies sich das Unternehmen als glatter Reinfall. Es sollte noch etliche Jahrzehnte dauern, bis der Sodaausschank zu einem kulturellen Symbol für die amerikanische Jugend wurde.

Silliman sah sich nach anderen Möglichkeiten um, Geld zu machen. Zwei Jahre zuvor hatte er die Überreste eines Meteors analysiert, der auf Weston in Connecticut niedergegangen war, und diese Studien hatten seinen Ruf als Wissenschaftler untermauert. So kam er auf die Idee, Bergwerksbetrieben seine Dienste als Geologe anzubieten. Eigentlich hatte er Jura studiert; zum Geologen eignete er sich also nicht mehr und nicht weniger als zum Chemieprofessor in Yale. Aber das Geschäft mit der Geologie lief nicht schlecht, und ab 1820 war Silliman ein gefragter Mann. Auf viele seiner Exkursionen nahm er seinen Sohn, Benjamin Jr., mit. Als Silliman 1853 in den Ruhestand ging, trat sein Sohn in seine Fußstapfen: Er wurde Professor für Allgemeine und Angewandte Chemie in Yale (und hatte sogar den richtigen Studienabschluß dafür). Nachdem Benjamin Jr. eine Reihe von Chemiebüchern geschrieben hatte und in die National Academy of Sciences gewählt worden war, übernahm er wie einst sein Vater lukrative Beraterposten, etwa bei den Wasserwerken der Stadt Boston und bei verschiedenen Bergwerksbetrieben.

Im Jahre 1855 erhielt er den Auftrag, Analysen einiger Mineralfunde der neuen Pennsylvania Rock Oil Company vorzulegen. Nach mehrmonatiger Arbeit berichtete Benjamin Jr., daß etwa 50 Prozent der schwarzen teerartigen Substanz zu erstklassigen Heizölen destilliert werden konnten (die man später als Kerosin und Paraffin bezeichnete) und daß man aus den Restsubstanzen zu weiteren 40 Prozent andere Stoffe destillieren konnte, beispielsweise Schmiermittel. Allein aufgrund dieses Berichts gründete man eine Gesellschaft, die 1857 die Bohrungen der ersten Petroleumquelle, der Drake Well[165] **165 ▪ 22** 38
in Pennsylvania, finanzierte. Es sollte jedoch noch 50 Jahre dauern, bis man Sillimans Hinweis auf »andere Fraktionen«, die durch weitere Destillation aus dem Öl gewonnen werden konnten, folgte und Benzin für die Verbrennungskraftmaschine[166] des ersten Automobils herstellte. Sillimans Bericht **166 ▪ 36** 45
veränderte die Welt, denn er ermöglichte eine völlig neue Form des Transports und trug dazu bei, daß sich Amerika zu einer industriellen Supermacht entwickelte.

Aufgrund einer ungewöhnlichen Schicksalsfügung kam es innerhalb weniger Jahrzehnte dazu, daß die von Silliman ins Leben gerufene Ölindustrie bei der Suche nach Erdöl nicht so sehr auf Chemiker oder Geologen angewiesen war, sondern auf Fossilienjäger. Und aufgrund eines noch seltsameren Zufalls verdankten diese Erforscher urzeitlicher und versteinerter Formen ihre Existenz wiederum einer noch weiter zurückliegenden Revolution des Transportwesens. Und auch diese hatte nahezu 70 Jahre zuvor eine industrielle Supermacht entstehen lassen, nämlich England.

Damals war das größte Hindernis für die industrielle Entwicklung Englands der Zustand der Straßen. Der Schiffstransport auf den neuen Kanälen löste eine massive wirtschaftliche Expansion aus, denn auf diesen künstlichen Wasserstraßen ließen sich Kohle und andere Rohstoffe viel schneller und bil-

liger transportieren als auf Packpferden oder Wagen. Im Jahre 1793 unternahm ein Landvermesser namens William Smith die ersten Messungen für den Bau eines Kanals in der englischen Grafschaft Somerset. Dabei machte er eine sonderbare Entdeckung. Bestimmte Gesteinsarten schienen in Schichten vorzukommen, die einmal an der Oberfläche auftauchten, dann wieder verschwanden und an anderer Stelle wieder zum Vorschein kamen. Als Smith in den Norden Englands reiste (um mehr über Kanalbaumethoden zu erfahren), begegnete er diesem Phänomen immer wieder. Offensichtlich gab es unter der Erdoberfläche regelmäßige Gesteinslagen, die bei Felswänden, Klippen und Talhängen als Schichten sichtbar wurden. Im Jahre 1796 stellte Smith fest, daß in bestimmten Schichten immer dieselben Fossilien eingelagert waren. Nach mehr als zehnjähriger Arbeit stellte er 1815 alles, was er über die Gesteinsschichtung herausgefunden hatte, in der ersten
167 ▪ 259 288 richtigen geologischen Karte[167] zusammen. Smiths Farbkarte, in der 21 verschiedene Sedimentschichten verzeichnet waren, revolutionierte die Welt der Fossilienjäger.

Immer wenn eine neue Technik aufkommt, wird sie sofort auf Spezialbereiche angewandt, die eifersüchtig verteidigt werden. Nach Smiths Entdeckung meldete der französische Geologe Alcide d'Orbigny seinen Anspruch auf eine besondere Fossilienart an, die nur durch das Mikroskop zu sehen war. Er bezeichnete die Spezies als Foraminifere. Diese Organismen waren so klein, daß auch ein neuer Name für ihre Erforschung geprägt werden mußte: Mikropaläontologie. Sieben Jahre lang erforschte d'Orbigny diese winzigen, einzelligen Meeresorganismen, deren Größe zwischen 0,01 und 100 Millimeter schwankte. Lebende Foraminiferen tauchen in allen Tiefen des Ozeans auf; als Fossilien sind sie in ozeanischen Sedimentgesteinen aus fast allen Zeitaltern anzutreffen.

D'Orbigny arbeitete mit der Hingabe und Zielstrebigkeit eines Besessenen. Er unterschied fünf Klassen, 53 Gattungen und 600 Arten von Foraminiferen, je nach Anzahl und Anordnung der Kammern ihrer winzigen Schale. Dann stieg er noch weiter in die Tiefe und noch tiefer ins Detail. Zwischen 1850 und 1852 klassifizierte er alle 28 bekannten Schichten nach den fossilen Weichtieren und wirbellosen Tieren, die darin zu finden waren. Weiterhin identifizierte und beschrieb er alle 18 000 gefundenen Fossilien. Er stellte fest, daß die meisten Fossilien einer bestimmten Schicht nur in dieser und nicht in den benachbarten Schichten anzutreffen waren, und stellte ein System auf, das als Chronologie der paläolithischen Zeitstufen bezeichnet und auch heute noch verwendet wird.

Und hier treffen nun Fossilien und Erdöl aufeinander. Ende des 19. Jahrhunderts kam man dahinter, daß gewisse unterschiedliche Arten von Foraminiferen immer in derselben Reihenfolge auftauchten, wenn man Bohrlöcher in erdölhaltige Gesteinsformationen trieb. Man brauchte nur noch eine Methode, diese Gesteinsformationen ausfindig zu machen.

Das entsprechende Verfahren entwickelte ein russischer Adeliger namens Boris Golitsyn, der ab 1891 an der Moskauer Universität Physik lehrte. Golitsyn erfand ein Gerät, mit dem sich Schockwellen messen ließen, die durch die Erde wanderten. Die endgültige Version des Geräts, die Golitsyn 1906 konstruierte, bestand aus einem Gewicht, das an einer vertikalen Feder aufgehängt war. An dem Gewicht befand sich eine elektrisch geladene Kupferspule; Spule und Gewicht hingen zwischen den Polen eines Magneten. Wenn die Erde bebte und das Gewicht ausschlug, bewegte sich die Spule innerhalb des Magnetfeldes und erzeugte eine elektrische Ladung, die sich je nach den Schwingungen der Spule veränderte. Diese elektrische Ladung bewirkte den Ausschlag eines Stifts auf einem Streifen Fotopapier, der sich auf einer Trommel drehte. Dabei entstand die typische Zickzacklinie eines Seismographen. Im Jahre 1923 stellte man bei einer Reihe von Versuchen an der texanischen Küste fest, daß sich mit Hilfe von Seismographen das spezielle Signal identifizieren ließ, welches ausgelöst wurde, wenn die Druckwelle einer Explosion von jenen Gesteinsschichten zurückgeworfen wurde, die aller Wahrscheinlichkeit nach Erdöl aufwiesen.

In der heutigen Zeit dient Golitsyns Verfahren auch einem anderen wichtigen Zweck. Es warnt vor drohenden Erdbeben.

Niemand weiß genau, weshalb Erdbeben auftreten. Mögliche Ursachen sind Vulkanaktivitäten, Verschiebungen der tektonischen Platten, planetarische Schwankungen oder sogar die Schwerkrafteinflüsse bei gewissen Planetenkonstellationen. Mit großer Wahrscheinlichkeit, so wurde errechnet, ereignen sich jedes Jahr zwei Beben von einer Stärke über 7,7 auf der Richterskala, 17 zwischen 7,0 und 7,7, 100 zwischen 6,0 und 7,0 und 50 000 zwischen 3,0 und 6,0.

Französischen Paläontologen, englischen Landvermessern, amerikanischem Erdöl und Sodawasser, Versicherungskaufleuten, Anthropologen und Schatzsuchern ist es also zu verdanken, daß die Überlebenden des nächsten großen Erdbebens wiederum Boris Golitsyns Seismographen für eine frühzeitige Warnung danken können. Je nachdem wie sich nach dem Erdbeben das Rad des Schicksals dreht, kann es sein, daß sie Flemings Penicillin danken müssen.

Immer neue Technologien und Verfahren entstehen durch die Erdölsondierung und die ständige Suche nach dem, was sonst noch unter der Erde verborgen liegt. Diese Suche begann bereits vor Jahrhunderten, aus unterschiedlichen Gründen, aber mit denselben innovativen Folgen …

10 Eins und zwei sind vier

Diese Reise durch die Geschichte zeigt, wie eine einzige Entdeckung vor über 300 Jahren dazu führte, daß schließlich drei ganz unterschiedliche, mittlerweile ziemlich gewöhnliche moderne Neuerungen entstanden: hitzebeständige Keramik, das Gyroskop und die Brennstoffzelle. Diese drei Erfindungen wiederum ermöglichten eine vierte, die eines der ungewöhnlichsten Transportmittel auf unserem Planeten darstellt.

Die Geschichte beginnt in Europa um die Mitte des 17. Jahrhunderts. Damals boomte der Bergbau – beziehungsweise er hätte geboomt, wären die Bergleute nicht vor einem gravierenden Problem gestanden. Aus einem unerfindlichen Grund war es nicht möglich, mit Hilfe der Saugpumpe (dem uralten Instrument, mit dem man aus den Minen das Wasser pumpte, das den Bergleuten das Leben schwer machte) das Wasser aus mehr als etwa zehn Metern Tiefe heraufzubefördern. Deshalb mußten die Bergleute immer mehrere Saugpumpen einsetzen, die das Wasser jeweils etwa zehn Meter hochpumpten. Bei Tiefen von mehreren hundert Metern bedeutete dieses Vorgehen eine ernsthafte Verschwendung von Zeit und Geld. Und so trug man das Anliegen den Behörden und Denkern jener Zeit vor.

Im Jahre 1639 gestand der Genueser Gouverneur Giovanni Baliani einem Freund, dem Wissenschaftler Galileo Galilei[168], **168 ▪ 129** 132
er hätte dasselbe Problem gehabt, als er versuchte, Wasser durch ein Rohr über einen Hügel fließen zu lassen. Mit der Lösung des Problems beauftragte Galileo seinen Schüler Evangelista Torricelli, der mehreren Freunden in Rom von der Sache erzählte. Einer von ihnen, Gasparo Berti, konstruierte

1641 eine Röhre, die mit Wasser gefüllt war und deren unteres, offenes Ende in einen Wasserkasten ragte und deren oberes Ende mit einem Zapfhahn verschlossen war. Wenn man den Zapfhahn öffnete, lief das Wasser aus der Röhre in den Kasten, bis der Wasserspiegel in der Röhre auf etwa zehn Meter über dem Wasserstand in dem Kasten abgesunken war und auf dieser Höhe stehenblieb.

Torricelli versuchte denselben Trick mit Quecksilber. Da Quecksilber eine größere Dichte als Wasser hat, brauchte er viel weniger davon und konnte in einem etwas handlicheren Maßstab experimentieren. Das Quecksilber verhielt sich genauso wie das Wasser. Torricelli weihte den Kleriker Marin Mersenne ein, der das dickste Adreßbuch mit den Namen von Amateurforschern in Europa besaß und der wiederum ganz Europa einweihte. Die Folge war, daß sich am 19. September 1648 vor den Toren der zentralfranzösischen Stadt Clermont-Ferrand eine Gruppe von Honoratioren und der Schwager des
169 ▪ 272 308 berühmten französischen Mathematikers Blaise Pascal[169] (der ein Freund von Mersenne war) mit einer Quecksilberröhre, die in einem Gefäß voll Quecksilber stand, auf den Weg zum Berg Puy de Dome machte. Man wiederholte das Experiment von Torricelli und Berti zunächst am Fuß des Berges. Das Quecksilber in der Röhre fiel bis zu einem bestimmten Punkt und blieb dann stehen. Während die Forscher auf den Berg stiegen, fiel das Quecksilber in der Röhre langsam weiter. Und als sie wieder hinabstiegen, kletterte das Quecksilber wieder in die Höhe. Dies zeigte ganz klar, daß der atmosphärische Luftdruck, der auf das Quecksilber in der Schüssel drückte, die Quecksilbersäule in der Röhre hielt. Und dies war der Grund, weshalb die Saugpumpen der Bergleute vertikal nicht mehr als zehn Meter schafften. Über diese Höhe hinaus reichte der Luftdruck nicht aus, um die Wassersäule hoch zu drücken.

Das Problem der Bergleute war erklärt, doch ein anderes war aufgetaucht: Als die Experimentatoren den Berg erklommen und dabei ein Teil des Quecksilbers aus der senkrecht stehenden Röhre gelaufen war, hatte sich am oberen Ende der

Röhre unter der fallenden Quecksilbersäule ein kleiner leerer Raum gebildet. Dieser Raum konnte keine Luft enthalten (denn es waren keine Luftblasen durch das Quecksilber aufgestiegen). Es mußte sich also um ein Vakuum[170] handeln. Dem 170 ▪ 220 244
Papst zufolge war dies unmöglich. Ein Vakuum bedeutete einen völlig leeren Raum, aber Gott erfüllte – nach den Lehren der Kirche – sämtlichen Raum. Es war also gefährlich, in einem katholischen Land von der Existenz des Vakuums zu sprechen. Deshalb verlagerte sich die entsprechende Forschung in die protestantischen Länder nördlich der Alpen.

Trotz der relativen Forschungsfreiheit, die dort herrschte, waren noch zwei weitere Jahrhunderte und ein großes Unglück in Rußland nötig, bis die Welt den vollen Nutzen aus der Vakuumentdeckung jener Bergsteiger ziehen konnte.

Das erste Ereignis in einer ganzen Kette von Ereignissen, die durch das Vakuum ausgelöst wurden, führte schließlich zu einer der drei Entdeckungen in der Neuzeit, mit denen diese Erzählung endet.

Da das Vakuum im oberen Teil der Quecksilberröhre je nach der Höhe des Standorts größer oder kleiner wurde, änderte sich der Luftdruck auf das Quecksilber in der Schüssel offensichtlich je nach der Höhe. Es dauerte nicht lange, bis Amateurforscher der English Royal Society dahinterkamen, daß dieses Vakuum auch bei Wetterwechsel zu- oder abnahm. Ab 1708 war praktisch jeder feine Herr im Besitz des High-Tech-Wunderinstruments, das diese Entdeckung hervorgebracht hatte. Das Instrument wurde als Barometer[171] (und in 171 ▪ 269 299
der Umgangssprache als Wetterglas) bezeichnet, und jeder Experimentator, der etwas auf sich hielt, mußte eines besitzen. Ab 1720 wußte man, daß die Quecksilbersäule bei sehr trockenem Wetter 31 und bei Stürmen nur 28 Zoll erreichte. Den Damen wurde geraten, beim Ankleiden stets ein Wetterglas parat zu haben, »um ihre Garderobe auf das Wetter abzustimmen«.

Zu Beginn des 19. Jahrhunderts verfügte man über genügend lange Wetterbeobachtungen um nachzuweisen, daß es im Durchschnitt jeden zweiten Tag regnete, häufiger nachts, am meisten im Herbst (im Oktober) und am wenigsten im Winter (im Februar) und daß es alle fünf Jahre sehr trocken und alle zehn Jahre sehr feucht war. Dieses Interesse am Wetter hatte natürlich einen rein finanziellen Grund. Jedes Jahr sanken bei Stürmen Tausende Zentner Fracht (und durchschnittlich 2000 Seeleute) auf den Grund der Meere.

Ein Forscher des Franklin Institute in Philadelphia, ein gewisser James P. Espy (über den außerordentlich wenig bekannt ist), sammelte ab 1835 Wetterbeobachtungen an der gesamten amerikanischen Ostküste, von Kanada bis zum Golf von Mexiko. Er verschickte Hunderte von Rundschreiben an
172 ▪ 285 330 Seeleute, Leuchtturmwärter[172] und 600 Armeestützpunkte. Innerhalb von vier Jahren erhielt er genügend Daten, um über 1000 Sturmbahnkarten zu zeichnen, aus denen er den Schluß ziehen konnte, daß Stürme entweder rund oder länglich sind. Durch seine Vorträge in Europa und sein Buch *The Philosophy of Storms* war Espy 1839 bereits weltberühmt. Mit dem Interesse am Wetter verhielt es sich inzwischen wie mit dem Barometer bei gutem Wetter. Es stieg.

Bereits 1843 riet das englische Komitee für den Schiffbruch, jedes Schiff solle ein Barometer an Bord mitführen. Die erste Landwetterkarte wurde im Juni 1849 von dem britischen Marinekapitän Glaisher für die *Daily News* erstellt und für einen Penny pro Exemplar verkauft. Natürlich interessierte man sich in Seefahrerkreisen sowohl in Europa als auch in den Vereinigten Staaten für alles, was mit Meteorologie zu tun hatte. In Washington sammelte der junge Marineleutnant Matthew Maury einen Berg von Informationen über Winde und Strömungen und andere Daten, die über einen Zeitraum von neun Jahren aus Logbüchern übernommen wurden. Am Ende verfügte er über eine Million Tagesbeobachtungen. Das war Anlaß genug für die erste Wetterkonferenz der Welt, die 1853 in Brüssel stattfand. Herausgekommen ist bei dieser Konferenz jedoch nichts.

173 ▪ 150 156 Ein Jahr später, am 14. November 1854,[173] lag die Flotte der Alliierten des Krimkriegs vor der russischen Hafenstadt Balaklawa vor Anker. Die Flotte bestand hauptsächlich aus Versor-

gungsschiffen wie der *HMS Prince*, dem größten Dampfer jener Zeit, aber auch aus Kriegsschiffen wie der *Henri IV*, dem Stolz der französischen Kriegsmarine. Schon am Nachmittag gingen heftige Regengüsse über Balaklawa nieder, und am Abend wütete ein regelrechter Orkan. Am Morgen war die gesamte Flotte gesunken. Allein mit der *Prince* gingen 7000 Tonnen Sanitätsmaterial sowie 40 000 Wintermäntel und Stiefel unter. Wegen dieser Verluste mußten die alliierten Truppen an Land einen schrecklichen Winter ohne jeglichen Nachschub durchstehen. Die entsetzlichen Bedingungen, unter denen die Soldaten litten, und die dadurch bedingte hohe Sterblichkeitsrate sorgten überall für Schlagzeilen und waren unter anderem auch Anlaß für Florence Nightingales[174] berühmte Mis- **174 ▪ 101** 96
sion, die wiederum zur völligen Umstrukturierung zunächst der militärischen und später auch der zivilen Krankenhäuser auf der ganzen Welt führte.

Wenige Tage nach dem Orkan ordnete der französische Kaiser Napoleon eine Untersuchung an. Der Gelehrte Urbain Leverrier sammelte von allen Wetterwarten in Europa 250 Wettermeldungen für die Tage vom 11.–16. November. Sein Bericht, der Ende Januar 1859 vorlag, löste allgemeines Entsetzen aus: Die Krimflotte hätte gerettet werden können, denn sie hätte mindestens 24 Stunden im voraus gewarnt werden können. Einen Tag nach der Veröffentlichung von Leverriers Bericht ordnete Napoleon an, in ganz Frankreich ein telegraphisches Sturmwarnsystem aufzubauen. In Großbritannien reagierte man ebenso zügig. Dort richtete das Handelsministerium ein Wetteramt ein, das ab dem Sommer 1860 täglich Daten von 15 Stationen überall auf den britischen Inseln erhielt und über ein Telegraphenamt in Paris Wetterberichte mit einem Dutzend weiterer Orte austauschte.

Das Interesse konzentrierte sich besonders auf das Wetter der Londoner Oxford Street und der Gegend um das Embankment. Dort waren im zweiten Viertel des 19. Jahrhunderts größere Straßenbauarbeiten im Gange. Um 1850 verzeichnete London eine rapide steigende Einwohnerzahl, und ein Beweis für deren Mobilität innerhalb der Stadt waren die 24 Tonnen

Naturdung, die täglich allein auf der Oxford Street und der Regent Street eingesammelt wurden. In ihrer wahrhaft viktorianischen Manie für das Statistische errechneten die Stadtplaner, daß dies einer Menge von 8000 Pferdeäpfeln am Tag entsprach. Weil die Straßenbeläge bisher nur aus Schlamm und losen Steinen bestanden, waren die Unannehmlichkeiten und die Reinigungskosten beträchtlich. Als Belohnung für die Entwicklung einer neuen Straßenreinigungsmethode wurde eine Goldmedaille im Wert von 30 Guineen ausgesetzt. Im Jahre 1844 berichtete die Londoner *Times* über die bisherigen Fortschritte: »Daß 40–50 Männer und Jungen ... tagsüber mit der Beseitigung von Kot beschäftigt sind, [beweist] daß das Experiment der Straßenreinigung ... als Erfolg betrachtet wird.«

Ab 1847 führten die Straßenbaumeister eine neue Straßenbauweise ein, die ein gewisser John McAdam erfunden hatte und bei der auf eine feste Bettung Granitschotter oder Pflastersteine geschichtet wurden. Nun konnten die Straßen wenigstens leichter gereinigt werden. Nichts als Ärger brachte dies allerdings den Ingenieuren, die ab 1855 die gigantische
175 ▪ 23 40 neue Kanalisation[175] in London verlegten. Die Straßenreinigung und das Regenwasser, das sich auf dem neuen wasserfesten Straßenbelag sammelte, waren ein wichtiger Faktor bei den Berechnungen, wie groß die Kanalisationsröhren sein mußten. Diese Berechnungen machte man mit Hilfe von meteorologischen Daten und unter Berücksichtigung von Informationen aus Paris und Lyon, wo man zur Warnung vor drohenden Überschwemmungen bereits Niederschlagsmesser aufgestellt hatte.

Die Abflußmenge des Abwassers wurde damals genauso gründlich analysiert wie heute der Stromverbrauch. Am Morgen kam das meiste Wasser aus den Bädern. Gegen Mittag flossen aus Waschbecken, Wasserklosetts und Küchenspülen »alle möglichen übelriechenden Substanzen«. Am Nachmittag und Abend kam das meiste aus den Küchenspülbecken. Die durchschnittliche Abwassermenge in London, so wurde errechnet, betrug über 430 Millionen Liter pro Tag.

Das Wetter machte dieses Zahlenwerk noch um einiges komplizierter. Aus Niederschlagsmessungen ging hervor, daß an 21 Tagen im Jahr mehr als ein halber Zentimeter Regen fiel. Ergiebige Niederschläge konnten in vielen alten Kanalisationssystemen zu Katastrophen führen, wenn der durchschnittliche Abwasserabfluß über längere Zeit geringer als 0,75 Meter pro Sekunde war. Und bei heftigen Regenfällen konnte bis zu sechs Mal so viel Wasser durch die Rohre fließen wie bei trockenem Wetter. Rohrbrüche stellten ebenfalls ein großes Problem dar. Trotzdem gingen die Ingenieure tatkräftig ans Werk. Als die neue Kanalisation 1871 fertig war, hatte sie eine Länge von über 130 Kilometern. Die Rohre unter den Straßen von London reichten bis in die flußabwärts gelegenen Vororte im Osten, wo das Abwasser verklappt wurde. Das Kanalsystem hatte ein Einzugsgebiet von über 260 Quadratkilometern. Die Baumaßnahmen hatten 4,6 Millionen Pfund Sterling verschlungen.

So viel Geld gibt man nur aus, wenn ein zwingender Grund besteht. Der zwingende Grund war eine Epidemie, die Europa zwischen 1831 und 1866 dreimal heimsuchte und der allein in England über 100 000 Menschen zum Opfer fielen. Die Cholera[176] löste eine absolute Panik aus, weil sie landauf, landab **176 ▪ 194** 208
hohe und niedere Stände dahinraffte. Niemand war vor ihr sicher, niemand wußte, wie die Seuche aufzuhalten war. Man wußte bloß, daß sie die Armen und Schmutzigen stärker traf als die Reichen und Sauberen. Und es gab mehr Arme und Schmutzige denn je. In den überquellenden Industriestädten lebten die vom Lande kommenden Fabrikarbeiter unter unbeschreiblichen Bedingungen. Ihr Lebensalltag war geprägt von Schmutz, Hunger und Krankheit. Jedes zweite Kind starb, bevor es das fünfte Lebensjahr erreichte, und nur jeder sechste Erwachsene wurde älter als 50 Jahre. Zwischen 1831 und 1841 stieg die durchschnittliche Sterblichkeitsrate durch Verhungern und Krankheit um ein Drittel. Das Land befand sich bereits am Rande der Anarchie, als die Cholera ausbrach.

Die viktorianische Mittelschicht wußte, daß das Land kurz vor der Revolution stand, wenn nicht etwas Drastisches geschah. Deshalb baute man die Kanalisation, gründete Vereine zur Aufklärung über Hygiene und schickte die Kinder aus den Städten in Landschulen, in denen Sport, christliche Erbauung und kaltes Duschen sie vor der Seuche schützen sollten. Die Slums wurden ausgeräuchert und gekalkt, und die Methodisten beteten öffentlich um Schutz vor der Cholera. Die Zahl der Eheschließungen stieg. Die Behörden boten den Briefträgern Anti-Cholera-Bonbons an und führten eine landesweite Impfpflicht ein. Bis zum Jahre 1875 hatte das Parlament nicht weniger als 29 verschiedene Hygienegesetze erlassen. Vor allem aber schaffte die Regierung die Verbrauchssteuer für Seife ab, deren Verbrauch zwischen 1841 und 1861 auf das Doppelte stieg. Reinlichkeit kam nun gleich nach der Frömmigkeit. Etwa 140 000 Flugschriften über die »Macht von Wasser und Seife« wurden verteilt.

All das war natürlich Musik in den Ohren der Töpfer, die in der allgemeinen Atmosphäre des Zerfalls die größte Absatzgelegenheit aller Zeiten witterten. Töpfer, die seit Generationen tönerne Bierkrüge gemacht hatten, verdienten sich nun ein Vermögen mit dem Glasieren von Abwasserrohren. Die Firma Doulton mit ihren neuen Küchenspülbecken aus Keramik und den aus Krug und Schüssel bestehenden Toilettengarnituren aus Porzellan wurde zu einem gängigen Begriff. Bald wurden die Haushalte mit Rohrleitungen an die Kanalisation angeschlossen, und von da an wollte jeder ein Wasserklosett haben. Als Viktorianer wollte man natürlich etwas Schickliches, und so fertigten die Hersteller sie aus dezentem weißem Glasporzellan, bemalt mit Mustern namens Magnolie, Wilde Rose, Purpurwinde, Unitas, Renaissance, Baronesse und Chicago Oliv. Für jene, denen es mehr um die Effektivität ging, gab es Modelle wie Directo, Precipitas, Inodoro, Rapide und Deluge (Sintflut). Die erste richtige moderne Toilette mit Spülung brachte George Jennings im Jahre 1884 unter dem Markennamen »Sockelvase« auf den Markt. Dieses preisgekrönte Produkt wies erstmals die ovale Sitzform auf.

Die erste der drei modernen Erfindungen dieses Kapitels tauchte schließlich auf, als durch die übertriebene Phobie der Viktorianer neue Verarbeitungsweisen für Gußeisen mit den hochspezialisierten Glashüttentechniken in Verbindung kamen, welche die neuen chemischen Industrien, vor allem in Deutschland, verlangten. Chemiehersteller brauchten Gefäße, die unempfindlich gegenüber ätzenden Flüssigkeiten waren. Aus diesem Grund verstanden sich die Deutschen (die besten Chemiker des Kontinents) besonders gut auf das Emaillieren. Seit den 1840er Jahren beschichtete man in Deutschland gußeiserne Kochtöpfe und alle möglichen anderen Küchengeräte mit dem blauen[177] Email, das am Ende des Jahrhunderts jeder Europäer und jeder amerikanische Siedler kannte. 177 ▪ 241 273

Der Boom im Bereich der Hygieneartikel gab der Keramikindustrie völlig neuen Auftrieb. Im Jahre 1904 fertigten nicht weniger als 70 deutsche Firmen gußeiserne Badewannen mit Glasemailbeschichtungen, die sich kaum von heutigen Wannen unterschieden. Das Herstellungsverfahren war so verfeinert worden, daß man mit flüssigem Email sogar die kompliziertesten Formen beschichten konnte. Dazu produzierte man den Keramikstoff in Hochtemperaturöfen, ließ die geschmolzene Mischung in kaltes Wasser laufen und zermahlte dann die erkalteten Splitter zu feinem Staub. Der Staub wurde bei 542 Grad Celsius erneut geschmolzen. Das heiße Gußeisenprodukt wurde mit dieser Schmelzflüssigkeit entweder besprüht oder darin eingetaucht; abschließend wurde es mit Glaspulver aufgepudert, damit es die nötige Glätte erhielt.

Dieses Keramikverfahren war die erste der drei modernen Erfindungen, die sich – wie wir am Ende dieses Kapitels sehen werden – verbinden und damit eine der ungewöhnlichsten Entdeckungsreisen in der Geschichte ermöglichen sollten.

Die zweite dieser drei Neuerungen entsprang der rapiden Entwicklung des Vakuums als experimentellem Instrument im 17. Jahrhundert. Um ein Vakuum zu erzeugen, mußte man die Luft aus einem Gefäß absaugen. Den ersten Schritt in diese Richtung tat im Jahre 1654 Otto von Guericke, der Bürgermeister von Magdeburg, mit seiner Konstruktion einer Luftpumpe. Der Londoner Forscher Robert Boyle benutzte eine abgewandelte Version dieser Pumpe, um den Luftdruck in einem Gefäß zu senken oder zu erhöhen. Robert Boyle stellte ein Barometer in eines dieser Gefäße und bemerkte, daß die in der Quecksilberröhre eingeschlossene Luft bei steigendem Luftdruck zusammengepreßt wurde. Bei sinkendem Luftdruck dehnte sich die eingeschlossene Luft aus und verdrängte das Quecksilber. Die Luft war also anscheinend flexibel und konnte zusammengepreßt oder verdichtet werden.

Es wurden verschiedene Vorschläge gemacht, wie man dieses aufregende Phänomen nutzen konnte. Bereits 1653 konstruierte der Franzose Denis Papin die erste Rohrpost. Ein Schotte schlug 1785 vor, gesunkene Schiffe mit Druckluftbal-
178 ▪ 150 156 lons zu heben, und nach dem verheerenden Orkan von 1854[178]
wurden einige der Schiffe, die vor Balaklawa untergegangen waren, tatsächlich auf diese Weise geborgen. Bald starteten auch die ersten professionellen Tauchversuche.

Die Meldungen über eine spezielle Anwendung der Druckluft sollten schließlich auch zur Eroberung des amerikanischen Westens beitragen. Im Jahre 1857 begannen die Bauar-
179 ▪ 137 143 beiten für den ersten Tunnel durch die französischen Alpen,[179]
die damals noch italienisch waren, weil Savoyen dem König von Sardinien gehörte. Der Tunnel sollte die Eisenbahnnetze in Italien und Nordeuropa verbinden. Daraus ergaben sich entscheidende Vorteile: Die Fahrzeit zwischen Paris und Turin wurde auf 18 Stunden verkürzt; der Güterverkehr zwischen dem Mittelmeerraum und dem Norden wurde erleichtert; die italienische Riviera wurde für den Tourismus erschlossen, und die Reisezeit von Großbritannien nach Indien um mehrere Wochen verkürzt.

In Amerika weckte dieser erste Alpentunnel sogar noch ehrgeizigere Hoffnungen. Ein junger Mann in Pittsburgh hatte eines Tages eine Zeitschrift abonniert, weil ihm die Mädchen gefielen, die für die Zeitschrift warben. In der ersten Nummer, die er las, fand er einen Artikel über den Mont-Cenis-Tunnel und die Preßluftbohrer, die dort erstmals eingesetzt wurden (und das Tempo der Tunnelarbeiten gegenüber Handbohrtechniken um das 20fache beschleunigten).

Der junge Zeitschriftenleser, George Westinghouse, wußte

wie die meisten Amerikaner jener Zeit, daß das Reisen mit der
Eisenbahn[180] ein riskantes Unterfangen war. Jeden Monat 180 ▪ 26 41
machte eine neue Schreckensmeldung Schlagzeilen, wenn 180 ▪ 74 69
überladene Fracht- oder Passagierzüge mit unzureichenden Bremsen auf starkem Gefälle zusammenstießen und dabei viele Menschen ums Leben kamen. Damals fuhr in jedem Wagen ein Bremser mit, und im Notfall mußte in allen Wagen gleichzeitig das manuelle Bremssystem bedient werden. Das Unglück von Casey Jones war das bekannteste Beispiel dafür, was passieren konnte, wenn alles schief ging und sich die Wagen querstellten oder ineinander verkeilten. Ein zeitgenössischer Kolumnist schrieb dazu: »Wieder einmal ein (sogenanntes) Eisenbahnunglück auf der Erie-Strecke. Dutzende Menschen zerquetscht, verbrannt oder verstümmelt. Wir werden solange nicht sicher reisen, bis ein frommer, wohlhabender und allseits geliebter Eisenbahndirektor wegen Mordes gehängt wird.«

Westinghouse erkannte, daß Druckluft die Lösung war. 1869 besaß er ein Patent für die Westinghouse-Luftbremse, die in der einen oder anderen Form bis heute verwendet wird. Bei diesem automatischen Bremssystem verlief unter dem Zug (unterstützt durch Druckluftkammern unter jedem Wagen) ein Rohr mit Druckluft, die die Bremskolben hielt. Wurde die Druckluft abgelassen (sei es mit Absicht oder durch einen Unfall), machte der Kolben zu und zog dabei die Bremsen an. Das System war ein durchschlagender Erfolg. Bis 1876 wurden 15569 Lokomotiven und 14055 Waggons mit den Bremsen ausgerüstet, die einen 103-Tonnen-Zug bei 50 Kilometern pro Stunde auf 150 Metern zum Stehen bringen konnten. Der Bremsweg war damit dreimal kürzer als bei dem alten System.

Aufgrund seiner Erfindung bekam Westinghouse mit einem kroatischen Genie zu tun, das jede Woche eine neue rotschwarze Krawatte trug, Taschentücher nach einmaligem Benutzen wegwarf, Billardkugeln haßte und in einem Hotelzimmer voller Tauben hauste. (Mehr über diesen Menschen später.) Die Westinghouse-Bremsen verringerten die Gefahr von Zusammenstößen, was bedeutete, daß die Züge nun

schneller und häufiger fahren konnten. Es wurde immer wichtiger, den Zugverkehr besser steuern zu können, und Westinghouse erwarb ab 1880 diverse Patente für Signalsysteme. 1882 gründete er die Union Signal und Weichen Co. in Pitts-
181 ▪ 26 41 burgh.[181] Zuerst versuchte er, die Signale entlang der Strecke
181 ▪ 74 69 mit Druckluft zu steuern, doch die Rohre froren im Winter ein. Eine andere Möglichkeit war die Elektrizität, und Westinghouse kam auf die Idee, mit elektrischem Strom ein Druckluftventil zu steuern, das dann das Signal betätigte.

Westinghouse stieg in das Stromleitungsbusineß ein, das damals mit dem Problem des Gleichstroms kämpfte. Im Jahre 1871 erzeugte man Elektrizität, indem man einen Ring mit Kupferdrahtspulen zwischen den Polen eines Eisenmagneten rotierte, der selbst mit Draht umwickelt war. In diesem sich selbst erregenden, »dynamischen« System (von dem sich der Name »Dynamo« ableitet) entsteht in dem Draht um den Eisenblock Strom, wodurch dieser zum Magneten wird. Dies wiederum läßt magnetische Kraftlinien entstehen. Da jede Seite des rotierenden Rings die Kraftlinien des Magneten in verschiedene Richtungen gehen läßt, erzeugen dessen Spulen Strom, der zuerst in die eine und dann in die andere Richtung fließt. Eine gleichbleibende Richtung gab man diesem Strom mit Hilfe eines sogenannten Stromwenders, dessen separate Kontakte zuerst den einen Strom und dann den anderen aufnahmen und weiterleiteten. Damit hatte man Gleichstrom, Strom gleichbleibender Richtung.

Das Problem war allerdings, daß Gleichstrom mit Niederspannung (wie man ihn beispielsweise für Lampen brauchte) nur über dicke, teure Kupferdrähte weitergeleitet werden konnte und alle zwei Kilometer ein Generator zwischengeschaltet werden mußte. Ohne den Stromwender erzeugte das System jedoch Wechselstrom. Diesen konnte man mit sehr hoher Spannung über dünne, billige Drähte weiterleiten. Wenn ein Transformator an der Quelle die Spannung (sozusagen den »Druck« des Stroms) erhöhte, so daß sie über große Distanzen reichte, und wenn die Spannung am Empfangsende für die Nutzung vor Ort wieder heruntertransformiert wurde, dann befreite der Wechselstrom die Elektrizität aus allen räumlichen Begrenzungen. Da man Elektrizität auch gewinnen konnte, indem man anstatt der Drahtspulen (die bei hoher Geschwindigkeit oft auseinanderfielen) die Magneten rotierte, brauchte man eine Hochgeschwindigkeits-Stromquelle, die die Magneten schnell genug rotierte, um Hochspannung zu erzeugen.

Im Jahre 1888 lernte Westinghouse jenen kroatischen Taubenliebhaber, Nikola Tesla, kennen, der solch ein Wechselstromsystem erfunden hatte. Teslas Idee war brillant. Sandte man den Strom in separaten, aufeinanderfolgenden Stößen aus – in zwei oder mehr Spulen –, so ließ sich eine Reihe von phasenverschobenen Strömen erzeugen. Durch die einzelnen Stromstöße entstand um den Ring herum eine Sequenz von Magnetfeldern. Die Magnetfelder rotierten im Grunde selbst, und damit konnte man einen Magneten in praktisch unbegrenzter Geschwindigkeit rotieren lassen. 1895 hatte Westinghouse ausgehend von Teslas Idee ein vollständiges Generatorsystem konstruiert, mit dem er sich den Auftrag für den Bau des riesigen neuen Kraftwerks an den Niagara-Fällen sicherte.

Teslas Motor war außerdem genau das, was die Kapitäne der amerikanischen Kriegsmarine beim Eintritt in den Ersten Weltkrieg brauchten. Aufgrund der jüngsten Fortschritte in der Metallurgie hatten die Briten riesige, gepanzerte Ganzstahlkriegsschiffe eingeführt. Im Jahre 1906 war die *HMS Dreadnought* vom Stapel gelaufen. Die späteren »Dreadnoughts« waren die ersten turbinenbetriebenen Schlachtschiffe mit Geschützen von außergewöhnlicher Feuerkraft. Dank der verbesserten Stahlbauverfahren konnte man längere Geschützrohre bauen, die unabdingbar waren für die Zielgenauigkeit der neuen Metallmantelgeschosse, welche man inzwischen aufgrund neuer, langsam brennender Zündstoffe abfeuern konnte. Da Kolbenstoßdämpfer den Rohrrücklauf bremsten, konnten die Geschütze von hinten zügig nachgeladen werden. Und bei dem neuen Pulver entstanden weder Zündflamme noch Rauch, die die Position des Schiffes verraten oder dem Schützen die Sicht geraubt hätten.

Ab 1917 hatte auch die amerikanische Kriegsmarine ihre »Dreadnoughts«. Die USS *Delaware*, *Utah*, *South Dakota*, *Florida*, *Arkansas* und *Wyoming* mit einer Verdrängung von jeweils 226 000 Tonnen führten längsschiffs 15-Zoll-Geschütze, die ein 2000-Pfund-Geschoß über 20 Kilometer weit feuern konnten. Nun wurde die präzise Feuerkontrolle zur absoluten Notwendigkeit, denn bei den extremen Reichweiten dieser neuen Geschütze bedeutete der kleinste Zielfehler einen Fehlschuß. An der Lösung dieses Problems arbeitete bereits der New Yorker Elektrohersteller Elmer Sperry, der eine High-
182 ▪ 120 122 Tech-Version eines Kinderspielzeugs konstruiert[182] und vergeblich versucht hatte, den Zirkus Barnum und Bailey dafür zu gewinnen, eine Hochseilschubkarre damit auszurüsten. 1912 war Sperry dabei, mehrere tonnenschwere Exemplare seines neuen Spielzeugs auf Schiffen zu installieren, unter anderem auf dem italienischen Luxusdampfer *Conte di Savoia*, der dadurch zu einem der navigationsfreundlichsten Schiffe wurde.

Dieses erstaunliche neue Gerät trug den Namen »Gyroskop«. Es entsprach im Grunde einem Spielzeugkreisel und bestand aus einem Drehrad, das an drei Kardanringen aufgehängt war. Aufgrund der Drehungsträgheit zeigte das Rad, solange es sich drehte, immer in die Richtung, in die es ursprünglich ausgerichtet war. Angesichts der Probleme, die man auf den neuen Ganzstahlschiffen mit Magnetkompassen hatte, war der Kreiselkompaß ein Geschenk des Himmels. Und mit dem Elektromotor von Tesla gab es nun ein elektrodynamisches Mittel, mit dem das Kreiselrad ständig in Rotation gehalten werden konnte.

Elmer Sperry installierte auf den Schiffen einen Mutterkreiselkompaß, der alle anderen Kompasse an Bord steuerte. Unter Verwendung der Kreiselkompaßanzeige entwarf er auch Geräte, an denen sich jeweils die eigene Position ablesen sowie die relative Position eines Ziels bestimmen ließ und die dem Schützen eine Zielhilfe in Form eines Pfeils gaben. Weil das Gyroskop die Bewegung des Schiffes auf den Wellen sensorisch messen und entsprechende Ausgleichssignale abgeben konnte, damit die Geschütze korrekt ausgerichtet blieben, waren die Schiffe nun unabhängig vom Seegang stabile Abschußplattformen. Während eines Luftangriffs bei schwerer See konnten die Schützen der USS *South Dakota* mit ihren gyroskopgesteuerten Waffen alle feindlichen Flugzeuge abschießen.

Sperrys Kreiselkompaß ist die zweite der drei modernen Erfindungen, die von der Entdeckung des Vakuums ausgingen. Die dritte Neuerung kam zustande, weil sich die Menschen nach der Entdeckung des Vakuums im 17. Jahrhundert für die Luft zu interessieren begannen. Man wollte wissen, was Luft überhaupt ist und vor allem, weshalb sie entscheidend für alles Leben ist. Die Amateurforscher der English Royal Society fingen an, alle möglichen Formen der Atmung unter die Lupe zu nehmen. Einer dieser Forscher war ein Geistlicher, der in Cambridge studiert hatte und in Teddington, vor den Toren Londons, lebte. Er hieß Stephen Hales und übernahm 1709 an der Saint Mary's Church das Amt eines Hilfspfarrers auf Lebenszeit. Mit diesem Job fürs Leben konnte er all seine Freizeit seinem Hobby widmen, das sich ausschließlich um zwei Fragen drehte: Wie atmen Pflanzen und wodurch werden Muskeln bewegt? Hales war überzeugt, daß die Antwort auf beide Rätsel im Umlauf der Flüssigkeiten in Pflanzen und Tierkörpern zu finden war, und so befaßte er sich als erstes mit der Frage, weshalb Pflanzensäfte steigen.

In seinem Gewächshaus in Teddington steckte er über einen Zeitraum von zehn Jahren an den verschiedensten Stellen Glasröhrchen in die Pflanzen und beobachtete, wie weit der Saft bei unterschiedlichen Wetterlagen, bei Tag und bei Nacht und im Wechsel der Jahreszeiten aufstieg. Er maß Blattgrößen und Stieldurchmesser; er setzte Pflanzen in abgedichtete Töpfe, goß sie mit genau abgemessenen Wassermengen und wog sie um festzustellen, wieviel Wasser durch Atmung und Verdunstung verlorenging. Auf eine Pflanze pfropfte er ein Röhrchen mit Wasser, in dem Quecksilber eingeschlossen war, und maß, wie weit das Quecksilber anstieg, wenn die Pflanze Wasser aufnahm. Am meisten faszinierte Hales jedoch die Kraft des Saftes. Als er einen frisch abgeschnittenen Rebstock in eines seiner Glasröhrchen steckte, stellte er erstaunt fest, daß der Saft in dem Röhrchen bis in eine Höhe von sechseinhalb Metern stieg. Welche Kraft, so fragte er sich, trieb den Saft dazu? War dies dieselbe Kraft, die das Blut durch den Körper kreisen ließ?

Nach unbeschreiblichen Experimenten an den Arterien und Venen von Hirschen, Ochsen, Stuten, Hunden, Katzen, Nagetieren und diversem Vieh kam Hales zu folgendem Schluß: Wenn man bei einem Menschen die Halsschlagader durchtrennte und ein Glasröhrchen darübersteckte, würde das Blut in dem Röhrchen 2,30 Meter hoch steigen. Hales ging davon aus, daß die linke Herzkammer über 90 Quadratzentimeter maß; ein Anstieg auf 2,30 Meter deutete darauf hin, daß das Herz eine Kraft von 46,7 Pfund ausübte. Als Ergebnis seiner Arbeiten veröffentlichte Hales das erste Buch über den Blut-
183 ▪ 277 317 druck und das Messen des Blutdrucks[183], das zu einem Grundlagenwerk der medizinischen Praxis wurde. Leider mußte er aber einsehen, daß er sich in der Frage, wie sich Muskeln bewegen, geirrt hatte. In den haarfeinen Kapillargefäßen, die in die Muskeln führen, war einfach nicht genügend Blutdruck, um jene Kraft zu erzeugen, die Muskeln ausüben konnten.

Einige Jahre später untersuchte der Anatomieprofessor Luigi Galvani an der norditalienischen Universität Bologna dasselbe Phänomen. Zu jener Zeit, im Jahre 1780, dachten die meisten Menschen, wenn diese Kraft schon nicht vom Blutdruck ausging, müsse es irgendeine andere unsichtbare Flüssigkeit sein, die vom Gehirn aus gepumpt wurde und die Muskelfasern »reizte«, so daß sie sich zusammenzogen. Handelte es sich dabei vielleicht um eine Art von Elektrizität, jener neuesten Wunderkraft? Elektrische Schläge schienen alles mögliche auszulösen, von Blitzen vor den Augen über Nasenbluten
184 ▪ 99 93 bis zu Zuckungen und Luftsprüngen. Galvani[184] hielt die
184 ▪ 216 238 Theorien von den »Säften in den Nervenbahnen« für falsch,
184 ▪ 234 261 denn wenn ein Nerv durchtrennt wurde, floß immer noch Elektrizität durch die betreffende Region. Doch bei den neu entdeckten »elektrischen« Fischen wie dem Zitterrochen gaben nur bestimmte Körperteile einen Schlag ab. Die Kraft

konnte also begrenzt werden, egal woraus sie bestand und wie sie agierte. Und konnte sie begrenzt werden, so konnte sie auch gelenkt werden (beispielsweise in den Muskeln).

Galvani experimentierte zunächst mit Fröschen. An langen, schwülheißen und gewittrigen Sommertagen (und in Bologna kann es im Sommer wirklich lange, schwüle und gewittrige Tage geben) setzte er Paare von Froschbeinen, die noch mit der Wirbelsäule verbunden, aber aufgeschnitten waren, damit die Hauptnerven sichtbar waren, verschiedenen Schocks aus.[185] **185 ▪ 187** 200
Er beobachtete, daß sie zuckten, wenn seine Strommaschine funkte und es in der Gegend blitzte, allerdings nur, wenn gleichzeitig sein Skalpell die Froschnerven berührte. Das war unerklärlich.

Während sich die Tage so dahinschleppten, wurde das Blitzen und Donnern immer seltener, und die Sache wurde allmählich langweilig. Eines Tages rieb Galvani ohne groß nachzudenken die Kupferhaken, an denen die Froschbeine hingen, gegen das Eisengestell, auf dem das Experiment erfolgte. Die Beine zogen sich zusammen. Und sie kontrahierten jedes Mal, wenn er rieb. Im Jahre 1791 gab Galvani in einer weitschweifigen, konfusen lateinischen Monographie bekannt, er habe die Quelle der Kraft entdeckt. Sie befinde sich im Frosch. Tiere erzeugten offensichtlich Elektrizität. Wie sonst ließ sich das Phänomen erklären?

Ein zeitgenössischer italienischer Elektrofreak, Alessandro
Volta,[186] (der aufgrund seiner wichtigen Rolle in der Geschichte **186 ▪ 225** 247
einen jener zentralen Kreuzungspunkte auf unserem Netz markiert), wußte die Antwort. Die Kraft befand sich durchaus im Frosch, aber nur weil dieser aus salziger und feuchter Materie bestand (wie alle organischen Zellen) und die beiden verschiedenen Metalle, die Galvani verwendete (Kupfer und Eisen), durch diesen nassen, salzigen Frosch reagierten und Elektrizität erzeugten. Volta bewies dies, indem er den Vorgang mit anderen Mitteln wiederholte. Einen Kreis von Tassen, die mit einer Salzlake gefüllt waren, verband er mit Drähten, und zwar abwechselnd mit Zink- und Kupferdrähten; bei der letzten Drahtverbindung gab es einen Schlag. Je mehr Tas-

sen er verwendete, desto stärker wurde der Schlag. Damit die Experimentanordnung leichter zu transportieren war, stapelte Volta mehrere Zink- und Kupferscheiben aufeinander, zwischen die er Kartonscheiben legte, die mit Salzlake getränkt waren. Wenn er die beiden Drahtenden, die sich jeweils am Ende eines solchen Stapels befanden, zusammenbrachte, gab es einen Funken. Dank der nassen Frösche des Kollegen Galvani hatte Volta die erste Batterie der Welt gebaut.

Allerdings kam man erst nach weiteren 50 Jahren allmählich dahinter, was in der salzigen Flüssigkeit tatsächlich vor sich ging und die Elektrizität erzeugte: Die Moleküle in der Salzlösung entzogen dem einen Metall (der Anode) Elektronen und führten sie dem anderen Metall (der Kathode) zu. Aufgrund dieses Austauschs floß ein Strom in der Verbindung (der Salzlösung) zwischen den beiden Metallen. Dabei löste jedoch der Durchfluß des Stroms eines der Metalle allmählich auf. Im Jahre 1889 entdeckten zwei Deutsche namens Mond und Langer eine Möglichkeit, wie man die Auflösung des Metalls verhindern und somit eine brauchbare Batterie bauen konnte. Allerdings wurde die Idee durch Teslas Dynamo verdrängt und erst im Zweiten Weltkrieg wieder aufgegriffen.

Heute existiert dieses Gerät – dank unserer Möglichkeit, Gase zu verflüssigen – in einer eigenständigen Form, bei der nicht mehr mit Metallscheiben und Drähten hantiert wird, sondern poröse Elektroden in die Lösung getaucht werden. Aus Flüssiggasquellen wird eine Elektrode mit Sauerstoff und die andere mit Wasserstoff versorgt. Der Wasserstoff diffundiert durch seine Elektrode, die die Wasserstoffatome absorbiert. Wenn diese Atome mit der Lösung reagieren, entsteht Wasser; gleichzeitig geben die Atome Elektronen an die Elektrode ab – in Form von Strom. Das Wasser und der Strom werden zur anderen Hälfte der Apparatur geleitet, wo die zweite Elektrode Sauerstoff absorbiert und mit dem Sauerstoff (und dem Wasser von der anderen Elektrode) reagiert. Dabei entstehen Hydroxylatome, die durch das Wasser zu der Wasserstoffelektrode wandern und somit den Kreis schließen. Dieses

System, das man als Brennstoffzelle bezeichnet, erzeugt Elektrizität und Wasser. Es ist die dritte moderne Erfindung, die auf die Entdeckung des Vakuums zurückgeht.

Zusammen mit den beiden anderen Erfindungen (dem Gyroskop und der Keramikplatte) ermöglichte es eine vierte Erfindung. Diese erfordert erstens die konstante und autonome Versorgung mit Elektrizität und Wasser durch eine Brennstoffzelle. Zweitens ist sie auf das Gyroskop angewiesen, das unbeeinflußt von Magnet- oder Gravitationskräften Richtung und Position angibt. Drittens braucht sie den wirksamen Schutz von Keramik gegen Temperaturen von bis zu 1660 Grad Celsius.

Alle drei Erfindungen wirken zusammen: Die Brennstoffzelle versorgt sämtliche Bordinstrumente mit Energie; mit dem gyroskopischen Navigations- und Kontrollsystem kann das Gefährt die Erde umkreisen, bevor es zu einer zielgenauen Landung ansetzt, bei der es nur einen einzigen Versuch gibt; und die Besatzung überlebt die Hochofentemperaturen beim Wiedereintritt in die Erdatmosphäre aufgrund der 34 000 Keramikplatten, mit denen der Rumpf des vierten technologischen Wunders – des *Space Shuttle* – isoliert ist.

Wahrscheinlich wird kein Mensch auf Erden so intensiv getestet wie ein Astronaut bei der Vorbereitung auf die Strapazen seiner Mission. Ganz entscheidend ist hierbei die Fähigkeit, die extremen körperlichen und emotionalen Belastungen während des Raumfluges psychisch zu bewältigen. So darf der Astronaut auch unter Druck nie hysterisch werden. Hierin liegt wiederum eine gewisse Ironie, denn am Beginn des psychologischen Know-hows der NASA-Trainer stand ursprünglich die Hysterie …

11 Sentimentale Reise

In diesem Kapitel begeben wir uns auf die Suche nach den Ursprüngen jenes Gefühls, das die Menschen oft haben, wenn sie sich *down* fühlen. Meist wissen sie, daß sie einfach nur wieder einmal ausspannen müssen, und so greifen sie nach einer Landkarte, um eine aufregende Urlaubsreise zu planen, die sie aus ihrem Alltagstrott herausreißt. Das Komische dabei ist, daß es die Landkarte genau deswegen gibt, weil die Menschen wissen, daß sie ab und zu raus müssen.

Alles fing mit Freud an. Daß wir depressiv sind, wissen wir aufgrund der Erkenntnisse, die Freud in Wien gewann und mit denen er die Art und Weise änderte, wie wir darüber nachdenken, wie wir über das Denken nachdenken. Freud arbeitete von 1876 bis 1882 als unterbezahlter Neurologe; am Physiologischen Institut in Wien sezierte er Flußkrebse (die große Neuronen aufweisen, welche relativ einfach zu studieren sind). Der Leiter des Instituts war Ernst Wilhelm von Brücke, der Führer der biophysikalischen Bewegung, deren Anhänger davon ausgingen, daß alle Organismen von konkreten physiochemischen Kräften gesteuert werden. Die Bewegung entstand in der ersten Hälfte des Jahrhunderts als Reaktion auf die romantische Naturphilosophie, die das Denken in Deutschland seit Jahrzehnten beherrscht und lediglich vage Verbindungen zwischen Natur und Menschheit propagiert hatte. Die Biophysiker lehnten diese Sichtweise ab; sie glaubten statt dessen, alle psychologischen Störungen entsprangen schlicht und einfach Krankheiten des Gehirns.

Als Freud geheiratet hatte – und es mit der Angst bekam, mit seinem Neurologengehalt keine anspruchsvolle Gattin unterhalten zu können –, beschloß er, zur Medizin zu wechseln, genauer gesagt in den Bereich der Angstforschung. Im Jahre 1882 fing er in der Abteilung für Nervenkrankheiten im Wiener Allgemeinen Krankenhaus an und arbeitete dort mit Josef Breuer, einem der bedeutendsten Ärzte Wiens, zusammen. Breuer hatte kurz davor eine Patientin (Karteiname: Anna O.; wirklicher Name: Bertha Pappenheim) mit Hypnose behandelt. Bertha war eine hochintelligente 21jährige Frau, die sich bester Gesundheit erfreut hatte, bis sie plötzlich Symptome wie Schlafwandeln, Schielen, Sehverlust, Lähmung, Muskelkontraktionen und allgemeine Zuckungen entwickelte.

Bevor Bertha zu Breuer kam, hatte sie sich allen üblichen Behandlungen unterzogen, zu denen vor allem die Elektrotherapie zählte, bei der die Gliedmaßen des Patienten unter Niedrigspannungsstrom gesetzt wurden. Dieses Verfahren ließ sich bis zu den Griechen zurückverfolgen, die ihren Kopfschmerzpatienten elektrische Fische auf die Stirn gesetzt hatten. Breuer hingegen war der Meinung, Berthas eigentliches Problem bestand darin, daß sie ihren verstorbenen Vater vermißte. Während der zweijährigen Hypnosebehandlung stellte er fest, daß einzelne Symptome durch Gespräche mit der Patientin gelindert werden konnten; und so konnte er Bertha schließlich heilen.

Freud interessierte sich jedoch mehr für die Anatomie und machte sich auf den Weg nach Paris (der damaligen Welthauptstadt der Medizin), um die modernsten Behandlungsmethoden bei Nervenleiden zu studieren. Diese Therapien waren aber alles andere als beeindruckend, denn sie bestanden im wesentlichen darin, die Patienten mit kaltem Wasser abzuspritzen und ihnen die unvermeidlichen Elektroschocks zu verpassen. Nichts davon schien zu funktionieren. Enttäuscht kehrte Freud nach Wien zurück und tat sich wieder mit Breuer zusammen. Im Jahre 1895 schrieben sie zusammen die *Studien über Hysterie* und legten mit diesem Werk den Grundstein der Psychoanalyse. Beide setzten in ihrer klinischen Praxis weiter darauf, daß die Patienten sich entspannten und über sich sprachen. Nach einiger Zeit änderte Freud seine Methode. Unter seinen Patienten gab es viele Fälle von Hysterie (der verbreitetsten Nervenkrankheit jener Zeit), und bei diesen Patienten führte Freud das freie Assoziieren ein. Der Patient sprach über das, was ihm gerade in den Sinn kam, während Freud einen sanften Druck auf den Kopf des Patienten ausübte. Eine der Behandlungsformen, die Freud in Paris kennengelernt hatte, war die Elektroschocktherapie, die in einigen Fällen auch heute noch angewandt wird. Niemand wußte, wie sie funktionierte, doch das schien damals keine große Rolle zu spielen.

Das Schlagwort der damaligen Wissenschaften lautete »animalischer Magnetismus«. Dieser Begriff schlug Ende des 18. Jahrhunderts in der Forscherszene ein, nachdem Luigi Galvani meinte, elektrische Kräfte entdeckt zu haben, die in den
187 ▪ 185 195 Beinmuskeln von Fröschen erzeugt wurden.[187] Der Begriff »animalischer Magnetismus« wurde damals nicht im Sinne einer erotischen Anziehungskraft verstanden, wie er heute oft verwendet wird. Er bezog sich ganz konkret auf eine geheimnisvolle magnetische Kraft, die von einem Menschen auf einen anderen übertragen wurde und zur Heilung von Nervenleiden genutzt werden konnte. Das Allerneuste in der damaligen Neurologie war die Pariser »Salpetrière«, eine ehemalige Schießpulverfabrik, die zur größten Nervenheilanstalt der Welt umgebaut wurde, nachdem sie kurze Zeit als Besserungsanstalt für Prostituierte gedient hatte.

Im 18. Jahrhundert beherbergte diese Einrichtung bis zu 8000 geisteskranke, mißgebildete, senile oder unheilbare Frauen und Mädchen, darunter etliche mit Symptomen, die Freud teilweise durchaus hätte heilen können. Das Arzt-Patienten-Verhältnis von 1:500 war auch nicht gerade förderlich, und viele Frauen griffen zu spektakulären Anfällen von Hysterie, um die Aufmerksamkeit eines Arztes auf sich zu lenken. Das war nicht sonderlich schwierig, zumal diese Symptomatik in der Ärzteschaft selbst regelrecht zur fixen Idee geworden war. Die Hysterie wurde seit Jahrhunderten als Krankheitsphänomen gesehen, das von der Gebärmutter (griechisch *hystéra*) ausging und daher nur Frauen heimsuchen konnte.

Als oberste Kapazität in Sachen Hysterie galt eine ungewöhnliche Gestalt mit dem Spitznamen »Napoleon der Neurose«. Jean-Martin Charcot (bei dem Freud studiert hatte) war 1862 als Chefarzt an die Salpetrière berufen worden und hatte sich dort der Hysterie zugewandt. Die öffentlichen Demonstrationen seiner Theorie der *grand hysterie* (mit vier Stadien, die sich in exakter Regelmäßigkeit manifestierten) sorgten in den 70er Jahren für volle Hörsäle. Dort bot seine schönste Patientin, Blanche Wittman, auf seinen napoleonischen Befehl hin einen echten hysterischen Anfall (und wurde dabei von Brouillet auf die Leinwand gebannt).

Die Grundursache dieses Zustands sah Charcot in Belastungen durch die industriellen Arbeitsbedingungen. Die Symptome (unter denen Männer und Frauen gleichermaßen litten, die aber nur bei letzteren zur Hysterie führten) wurden durch die »nervenden« Aspekte des Lebens hervorgerufen. Dazu gehörten Folgen traumatischer Schocks (etwa durch Unfälle, Verletzungen oder Gewalt) in Verbindung mit einer allgemeinen Anfälligkeit für die Zerrüttung des Nervensystems. Als Beispiel für diese Art von traumatischem Streß nannte Charcot den »Eisenbahnrücken«, den man sich bei der Fahrt in holperigen Zügen zuzog.

Charcot behandelte die meisten Patienten mit Tiefenhypnose und zeigte Freud, wie man das machte. Oft verwendete er bei seinen Behandlungen Magnete, teils wegen des Einflusses der Lehre des »animalischen Magnetismus«, teils wegen des Einflusses einer schillernden Figur namens Franz Anton Mesmer (dem wir die Begriffe »Mesmerismus« und »mesmerisieren« verdanken). Die modernen Show-Hypnotiseure haben ihr Geplapper (»Nun fühlen Sie sich müde und Ihre Lider werden schwer, und wenn ich mit den Fingern schnipse, werden Sie aufwachen und sich an nichts erinnern«) alle von Mesmer. Er wurde in Österreich geboren, studierte bis 1766 an der Universität Wien Medizin und heiratete 1768 eine reiche Witwe. Von da an verkehrte er in der Wiener High-Society und freundete sich mit den »Pop Stars« jener Zeit an – Gluck, Haydn und Mozart. Die Uraufführung von Mozarts Oper *Bastien und Bastienne* fand in Mesmers Garten statt, und in

188 ▪ 296 346 seine spätere Oper *Cosí fan tutte* baute Mozart[188] eine Hypnoseszene ein.

Mesmer bot eine attraktive Alternative zu den höchst unangenehmen Standardpraktiken der zeitgenössischen Medizin. Er streichelte seine Patienten und entspannte sie mit einer sanften, hypnotisierenden Stimme in einem abgedunkelten Raum. In den Sitzungen trug er stets wallende Roben und Federhüte. Im Laufe einer Therapie wurden seine Patienten auch in sein magnetisches Bad eingetaucht. Viele dankbare Patienten traten seiner Gesellschaft für Universelle Harmonie bei. Doch nicht alle Patienten oder deren Angehörige entwickelten ein Gefühl der Dankbarkeit. Einer dieser Fälle war der Grund für Mesmers übereilte Abreise nach Paris. Er hatte eine wunderschöne junge Adelige, Maria von Paradies, behandelt. Die begabte Konzertpianistin war seit ihrem dritten Lebensjahr blind. Ihr Vater war ein einflußreicher Kammerherr am Wiener Hof. Mesmer heilte die Tochter von ihrer (psychosomatischen) Blindheit; doch als sie ihr Augenlicht wiedergewann, ging ihr musikalisches Talent verloren. Mesmer hielt es für angebracht, die Stadt zu verlassen, woraufhin Maria erneut erblindete und wieder musikalisch wurde.

»Mesmerismus« und »animalischer Magnetismus« waren stark geprägt von der romantischen Vorstellung, daß eine geheimnisvolle, unsichtbare Kraft alle Natur durchströmt. Selbst nüchterne Köpfe wie Benjamin Franklin hielten die Elektrizität für eine unsichtbare Flüssigkeit; dies zeigt sich in einigen Begriffen aus dem Bereich der Elektrizität, die auch heute noch verwendet werden, wie zum Beispiel »Strom«, »elektrischer Fluß« und »Teilchenströmung«. Mesmerische Behandlungen sollten Behinderungen dieser Flüssigkeit beim Fließen durch das Nervensystem beseitigen.

Die Vorstellung von der Zirkulation von Flüssigkeiten war ein Bestandteil der Wissenschaften, seit William Gilbert den Magnetismus im Jahre 1600 entdeckt hatte. Descartes ging 1664 davon aus, daß Ströme »ätherischer Materie« an den Achsen magnetischer Felder entlang durch spezielle Kanäle flossen. Auch Newton hatte geglaubt, die Schwerkraft beruhe auf einer dieser »immateriellen« Flüssigkeiten. Die Vorstellung, daß eine universelle Flüssigkeit als lebenswichtige Kraft im Körper kreise, war also weit verbreitet, als der Wiener Arzt Franz Jospeh Gall im Jahre 1791 seine Theorie veröffentlichte, nach der das Gehirn aus einer Reihe separater Abschnitte bestand (er nannte 27, doch die Zahl wurde später auf 37 erhöht). Jeder dieser Abschnitte (»Organe«) steuerte einen bestimmten Teil der geistigen und körperlichen Funktionen, und zwar mittels unsichtbarer Flüssigkeiten, die durch Röhrchen von den einzelnen Gehirnabschnitten zu den entsprechenden Körperteilen strömten. Gall ging auch davon aus, daß die Form des Schädels, der diese »Organe« beherbergte, durch deren Größe und Form geprägt war und folglich der Charakter eines Menschen an den Höckern abzulesen war, die ein Organ unter der Schädeldecke bildete. So galt beispielsweise eine Ausbeulung hinter dem linken Ohr als Hinweis darauf, daß der Betreffende ein guter Liebhaber war.

Ab 1815 hatte Gall einen Partner namens Spurzheim, und ihr Höckerlesen (das ab sofort als Phrenologie bezeichnet wurde) feierte riesige Erfolge innerhalb der meinungsbildenden Elite, zu der auch Königin Victoria, Bismarck und Präsident Garfield gehörten. Anfangs waren die meisten Anhänger der Phrenologie Wissenschaftler, doch ab 1820 verlagerte sich das Interesse auf die gesellschaftliche Relevanz der Phrenologie. Für viele Aktivisten und reformsinnige Intellektuelle aus der Mittelschicht war die Phrenologie ein Mittel, um die Lebensbedingungen der Armen und Notleidenden zu verbessern, indem man Talente in ihnen entdeckte und förderte. Die Phrenologie lieferte auch eine »wissenschaftliche« Begründung für die wildesten Spekulationen über Frauen, Proletarier und sogenannte »Wilde« sowie für die Erziehung von Kindern. Vor allem aber schien die Phrenologie die Entwicklung einer »edleren« und fügsameren Arbeiterklasse zu verheißen. Es entstand ein Berg von Literatur zur eigenen Läuterung und Bildung (ausgehend von der Vorstellung, die Höckeranalyse offenbare Talente, die man durch fleißiges Studieren entwickeln könne). In den Vereinigten Staaten wurden Kurse zu dem Thema ausgesprochen populär. Und als die Fotografie allgemeine Verbreitung fand, konnte jeder, der sich für seine Höcker interessierte, ein Bild seines Kopfes per Post einschicken und sich eine Ferndiagnose stellen lassen.

Die Phrenologie sollte auch die Welt des Kriminellen verändern. Seit durch den materiellen Wohlstand der neuen Industriegesellschaft mehr und mehr Wertvolles herumlag, vergriffen sich immer mehr Diebe daran. Der Anstieg der Verbrechensrate regte die Einführung der Polizei an: Im Jahre 1829 traten die ersten Londoner »Bobbies« (so benannt nach ihrem »Erfinder«, Sir Robert Peel) in unverwechselbaren blauen Röcken, Schaftstiefeln, schwarzen Mützen und roten Westen ihren Dienst an. Das einzige Problem beim Ergreifen von Kriminellen war jedoch die Frage, wohin mit ihnen. Also wurden Pläne zum Bau von Gefängnissen geschmiedet.

Bisher unterschieden sich die Gefängnisse kaum von den Irrenanstalten, in denen man die Insassen wegschloß und vergaß. Aber aufgrund der neuen sozialen Einstellung, die aus der Phrenologie hervorging, und der Erkenntnis, daß selbst Kriminelle verborgene Fähigkeiten besaßen, begann sich die Lage zu verbessern. Eigene Straf- und Besserungsanstalten wurden gebaut, und der Geist der Aufklärung dämmerte nun auch in der düsteren Welt der Kerker. Das Gefängnis von Cherry Hill in Pennsylvania galt 1836 als das beste Beispiel des neuen Modells, das auch Einzelzellen vorsah. Angeregt wurde dieses Konzept durch eine Idee der Quäker, wonach Sträflinge, die in Einzelhaft über ihre Sünden nachdenken konnten, ihren Charakter eher läuterten. Gefängnisse mit Einzelzellen waren auch in Deutschland recht beliebt.

Ein englischer Anhänger des Prinzips der Willensfreiheit,
189 ▪ 6 23 Jeremy Bentham,[189] entwarf eine Gefängnisanlage nach dem
189 ▪ 14 33 »panoptischen« Prinzip. Bei diesem »Panoptikum« lagen die
einzelnen Zellen um einen zentralen Aufsichtsturm, von dem aus die Wärter jeden Insassen überwachen konnten. Diese Art von Anlage ließ sich problemlos bauen, denn inzwischen verfügte man über hochwertigen Stahl, aus dem die Türen, Zellengitter und Etagenbetten gefertigt wurden. Die Idee des Panop-

tikums fand großen Anklang und wurde überall nachgeahmt. Die neuen Anstalten wie etwa das New Yorker Gefängnis Sing-Sing strebten mehr nach Läuterung als nach Bestrafung.

Vielleicht weil der maßgebliche Text über den Strafvollzug (die sogenannte Penologie) von einem Italiener, Cesare Beccaria, stammte und weil dieser Bestseller aus dem Jahre 1764 unter den europäischen Intellektuellen große Kreise zog, wurde der nächste Schritt in dieser Geschichte ebenfalls von einem Italiener vollzogen. Die neuen Gefängnisse boten die beste Gelegenheit, jede Menge Kriminelle zu studieren, und es entstand beinahe zwangsläufig die Disziplin der Kriminologie. Deswegen fing die Phrenologie auch mit Schädeln und Gehirnen an. In Wien hatte ein Schüler Galls bemerkt, Sträflinge hätten »sonderbare Gesichter« mit »markanten Protuberanzen ... breiter und fliehender Stirn, riesigem Kinn und sich ständig bewegenden Kaumuskeln«.

Für weitere Verwirrungen sorgte Darwin mit seiner Theorie der Evolution und der These, der Mensch sei ein entfernter Abkömmling der Affen. Einige Zeitgenossen waren sogar eindeutig weniger weit entfernte Verwandte der Primaten. Auch der italienische Schädelvermessungsfanatiker Cesare Lombroso hatte diesen Gedanken im Hinterkopf und je mehr Schädel er vermaß (im Laufe einiger Jahre untersuchte er 3000 Soldaten und 4000 Sträflinge), desto überzeugter wurde er, daß alle Kriminellen wie Affen aussahen. Im Jahre 1870 hatte er an dem berühmten Banditen Villela eine Autopsie vorgenommen und an dessen Schädel eine auffällige Vertiefung entdeckt, wie man sie auch bei niederen Primaten fand. Während seiner Tätigkeit als Direktor der Irrenanstalt im italienischen Pesaro fing Lombroso an, Kretins und Kriminelle zu studieren, in der Hoffnung, verräterische Anzeichen einer »Entartung« feststellen zu können. Er untersuchte sogar die Büsten von Nero und Messalina auf entsprechende Hinweise.

Im Jahre 1876 prägte er den Begriff des »Atavismus«, wonach Kriminelle (mit »abstehenden Ohren, dichter Kopfbehaarung, wucherndem Bartwuchs, breiter Nase, kantigem Kinn, kräftigen Wangenknochen, steiler Stirn und lebhafter

Gestik«) als Rückfall in eine frühere Evolutionsstufe identifiziert wurden. Lombrosos Buch *L'uomo delinquente* (*Der Verbrecher*) war auf Anhieb ein Bestseller. Diese Arbeit führte zur Aufteilung in weitere Unterklassen: Kleptomanen hatten große Ohren, verderbte Frauen kurze Arme und Verbrecher waren »chronisch krank«. Lombroso führte jedoch auch viele moderne Methoden der Kriminologie ein, wie etwa das Klas-
190 ▪ 271 304 sifizieren von Blut, Haar und Fingerabdrücken.[190] Lombrosos Werk wurde ausgesprochen populär, vielleicht weil er den normalen Menschen vom Kriminellen distanzierte, der nun als Untermensch definiert wurde und aus der normalen Gesellschaft herausfiel.

Nach seinem Tod ließ sich Lombroso – ganz seinen Überzeugungen entsprechend – enthaupten, seinen Kopf in einem Glas konservieren und in dem von ihm gegründeten Museum in Turin aufbewahren. Dort befindet sich sein Haupt noch heute, zusammen mit seiner übrigen Kollektion eingelegter Gehirne mit den verschiedensten Etiketten, wie beispielsweise »deutscher Mörder«, »italienischer Bandit«, »Suizid durch Handfeuerwaffe«, »Kindsmörder« und so weiter. Doch von diesen Kuriositäten abgesehen, hatte Lombroso noch bis in die Mitte des 20. Jahrhunderts einen großen Einfluß auf die allgemeine Einstellung gegenüber der Kriminalität und Sozialarbeit und beeinflußte ganz unmittelbar die Arbeiten, die zu der berühmten Debatte über die XYY-Chromosomen führten, also der Streitfrage darüber, ob Kriminalität genetisch bedingt sei oder nicht.

Im Jahre 1865 tauchte in Lombrosos Labor ein Arzt auf, der die allgemeingültige Auffassung von der Funktion des Gehirns völlig umwälzen und die Schädelvermesser arbeitslos machen sollte. Er hieß Camillo Golgi und ließ sich von Lombroso für die Gehirnfunktionen begeistern. Im Jahre 1872 geriet Golgi in finanzielle Schwierigkeiten und mußte sich von Lombroso trennen und eine Stelle als Arzt in einer Anstalt in Abbiategrasso in der Nähe von Mailand annehmen. Das Schicksal wollte es, daß er im Rahmen dieser Tätigkeit auch sezieren mußte (was er zu Hause auf dem Küchentisch tat). Der Onkel seiner Frau war einer der ersten, die in der Pathologie mit dem Mikroskop hantierten, und so konnte sich Golgi dieses Instrument ausleihen und das Gehirngewebe scheibchenweise unter die Lupe nehmen.

Ein Jahr später machte er eine erstaunliche Entdeckung. Er legte ein Stück Gehirnmasse zum Fixieren für ein paar Tage in Müllers Lösung (eine Mischung aus Kalium-Ammonium-Bichromat und Osmiumchlorid) und weichte es dann in einer Silbernitratlösung ein. Dies geschah vielleicht unüberlegt, aus reiner Zerstreutheit, oder er hatte – das scheint plausibler – von der erstaunlichen neuen Praxis der Fotografie gehört.[191] 191 ▪ 44 49
Der Engländer Fox Talbot und andere hatten nachgewiesen, daß Silberatome unter gewissen Bedingungen auf Licht reagierten und Bilder erzeugten. Golgis Silbernitrat tat dasselbe. Als er seine Probe aufschnitt, stellte er erstaunt fest, daß sich das Silbernitrat in dem Gewebe abgesetzt hatte, allerdings in einer höchst selektiven Weise. Der größte Teil der Gehirnmasse verfärbte sich in ein durchsichtiges Gelb, vor dem sich die Umrisse der Gehirnzellen (sternförmig, dreieckig und stäbchenförmig) in einem wunderbaren Schwarz abzeichneten. Golgi hatte die »Golgi-Zellen« (große Körnerzellen in der Kleinhirnrinde) entdeckt. Aufgrund dieses ungewöhnlichen Experiments konnte Golgi einige wichtige neue Aussagen über das Gehirn machen. Seine Erkenntnis bildet die Grundlage der gesamten heutigen Neurophysiologie: Die Neuronen sind miteinander verflochten und Impulse werden durch das Gesamtsystem übermittelt, nicht nur durch die Einzelteile.

Die Idee, daß Gewebe überhaupt verfärbt werden konnte, stammte aus der kurz zuvor entwickelten Synthetikfarbenindustrie. Die von dem englischen Chemiker William Perkin[192] 192 ▪ 63 64
entdeckten Anilinfarben waren die ersten künstlichen Farbstoffe, die aus Steinkohlenteer gewonnen wurden. Entscheidend für die medizinische Forschung war die Art und Weise, wie sich diese Farbstoffe an Bakterien festsetzten. Der erste Forscher, der auf diese Tatsache aufmerksam wurde, war Paul Ehrlich, ein Mitarbeiter Robert Kochs. Koch verbrachte viele Jahre in abgelegenen Regionen Afrikas und entdeckte dort die

193 ▪ 151 160 Erreger von Milzbrand, Cholera,[193] Tuberkulose, Syphilis,[194]
194 ▪ 176 185 und andere Bakterien. Ehrlich kam bei seiner Arbeit der Zufall sehr zu Hilfe. Er ließ nämlich eine Gewebekultur mit Tuberkelbazillen über Nacht auf einem warmen Ofen stehen. Am Morgen stellte er mit Entsetzen fest, daß Anilinfarbstoff in die Kultur gelangt war und, was noch schlimmer war, daß der Ofen beheizt worden war. Ferner bemerkte er, daß die Hitze seine Bakterienkultur hellblau gefärbt hatte, wodurch die Diagnose (und auf lange Sicht auch die Therapie) der Tuberkulose um einiges erleichtert wurde. Ehrlich hatte die Bakteriologie erfunden.

Indem Ehrlich Kulturen einfärbte, entdeckte er unter anderem, daß einige Farbstoffe hochwirksame Bazillenkiller waren. Methylenblau wirkte außerdem als allgemeines Schmerzmittel bei Neuralgien. Als er feststellte, daß dieser Farbstoff auch Malariaparasiten verfärbte, behandelte er einige seiner Patienten versuchsweise damit. Der Stoff tötete die Parasiten ab. Auf der Grundlage dieser Erkenntnisse entwickelte Ehrlich den Begriff der Chemotherapie als Form der Behandlung, bei der ein Wirkstoff als gezielte Waffe eingesetzt wird, die einen speziellen Erreger abtötet und den übrigen Organismus (weitgehend) unbeeinträchtigt läßt. Als erstes führte Ehrlich die Therapie der Syphilis (mit der ersten Wunderdroge, Salvarsan) ein. Daraufhin bekam er Schwierigkeiten mit der Synode der Russisch Orthodoxen Kirche, die in der Syphilis eine Strafe Gottes für einen unmoralischen Akt sah und daher der Meinung war, die Krankheit solle nicht mit Hilfe der Medizin geheilt werden.

Die wirksamste von all den Farben, die Ehrlich einsetzte, war das Methylenblau, weil es ein sogenannter Vitalfarbstoff war. Es konnte, mit anderen Worten, direkt in lebendes Gewebe injiziert werden, ohne Schaden anzurichten. Und im Gegensatz zu den meisten anderen Farbstoffen verteilte es sich in dem Gewebe, anstatt sich an der Einspritzstelle zu sammeln. Ermöglicht wurde der Einsatz von Methylenblau erst aufgrund der Arbeit eines anderen deutschen Chemikers, Heinrich Caro, der wie viele andere Chemiker der Frage nach-

ging, welche künstlichen Farben aus Kohlenteer[195] gewonnen 195 ▪ 62 64
werden konnten. In Deutschland beschäftigte man sich unter 195 ▪ 140 145
anderem deswegen so intensiv mit Farben und Chemie, weil das Land noch nicht geeint war; ein Forscher konnte in einem Königreich oder Herzogtum Arbeiten patentieren lassen, selbst wenn ein anderer für dasselbe Verfahren in einem anderen Herzogtum bereits ein Patent angemeldet hatte. Und weil die Engländer es für unfein hielten, sich auf das Geschäftemachen einzulassen (Gott bewahre – ein erfolgreicher Wissenschaftler zog sich, sobald er genug Geld verdient hatte, vornehm auf das Land zurück), hatte die deutsche Chemie- und Pharmaindustrie am Ende des 19. Jahrhunderts die britische übertrumpft.

Eines der neuen deutschen Industrieunternehmen war die riesige Firma BASF, deren Direktor Caro 1868 wurde. Als er 1859 frisch vermählt mit seiner britischen Gattin aus England zurückgekehrt war, hatte er zunächst im Labor eines Mannes gearbeitet, dem bald jedes Schulkind im Chemieunterricht
begegnen sollte. Im Heidelberger Labor von Robert Bunsen[196] 196 ▪ 86 82
stellte Caro Methylenblau her. Heidelberg war damals eine 196 ▪ 105 98
Weltmetropole der chemischen Forschung. Im gleichen Labor arbeiteten Bunsen und sein Mitarbeiter Kirchhoff eifrig an einer Möglichkeit, mitten in die Sterne zu blicken, und zwar mit Hilfe des Bunsenbrenners.

Schon 1846 hatte Bunsen eine Möglichkeit entdeckt, die
Gase[197] weiterzuverwerten, die in den deutschen und engli- 197 ▪ 110 103
schen Eisengießereien durch den Schornstein gingen. Später 197 ▪ 240 272
interessierte er sich für alle Arten von Gasen. Im Jahre 1855 kam er dahinter, daß man eine heißere Flamme erzeugen konnte, wenn man Luft mit Kohlengas mischte, bevor man die Gase zündete.

Dabei entstand außerdem eine durchsichtige, nichtleuchtende Flamme, in der keinerlei Mineralien verbrannten. Diese klare Flamme erwies sich als ausgezeichnetes Analysehilfsmittel, denn wenn man ein bestimmtes Material darin verbrannte, erschien in der Flamme lediglich dieses brennende Material.

Kirchhoff und Bunsen entdeckten noch etwas: Richtete man einen intensiven Lichtstrahl durch das brennende Material, so absorbierte die Flamme die Lichtwellen, die das brennende Material abgab. Betrachtete man nun die Flamme durch ein Glasprisma, tauchten die fehlenden Wellenlängen als dünne dunkle Linien im Prismenspektrum auf. Kirchhoff und Bun-
198 ▪ 86 82 sen hatten die Spektroskopie[198] erfunden. Ab 1861 sollte es
198 ▪ 105 98 möglich sein, die Zusammensetzung der Sonne und der Sterne zu bestimmen, da auch sie »brannten«.

Das Phänomen der Spektroskopie war usprünglich von einem Linsenmacher namens Joseph von Fraunhofer entdeckt worden, der 1810 in einem ehemaligen Kloster in der Nähe von München arbeitete. Der Sohn eines Glasers machte eine Lehre als Spiegelmacher und Glasschneider. Eigentlich wollte er Brillenmacher werden. Aber als seine Werkstatt über ihm einstürzte, fing er an, Visitenkarten zu entwerfen, allerdings ohne Erfolg. 1806 wandte er sich wieder der Optik zu und trat in eine Münchner Instrumentenfirma ein. Fraunhofer war sein Leben lang darauf aus, optisch perfektes Glas herzustellen, was bisher noch niemandem gelungen war. Im Laufe der Jahre entwickelten er und sein französischer Kollege Guinand Verfahren zur Herstellung von Glas, das fast keinerlei Streifen und Rillen aufwies: Sie rührten ihre Schmelzmischung mit einer speziellen feuerfesten Tonröhre, die auf eine sehr hohe Temperatur erhitzt wurde.

Im Jahre 1814 kalibrierte Fraunhofer Glas (er war der erste, der diese Technik als Standardverfahren bei der Linsenherstellung verwendete); und er prüfte das Glas auf kleinste Unreinheiten, indem er sich an feinen gelben Lichtlinien orientierte, die in dem Glas aufschienen. Er hatte entdeckt, daß äußerst dünne gelbe Linien entstanden, wenn man eine Flamme in einem bestimmten Winkel durch das Glas scheinen ließ. So konnte er die kleinsten Mängel entdecken. Als er einmal ein Stück Glas zur Überprüfung auf seine Reinheit gegen das Sonnenlicht hielt, anstatt gegen die Flamme, sah er noch weitere Linien. Diese waren jedoch dunkel. Er zählte sämtliche Linien zusammen, die durch unterschiedliche Arten von Licht (einschließlich Sonne und Sterne) entstanden, und kam dabei auf nicht weniger als 574. Da Fraunhofer nur daran interessiert war, reines Glas herzustellen (er interessierte sich nicht dafür, *weshalb* die Linien auftauchten), hielt er bei der Veröffentlichung seiner Arbeiten die kommerziell wertvollen Aspekte der Glaserzeugung geheim und widmete sich im Detail den geheimnisvollen Linien. Dies ermöglichte es Kirchhoff, 50 Jahre später die Spektroskopie zu entwickeln. Die Präzisionsglasfertigung, mit der Fraunhofer die Spektrallinien entdeckt hatte, ermöglichte es ihm auch, die ersten großen Qualitätslinsen für Teleskope herzustellen, mit denen die Astronomen über das Sonnensystem hinaus in den Weltraum blicken konnten. Mit einer Fraunhofer-Linse in seinem Teleskop konnte der berühmte Friedrich Bessel erstmals messen, wie weit die Sterne von der Erde entfernt waren.

Bis zur Mitte des 18. Jahrhunderts konnte man nur mit sehr dünnen Linsen weit sehen, denn die Glasqualität war so schlecht, daß man die Mängel im Glas nur dadurch gering halten konnte, indem man es so dünn wie möglich machte. Dünne Linsen ergaben jedoch lange Brennweiten; aus diesem Grund waren manche Teleskope Dutzende von Metern lang.[199] Das größte Problem, das dünne Linsen ausklammern 199 ▪ 131 133
sollten, war das der Farbabweichung, der sogenannten chromatischen Aberration. Bei dickeren Linsen kam das blaue Licht aufgrund der Brechung viel näher an der Linse in den Brennpunkt als das rote. Also hatten Sterne am roten Brennpunkt einen verschwommenen blauen Lichthof und umgekehrt.

Dann kam man dahinter, daß im menschlichen Auge mehrere Linsen zusammenwirkten, ohne diesen Farbfehler zu erzeugen. Daher machte John Dollond, der Sohn eines Londoner Webers, im Jahre 1758 den Versuch, durch die Kombination verschiedener Glaslinsen denselben Effekt zu erzielen. Er kombinierte eine konvexe Kronglaslinse (mit einer grünen Tönung, die die Bildung des orange-roten Farbsaumes verhinderte) mit einem konkaven Flintglas, die gegenseitig ihre Aberration aufhoben. Durch diesen Trick wurden die Linsen so leistungsstark, daß Herschel 1781 den Uranus entdecken konnte.

Die Teleskoplinsen wurden zwar immer besser, doch der Mangel an Präzision bei der Einstellung der Instrumente bedeutete nach wie vor eine starke Einschränkung. Der entscheidende Fortschritt kam mit der ehelichen Verbindung zwischen Dollonds Tochter Sarah und dem Instrumentenbauer Jesse Ramsden, der dabei ein gutes Geschäft machte. In dem Ehevertrag wurde vereinbart, daß Ramsden Anteile am Patent zur Herstellung von Dollonds achromatischen Linsen erhielt. Und Ramsden erfand genau das, was Dollond (und alle anderen) am dringendsten brauchten – ein Mittel, um Instrumente mit extremer Genauigkeit einzustellen. Im Jahre 1766 stellte
200 ▪ 267 297 Ramsden für die Kriegsmarine 1000 Sextanten[200] in Massenfertigung her. Möglich wurde dies unter anderem aufgrund eines neuen Verfahrens zur Markierung von Sextantenskalen. Dieses Markieren war eine kniffelige und zeitraubende Angelegenheit, die nur schwer mit Präzision auszuführen war. Doch Präzision war unverzichtbar, denn wenn ganze Schiffsladungen navigatorisch verlorener Seelen ein kühles Grab am Meeresgrund fanden, konnte dies allein Schuld einer ungenauen Sextantenskala sein. Ramsdens Lösung sah folgendermaßen aus: Er entwickelte eine Drehbank zur Fertigung von Präzisionsschrauben; dabei verwendete er einen Diamantschneider, der den Lauf eines Fühlers spiegelte, welcher dem feinen Gewinde einer winzigen, handgefertigten Schraube folgte.

Wenn die fertige Schraube dann in einem Winkel an eine horizontale Drehplatte montiert wurde (so daß das Schraubengewinde in winzige Zähne am Rand der Platte greifen konnte), ließ sich die Platte durch das Drehen der Feineinstellschraube um extrem kleine Nuancen drehen. Damit konnte man an Teleskopsockeln und Sextantenskalen Markierungen mit einer Genauigkeit von Bruchteilen einer Bogensekunde anbringen. Mit dieser Erfindung, der sogenannten Skalenteilmaschine, fertigte Ramsden Instrumente, die eine wissenschaftliche Präzision in bisher ungekanntem Maße zuließen.

Mit Präzisionswaagen beispielsweise konnten Chemiker Metalle und Rückstände mit viel größerer Genauigkeit wiegen. In präzisen Gasometern ließen sich Gasdichte und Volumen messen, und in Dilatometern konnte man die feinen Volumenunterschiede bei Metallen berechnen, die bei Temperaturschwankungen auftraten. Bei Ramsdens Barometern verringerte sich die Einstelltoleranz fast um das Zehnfache. Seine Sextanten, bei denen er seine Skalengenauigkeit mit Dollonds neuen Linsen kombinierte, gingen mit Captain Cook auf große Reise. Mit diesen Sextanten vermaß Cook in weniger als sechs Monaten fast 4000 Kilometer der neuseeländischen Küste – eine Leistung, die damals als Wunderwerk galt. Die Präzision, die Ramsdens neue Instrumente ermöglichten, fand auch bald Eingang in den Werkzeugbau und schuf somit eine der technischen Grundlagen für die Industrielle Revolution.

Der Kreis in dieser Geschichte schließt sich jedoch mit der Tatsache, daß ab 1793, nach dem Ende des amerikanischen Unabhängigkeitskrieges, viele englische Soldaten freigestellt wurden und mit jenem Werk begannen, mit dem Ramsden seine tiefsten Spuren hinterließ. Es war eine Zeit des revolutionären Eifers (sowohl in Frankreich als auch in Amerika), und die Engländer wußten nur allzu genau um die Gefahr, die ganze 35 Kilometer entfernt auf der anderen Seite des Ärmelkanals lauerte. Aus der Angst vor einer französischen Invasion erwuchs Ramsdens anspruchsvollste Aufgabe – der Auftrag zum Bau einer gewaltigen Skalenteilmaschine, mit der ein riesiger Theodolit, ein Instrument zur Horizontal- und Höhenwinkelmessung, gebaut werden sollte. Im Jahre 1783 begann die amtliche Landesvermessung an der Südküste Englands. Dabei bediente man sich der Dreiecksaufnahme, der sogenannten Triangulation, die folgendermaßen funktionierte: Man vermaß ganz genau die Strecke zwischen zwei hochgelegenen und mehrere Kilometer voneinander entfernten Punkten in der Landschaft und nahm diese Linie als Basis für ein Dreieck, dessen Seitenlängen und Winkel mit Ramsdens Theodolit präzise errechnet wurden. Die Seiten des Dreiecks dienten dann als Grundlinien für weitere angrenzende Dreiecke – und so weiter.

Der Theodolit bestand aus einer horizontalen runden Messingplatte von knapp einem Meter Durchmesser, deren Rand in Abschnitte von zehn Bogenminuten unterteilt war und dank eines Mikrometers mit einer Genauigkeit von bis zu einer Bogensekunde abgelesen werden konnte. Das Gerät einschließlich eines riesigen Teleskops ruhte auf einem dreibeinigen Stativ mit Wasserwaagen zur Nivellierung aller drei Achsen. Das Instrument hatte eine Abweichwahrscheinlichkeit von knapp zehn Zentimetern über eine Entfernung von 100 Kilometern.

Bis zum Jahre 1824 war ganz Großbritannien (mit Ausnahme Ostenglands und Nordwestschottlands) auf diese Weise vermessen worden. Schon 1820 war der erste Agent damit beauftragt worden, die neuen Landkarten zum astronomischen Preis von vier Guineen pro Grafschaft in der Öffentlichkeit zu vertreiben. Ab der Mitte des 19. Jahrhunderts gab es von ganz Europa und den besiedelten Gebieten Nordamerikas Landkarten, die so genau waren, daß sie Höhenlinien und Straßen, topographische Merkmale und sogar einzelne Gebäude aufwiesen. Dies waren die Vorläufer der modernen Karten, die man zur Hand nimmt, wenn man sich ausgepowert fühlt und einen Ort zum Ausspannen sucht.

Wir halten Landkarten heute für völlig selbstverständlich und können uns kaum mehr vorstellen, daß es einst Zeiten gab, in denen die Welt noch weitgehend unbekannt war. Die Sicht der Welt änderte sich abrupt, als Kolumbus vor 500 Jahren von einer Reise heimkehrte und von einer »neuen Welt« erzählte, die vollkommen unbekannt und unerforscht war ...

12 Déjà Vu

Es gibt seltsame Momente im Leben, Augenblicke, in denen man meint, eine vergangene Erfahrung in allen Einzelheiten noch einmal zu durchleben. Wir bezeichnen dieses Phänomen als »Déjà-vu«. Auch im Netz des Wandels ereignet es sich häufig, immer dann, wenn sich die Geschichte fast genau wiederholt. So ist es jedenfalls in diesem Kapitel und der darin geschilderten Ereigniskette um vergrabene Schätze, Urwaldabenteuer, leuchtende Farben, Philosophie, verwegene Seeräuber, große Kunst, Musik, Naturwissenschaften und größenwahnsinnige Zerstörungswut. Mit anderen Worten, dies ist eine ganz gewöhnliche, durchschnittliche Geschichte aus der Geschichte.

Sie beginnt Anfang des 15. Jahrhunderts, als die Spanier in der Neuen Welt, im heutigen Mexiko und Peru, ankamen. Den Spaniern ging es in erster Linie darum, die finanziellen Mittel zu beschaffen, um das praktisch bankrotte Heilige Römische Reich von Karl V.[201] zu sanieren. Und so hatte Spa- **201 ▪ 261** 292
nien 1503, ganze elf Jahre nach der historischen Reise des Kolumbus (von der nur wenige Europäer etwas mitbekommen hatten, da sich die Nachrichten damals langsam verbreiteten), eine Handelskammer eingerichtet, die den gesamten Handel mit Amerika über Sevilla abwickeln sollte – nur für den Fall, daß sich die Neue Welt als profitabel erweisen sollte. (Sevilla wurde dadurch zur Schaltzentrale der spanischen Atlantikoperationen.) An das Motto »nur für den Fall« hatte sich nach der Entdeckung der Neuen Welt bereits der Papst gehalten. Im Jahre 1493, noch bevor die Tinte auf den Ausschiffungsformularen des heimkehrenden Entdeckers richtig getrocknet war,

erließ Papst Alexander VI. die Bulle *Inter Caetera*, mit der knapp 5000 Kilometer westlich der Azoren eine imaginäre Linie von Nord nach Süd gezogen und sämtliches Land und Wasser, das jenseits davon lag, der spanischen Krone unterstellt wurde.

Weitere Entscheidungen »nur für den Fall« wurden 1513 bei Begegnungen zwischen spanischen Regierungsbeamten und Kirchenvertretern in Valladolid und Burgos getroffen. Es wurde beschlossen, daß alle amerikanischen Indianer, auf die man stoßen mochte, unter Androhung von Bekriegung und Versklavung einen Treueschwur auf die spanische Krone leisten und den katholischen Glauben annehmen sollten. Die Indianer wurden offiziell zu »minderwertigen« Wesen erklärt, die Gott nur dafür geschaffen hatte, daß sie von den spanischen Eroberern unterworfen wurden. Nach dieser Definition waren sie unrein, ohne Bürgerrechte und zur Zwangsarbeit verpflichtet (was als moralisch gerechtfertigt galt, um sie von ihrem »natürlichen Hang zur Faulheit« zu kurieren). Und da die Kirche erklärte, daß diese Versklavung nicht gegen menschliches oder göttliches Recht verstieß, hatten die Indios keine rechtliche Möglichkeit, ihre Dienste zu verweigern.

Hinter all diesen Entscheidungen stand die Absicht der Spanier, Amerika nicht nur zu unterwerfen, sondern auch zu kolonisieren. Einer der ersten Chronisten der Eroberung, Lopez de Gomara, schrieb: »Ohne Besiedelung läßt sich nichts erobern, und wenn das Land nicht erobert wird, lassen sich die Menschen nicht bekehren. Daher muß Besiedelung die Maxime des Eroberers sein.« Nach einigen Erkundungsreisen unterwarf Cortés 1521 den Aztekenführer Montezuma, und 1532 traf Pizarro mit 180 Mannen und 30 Pferden in Peru ein und stürzte das Inkareich. Pizarro nahm Atahualpa als Geisel und kassierte ein Lösegeld in Form von Gold und Silber im Wert von eineinhalb Millionen Pesos – mehr als die Hälfte der gesamten europäischen Jahresproduktion an Edelmetallen. Cortés begann mit der Besiedelung; er gründete neue Städte im spanischen Stil, in denen seine Leute automatisch in der

Stadtverwaltung vertreten waren; jeder erhielt eigenes Land und das Recht, Indianer in Frondienst zu nehmen.

Die katholische Kirche ihrerseits bekämpfte das Heidentum; sie zerstörte 500 Tempel sowie 20 000 Götzenbilder und taufte allein im Jahre 1531 über eine Million Indios. Für die schlimmste soziale Zerrüttung unter den Eingeborenen sorgte jedoch die bloße Anwesenheit der Spanier. Die Neuankömmlinge brachten Krankheiten mit, gegen die die Einheimischen nicht immun waren. Vor allem aufgrund von Pocken, Malaria, Typhus und Gelbfieber war das Volk der peruanischen Inka Ende des 16. Jahrhunderts von neun Millionen auf weniger als zwei Millionen dezimiert worden. Etwa im selben Zeitraum ging die Zahl der Eingeborenen in Mexiko schätzungsweise von 30 auf 12 Millionen zurück.

Ab dem Ende des 16. Jahrhunderts bereitete dieser Rückgang der Bevölkerungszahl den spanischen Behörden allmählich Sorgen, denn die Entwicklung führte bereits zu einem massiven Mangel an Arbeitskräften, und die Spanier brauchten in den Minen jeden Einzelnen. Im Jahre 1545 wurde in Peru der große Silberberg von Potosí entdeckt; ein Jahr später stieß man weiter südlich, in Guanajuato, ebenfalls auf bedeutende Silberlager. Ab 1570 wurde die Produktion durch die Einführung eines neuen Veredelungsverfahrens (mittels Quecksilber) ungeheuer gesteigert. Aus Peru und Mexiko gelangte massenweise Silber nach Spanien. In den Spitzenjahren um 1600 erreichte die jährliche Gesamteinfuhr einen Wert von 36 Millionen Pesos. Zwischen 1550 und 1660 wurden die europäischen Edelmetallbestände um etwa 18 000 Tonnen Silber und 200 Tonnen Gold[202] aufgestockt. **202 ▪ 263** 293 Die Folge war jedoch das Gegenteil dessen, was die Spanier vermutlich erwartet hatten: Das Zentrum des Außenhandels und der Finanzen in Europa verlagerte sich nämlich von Spanien nach Nordeuropa. Das Problem bestand darin, daß ab der Zeit um 1540 die relativ kleinen spanischen Gewerbezweige die Nachfrage der Siedler in den neuen Kolonien nicht mehr decken konnten. Die Spanier in Amerika brauchten riesige Mengen landwirtschaftlicher Grunderzeugnisse und Textilien; und in demselben Maße wie ihre Gold- und Silberbestände wuchsen, wuchs auch ihr Bedarf an allen möglichen Luxusartikeln. Wenn die Kolonialisten schon nicht nach Hause reisen durften (was bei Androhung der Todesstrafe verboten war), so wollten sie in den Kolonien wenigstens ein angenehmes Leben führen. Deshalb floß ihr Geld nach Europa, mit der Folge, daß die Inflationsrate in Spanien am Ende des Jahrhunderts auf 400 Prozent hochgeschossen war.

Durchaus erfreulich war dies für die Stadt Antwerpen in der
203 ▪ 111 109 Provinz Flandern[203] (die damals der spanischen Krone unterstand), denn ab der Mitte des 16. Jahrhunderts floß sämtliches südamerikanische Kapital nach Antwerpen – als Bezahlung für Textilien, Glas-, Metall- und Kunstgegenstände und für alles andere, was man mit Geld kaufen konnte. Aufgrund des allgemeinen Wachstums der europäischen Wirtschaft war Antwerpen bereits zu einer bedeutenden Hafenstadt aufgestiegen, denn sie lag ideal zwischen Nordsee und Mittelmeer sowie zwischen Atlantik und Mitteleuropa. Jedes Jahr liefen in der rasch expandierenden Stadt 2500 Schiffe mit 250 000 Tonnen Fracht ein. Im Jahre 1500 zählte Antwerpen ganze 40 000 Einwohner; um 1568 waren es bereits 114 000. Der Stadtrat mußte die Baugenehmigungen einschränken, denn es gab keinen Baugrund mehr. Man baute neue Straßen und kleinere Häuser mit Gärten, in die sich um fast jeden Preis die Kunsthandwerker einmieteten, die auf der Jagd nach dem spanischen Silber zu Hunderten nach Antwerpen strömten.

Mit dem Geld aus der Neuen Welt kamen auch Erzeugnisse aus ganz Europa nach Antwerpen: Keramik, Spiegel und Glas aus Italien, Leinen und Wein aus Frankreich, deutsche Metallerzeugnisse und Textilien, holländische und englische Wolle, portugiesische Gewürze, polnisches Getreide und flämische Wandteppiche. Wer die verschlafene belgische Stadt von heute kennt, mag es erstaunlich finden, was ein spanischer Chronist des 16. Jahrhunderts schrieb: »Antwerpen ist die Metropole des Westens.«

Die Nachfrage nach Luxusartikeln in Antwerpen stieg und stieg. Zwischen 1600 und 1670 verdoppelte sich die Zahl

der Diamantenschleifer in der Stadt. Es entstanden neue Gewerbe wie die Seidenweberei, die Majolikaherstellung und die Zuckerraffinerie. Spezialisten, die mit Alabaster, Marmor und Edelmetallen arbeiteten, verdrängten die traditionellen Holzschnitzer. Die wachsende private Nachfrage nach Kunstwerken führte zur Entstehung einer Antwerpener Malerschule, der unter anderem Rubens, Van Dyck und Jordaens angehörten. Christophe Plantin[204] betrieb eine der 204 ▪ 127 130
größten Druckereien Europas.

Es war naheliegend, daß Antwerpen aufgrund seiner neuen wirtschaftlichen Macht auch bald zu einem bedeutenden Finanzzentrum aufstieg. Die Ausweitung des Kapitalismus und der damals herrschende Hang, sich unentwegt in Kriege zu verstricken, führte zu einer rapiden Steigerung der Nachfrage nach kurzfristigen Krediten. Und so wurde es erstmals möglich, sich mit dem Verleihen von Geld den Lebensunterhalt zu verdienen. Die neue, gut regulierte Antwerpener Börse war die erste ihrer Art auf der Welt. Bald garantierten die städtischen Behörden auch die Sicherheit von Wechseln und Einlagen. Zusätzlich angeregt wurde die spekulative Atmosphäre durch die Einführung von Lotterien, Seeversicherungen und Wettbüros.

Inzwischen waren die Niederlande Mittelpunkt der spanischen Reichspolitik und militärisches Operationszentrum. Aber jedesmal, wenn Spanien bebte, wurde Antwerpen erschüttert. In bezug auf die königlichen spanischen Finanzen geschah dies leider bald mit monotoner Regelmäßigkeit. Durch den Bankrott einiger spanischer Staatsunternehmen wurde die Position Antwerpens deutlich geschwächt. Das Ende für Antwerpen kam, als die Schelde anfing zu versanden. Daraufhin erhob sich die protestantische niederländische Provinz gegen das katholische Mutterland Spanien und erklärte ihre Unabhängigkeit. Die Hauptstadt des neuen Staates Holland, Amsterdam, lag direkt am Meer und stieg bald zum neuen Finanzzentrum Europas auf.

Durch die Nachfrage nach ganzjährigem Warenhandel war inzwischen ein dringender Bedarf an großen, internationalen, richtig regulierten Banken entstanden. Im Jahre 1609 wurde in Amsterdam die Wechselbank als erstes großes zentrales Finanzinstitut auf dem Kontinent gegründet. Dies war die erste öffentliche Bank in Nordeuropa; sie durfte Geldanlagen gegen Zinsen anbieten, Gelder auf Konten überweisen, Kredite aufnehmen und Wechsel decken. Sie durfte auch Geld gegen ungemünztes Gold eintauschen und ausländische Münzen annehmen, um sie in gesetzliche Zahlungsmittel umzuprägen. Diesem Beispiel folgten bald weitere Banken in Middelburg, Delft und Rotterdam und auch im Ausland, etwa in Nürnberg, Hamburg und Stockholm. Diese Entwicklung förderte das Wachstum der neuen körperschaftlich organisierten Unternehmen, wie sie ursprünglich in England gegründet worden waren, um Investoren für Seehandelsgeschäfte zu gewinnen. Plötzlich drehte sich in der Welt des Busineß alles um das Busineß. Das moderne Finanzkarussel hatte angefangen, sich zu drehen.

Etwa um diese Zeit tauchte das Wort »merkantil« auf. (Später, im 18. Jahrhundert, wurde die Endung »ismus« angehängt, mit der der Begriff heute meist verwendet wird.) Der Zufluß des spanischen Goldes aus Amerika hatte die westliche Welt ganz klar auf den Weg zum Kapitalismus geführt und eine durchgängige Bilanzmentalität geprägt. Es zählte nur noch das, was unter dem Strich herauskam. Thomas Mun prägte in seinem *Discourse on England's Treasure by Foreign Trade* den Begriff der »Handelsbilanz« im Sinne des Verhältnisses zwischen Zufluß und Abfluß in den Goldreserven eines Landes. Mächtige Länder verfügten über große Goldreserven, schwache Länder über kleine oder gar keine. Gold ermöglichte Investitionen, wirtschaftliches Wachstum und Kriege und wurde oft auch an andere Länder verliehen. Muns Buch wurde in viele europäische Sprachen übersetzt und erwies sich als regelrechter Reißer.

Bald war es allgemein üblich, die Einfuhr von Rohstoffen durch die Senkung von Einfuhrzöllen zu maximieren und auf heimische Rohstoffe Ausfuhrzölle zu erheben. Die heimische Verarbeitung importierter Rohstoffe wurde gegenüber ausländischen Fertigerzeugnissen durch Subventionen und Zölle ge-

schützt. In den Jahren 1651 und 1660 vollzog England den nächsten logischen Schritt. Zwei Navigationsakten[205] erhoben 205 ▪ 3 21
es zur Mußvorschrift, beim Transport bestimmter Güter – beispielsweise Zucker, Tabak, Indigo, Holz und Schiffsbedarf – auf allen Routen von und nach England englische Schiffe zu benutzen (mit Besatzungen, die zu mindestens drei Vierteln aus Engländern bestanden).

Die treibende Kraft hinter dieser neuen Handelspraxis waren die Holländer, die einen höchst vielseitigen und wirtschaftlichen Schiffstyp, das *Fluyt*,[206] entwickelt hatten. Dieses 206 ▪ 112 112
fortschrittliche und gewinnbringende Schiff verfügte über automatische Flaschenzüge und kam daher mit einer ganz kleinen Besatzung aus. Mit den *Fluyts* wurde die Ladung, die in den holländischen Seehäfen vor allem aus dem Fernen Osten eintraf, über ganz Europa verteilt. Um diese Importe drehte sich im Grunde die ganze Goldreserventhematik. Die reißende Nachfrage der Europäer nach Tee, Kaffee und Gewürzen verursachte ein riesiges Problem, denn die Händler im Osten, die diese Waren verkauften, nahmen als Zahlungsmittel nur Edelmetalle an. Später, im 18. Jahrhundert, entdeckten die Engländer eine andere Möglichkeit, das Konto auszugleichen, nämlich mit Opium.[207] 207 ▪ 97 90

Inzwischen dämmerte es selbst dem dümmsten Minister, daß man den massiven Goldabfluß am besten bremsen konnte, indem man selbst Kolonien erwarb. Die Kolonien dienten einzig und allein dem Zweck, der heimischen Industrie des Mutterlandes Rohstoffe zu liefern und damit auch deren Reexportgeschäft anzukurbeln. Aus diesem Grund hatten bis zur Mitte des Jahrhunderts alle großen Staaten Nordeuropas eigene Kolonien in der Karibik und in Nordamerika gegründet. Auf den karibischen Inseln wurden Plantagen zum Anbau von Zuckerrohr angelegt, und die nordamerikanischen Kolonien (wie etwa Virginia) wurden zur Bezugsquelle für ausgesprochen wertvollen Tabak. Virginia war ein besonders gutes Beispiel für die restriktiven Handelsgesetze in den Kolonien. Der Kolonie war es verboten, mit nichtbritischen Kaufleuten zu handeln und ihre Produkte in nichtbritische Häfen auszuführen. Dieses System schien England sehr zugute zu kommen, und so wurden im Jahre 1650 alle Ausländer von jeglichem Handel mit sämtlichen britischen Kolonien ausgeschlossen.

Eine merkwürdige Wendung nimmt diese Geschichte nun aufgrund der Tatsache, daß Farbstofflieferungen für wertvoll genug erachtet wurden, um unter die Navigationsakte zu fallen. Die meisten Länder verfügten noch über keine eigene ständige Handelsmarine, sondern heuerten je nach Bedarf Schiffe privater Betreiber an. Diese Schiffe, die sogenannten *privateers*, führten Beglaubigungsschreiben als Beweis dafür mit, daß sie im geschäftlichen Auftrag einer Regierung unterwegs waren. Doch gelegentlich verlegten sich die Besatzungen auf mehr oder weniger selbständige Geschäfte. Sie griffen spanische Galeonen an, töteten deren Besatzung und machten sich mit der Ladung (oder meist mit dem ganzen Schiff) auf und davon. Bei diesen Gesetzesüberschreitungen handelte es sich jedoch – zumeist – um getarnte Maßnahmen, die im Auftrag staatlicher Instanzen durchgeführt wurden, um die Handelsbilanz des Heimatlandes auszugleichen. Spanische Schatzschiffe, die von Südamerika nach Hause kehrten, führten riesige Reichtümer an Gold, Perlen, Seide, Gewürzen und Juwelen mit. Von der erbeuteten Ladung durfte die Besatzung der Kaperschiffe einen bestimmten Prozentsatz in die eigene Tasche stecken.

Die Taktiken dieser *privateers* wurden im Lauf der Zeit so brutal, daß man diese Form der »Freibeuterei« bald als »Piraterie« bezeichnete (in Anlehnung an das griechische Wort *peiran*, »erschrecken«). Die Piraten hatten so große Erfolge, weil sie ihren Opfern eindeutig zu verstehen gaben, daß bei Widerstand keinerlei Nachsicht geübt wurde. Als Signal dafür diente die leuchtend rote Piratenflagge.

Einer der berühmtesten Piraten aller Zeiten war Henry Morgan, der 1655 im Auftrag des englischen Lordprotektors Oliver Cromwell in die Karibik reiste. Morgan schlug in Port Royal in Jamaika sein Hauptquartier auf und machte sich dann mit seinen Kaperbriefen daran, den spanischen Feind zu plündern. Nebenbei unternahm er auch ein paar Raubzüge in eigener Regie. Im Jahre 1667 wurde ein Friedensvertrag unterzeichnet, aber da Morgan nicht darüber unterrichtet wurde, nahm er im folgenden Jahr die Stadt Maracaibo ein und folterte deren Einwohner, um in den Besitz ihrer Schätze zu gelangen. Die spanischen Kriegsschiffe, die den Hafen bewachten, erledigte Morgan mit einer Schiffsattrappe voller Sprengstoff. Dieser Überfall auf Maracaibo allein warf die erstaunliche Beute von 260 000 Goldpesos ab.

Für dieses Beispiel dreister Unrechtmäßigkeit wurde Morgan nach London zurückbeordert, zum Ritter geschlagen und als Vizegouverneur nach Jamaika zurückgesandt, und zwar mit dem Auftrag, alle Piraten zu verhaften und zu bestrafen. Auf diese Weise endeten mehrere seiner Kollegen am Galgen. Einer der wenigen seiner Freunde, die diesem Schicksal entgingen, war William Dampier, der an die mexikanische Yucatán-Küste floh und sich dort einer Rotte von Seeräubern anschloß. Zwischen ihren Raubzügen vertrieben sich diese Killer die Zeit mit dem Fällen von Blauholz, das besonders wegen der Farbkristalle geschätzt wurde, die in dem Holz eingebettet waren. Auf einem seiner letzten Piratenzüge kaperte Dampier ein Schiff mit 500 Schatzkisten an Bord. Und weil Dampier sich mit Farbstoffen auskannte, wußte er, daß die Ladung Cochenille, die sich an Bord befand, genauso wertvoll war wie die Juwelen in den Kisten daneben.

Der rote Farbstoff Cochenille wurde aus getrockneten weiblichen Nopal-Schildläusen gewonnen, die in Mexiko auf Feigenkakteen lebten und buchstäblich mit Gold aufgewogen wurden. Man legte extra Feigenkakteenplantagen an, um diese Schildläuse zu züchten. Zur Gewinnung des Farbstoffes mußte man die Tiere bloß einsammeln, in kochendes Wasser tauchen und dann in der Sonne oder auf dem Ofen trocknen. Je nachdem wie die Cochenille zubereitet wurde, gewann man Farbstoffe von Scharlachrot über Karmesin bis Orange. Aufgrund dieses einfachen Herstellungsverfahrens sollte die Cochenille eine der wichtigsten Farben des 18. Jahrhunderts werden (besonders in Kreisen der amerikanischen Revolutionäre).

Im Jahre 1605 zog Cornelius Drebbel, ein Holländer, nach einer Lehre als Graveur (er kannte sich also mit Metall aus) in die englische Hauptstadt. Schon 1620 hatte er sich mit seinen Erfindungen (unter anderem einer Perpetuum-mobile-Uhr, einer Laterna magica und einem Brutapparat für Enteneier) einen Namen gemacht. Während er an anderen Ideen (einem U-Boot und einem Mikroskop) arbeitete, lernte er vier Brüder namens Kuffler kennen, die alle vier seine Verkaufsagenten wurden (einer wurde außerdem sein Schwiegersohn). Als er eine Cochenille-Lösung für ein Thermostat-Thermometer (eine seiner weiteren Erfindungen) herstellte, fiel ihm in die Cochenille versehentlich etwas Pewter (Hartzinn), das in einer Salpeter-Salzsäure-Mischung gelöst war.

Er erzählte seinem Schwiegersohn, welch außergewöhnlichen Effekt diese Mischung auf die Cochenille hatte, und ab 1620 war das Zufallsprodukt als »Kuffler-Farbe« käuflich zu erwerben. Drebbel hatte zufällig entdeckt, wie man die Cochenille beizen, das heißt fixieren konnte. Das Beizen sorgte dafür, daß sich Naturfarben fest mit den Textilfasern verbanden. »Beizen« hängt mit dem Wort »beißen« zusammen, denn man stellte sich vor, die Farbe beiße sich an den Fasern fest und lasse nicht mehr los. Durch das Beizen wurden die Farben »echt«, das heißt beständig. Durch Drebbels Mißgeschick war man nun dahintergekommen, daß man Cochenille-Farbe mit Zinn beizen konnte (Pewter besteht zu 94 Prozent aus Zinn). Naturfarbstoffe erhielten je nach Beizmittel eine andere Schattierung; durch das Zinn leuchtete die Cochenille scharlachrot.

208 ▪ 156 167
208 ▪ 303 366
Ironischerweise war es Oliver Cromwell[208] (der Mann, der Morgan in die Karibik geschickt und jener Freibeuterei Auftrieb gegeben hatte, die ihm schließlich die gekaperte Cochenille bescherte), der die Farbe in ganz Europa und Amerika bekannt machen sollte. Im Jahre 1645 stellte Cromwell seine neue Musterarmee auf und kleidete die Soldaten in scharlachrote Uniformen; die einzelnen Regimenter unterschieden sich lediglich durch unterschiedliche Rockaufschläge. Die neue Modellarmee war die erste nationale Streitkraft, die direkt

einer Regierung unterstellt war und von Berufsoffizieren befehligt wurde.

Aufgrund regelmäßiger Besoldung und guter Arbeitsbedingungen waren Cromwells Soldaten ausgesprochen diszipliniert; außerdem kämpften sie tapfer und plünderten nicht. Hinter der Idee sie in einer einheitlichen Farbe zu kleiden, mag durchaus die Absicht gestanden haben, ein diszipliniertes und »uniformes« Verhalten hervorzurufen. Vielleicht verbarg sich dahinter auch der Wunsch, das gesellschaftliche Ansehen des Soldatenstandes aufzuwerten, indem man den Männern ein ansprechendes Aussehen verlieh und ein Gefühl der Truppenloyalität vermittelte. Wie auch immer, es funktionierte. Die neue Modellarmee war so perfekt gedrillt und so gut ausgerüstet, daß ganz Europa die Engländer um ihre »Rotröcke« beneidete (bis sie die amerikanischen Kolonien verloren).

Die Idee einer gedrillten und disziplinierten Stammtruppe schlug auf dem ganzen Kontinent ein, doch den nächsten entscheidenden Schritt in der Entwicklung militärischer Strategie vollzog erst ein flötespielender Komponist und Militärexperte, der auf den Namen Friedrich der Große von Preußen hörte. Im Jahre 1740 erbte Friedrich zusammen mit der Krone die viertgrößte Armee Europas. Er drillte sie sofort zur besten, indem er das Oberkommando selbst übernahm. Er verkleinerte die Kavallerielafetten und schuf damit eine schnelle Truppe, die genauso beweglich war wie seine zweite große Erfindung, die berittene Artillerie. Diese neue Kampftruppe verfügte über ganz leichte Kanonen, die schnell bewegt werden konnten. Dieses Heer hatte eine wahrhaft »verheerende« Wirkung.

Friedrich führte auch faire Beförderungsregelungen, gute Besoldung und eine jährliche Neueinkleidung ein. Für diese Annehmlichkeiten wurden indes extrem hohe Anforderungen an die Disziplin gestellt. Von den Auspeitschungen in der preußischen Armee wußte man in ganz Europa, und auch von den anderen Formen der Bestrafung wie Folter, Verstümmelung, Brandmarken, Einzelhaft und Spießrutenlauf. Dank dieser Maßnahmen beeindruckte die Armee durch ihre Präzision und ihren Gehorsam. Jeden Morgen mußten die Soldaten dienstplanmäßig eine halbe Stunde lang Stiefel und Gamaschen putzen und eine weitere Stunde lang die Haare mit einem Wachs einschmieren, mit einem Band zurückbinden und reichlich mit Puder bestäuben. Dann folgten endloses Drillen und Exerzieren, vor allem nach Friedrichs neuem Konzept des Marschierens im Gleichschritt. Bei Manövern in Schlesien im Jahre 1785 waren die Beobachter absolut verblüfft, als eine Kolonne von 23 preußischen Infanterieregimentern nach einem Kanonensignal innerhalb von Sekunden Aufstellung nahm.

Diese Formationen entwickelten sich aus den Fortschritten im Musketenbau. Die neue Muskete wies ein konisches Zündloch auf, durch welches das Schießpulver automatisch in die Zündpfanne gefüllt wurde, sowie einen neuen zylindrischen Ladestock, der nicht umgedreht werden mußte, bevor er eingeführt wurde. Diese Verbesserungen machten es möglich, fünf Salven pro Minute abzufeuern. Dabei feuerten und luden drei Reihen von Musketieren jeweils der Reihe nach und sorgten somit für einen konstanten Bleigehalt in der Luft. Friedrichs Musketiere waren die besten in Europa, und er verlor keine einzige Schlacht.

Friedrichs ungewöhnlichste Neuerung erstaunte jedoch die Kommandeure jener Zeit. Er bestand darauf, daß seine Offiziere gebildet waren. Friedrich selbst war ein belesener und kultivierter Mensch; seine Bewunderung für alles Französi-
209 ▪ 228 254 sche (und insbesondere für das Werk von Voltaire[209]) grenzte schon an eine Manie. Nachdem Friedrich dem französischen Philosophen Briefe und Gedichte geschickt hatte, konnte er ihn 1740 schließlich dazu bewegen, seiner Einladung zu folgen. Nach langwierigen Verhandlungen willigte Voltaire endlich ein, Friedrichs Angebot – Wohnungen in den königlichen Schlössern in Potsdam und Berlin sowie eine Rente von 20000 Francs – anzunehmen. Beabsichtigt war, daß er bei Friedrichs verschwenderischen Diners eine Starrolle spielen und bei den Gesellschaften mit seinem famosen Witz brillieren sollte. Allmählich verschlechterte sich jedoch die Bezie-

hung zwischen den beiden, besonders nachdem Voltaire zu Ohren gekommen war, Friedrich habe sich abfällig über ihn geäußert – er sei »eine Orange, die man auspreßt und dann wegwirft«. Daraufhin gab Voltaire öffentlich bekannt, seine eigentliche Aufgabe habe darin bestanden, die Prosa des Königs zu korrigieren. Aufgrund dieser Indiskretion mußte der Franzose 1753 die Koffer packen. Voltaire entschuldigte sich zwar und korrespondierte weiterhin regelmäßig mit Friedrich, doch die beiden sahen sich nie wieder.

Friedrichs Interesse an geistigen Dingen fand einen weitaus signifikanteren Ausdruck in den Reformen, die er einführte und die die Grundlagen für das moderne Schulwesen schufen. Er vereinheitlichte die Grundschulausbildung mit einem landesweiten Lehrplan, der auch Singen, Beten und Lesen im Katechismus vorsah. Er regelte die Unterrichtszeiten, führte Standardlehrbücher ein, setzte gestaffelte Schulgelder fest und verhängte Strafen für unentschuldigtes Fehlen. Es wurden Schulinspektoren eingesetzt, und die Lehrer mußten über jeden Schüler jedes Jahr eine Beurteilung schreiben. Die städtischen Schulen wurden dem ersten Bildungsministerium des Kontinents unterstellt.

Die höheren Schulen wurden weitgehend vom Einfluß der Kirchen befreit. Die Schüler wurden weltlich auf das Abitur vorbereitet, das ab sofort als Voraussetzung für den Zugang zur Universität galt. Friedrich gründete die ersten pädagogischen Hochschulen und verlangte strenge Prüfungen von den Lehramtsanwärtern. Die deutschen Universitäten riß er aus dem Dornröschenschlaf, in den sie verfallen waren; er führte weitreichende Reformen ein, die auf den Prinzipien der Aufklärung beruhten. Und er gründete die Universität von Berlin.

Als Herrscher Preußens hatte Friedrich auch bei der Besetzung vieler Lehrstühle ein Wörtchen mitzureden. Einer derjenigen, die er auf diese Weise förderte, sollte entscheidenden Einfluß auf die deutsche Geschichte (und die Weltgeschichte) nehmen, weil er entscheidenden Einfluß auf den Sohn eines königlichen Kammerherrn nahm. Der Neuberufene hieß
Immanuel Kant[210] und lehrte an der Universität Königsberg 210 ▪ 289 335

Physik und Mathematik. Im Jahre 1739, als Kronprinz, hatte Friedrich die Universität besucht und war ausgesprochen unbeeindruckt gewesen. Er meinte, sie eigne sich eher zur Dressur von Bären als zur Arena der Wissenschaften.

Kants Einfluß auf seine Kollegen wurde dadurch entschieden eingeschränkt, daß er einen praktisch unverständlichen Dialekt sprach. Doch im Alter von 51 Jahren machte er sich einen Namen mit einer Abhandlung über den Ursprung des Universums, in der er von der Existenz von Sternnebeln ausging. Er hielt auch langatmige Vorträge über physische Geo-
211 ▪ 260 290 graphie (sein Lieblingsgebiet).[211] Sein Ruhm in der heutigen Zeit beruht allerdings auf seinem philosophischen Werk. Seine erste wichtige Arbeit in diesem Bereich veröffentlichte er 1781, im Alter von 57 Jahren. Dieses Werk hieß *Kritik der reinen Vernunft* und sorgte dafür, daß Kants Ideen in der gesamten deutschsprachigen Welt bekannt wurden. Weil er sich nicht des Französischen (der Modesprache aller Denker jener Zeit) befleißigte, dauerte es eine Weile, bis man außerhalb Deuschlands von ihm und seinen neuen Ideen hörte.

In der *Kritik der reinen Vernunft* brachte Kant die wichtigen philosophischen Themen jener Zeit auf einen Nenner. Der schottische Denker David Hume hatte behauptet, der Mensch könne nur das wissen, was er individuell über die Sinne wahrnehme. Der Rationalismus des deutschen Philosophen Gottfried Leibniz ging davon aus, daß es möglich sei, die Welt objektiv zu erkennen. Kant behauptete, Objekte könnten zwar unabhängig von der Wahrnehmung des Einzelnen existieren, doch das Wesen dieser Objekte werde durch den Blickpunkt des Beobachters beeinflußt. Und da dieser Blickpunkt durch den Kontext, in dem wir uns befinden, eingeengt werde, beeinflußten diese Beschränkungen die Art, in der wir die Dinge wahrnehmen. Kant nahm die Welt des modernen Journalismus vorweg, als er meinte, die Welt definiere sich aus den Antworten auf die vier Fragen: Wo, wann, was und wie? Im Gegensatz zu den modernen Journalisten klammerte der Philosoph die strittige Frage des Warum allerdings aus.

Kant glaubte, nur ein empirischer Ansatz, der auf der persönlichen Erfahrung beruhe, könne zu einem wahren Verständnis der Welt führen. Aus diesem Grund teilte er alle Formen der Wahrnehmung in zwölf allgemeine Kategorien (beziehungsweise Formen des Verstehens) ein, die seiner Meinung nach einen Weg zur objektiven Wahrheit eröffneten. Alles, was einem im Leben begegnete, paßte in diese Kategorien und Unterkategorien. »Messer«, beispielsweise, bildete eine Unterkategorie von »Werkzeug«, das wiederum ein Unterbegriff der allgemeineren Kategorie »materieller Gegenstand« war, und so weiter. Die zwölf Kategorien wurden in vier Gruppen geordnet: die Quantität der Objekte, ihre Qualität, ihre Relation zueinander und schließlich ihre Seinsmodalität, ihre Wesensart.

Etwas abgewandelt wurden Kants Ideen von einem weiteren deutschen Denker namens Johann Gottlieb Fichte in dessen *Reden an die deutsche Nation*, die nach der schmachvollen Niederlage der Preußen gegen Napoleon in der Schlacht von Jena[212] im Jahre 1806 erschienen. Fichte neigte zu einer extre- **212 ▪ 313** 375
men Auffassung von Subjektivität und argumentierte, das Ego sei eine übergeordnete Instanz und der Nationalcharakter dessen höchste Ausdrucksform. Diese Gedanken sollten den totalitären Nationalismus in Deutschland mitprägen und schließlich die Grundlage für eine politische Bewegung schaffen, die die Welt im 20. Jahrhundert an den Rand des Abgrunds führte. Damit die Ereignisse ihren Gang nahmen, mußte zuvor jedoch noch Alexander von Humboldt eingreifen, jener Sohn eines preußischen Hofkämmerers, der ebenfalls stark von Kants Ideen beeinflußt worden war.

Einer von Humboldts Lehrern hatte *Robinson Crusoe* ins Deutsche übersetzt, und vielleicht vermittelte diese Geschichte dem jungen Humboldt jenen Abenteuergeist, der seinen ungewöhnlichen Lebensweg bestimmte. Er begann seine Laufbahn recht konventionell, indem er sich 1789 an der Universität Göttingen einschrieb und dort bei Abraham Werner studierte, der die Theorie aufgestellt hatte, alles Gestein sei das Produkt von Meeresablagerungen. Werner lehrte auch Bergbau und Mineralogie, und 1792 erwarb Humboldt ein Diplom als Grubeninspektor. Doch dann kam er auf die Idee, alles was er gelernt hatte, auf einer großen Entdeckungsreise anzuwenden. Durch Humboldts Reise wurden Kants Gedanken zur Geographie (die er als »Grundlage der Geschichte« bezeichnete) zum Grundstein der Geographie als moderner wissenschaftlicher Disziplin.

Humboldts erste Reise endete, noch bevor sie begann. Er hatte mehrere Jahre darauf gewartet, sich einer französischen Expedition in den Südpazifik anzuschließen, doch das Projekt wurde schließlich wegen der Kriege gegen Napoleon abgeblasen. Deshalb mußte Humboldt selbst weitersehen. Im Jahre 1799 startete er schließlich von dem spanischen Hafen Corunna zu einer ungewöhnlichen Reise, wie sie kaum ein zweiter Forscher je erlebte. Nachdem er 18 Monate durch Venezuela gereist war, begab er sich für drei Monate nach Kuba und ging schließlich nach Kolumbien, Ecuador und Peru. Ab 1803 hielt er sich ein Jahr lang in Mexiko auf. 1804
213 ▪ 80 73 kehrte er dann nach Europa zurück, und zwar über Philadel-
213 ▪ 113 113 phia, wo er dem großen Thomas Jefferson[213] begegnete, der
213 ▪ 295 346 seine Begeisterung für die Natur teilte.

Auf seiner endlosen Reise passierte Humboldt gefährliche Stromschnellen, bahnte sich mit der Machete einen Weg durch die Urwälder, begegnete wilden Tieren, lebte bei eingeborenen Stämmen und erkrankte an so manchem Fieber. Im Laufe dieser Reise vollbrachte er einige beeindruckende Taten. Er sammelte über 60 000 lebende Arten, reiste über 11 000 Kilometer, entdeckte die Verbindung zwischen dem Orinoco und dem Rio Negro, bestieg den Chimborasso bis auf 5759 Meter, studierte vulkanische Gaseruptionen, untersuchte die Zusammensetzung der Erdatmosphäre bis auf eine Höhe von fast 5800 Metern, machte den erdmagnetischen Äquator ausfindig, fand den Humboldtstrom, entdeckte den Guanodün-
214 ▪ 24 40 ger,[214] nahm über 500 Sternortungen und Höhenmessungen vor und lief nach seinen eigenen Worten herum »wie ein Irrer«. Wie manche Stelle in seinen zahlreichen Schriften belegt, begründete Humboldt außerdem das ökologische Denken und das Umweltbewußtsein.

Unauslöschliche Spuren in der Geschichte hinterließ Humboldt mit seinen Theorien und Beobachtungen, die er in einem riesigen, mehrbändigen Werk mit dem Titel *Kosmos* zusammentrug. Die Auflagenzahlen dieses Werkes machten der Bibel Konkurrenz. Er wurde so berühmt, daß die Leute von überall her, selbst aus den Vereinigten Staaten, anreisten, um ihn zu sehen und zu hören. Humboldt formulierte die erste Theorie der Vegetation und bezeichnete Pflanzen als Gemeinschaften, die durch das Bedürfnis nach Nahrung und Licht zu einem kooperativen oder konkurrierenden Verhalten neigten. Vom tropischen Urwald zeichnete Humboldt das Bild einer menschengleichen Gesellschaft, in der individuelle Organismen in endlosen Pflanzenkriegen überleben oder untergehen. Er wies nach, daß sowohl die Natur als auch die Gesellschaft grundlegend von ihrer Umgebung beherrscht und geprägt sind. Vor allem, so meinte er, brauchten Organismen Raum, um zu leben und sich zu vermehren. Am erfolgreichsten seien diejenigen Organismen, die sich am besten an ihre Umgebung anpaßten und mit Hilfe dieser Anpassungsfähigkeit ihr Territorium erweiterten. Wenn diese Expansionisten auf andere Organismen trafen, überlebten sie, indem sie diese einfach zerstörten oder ihnen jede Nahrungsgrundlage entzogen. Die Verlierer starben oder wurden zu abhängigen Organismen.

Ende des 19. Jahrhunderts war jeder deutsche Geograph von Humboldts Werk beeinflußt. Seine Vorstellungen wurden auch auf die Hauptentwicklungslinien der Weltgeschichte übertragen. So meinte ein Reiseschriftsteller namens Friedrich Ratzel 1874 auf einer ausgedehnten Reise durch die Vereinigten Staaten, Humboldts Aussagen über Arten und Raum bewiesen zu sehen: Die europäischen Siedler waren nach Amerika vorgedrungen und hatten den Eingeborenen das Land weggenommen. Als Folge davon waren die amerikanischen Indianer, genau wie Humboldt argumentiert hatte, im Niedergang begriffen; ihre Wirtschaft war zusammengebrochen, ihre Bevölkerungszahl sank und ihr Land gehörte weißen Männern, die sich aufgrund ihrer Waffen und ihrer Technologien besser an die Umweltbedingungen anpassen konnten.

Nach seiner Rückkehr nach Deutschland hängte Ratzel die Schriftstellerei an den Nagel und übernahm eine Lehrtätigkeit. In München begann er mit Vorträgen über Humangeographie. Ab 1900 lehrte er in Leipzig; vor vollen Hörsälen referierte er über Themen wie den Kampf um Afrika, den Wettbewerb der Technologien und Deutschlands Bedarf an Kolonien. Im Jahre 1901 erschien Ratzels bedeutendstes Werk, *Der Lebensraum*, in dem er einige von Humboldts Grundgedanken neu formulierte und damit einen tiefen Einfluß auf seine deutschen Zeitgenossen ausübte. Ratzel argumentierte, jede Gesellschaft und jeder Staat beruhe auf zwei »Ideen«, nämlich Volk und Land; überlegen sei derjenige Organismus, der sich ausdehnt, Unterlegene unterwirft und ihren Lebensraum übernimmt, indem er sie ausrottet; politische Grenzen könnten die territoriale Ausdehnung eines Volkes zwar beschränken, doch die politische Expansion sei stets ein Antrieb für die rassische Expansion, denn sie schaffe neuen Raum, in dem das Volk sich vervielfältigen und gedeihen könne; und die Geschichte beweise, daß Nationen entweder durch die Annexion anderer wuchsen oder aber untergingen.

Ratzels Buch beflügelte auch einen Münchner Professor für Geographie und Militärkunde, einen pensionierten Artillerieoffizier namens Karl Haushofer. Nach der deutschen Niederlage im Ersten Weltkrieg lieferte Haushofer in seinen Vorlesungen über Geopolitik und den Begriff des Staates als Organismus eine pseudowissenschaftliche Begründung für Deutschlands Forderungen, die verlorenen Kolonien wiederzugewinnen. Haushofers Ideen prägten wiederum seinen früheren Adjutanten, Rudolf Hess, der überzeugt war, die angelsächsische Rasse könne die Welt beherrschen, wenn sich Deutschland und England verbündeten. Haushofers Gerede von der deutschen Expansion stieg vielen zu Kopf, und Hess nahm an dem fehlgeschlagenen Nazi-Putsch von 1923 teil. Hess konnte nach Österreich fliehen, kehrte aber freiwillig nach Deutschland zurück und begab sich in das Gefängnis von Landsberg, an die Seite des Anführers jenes erfolglosen

Coups, Adolf Hitler. In Landsberg schrieb Hitler an seinem eigenen politischen Manifest mit dem Titel *Mein Kampf*.

Hess weihte Hitler in Haushofers Version von Ratzels Version von Humboldts Begriff des »Lebensraums« ein und Hitler brachte diese Ideen wiederum in seinem eignen Werk zum Ausdruck. Die Lebensraum-Strategie der Nationalsozialisten sollte in mehreren Phasen umgesetzt werden. Geplant war, daß sich Deutschland nach dem Sieg über die Alliierten im Jahre 1941 Rohstoffe und Arbeitskräfte sicherte, indem es Zentralafrika und später große Teile Südamerikas in Besitz nahm. Hier hatten die Nazi-Eroberer für die Eingeborenen beinahe dasselbe Schicksal vorgesehen wie die spanischen *conquistadores* 400 Jahre zuvor.

Diese spezielle Strategie ging natürlich nie über das Planungsstadium hinaus. Es liegt jedoch eine letzte Ironie in dieser Geschichte, die davon handelt, wie sich die Geschichte wiederholt: Bei der Expedition, die den Grundstein dafür legte, daß die Nazis später beinahe Südamerika eroberten, überquerte Humboldt den Atlantik auf einem Schiff namens *Pizarro*.

In der Ideologie der Nazis war der Rassismus als Grundsatz verankert. »Minderwertige« Rassen sollten unterjocht und zur Zwangsarbeit herangezogen werden. Diese Ideologie spaltete die Welt, allerdings nicht zum ersten Mal ...

13 Getrennte Wege

Egal wie tief manche ideologischen Meinungsverschiedenheiten eine Gesellschaft spalten mögen, die verschlungenen Pfade der Geschichte können die Lager oft auf unerwartete Weise wieder zusammenführen. Im Falle dieser Episode war der Grund für die Spaltung die Sklaverei – ein Thema, zu dem die Meinungen beinahe von Anfang an absolut und unvereinbar auseinandergingen. So schien es jedenfalls.

Die Versklavung von Afrikanern durch die Europäer begann eigentlich damit, daß einige afrikanische Gefangene, die im 15. Jahrhundert von den Portugiesen nach Europa verschleppt worden waren, versuchten, sich mit »Ersatzleuten« aus ihrem eigenen Stamm freizukaufen. Im Jahre 1444 traf das erste Sklavenschiff mit 235 dieser Ersatzleute an Bord im portugiesischen Lagos ein.

Diese Praxis wurde bald alltäglich, und als Christoph Kolumbus am Ende des Jahrhunderts in die Neue Welt vorstieß, machte er sich sofort daran, die einheimische Bevölkerung zu versklaven. 20 Jahre später wurden afrikanische Sklaven zur Arbeit auf den Plantagen in der Karibik eingesetzt. Zucker und Tabak wurden schnell zu Luxusgütern. Um diese billig zu erzeugen, war man auf Sklavenarbeit angewiesen. Wer in der Zeit zwischen 1500 und 1800 schnell reich werden wollte, mußte Sklavenhändler werden. Die Nachfrage nach schwarzen Arbeitskräften stieg ins Unermeßliche, und die englischen Sklavenhändler waren bald die erfolgreichsten in ihrem Gewerbe überhaupt. Sie führten einen Dreieckshandel ein, das heißt, Sklaven aus Afrika wurden in der Karibik gegen Zucker oder in den amerikanischen Kolonien gegen Tabak eingetauscht.

Die Nachfrage nach Sklaven war jenseits des Atlantik fast unersättlich. Im Jahre 1770 liefen in Liverpool 192 Sklavenschiffe mit Kurs auf Amerika aus. Um 1800 waren es bereits 1.283 Schiffe. Die höchsten Profite in diesem Gewerbe erzielte man 1804 in Kuba, obwohl die Sklavenhändler aufgrund der unbeschreiblich unhygienischen Verhältnisse an Bord der Schiffe im Durchschnitt einen zehnprozentigen »Warenverlust« (so lautete der Euphemismus für die Todesfälle unterwegs) hinnehmen mußten. Da bei jeder Überfahrt ein Gewinn von mehreren hundert Prozent erzielt wurde, galt dieser Verlust als völlig tragbares Investitionsrisiko. Zwischen 1600 und 1807 wurden insgesamt 12,5 Millionen Schwarze aus Afrika in die Neue Welt verschleppt. Dort wurden sie etwa gleichmäßig auf die Zucker- und Tabakplantagen der englischen Kolonien in Amerika beziehungsweise in der Karibik und auf die riesigen portugiesischen Zuckerplantagen in Brasilien verteilt.

Fast von Anfang an gab es Einwände gegen die Sklaverei. Zu Beginn stützten sich die meisten Argumente gegen den Handel auf ökonomische Überlegungen. Die East-India-Kaufleute, die mit dem Fernen Osten handelten, protestierten gegen die billigen westindischen Preise, die der Sklaveneinsatz ermöglichte. Frankreich verbot Zuckerimporte, um seine eigenen Zuckerrübenbauern zu schützen. Der Nationalökonom Adam Smith kritisierte die Sklaverei mit der (etwas abgehobenen) Begründung, sie lähme die Motivation der (weißen) Arbeiter. Man war auch der Meinung, die Abschaffung der Sklaverei verringere die Gefahr eines Aufstandes in den Kolonien. Das britische Finanzministerium billigte die Sklaverei, denn die Zuckersteuer sicherte dem Fiskus eine sprudelnde Einnahmequelle. Die Plantagenbesitzer auf der Karibikinsel St. Kitts argumentierten in einem Schreiben an das britische Oberhaus, sie seien beim Betreiben ihrer Plantagen genauso auf schwarze Sklaven angewiesen wie die alten Ägypter beim Ziegelmachen. John Calhoun, ein Senator aus dem amerikanischen Süden, war der Meinung, die Sklaverei habe die afrikanischen Völker »körperlich, moralisch und geistig so zivilisiert und kultiviert«, daß unter denjenigen, die in Afrika verblieben waren, nicht ihresgleichen zu finden sei. Calhoun vertrat auch die damals gängige Auffassung, die Sklaverei sei die einzige Möglichkeit, um die richtige Beziehung zwischen den Rassen zu wahren.

Allmählich machte sich jedoch eine humanitäre Haltung breit, für die Ende des 18. Jahrhunderts vor allem die Quäker in England und Amerika eintraten. Mit spektakulären Aktionen wurde versucht, die Argumente für die Abschaffung publik zu machen. Im Jahre 1738 trat der amerikanische Quäker Benjamin Lay bei der Jahresversammlung der Delaware Friends in einem weiten Mantel auf, unter dem er eine Militäruniform und ein Schwert trug. Außerdem hatte er ein ausgehöhltes Buch dabei, das wie eine Bibel aussah, in dem sich jedoch eine Schweinsblase befand, die mit rotem Saft gefüllt war. Während seiner glühenden Rede gegen die Sklaverei erhob er sich und rief: »Oh, ihr selbstzufriedenen Negerherren, die ihr eure Mitgeschöpfe in der Sklaverei haltet ..., ihr könnt euren schlichten Rock getrost wegwerfen, so wie ich es jetzt tue ... Es wäre genauso vertretbar vor dem Allmächtigen, ... wenn ihr ihnen ein Schwert in die Herzen stoßt, so wie ich es durch dieses Buch stoße!« Darauf zog er sein Schwert, stieß es durch das Buch und bespritzte die vor ihm sitzenden Freunde – mit Blut, wie sie in panischem Entsetzen meinten.

Die Bewegung gewann schnell an Boden. In einem Gerichtsverfahren im Jahre 1772 erwirkten zwei Anwälte – Granville Sharpe und Will Wilberforce – die Freiheit für einen westindischen Sklaven, James Somersett. In seinem Urteil zu dem Fall erklärte der Lordoberrichter Mansfield, nach englischem Recht könne in England niemand Sklave sein: »Sobald ein Sklave seinen Fuß auf englischen Boden setzt, wird er frei.« Im Jahre 1774 beschloß die English Society of Friends, jedes Mitglied auszuschließen, das etwas mit dem Sklavenhandel zu tun hatte. 1776 verlangten die Quäker in Pennsylvania, daß jeder Angehörige ihrer Gemeinschaft seine Sklaven freiließ, andernfalls wurde er ausgestoßen. 1787 wurde die erste englische Abolition Society gegründet. Einer der Anführer der englischen Bewegung zur Sklavenbefreiung war ein Quäker aus Birmingham namens Sampson Lloyd. In jenen Anfangsjahren der Industriellen Revolution war Lloyd in einer äußerst lukrativen Branche tätig: Er machte Stifte, Knöpfe und Nägel. Und im Jahre 1765 wechselte er in eine noch lukrativere Branche: Er gründete die Lloyd's Bank.

Das Nagelschmieden war ein ganz wichtiges Industriehandwerk. Im 16. Jahrhundert hämmerte man heißes Metall zu Stangen, die erhitzt und durch dünne Locheisen gezogen wurden. Von diesen langen Drähten wurden dann die Nägel abgeschnitten. Ein Ende wurde flachgehämmert, das andere angespitzt. Im Jahre 1728 erfand ein Franzose Rillenwalzen, mit denen das Eisen in Stäbe gepreßt wurde. Manchmal wurden die dünnsten Drähte auf Trommeln aufgewickelt. Noch im 18. Jahrhundert war das Nagelschmieden (und das damit verwandte Handwerk des Drahtziehens) ein kleines, regional begrenztes Gewerbe; und jeder Hersteller hatte seine eigene Technik.

Mit einer Brücke über den Niagara änderte sich das Leben für die Nagelschmiede und Drahtzieher. Im Jahre 1831 war ein deutscher Ingenieur aus dem sächsischen Mühlhausen nach Amerika ausgewandert. Aufgrund seiner Haltung gegenüber der Sklaverei wollte er sich nicht im amerikanischen Süden niederlassen; so gründete er in Pennsylvania die Stadt Saxonburg. Er arbeitete nacheinander als Farmer, als Vermesser des Pennsylvania-Kanals und schließlich als Eisenbahningenieur. Er hieß John Roebling und war merkwürdig besessen von Drahtseilen. Da in Amerika noch niemand auf die Idee gekommen war, Drahtseile zu machen, war die Idee nicht leicht an den Mann zu bringen. Als Roebling die Firma Washburn & Company in Worcester, Massachusetts, (auf die wir noch zu sprechen kommen werden) nicht für seine Idee gewinnen konnte, zog er 1848 nach Trenton, New Jersey, und machte sich selbständig.

Nachdem er seine Technik an einigen kleineren Brücken in Pennsylvania und Delaware ausprobiert hatte, sicherte sich Roebling den Auftrag für die neue Eisenbahnbrücke über den

Niagara. Roebling verzwirnte vor Ort 3640 Drähte zu einem kompakten, gleichmäßig straffen Drahtkabel. Er schaffte die Kabeltrosse an das andere Ufer des Flusses und baute dann die allererste Drahtseilhängebrücke, die 250 Meter lang war und das Gewicht eines ganzen Zuges aushielt. Die Brücke wurde am 16. März 1855 für den Eisenbahnverkehr freigegeben.

Aufgrund seines Erfolgs am Niagara wurde Roeblings Kabeltechnik bald zum Standardverfahren bei sämtlichen Hängebrücken. In die Geschichte eingegangen ist er mit seinem nächsten Auftrag, der Brooklyn Bridge. Bei ihrer Einweihung am 28. Mai 1883 galt sie als achtes Weltwunder und besiegelte die Verbundenheit der Vereinigten Staaten von Küste zu Küste. Alles an der Brücke war überlebensgroß. Sie war 1825 Meter lang, wog 5000 Tonnen und wurde von vier Kabeln getragen, die viereinhalb Zentimeter dick und jeweils 1000 Meter lang waren. An jedem der beiden Ufer waren die Kabel an schmiedeeisernen Platten befestigt, die unter 60 000 Tonnen schweren Granitverankerungen ruhten, die jeweils 27 Meter tief waren. Die 26 Meter breite Fahrbahn, die eineinhalb Meter breiter war als der Broadway, hing an Hängekabeln.

Ab 1841 wurde für keine andere zeitgenössische Erfindung,
außer Roeblings Hängebrücken, so viel Draht verwendet wie
215 ▪ 30 43 für den Telegraphen[215], der schließlich das gesamte Land
215 ▪ 147 155 überspannen sollte. Das Problem bestand jedoch darin, daß
die Telegrapheningenieure lange Stücke besonders groben
Drahtes brauchten, der nicht alle zwanzig Meter gespleißt
werden mußte und der nicht die Kerben aufwies, die durch
die Zangengreifer bei der üblichen Drahtziehmethode ent-
standen. Im Jahre 1860 entwickelte ein Engländer namens
George Bedson genau das Richtige, denn er fand eine Mög-
lichkeit, Draht durch Eintauchen in ein Bad aus geschmol-
zenem Zink zu verstärken. Mit diesem Verfahren, der soge-
216 ▪ 184 194 nannten Verzinkung[216], konnte Bedson aus einem 25 Pfund
schweren Metallblock innerhalb von 15 Sekunden einen ver-
zinkten Stab machen. Eine Firma namens Washburn & Com-
pany (dieselbe, die Roebling abgewimmelt hatte) führte Bed-
sons neues Verfahren 1868 in einem Endlosdraht-Walzwerk in

Worcester, Massachusetts, ein. Die Leute von Washburn & Company schufen damit die Voraussetzung für die totale Verwandlung des amerikanischen Westens, auch wenn sie es damals noch nicht wußten.

Sechs Jahre zuvor war im Homestead Act[217] festgesetzt wor- 217 ▪ 298 354
den, daß jeder, der über 21 Jahre alt war, vom Staat kostenlos 65 Hektar Land bekam, wenn er das Land besiedelte. Wenn der Siedler das Land fünf Jahre lang ohne Unterbrechung bewirtschaftete, sollte es ihm auf Lebenszeit gehören. In weiten Teilen des Westens war dies jedoch leichter gesagt als getan, denn bis 1862 waren staatseigene Flächen traditionell von Viehzüchtern als kostenloses Weideland genutzt worden. Und die Viehzüchter waren nicht bereit, dieses kampflos an die Farmer abzutreten (wie die sogenannten Weidekriege beweisen sollten). Letzten Endes gewannen jedoch die »Schollenbrecher«, und zwar aufgrund von Bedsons verzinktem Draht und dank der Bemühungen eines Farmers, eines Holzhändlers und eines Viehzüchters. Alle drei Männer lebten in De Kalb, Illinois, 90 Kilometer westlich von Chicago. Auf der dortigen Landwirtschaftsmesse von 1873 sahen sie erstmals eine seltsame Vorrichtung, die sich ein einheimischer Farmer namens Henry Rose ausgedacht hatte. Das ganze bestand aus einer langen Latte, die mit Nägeln bestückt war und die man auf einen Zaun montieren konnte; der Erfinder wollte damit seine Kuh auf Abstand halten.

Der Farmer Joseph Glidden, der Viehzüchter W. L. Elwood und der Holzhändler John Haish nahmen an der Vorrichtung ein paar Veränderungen vor, und Glidden ließ das fertige Produkt 1874 patentieren. Die Erfinder hatten zwei verzinkte Drähte von Washburn & Company umeinander gewickelt und in bestimmten Abständen Drahtstacheln eingeflochten. Dank dieses Stacheldrahts, der das Vieh von der Feldfrucht fernhielt, wurde Amerika zum größten Getreideerzeuger der Welt.

Mit dem Stacheldraht konnten die Farmer ihr Land einzäunen und vor allem auch ihr Wasser, dem Anlaß für viele Konflikte mit den Viehzüchtern. Der Draht brachte jedoch auch den Ranchern Vorteile, denn nun konnte man teures importiertes Vieh von kranken Tieren getrennt halten und eine strenge Zuchtwahl betreiben. Bei einem Preis von 200 Dollar pro Meile war der Stacheldraht einerseits alles andere als billig, andererseits verringerte er die Lohnkosten und die Schäden durch Viehverluste. Der Stacheldraht machte den Cowboy überflüssig. Um die Jahrhundertwende sah man auf den weiten Ebenen von Nebraska und Illinois, über die einst Herden gezogen waren, nichts als endlos wogende Getreidefelder.

Ausgesprochen erfreulich war dieser Szenenwechsel für zwei New Yorker Konservenfabrikanten namens Merrell und Soule. Merrell (der die Ideen hatte) begegnete Soule (der das Geld hatte) in dem Lebensmittelgeschäft in Syracuse, in dem Merrell damals arbeitete. Gemeinsam automatisierten sie die Konservierung von Mais in Dosen für den rasch expandierenden Markt in den Industriestädten entlang der amerikanischen Ostküste.

In den 1880er Jahren kochten Merrell und Soule den Mais in einem »automatischen« Gerät, das aus einer dampfbeheizten Kochröhre im Stil eines Lokomotivenkessels bestand. An einem Ende der Röhre befand sich ein großer Propeller, mit dem der Mais durchgejagt wurde, und am anderen Ende wurden die Körner in Dosen eingefüllt, die dann automatisch versiegelt und verpackt wurden. Ab 1890 war die Fabrik von Merrell und Soule in Chittenango die größte Konservenfabrik in den Nordstaaten; hier wurden 150 000 Dosen Mais pro Tag produziert.

Der Erfolg machte Merrell und Soule Mut, die Konservenproduktion zu erweitern und auf Trockenmilchpulver und Hackfleisch auszudehnen. Doch dann kam ein Unglück über die Konservenindustrie: Wenn der Mais einige Zeit in der Dose war, bildeten sich auf den Körnern schwarze Flecken. Im Jahre 1909 kam man dahinter, daß die Flecken durch chemische Reaktionen entstanden, die durch das Verlöten der Dosen ausgelöst wurden. Die Hersteller versuchten alles mögliche, um das Problem zu lösen; sie probierten es unter anderem mit Stahldosen, dickerem Weißblech und mit Dosen, die mit Per-

HEAD OF CRIMINAL

HEAD OF CRIMINAL

Photographien in Lombrosos *Delinquenti* aus dem Jahre 1876. Das Studium der Schädelformen war nicht nur eine fixe Idee des Turiner Gerichtsmediziners, sondern eine allgemeine Modeerscheinung der Zeit. In Deutschland gab es ein Vermessungs- und Klassifikationssystem, das allein an einem einzigen Kopf 5000 Messungen erforderte.

Die Landvermessung Indiens nach der berühmten Dreiecksmethode wurde 1876 abgeschlossen. Das erste Dreieck wurde von Madras aus vermessen, das nach Sternenortungen von 1807 genau auf 180° 14' 20" östlicher Länge lag. Dieses erste Dreieck bildete die Grundlinien für die folgenden Dreiecke. Im Laufe der Vermessung stieß man auch auf den (nach dem Chefgeometer benannten) Mount Everest.

Die Kapitulation des letzten Aztekenkönigs Cuauhtémoc vor Cortés (sitzend), nach einer aztekischen Zeichnung aus dem 16. Jahrhundert. Cortes selbst mag gegen die Versklavung der Eingeborenen gewesen sein, denn er schrieb, er sei »gezwungen« gewesen, seinen Männern aztekische Diener zu geben, um sie dazu zu bewegen, als Siedler in Südamerika zu bleiben.

Ein zeitgenössisches Porträt des berühmten Piraten Sir Henry Morgan, der 13 Jahre lang Vizegouverneur von Jamaica war. Rechts im Hintergrund ein Eindruck seines Wirkens. Nach dreisten Abenteuern und mörderischen Raubzügen zog er sich auf seine Güter in Jamaica zurück, wo er 1688 starb.

Über die Frage der Sklaverei entzweite sich der Westen im 18. Jahrhundert. Die höchsten Gewinne erzielten die Sklavenhändler (die hier Sklaven auf eine karibische Zuckerplantage bringen) im Jahre 1804; damals konnte der Verkauf eines besonders starken Sklaven in Kuba einen Profit von über 20000 Dollar nach heutigem Wert abwerfen.

Pistruccis Wachsmodell für das Motiv der britischen Sovereigns und Crowns von 1816 unter George III. Modell für die Figur des heiligen Georg war ein Kellner des Brunet Hotels in London. Anfänglich stieß das Motiv auf Ablehnung, doch bald wurde es so populär, daß es sich bis 1950 auf Münzen hielt.

Diese Zeichnung (in einer Ausgabe der *Illustrated London News* von 1912 – dem Jahr, in dem eine Funkmeldung 710 Passagieren der *Titanic* das Leben rettete) zeigt Guglielmo Marconi bereits als Berühmtheit. Hier sehen wir eines der frühen Experimente, bei denen Marconi über sehr kurze Distanzen Metallplatten als Antennen benutzte.

Ausschnitt des berühmten Mosaiks von Kaiser Justinian und seiner Familie aus dem 6. Jahrhundert in der Kirche San Vitale in Ravenna. Hier sehen wir Kaiserin Theodora und ihre Hofdamen. Ravenna war Sitz des byzantinischen Gouverneurs im Westen. Die kunstvollen Mosaike in den Kirchen von Ravenna zählen zu den prächtigsten auf der Welt.

Das Monster (im Film gespielt von Boris Karloff), das Mary Shelleys Romanheld Frankenstein im vielleicht ersten »Science-Fiction-Roman« erschuf. Die naturwissenschaftlichen Kenntnisse, auf denen der Stoff beruht, entnahm die Autorin wahrscheinlich Sir Humphry Davys berühmter Abhandlung über die Chemie, in der es um die »Entdeckung verborgener Prozesse der Natur« geht.

Zeitgenössische Darstellung der Schlacht zwischen der englischen Flotte (beflaggt mit rotem Kreuz auf weißem Grund) und der spanischen Armada. Typisch für die altmodische spanische Flotte waren die schwerfälligen Galeeren, wie vorn von der Seite zu sehen, die aufgrund ihrer Ruderbänke nur eine begrenzte Anzahl von Kanonen mitführen konnten.

Der Zeichnungsraum von Lloyd's of London. Hier unterzeichneten Versicherer, die gewisse Risiken übernahmen, die Policen unter Angabe der Deckungshöhe. Das internationale Versicherungswesen funktionierte nur im Rahmen eines zuverlässigen internationalen Rechts, das Streitfragen zwischen Parteien unterschiedlicher Nationalität regelte.

Ein Gillette-Rasierapparat in einer Anzeige aus Paris, nur ein Jahr nachdem Gillette in Boston seine erste Fabrik gegründet hatte. Der Rasierer kostete einen durchschnittlichen Arbeiter zwei Tageslöhne (5 Dollar); zwölf Klingen, die für 30 Rasuren reichten, kosteten 1 Dollar. Im ersten Jahr verkaufte Gillette 51 Rasierer, im zweiten über 90000.

Diese Druckgraphik von 1879 zeigt Smeatons Eddystone-Leuchtturm, der nach 120 Jahren endlich durch einen Neubau (im Vordergrund) abgelöst wird. Smeaton hatte die vergoldete Kugel auf der Kuppel selbst angebracht. Das Licht von 25 riesigen Talgkerzen war fünf Meilen weit zu sehen. Der Bau des neuen Leuchtturms wurde 1882 abgeschlossen.

Ein typisches Beispiel für Wedgwoods neoklassischen Stil in der Porzellankunst. Wedgwood führte als erster die fabrikmäßige Massenproduktion in der Porzellanmanufaktur ein. In seinen Ausstellungsräumen in London konnten die Kunden erstmals in einem Katalog die Vasen, Medaillons und Service studieren, bevor sie sie bestellten.

Zeitgenössisches Gemälde von Napoleons Truppen, die 1799 am Oberlauf des Nils rasten, derweil ihr Befehlshaber nach Syrien weiterzog. Während Napoleons Kommission die Altertümer katalogisierte, hinterließen die Soldaten ihre Spuren in Form von »Graffiti«, die noch heute in Ägypten zu sehen sind. Hier ritzt ein Soldat Zahlen in ein Denkmal – die Wegstrecke nach Paris: 1867 Kilometer.

John Daltons erste Tabelle mit 20 Atomgewichten; das Gewicht jedes Atoms wird als ein Vielfaches des Wasserstoffgewichts angegeben. Daltons Vorstellung von unteilbaren Atomen (die sich zu Verbindungen zusammenschließen können) revolutionierte die Chemie. Eine bessere Symbolik zur Darstellung dieser Verbindungen kam jedoch erst mit Berzelius auf.

gament ausgekleidet oder mit Lack oder Leinöl beschichtet waren. Schließlich emaillierten sie die Innenseite der Dosen, und damit war das Problem gelöst. Zuerst emaillierte man die Dosen mit dem alten Schmelzbadverfahren, das Bedson zur Verzinkung von Draht erfunden hatte. In einem weiterentwickelten Verfahren, das in den 1930er Jahren erprobt wurde, verzinkte man die Dosen mit Kadmium. Dieses Material erwies sich außerdem als hochwirksam zur Rostschutzbehandlung bei allen möglichen Gegenständen, von Fahrzeugteilen bis zu Kühlschrankfächern. Kadmium war doppelt attraktiv, weil es ein kostenloses Abfallprodukt der Zinkverschmelzung war. Dann kam man jedoch dahinter, daß das Metall hochgiftig war, und stellte dessen Verwendung sofort ein.

Inzwischen hatte man allerdings eine weitere Eigenschaft des Kadmiums entdeckt, die von entscheidender Bedeutung für die nationale Sicherheit wurde und zur Entwicklung der kontroversesten Technologie unserer heutigen Zeit beitragen sollte. Ironischerweise laufen in dieser Entwicklung die getrennten Wege, die sich (wie zu Beginn dieses Kapitels dargestellt) am strittigen Thema Sklaverei schieden, wieder zusammen.

Massive Unterstützung hatte die abolitionistische Bewegung im 18. Jahrhundert von einem Draht- und Nagelfabrikanten erfahren. Die Sklavenhalter dagegen fanden ihre stärksten Verbündeten in den Kreisen jener, die ein anderes, allerdings gleichermaßen wichtiges Produkt erzeugten, nämlich Zucker. Als Handelsware war der Zucker so wertvoll, daß sich die Engländer nach einem Krieg gegen die Franzosen ernsthaft überlegten, statt der Karibikinsel Martinique lieber Kanada an die Franzosen abzutreten, weil es auf Martinique Zuckerplantagen gab und in Kanada nicht. Um 1800 machte das süße Zeug die Hälfte aller europäischen Lebensmittelimporte aus. Ab 1830 erzeugte man aus Zucker Kandis, Bonbons, Puderzucker und Zuckerguß. Dann kamen aus Zucker oder Sirup (Melasse) gemachte Lutscher auf den Markt. Zucker wurde auch in Kaffee, Tee und Trinkschokolade gerührt (die Schokoladentafel kam erst 1847 auf). Der Zucker für die alltägliche

Verwendung wurde normalerweise in Form von Zuckerhüten verkauft.

Die Herstellung von Zucker schuf beinahe über Nacht einen Markt für ein neues Getränk, das aus Melasse destilliert wurde. Vor dem 17. Jahrhundert findet dieses Getränk praktisch keinerlei Erwähnung, doch wegen der steigenden Preise für das Getreide, das man zur Herstellung hochprozentiger Spirituosen benötigte, sah man sich zu Beginn des 18. Jahrhunderts nach einem billigeren Ersatz um. Es war der Rum, der das Leben jedes Seefahrers veränderte. Die Royal Navy nahm den Rum sogar offiziell in ihren Versorgungsplan auf und teilte jedem Matrosen eine tägliche Ration zu. Im Jahre 1698 wurden ganze 207 Gallonen Rum nach England importiert, und ab 1775 führten die Briten jährlich mehr als zwei Millionen Gallonen (etwa 7,5 Millionen Liter) ein.

Zwischen 1660 und 1775 hatte sich der Konsum verschiedenster Formen von Zucker in England verzwanzigfacht. Was 1650 noch eine Rarität gewesen war, galt um 1750 als Luxusartikel und ab 1850 als lebensnotwendiges Grundnahrungsmittel. Besonders rapide stieg der Absatz in dem Moment, in dem die Arbeiter dank der Industriellen Revolution etwas Geld übrig hatten, das sie für gesüßten Tee ausgeben konnten. Der Zucker sorgte für eine erhöhte Kalorienzahl und brachte zudem etwas Abwechslung in ihre ansonsten fade und eintönige Kost.

Als Großbritannien und die Vereinigten Staaten den Sklavenhandel 1807 schließlich verboten, bedeutete dies einen tiefen Schlag für die Zuckerindustrie. Die Importe von den britischen Karibikinseln gingen um die Hälfte zurück. Als die Sklavenarbeit für gesetzwidrig erklärt wurde, mußten dringend arbeitsparende Geräte gefunden werden, die für eine hohe Zuckerproduktion bei niedrigen Kosten sorgten. Zum Glück hatte ein Engländer namens Howard bereits 1813 eine Vakuumpfanne erfunden, in der Flüssigkeiten bei weit niedrigeren Temperaturen zum Kochen kamen. Dies bedeutete, daß man weniger Brennstoff brauchte und der Zucker beim Kristallisieren nicht so leicht verbrannte.

Dann fand ein Schwarzer aus Louisiana, ein Franzose namens Norbert Rillieux, die Lösung für die Probleme der Zuckerhersteller. Als junger Mann war Rillieux nach Paris geschickt worden, um dort sein Studium abzuschließen, und er erwarb ein Diplom als Maschinenbauingenieur. Eine Zeitlang lehrte er an der Ecole Centrale; 1834 kehrte er nach New Orleans zurück. Neun Jahre später erfand er seinen Mehrstufenverdampfer.[218] Rillieux' Verdampfer bestand aus einer Reihe **218 ▪ 85** 80 von Vakuumpfannen, von denen jede mit dem Dampf der vorhergehenden erhitzt wurde. Dieses System ermöglichte merkliche Brennstoffeinsparungen. Innerhalb von sechs Jahren war der Verdampfer in 13 Fabriken installiert worden. Damit wurden 4.500 Tonnen Zucker im Jahr produziert, und Louisiana wurde zum führenden Zuckererzeuger Amerikas.

Der Erfolg sprach sich bald herum. Ab 1850 verarbeitete man mit der Maschine in Brasilien braunen Rohrzucker, und in Europa setzte man sie auch in den Rübenzuckerfabriken ein. Da es keine internationalen Urheberrechte gab, kopierte ein französischer Ingenieur namens Cail 1850 Rillieux' Konstruktion und meldete ein eigenes Patent für einen Mehrstufenverdampfer an. Rillieux hatte genug von den Kränkungen, denen er in Louisiana seiner afrikanischen Abstammung wegen ausgesetzt war. Im Jahre 1861 kehrte er nach Paris zurück und studierte bei einem der Gebrüder Champollion, der die Hieroglyphen auf dem Stein von Rosette übersetzt hatte, Ägyptologie. Nebenbei nahm Rillieux einige Verbesserungen an seinem Verdampfer vor; im Jahre 1880, im Alter von 74 Jahren, stellte er ein noch leistungsstärkeres Modell her.

Die Wirkungsweise des Mehrstufenverdampfers beruhte auf der Tatsache, daß Dampf extrem hohe Temperaturen aufweist. Dies hatte Mitte des 18. Jahrhunderts der Edinburgher Chemieprofessor Joseph Black[219] entdeckt, als er nach einer **219 ▪ 270** 300
Möglichkeit suchte, wie die heimischen Scotch-Whiskey-Bren- **219 ▪ 304** 368
ner bei den steigenden Brennstoffkosten sparen konnten. Mit der kurz zuvor gegründeten Union zwischen England und Schottland hatten sich die englischen und amerikanischen Märkte für Scotch-Exporteure geöffnet, und wegen der extre-

men Holzknappheit, die damals herrschte, waren die Whiskeybrenner erpicht darauf, mehr Zunder für ihren Zaster zu kriegen. Black berechnete, wieviel Energie man brauchte, um eine Schüssel gefrorenes Wasser zu schmelzen, und wieviel Energie man dann noch brauchte (nicht gerade wenig), um das Wasser zu verdampfen. Anhand dieser Experimente konnte Black den Brennern vorrechnen, welches Minimum an Holz sie verbrennen mußten, um eine bestimmte Menge Whiskeymaische zu verdampfen, und wieviel kaltes Wasser sie brauchten, um den Whiskey aus dem Dampf zu kondensieren. Dieselben Experimente brachten Blacks Freund James Watt, den Techniker und Instrumentenbauer an der Universität Glasgow, auf die Idee, wie man Dampfpumpen noch leistungsstärker machen konnte.

Im Jahre 1765 nutzte Watt Blacks Wissen über latente Wärme für eine winzige Verbesserung an der Dampfpumpe – und veränderte damit die Welt. Bei der Pumpe gab es nämlich ein gewisses Problem: Wurde heißer Dampf in den Zylinder gepreßt, um den Zylinderkolben hochzudrücken, so erhitzte der Dampf den Zylinder. Deshalb spritzte man kaltes Wasser in den Zylinder, um den Dampf zu kondensieren. Diese Kondensation führte innerhalb des Zylinders zu einem partiellen Vakuum, und der äußere Luftdruck drückte den Kolben wieder nach unten. Leider wurde der Dampf bei jedem Takt so heiß, daß das kalte Wasser den Zylinder nur teilweise abkühlte. Deswegen wurde der Dampf immer weniger konden-
220 ▪ 170 181 siert. Dies ging so lange, bis sich kein Vakuum[220] mehr bildete und die Maschine stehenblieb.

Watt löste das Problem, indem er den Zylinder über ein Ventilrohr mit einem separaten Behälter verband, der mit Eiswasser gekühlt wurde. Wenn nun Dampf in den Hauptzylinder eintrat und den Kolben hochdrückte, öffnete sich das Ventil zu diesem separaten Behälter und der Dampf strömte auch hier hinein. Wegen des eiskalten Wassers um den Behälter herum kondensierte der Dampf innerhalb des Behälters in kürzester Zeit und es bildete sich ein Vakuum. Das Vakuum breitete sich durch das nun geöffnete Ventilrohr bis in den

Hauptzylinder aus. Aber weil der Kondensatorkühler separat war, konnte der Hauptzylinder heiß bleiben, ohne daß das frühere Problem der vorzeitigen Kondensation auftrat.

Mit dieser praktischen Anwendung der Theorie der latenten Wärme entwickelte Watt eine Pumpkraft, mit der Maschinen den ganzen Tag lang angetrieben werden konnten. Deshalb sah er sich nach einem Sponsor um. 1768 fand er einen –
den Fabrikanten William Boulton, der in Soho, Birmingham,[221] **221 ▪ 17** 36
mit Wasserkraft eine Fabrik betrieb, in der 600 Angestellte **221 ▪ 136** 142
Schuhschnallen, Knöpfe, Schwertgriffe, Uhrenketten und **221 ▪ 305** 368
allerlei anderes Zeug für ihn fertigten. Boulton erkannte die Möglichkeiten, die Watts Maschine bot, und lieh ihm das nötige Geld; er empfahl dem Erfinder auch, die Dampfmaschinen an Bergwerke, Kohlengruben und (in einer Version, die Gebläse antrieb) an Eisengießereien zu verpachten. Innerhalb weniger Jahre war Watt berühmt und reich.

Es hatte nur einen entschiedenen Nachteil, in jener Zeit reich zu werden: Man konnte sein Einkommen selten in Form von Bargeld einstreichen. Weil es keine richtig überwachten Vorschriften gab, waren die Hälfte der Münzen, die in England in Umlauf waren, Fälschungen.[222] Deswegen gaben sehr **222 ▪ 9** 25
viele private Unternehmen und Provinzbehörden eigene Münzen heraus. Boulton nutzte im Jahre 1786 sein Know-how aus der Knopfherstellung, um mit einem dampfbetriebenen Münzpräger Geld zu machen. Sein erster Auftrag lautete, 100 Tonnen Kupfermünzen für die East India Company zu prägen – ein glücklicher Zufall, da Boulton auch Anteile an der Cornish Coppermine Company (einer Kupfermine in Cornwall) besaß. Im Jahre 1788 hatte er bereits sechs Münzprägemaschinen in Betrieb und prägte Münzen für verschiedene südamerikanische Kolonien und für die Sierra Leone Company. Der britische Kronrat war von Boultons Arbeit (und seiner Lobbytätigkeit) so beeindruckt, daß der Fabrikant den Auftrag erhielt, Entwürfe für neue staatliche Münzen – Penny, halber Penny und Viertelpenny – vorzulegen. Gleichzeitig gingen auch Aufträge aus Frankreich, Indien und Bermuda ein. Ab 1792 prägte er mit acht Maschinen Gedenkmünzen zu

allen möglichen Anlässen, etwa zur Krönung des russischen Zaren oder zur Hinrichtung der französischen Königin, zur Schlacht von Trafalgar, für die Hudson Bay Company und (ironischerweise) für die Abschaffung des Sklavenhandels.

Boultons Einmannmaschinen prägten beliebig hohe Auflagen und, je nach Durchmesser und Relief der Münze, zwischen 50 und 120 Stück pro Minute. Jedes Stück wurde in einer Stahlmanschette geprägt; daher waren alle vollkommen rund und hatten denselben Durchmesser. Und da bei den automatischen Maschinen ein gleichmäßigerer Druck entstand als beim manuellen Prägen, bestand weniger die Gefahr, daß die Prägestempel zerbrachen. Mit den Entwürfen, die Boulton eingereicht hatte, sicherte er sich 1797 den Auftrag, verschiedene amtliche englische Münzen (Twopence, Penny, Halfpenny und Farthing) zu prägen und außerdem die neue Münzanstalt auf dem Londoner Tower Hill zu bauen und auszustatten. Wie es so seine Art war, entwarf Boulton alles, vom Grundriß des Gebäudes bis zu den Prägeapparaten.

Zu Beginn des 19. Jahrhunderts lösten die Motive auf den Münzen, die das neue Münzamt herausgab, sowie Boultons erstklassige Prägetechniken eine Art nationalistischer Renaissance in der Kunst der Numismatik aus. In dieser Zeit tauchte auf den französischen Münzen erstmals die Figur der »Marianne« und auf den englischen Geldstücken die »Britannia« auf. Die Münzmotive waren stark vom Neoklassizismus
223 ▪ 293 344 beeinflußt, möglicherweise weil zu Boultons Freunden und
223 ▪ 307 368 Kunden auch Josiah Wedgwood[223] zählte, der viele seiner
224 ▪ 294 345 Keramikmotive für den Architekten Robert Adam[224] entwarf. Adam war kurz zuvor aus Italien zurückgekehrt (wo gerade Pompeji entdeckt worden war) und hatte in England neues Interesse an antiken griechischen und römischen Stilen geweckt.

Im Jahre 1824 führte der italienische Graveur Benedetto Pistrucci, der unter anderem das Motiv des heiligen Georg mit dem Drachen für den neuen Sovereign entwarf, eine weitere Neuheit im Münzschlagen ein. Es handelte sich um den sogenannten Pantographen, ein Zeichengerät zum Vergrößern und Verkleinern. Der Pantograph bestand aus einer Reihe von

Dreharmen von gestaffelter Größe, die einen Griffel am einen Ende mit einem Schneidinstrument am anderen Ende verbanden. Damit konnte der Graveur das Motiv als großformatiges Modell aus einem leicht zu bearbeitenden Material entwerfen. Um die Mitte des Jahrhunderts bestand das Modell in der Regel aus Gips, der nach Vollendung des Entwurfs mit einer Nickelschicht überzogen wurde. Dieses Modell diente dann als Arbeitskopie, von der der Graveur die Form des Motivs mit seinem Pantographenstift übertrug. Der Verkleinerungsmechanismus sorgte nun dafür, daß ein Schneidwerkzeug eine viel kleinere Version desselben Motivs in die stählerne Münzprägeform einritzte. Pistruccis Pantograph war so erfolgreich, daß das englische Münzamt ein Duplikat erwarb, und der Chefgraveur Will Wyon (der seinen Posten nur deswegen bekam, weil Pistrucci als Ausländer nicht dafür in Frage kam) fertigte mit dieser Verkleinerungstechnik die Matritzen für Königin Victorias erste Münzen.

Für die Nickelbeschichtung der Arbeitskopie benutzte man die neue Galvanisiertechnik, die ursprünglich Alessandro Voltas Kollege Brugnatelli entdeckt hatte. Volta[225] hatte seinerzeit **225 ▪ 186** 195
(in seiner ersten chemischen »Batterie«) mit Chemikalien Elektrizität erzeugt, und so kam Brugnatelli auf die Idee, daß das ganze auch umgekehrt funktionieren könnte, daß nämlich Elektrizität chemische Reaktionen auslösen könnte. Er wies folgendes nach: Tauchte man ein beliebiges Material (das mit der Batterie verbunden war) in ein Bad aus Kupfersulfat, in dem ein Stück Kupfer lag (das ebenfalls mit der Batterie verbunden war), führte eine elektrische Ladung dazu, daß in der Lösung Kupferatome freigesetzt wurden, die sich auf dem betreffenden Material ablagerten – dieses also elektrochemisch beschichteten. Während die Kupfersulfatlösung ihre Atome abgab, löste sich das Kupfer allmählich auf.

Auch der englische Wissenschaftler Michael Faraday studierte diesen Prozeß und entdeckte im Jahre 1833, daß für jedes sich ablagernde Mineral – wie etwa Kupfer – eine unterschiedliche elektrische Ladung erforderlich war, damit es seine Atome freisetzte. Diese Entdeckung ließ vermuten, daß es eine Beziehung zwischen der Ladung und dem Mineral gab, die von der Masse des Minerals abhing. Eine bestimmte Masse korrelierte mit einer bestimmten Ladung. Auf der Grundlage dieser Hypothese formulierte Faraday seine beiden Gesetze der Elektrolyse: Das Maß an chemischer Veränderung durch einen Strom verhält sich proportional zu der Menge an Elektrizität, die eingesetzt wird, und das Maß an chemischer Veränderung, die durch dieselbe Menge an Elektrizität in unterschiedlichen Stoffen bewirkt wird, verhält sich proportional zu deren Gewicht.

Ende des 19. Jahrhunderts waren die Wissenschaftler aufgrund der Faradayschen Gesetze in der Lage, Ladung und Masse in Beziehung zu den kurz zuvor entdeckten Röntgen-
226 ▪ 39 46 strahlen[226] und anderen rätselhaften elektrischen Phänome-
226 ▪ 116 120 nen zu studieren. Im Jahre 1910 ging ein Forscher namens J. J. Thomson in Cambridge der Frage nach, was wohl passiert, wenn man Elektronen durch Niederdruckgase jagt; und während er diese Teilchen durch elektrische und magnetische Felder schoß, entdeckte er, daß die Felder die Flugbahn der Teilchen ablenken konnten. Als er daraufhin Neon ausprobierte, bemerkte er, daß sich der Teilchenstrom in zwei teilte, so als hätte das Neon zwei unterschiedliche Massen, wovon sich die leichtere stärker durch die Wirkung der Felder ablenken ließ. Solche Atome (Atome desselben Elements, aber mit unterschiedlicher Masse) werden seither als Isotope bezeichnet. Im Jahre 1919 gelang Thomsons Assistent Fred Aston die Trennung von Isotopen bei Stoffen, deren Gewicht sich nur um ein $1/100\,000\,000$ unterschied. Diese neue Technik wurde als Massenspektrometrie bezeichnet.

Mit einem modernen Massenspektrometer lassen sich die Bestandteile jedes verdampften Materials bestimmen, indem man Teilchen davon durch elektromagnetische Felder schießt. Die Stelle, an der die Teilchen auftreffen, verrät mit einem beinahe unglaublichen Maß an Präzision deren Identität. Das heißt, man kann winzige Spuren, die am Tatort eines Verbrechens hinterlassen wurden, identifizieren. Oder man kann winzige Spuren eines Steroids im Blut eines Sportlers nachweisen. Oder man kann die chemischen Marker überwachen, die an einem Medikament haften, das im Blutkreislauf eines Patienten zirkuliert. Oder man kann unendlich winzige Spuren von Sprengstoff identifizieren, den man an verdächtigen Terroristen entdeckt hat.

Das Massenspektrometer macht es auch möglich, ein Material, von dem man ein bestimmtes Isotop braucht, in verdampfter Form durch elektromagnetische Felder zu jagen und das gewünschte Isotop an seiner spezifischen Auftreffstelle einzusammeln. Anfang der 1940er Jahre sollte diese Isotopentrennung die Welt verändern. Zwei Tage vor Ausbruch des Zweiten Weltkriegs wurde in einem wissenschaftlichen Artikel nachgewiesen, daß die Kernspaltung mit dem Uranisotop 235 leichter zu bewerkstelligen war als mit dem Uranisotop 238. Das Problem war nur, daß Uran 235 in der Natur 140mal seltener vorkommt als Uran 238. Es stand also zu befürchten, daß man nicht genügend natürliches Uran für eine nukleare Kettenreaktion finden würde. Es gab nur eine Alternative: Man mußte das seltenere Uran 235 von dem häufigeren Uran 238 trennen. In einem heißen Wettlauf gegen die Nazi-Wissenschaftler, die genau dasselbe zu erreichen suchten, gingen die amerikanischen Forscher, die an dem streng geheimen »Manhattan Project« in Oak Ridge, Tennessee, arbeiteten, schließlich als erste ins Ziel. Eines der Verfahren, das sie anwendeten, war die Massenspektrometrie. Als die Uranisotopentrennung im Jahre 1943 glückte, war die Zündung der ersten Atombombe[227] nur eine Frage der Zeit. 227 ▪ 49 57

Und so treffen die beiden Pfade dieses Kapitels schließlich aufeinander. Der erste Pfad – die Ereignisfolge, die ursprünglich durch die Lobby der Sklavenhalter ausgelöst wurde – führte über Zuckerverdampfer, Dampfmaschinen, Münzen und Galvanisieren zu den Atomwaffen. Der zweite Pfad – an dessen Ausgangspunkt die Gegner der Sklaverei standen – führte über die Brooklyn Bridge, das Verzinken, den Stacheldraht und Maiskonserven zum Verzinnen mit Kadmium, das sich schließlich auch als Neutronenabsorber in den Brennstäben des ersten Kernreaktors nützlich erwies.

Die Atomkraft dient seit einiger Zeit als Paradebeispiel für diejenigen, die meinen, man könne aus Schwertern Pflugscharen machen. Bisweilen macht die Geschichte jedoch genau das Gegenteil ...

14 Routen

Einer der faszinierendsten Aspekte an dem großen und erhabenen Netz des Wandels ist vielleicht die Tatsache, daß es gar nicht so erhaben ist. Jeder ist in das Netz verstrickt, vom weltverändernden Genie bis zum Niemand. Allerdings ist in dem Netz gar niemand ein Niemand. Jeder von uns leistet seinen Beitrag zum Prozeß des Wandels. Manchmal hat selbst das langweiligste Ereignis in einem vollkommen alltäglichen Leben Folgen, die die Welt erschüttern.

Nehmen wir als Beispiel Jethro Tull, einen absolut durchschnittlichen Engländer, der vor 300 Jahren in Gray's Inn, London, als Anwalt zugelassen wurde und sich auf ein Leben als Jurist einstellte. Niemand weiß warum, doch allmählich verschlechterte sich sein Gesundheitszustand; deshalb hängte er im Jahre 1709 seine Tätigkeit bei Gericht an den Nagel, kaufte sich in der Nähe des friedlichen Dorfes Hungerford eine Farm und freute sich darauf, das weniger aufreibende Leben eines Gutsbesitzers zu genießen. Doch schon bald zwang ihn sein schlechter Gesundheitszustand, in einem besseren Klima Linderung zu suchen, und so brach er 1711 nach Italien und Frankreich auf. Im Jahre 1713 weilte er in der sanften Hügellandschaft der Languedoc im Südwesten Frankreichs, in der Nähe von Frontignan.

Und hier nahmen die Ereignisse eine unerwartete Wendung. Tull beobachtete, wie die einheimischen Winzer dafür sorgten, daß ihr Wein nicht den unangenehmen Geschmack bekam, den er ihrer Meinung nach annahm, wenn man die Reben mit Mist düngte. Statt dessen pflanzten sie die Weinstöcke in geraden Reihen an, zwischen denen sie den Boden in der Wachstumszeit in regelmäßigen Abständen umpflügten. Auf diese Weise wurde das Unkraut beseitigt, der Boden aufgelockert, und die Reben wuchsen auch ohne Einsatz von Naturdünger.

Mit der Zeit war Tull so weit genesen, daß er wieder heimkehren konnte, und als er wieder zu Hause war, probierte er dasselbe auf seiner Farm aus. Zunächst hackte er nur die Flächen, auf denen er Rüben und Kartoffeln anbaute, doch dies erwies sich als so wirksam, daß er es auch beim Weizen versuchte. Erstaunt stellte Tull fest, daß er die Frucht 13 Jahre lang auf demselben Acker anbauen konnte, ohne Dünger ausbringen zu müssen. Vor allem aber steigerte sich der Ertrag beträchtlich. Das Hacken und Pflügen vergrößerte die Ernte (das brachte Geld) und senkte die Ausgaben für Dung (das sparte Geld). Im Jahre 1733 veröffentlichte Tull sämtliche Details seiner Experimente in *The Horse-Hoeing Husbandry (Hackbau in der Landwirtschaft)*, einer Art Therapie gegen Schlaflosigkeit in Buchform. Die traditionell konservativen englischen Grundbesitzer begegneten dem Werk anfangs mit Ablehnung, doch irgend jemand übersetzte es ins Französische. Das wirkte. Der englische Landadel meinte nämlich, alles Modische stamme von den Franzosen, und so war der Hackbau plötzlich schick.

Vor allem eines sprach für die neue Technik: Sie kam mitten in der großen englischen Agrarrevolution auf. Diese hatte ungefähr ein Jahrhundert zuvor eingesetzt und brachte Neuerungen wie die Fruchtwechselwirtschaft und die Einführung neuer Pflanzen (wie etwa holländischen Klees), die den Boden mit Stickstoff anreicherten. Auch die Praxis der Einzäunung breitete sich schnell aus. Indem man Weiden einzäunte, schützte man die Tiere vor Jägern und Krankheiten und ermöglichte die selektive Viehzucht, die mehr Fleisch abwarf. Größere Nahrungsmittelerträge bedeuteten niedrigere Lebensmittelpreise; dies wiederum hatte zur Folge, daß die Menschen früher heirateten und mehr Kinder hatten. Durch das Bevölkerungswachstum kam es zu einem rapiden Anstieg bei der Nachfrage nach Fertigwaren, was letztlich zur Industriellen Revolution führte.

Eine gewisse Ironie bestand darin, daß die Franzosen durch Tull einen so günstigen Einfluß auf die englische Landwirtschaft hatten, obwohl ihre eigene absolut im Argen lag. Der schreckliche Zustand der französischen Straßen machte es unmöglich, einen landesweiten Markt zu entwickeln; deswegen waren Handel und Gewerbe weitgehend regional begrenzt. Die restriktiven feudalen Eigentumsrechte in Frankreich spornten wenig dazu an, neugeschöpftes Industriekapital in derselben produktiven Weise in der Landwirtschaft zu investieren, wie dies in England geschehen war. Die wenigen Freisassengüter, die es in Frankreich gab, waren in der Regel winzige Parzellen im Besitz rückschrittlicher Kleinbauern, die am Existenzminimum lebten.

Selbst wenn es einen landesweiten Markt gegeben hätte – der Handel war gelähmt von einem Dutzend regionaler Systeme von Gewichten, Maßen und Zöllen. Die Situation war ausweglos: Wegen der zögerlichen Industrialisierung verdiente die wachsende Stadtbevölkerung nicht genug, um sich zu ernähren, und die Behörden setzten den Brotpreis fest. Um in dieser unrentablen Marktordnung Angebot und Nachschub zu sichern, wurden die Bauern per Gesetz dazu verpflichtet, ihre Erzeugnisse innerhalb von drei Tagen billigst zu verkaufen – zu jedem Preis. Es bestand also wenig Anreiz, die Produktivität zu erhöhen.

In diesem Chaos tauchte François Quesnay auf, der vom Landarzt zum Chirurgen aufgestiegen war und unendlich viel Bewunderung für die englische Bodenwirtschaft übrig hatte. Vielleicht hätte er keinerlei Spuren hinterlassen, wenn er nicht zur rechten Zeit am rechten Ort gewesen wäre und die Mätresse Louis' XV., Jeanne-Antoinette Poisson (alias Madame de Pompadour), auf sich aufmerksam gemacht hätte. Quesnays völliger Mangel an höfischen Manieren und seine absolut unverblümte Art zu reden muß in jener Zeit katzbuckelnder Artigkeit einen gewissen Seltenheitswert besessen haben, denn 1749 wurde Quesnay Madame Pompadours Leibarzt. In dieser Funktion bezog er Räume im Zwischengeschoß direkt unter den Gemächern der Pompadour im Schloß von Versail-

les. Da seine neuen Diensträume direkt neben der Treppe lagen, die zu Madame Pompadour hinaufführte, lernte Quesnay sämtliche Persönlichkeiten jener Zeit kennen, unter anderem
228 ▪ 209 226 auch Voltaire[228] (der zufälligerweise sehr von Tulls Agrartechniken angetan war). Quesnay war bei der königlichen Familie angeblich deswegen so beliebt, weil er die Pompadour von ihrer Frigidität heilte, indem er ihr riet, sich nicht bloß von Vanille, Trüffeln und Sellerie zu ernähren, und ihr Leibesübungen verschrieb.

Zu Quesnays Treppenhausbekanntschaften zählten bald auch führende Geistesgrößen, die in den Salons der Pompadour ein- und ausgingen. Zu den häufigsten Besuchern gehörten liberale Denker wie Condillac, Buffon, Helvéticus und vor allem Diderot, der Herausgeber einer erstaunlichen neuen Enzyklopädie, in der sämtliches Wissen in einer modernen, rationalen Form präsentiert werden sollte. Im Jahre 1756 schrieb Quesnay für diese Enzyklopädie zwei Artikel; der erste (von 1756) hieß *Farmer*, der zweite (von 1763) trug den Titel *Landphilosophie*. In diesen Artikeln entwickelte er seine Thesen, wie man Frankreich von seiner Wirtschaftsmisere heilen könne. In seiner Lehre, der sogenannten »Physiokratie«, verknüpfte Quesnay die Lebensverhältnisse des Menschen direkt mit den materiellen Bedingungen des Lebens. Löste man die Probleme der Landwirtschaft und der Nahrungsmittelproduktion, argumentierte er, so ergab sich alles andere von selbst.

Quesnays Thesen beruhten auf dem Glauben, daß die außergewöhnlichen Fortschritte in der englischen Landwirtschaft auf die Existenz eines nationalen Marktes zurückzuführen waren, auf dem die einzelnen Erzeuger ohne jegliche Einschränkungen kaufen und verkaufen konnten. Die katastrophale Situation in Frankreich gab Quesnay und seiner Argumentation recht: Die Natur kannte ihre Bedürfnisse und Erfordernisse selbst am besten, und jede Einmischung in die natürlichen Prozesse zerstörte lediglich die natürliche Ordnung. Die Folgen dieser Einmischung waren – von Paris bis Marseille – nicht zu übersehen. Quesnays Pläne zur Aufhebung der öffentlichen Bindung gefielen den adeligen Grund-

besitzern, die selbst entscheiden wollten, ob sie ihre Produkte verkauften oder nicht. Das Hauptziel der Physiokraten war jedoch die Senkung des Brotpreises, der ihrer Meinung nach der entscheidende Faktor für die politische Stabilität eines Landes war. Ein »ehrlicher Laib« konnte Frankreich retten, doch Voraussetzung dafür war ein Wettbewerb, wie ihn der Freihandel[229] und eine Laissez-faire-Politik ermöglichten. Billigeres 229 ▪ 4 22
Brot mußte die Wirtschaft sanieren, wie dies bereits in England geschehen war. Die Physiokraten argumentierten, die Lebensbedingungen des Pöbels in Frankreich seien so desolat, daß es unter Umständen wild durcheinander gehen würde, wenn die Regierung diese neuen Maßnahmen nicht einführte.

»Wild« war ein Wort, dem der aus der Schweiz stammende Philosoph Jean-Jacques Rousseau eine ganz neue Bedeutung verliehen hatte. Rousseaus Einfluß auf die europäischen Denker war nach Meinung Napoleons und anderer Weltveränderer einer der entscheidenden Auslöser für die Französische Revolution gewesen. Rousseau hatte wegen seiner linken Politik von Genf nach Frankreich fliehen müssen und mußte bis zu seinem Tod im Jahre 1778 ständig zwischen Frankreich, England und der Schweiz hin- und herpendeln.

Im Jahre 1754 schrieb Rousseau einen Aufsatz, in dem er erstmals vom »edlen Wilden« sprach. In einer Welt, in der die französischen Könige von Gottes Gnaden herrschten, in der die Aristokratie mit absoluter Macht über ihre Leibeigenen verfügte, in der Schnelljustiz und Korruption an der Tagesordnung waren – in dieser Welt blickte Rousseau nostalgisch auf das einfachere Leben des sogenannten Primitiven zurück. Er hatte wohl den nordamerikanischen Indianer vor Augen, als er einen Wilden schilderte, der inmitten der unverdorbenen Schönheit der Berge und der Wälder im Einklang mit der Natur lebte. Solch ein Leben beschrieb er folgendermaßen: »Ich sah ihn, wie er seinen Hunger unter einer Eiche stillte, seinen Durst am ersten Bach löschte und sein Bett am Fuß desselben Baumes fand, der ihm seine Mahlzeit lieferte; und damit waren seine Bedürfnisse befriedigt.«

Doch von diesem freien und natürlichen Lebensstil, in dem

der Mensch sich selbst genügte und keinen anderen brauchte, hatten sich die Erdbewohner zu sozialen Gruppen zusammengeschlossen, weil sie sich immer stärker vermehrten und ihre Ressourcen teilen mußten. Aus rein organisatorischen Gründen waren die Menschen dann überredet worden, diese gemeinsamen Ressourcen in die Hände eines Souveräns zu legen, der Gesetze zur Wahrung der Sicherheit durchsetzte. So entstand der Begriff der Eigentumsrechte und die Rechtspraxis, die solche Gesetze festschrieb und die Besitzlosen der Möglichkeit beraubte, ihren Willen zu äußern. Rousseau zufolge hatte sich die Menschheit durch diesen Prozeß der Sozialisierung letztlich um Stufen zurückentwickelt.

In *Contrat Social* (*Der Gesellschaftsvertrag*), jenem Werk, das wohl am stärksten den republikanischen Eifer der Franzosen entflammte, führte Rousseau dieses Thema weiter aus. Die ursprüngliche, natürliche Freiheit sollte das Recht jedes einzelnen Menschen sein. Gesetze sollten nur die Wünsche gewöhnlicher Menschen widerspiegeln, und die Menschen allein sollten durch ihre Wählerstimmen einer Regierung Rechtsgültigkeit verleihen. Diejenigen, die die Gesetze entwarfen, sollten keinerlei gesetzgebende Macht besitzen. Die Staatsgewalt war nichts anderes als die organisierte Gesellschaft in Aktion und die »Ausübung des Allgemeinwillens«. Vor allem brauchte der Einzelne keinen anderen Besitz, um in solch einer demokratischen Gesellschaft zu wählen, als den Besitz von Gefühlen, dem angeborenen Prüfstein für Wahrheit und Güte, den alle Menschen besaßen.

Diese Gedanken waren nicht gerade dazu angetan, die royalistische Regierung in Paris für Rousseaus Werk einzunehmen. Am Vorabend der Französischen Revolution wurde seine Botschaft auf den Straßen von Paris laut verlesen, überall stieß man auf geschmuggelte Exemplare seiner Bücher und in geheimen Versammlungen wurden seine Thesen diskutiert und weiterverbreitet. Im Jahre 1789 wurde er als geistiger Begründer der neuen Republik gefeiert. Doch es hatte nicht bloß der Worte Rousseaus bedurft, um die französische Monarchie zu stürzen. Entscheidender Auslöser für die Französische Revolution war eine andere Revolution jenseits des Atlantiks, die sich katastrophal auf die französische Wirtschaft auswirkte.

Der Amerikanische Unabhängigkeitskrieg bot den Franzosen eine großartige Gelegenheit, endlich das zu tun, was sie seit Jahren tun wollten – Großbritannien eins auswischen. Die zuckerreichen französischen Karibikinseln wurden von der britischen Kriegsmarine bedroht; Französisch-Kanada war an Großbritannien gefallen; und weil die französische Industrie unter dem kriegsbedingten Ausfall an Südstaaten-Baumwolle litt, lag es im Interesse der Franzosen, den amerikanischen Rebellen auf jede erdenkliche Art zu helfen. So wurde beispielsweise ein bereits berühmter Dramatiker, Pierre Augustin Caron de Beaumarchais (der unter anderem den *Barbier von Sevilla* und *Die Hochzeit des Figaro* geschrieben hatte), eingespannt. Beaumarchais gründete eine Scheinfirma namens Hortalez & Companie, um die Gelder zu waschen, die in die amerikanische Kriegskasse fließen sollten. Für den Fall, daß französische Schiffe von den Briten angehalten wurden, fälschte er auch Ladungsverzeichnisse für französische Munitionslieferungen nach Amerika. Er heuerte sogar *agents provocateurs* an, die unter den Kolonisten Stimmung gegen die Briten machten.

Die französische Öffentlichkeit befürwortete das Unternehmen im allgemeinen. Für viele mittellose junge Aristokraten war die transatlantische Militäroperation eine willkommene Gelegenheit, aufzusteigen und zu Geld zu kommen. Der König unterstützte das Projekt, weil der Premierminister Necker die Staatsbilanzen frisiert hatte, damit es so aussah, als könne Frankreich sich das Abenteuer leisten.

So hoch der Preis auch war, Frankreich erreichte sein Ziel, Amerika von Großbritannien abzuspalten. Weil der französische Admiral de Grasse (mit 30 Schiffen und über 3000 Mann) im September 1781 rechtzeitig in der Chesapeake Bay eintraf, um die französische Artillerie zu unterstützen, die zur selben Zeit aus der französischen Garnison in Newport anrückte, wurden die Engländer in Yorktown[230] überwältigt und besiegt. 230 ▪ 13 32
Mit ihrer Kapitulation endete der Krieg. Doch die Franzosen

mußten teuer dafür bezahlen, daß sie die amerikanische Kriegskasse gefüllt und den Rebellen 90 Prozent ihrer Waffen geliefert hatten. Zwischen 1774 und 1789 stiegen die Schulden der französischen Krone als direkte Folge der Ausgaben für Amerika von ungefähr 150 Millionen Dollar auf etwa 500 Millionen Dollar. Diese Schulden und die Probleme, die durch die unglaubliche Verschwendungssucht des Königs entstanden, stürzten den Staat in den Bankrott. Die Folge des finanziellen Ruins war die Französische Revolution.

Die Revolution bestand jedoch nicht nur in der Abschaffung eines korrupten politischen Systems. Die Ereignisse in Amerika und die neuen Demokratien brachten auch eine neue Weltsicht hervor. Bisher hatten Denker und Künstler in die klassische Antike zurückgeblickt, um sich inspirieren zu las-
231 ▪ 82 76 sen. Naturwissenschaftler wie Newton und Leibniz[231] hatten
231 ▪ 253 284 argumentiert, daß das Universum von mechanistischen Geset-
231 ▪ 309 369 zen beherrscht werde. Für die Denker der Revolution war dies ein Beweis dafür, daß die Wissenschaft und die Gesellschaft zu mechanistisch geworden waren, daß der Mensch zu einem Rädchen im Getriebe reduziert worden war und daß das Wissen zu fragmentiert und spezialisiert war, um von gesellschaftlichem Nutzen zu sein. Es war Zeit für einen neuen Ethos – für neue Werte, die viel stärker von der Individualität des Einzelnen ausgingen und zugleich von der Einheit des Menschen mit der Natur, von der Rousseau und andere gesprochen hatten.

Ihren ersten Ausdruck fanden diese neuen Gedanken am Ende des 18. Jahrhunderts in Deutschland. Angeführt wurde die Bewegung von Friedrich von Schelling, einem 23jährigen Professor an der Universität Jena, der die sogenannte Naturphilosophie entwickelte. Er kritisierte die alte kartesianische, mechanistische Sicht des Universums und suchte nach einer Möglichkeit, alle Wissenschaften in einem gemeinsamen Theoriegebäude zusammenzubringen. Seine ersten Anregungen bezog er wahrscheinlich von K. F. Kielmeyer, einem Jenaer Biologen, der Vorlesungen über die Sensitivität lebender Organismen hielt.

Damals sah es immer mehr so aus, als würden Experimente mit Elektrizität und Magnetismus eine einheitliche, untrennbare Kraft offenbaren, die zusammen mit der Schwerkraft die Natur beherrschte. Diese Kraft drückte sich offensichtlich in den Lebensprozessen und im Willen des Einzelnen aus. Somit war jede Wissenschaft, die den menschlichen Geist von der Natur und ihren Kräften trennte, im Irrtum. Die frühen Romantiker[232] griffen Schellings Ideen auf und studierten die Art 232 ▪ 256 286 und Weise, in der sich der Individualismus ausdrückte. Es ging nicht mehr um eine sterile, mechanistische Theorie der Existenz, sondern darum, wie die Sinne die Realität wahrnahmen. In der Musik, in der Literatur und in der bildenden Kunst sollte der Mensch allein mit seinen Gefühlen dargestellt werden – als ein Wesen, das nach dem Austausch mit der Natur streben kann. Wahres Wissen entsprang der Erfahrung des Herzens, nicht dem logischen Denken des Kopfes.

Diese Vagheit wurde von den Naturwissenschaftlern natürlich sehr gemischt aufgenommen. Unter den deutschen Medizinern galt die Naturphilosophie als »der Schwarze Tod unseres Jahrhunderts«. Ironischerweise sollte die Romantik jedoch gerade auf die Medizin den größten Einfluß nehmen. Als Reaktion gegen die naturphilosophische Lehre einer »geheimnisvollen Kraft« begann der Bonner Professor und Begründer der Physiologie, Johannes Müller, genau zu studieren, welche physiologischen Prozesse sich während des »Fühlens« tatsächlich abspielten. Im Jahre 1840 formulierte er das Gesetz der spezifischen Nervenenergien: Wenn ein bestimmtes Sinnesorgan stimuliert wird, löst es nur seine eigene spezifische Empfindung aus und keine andere. Das Ohr reagiert nur auf Schall, das Auge auf Licht und so weiter. Und die Reaktion auf den Reiz wird vom jeweiligen Sinnesorgan bestimmt, nicht vom Stimulus selbst. Für das Organ ist es nicht entscheidend, ob der äußere Reiz nun Licht oder Schall oder Elektrizität ist. Es ist sogar möglich, daß Sinnesorgane durch innere Auslöser, wie etwa die Kraft der Vorstellung, stimuliert werden. Dies galt als Erklärung dafür, weshalb Menschen Gespenster sehen. Müller experimentierte auch mit Tieren und gelangte zu der

Annahme, daß es im autonomen Nervensystem möglicherweise getrennte motorische und sensorische Nerven gab.

Müllers *Handbuch der Physiologie des Menschen* von 1840 machte großen Eindruck und weckte ein allgemeines Interesse am Nervensystem und seinen Funktionen. Vielleicht weil Müller einmal gesagt hatte, »Der Wille setzt die Nervenfasern in Aktivität, wie die Tasten eines Klaviers«, befaßte sich einer
233 ▪ 87 83 seiner Schüler, Hermann von Helmholtz[233] (ein Chirurg, der den ganzen Tag Klavier spielte, aber nicht viel für die »neue« romantische Musik übrig hatte), eingehender mit diesem Thema. Ab 1856 schrieb er einige Artikel über Schallphänomene – wie Töne gehört werden und wie der Mechanismus des Innenohrs funktioniert. Helmholtz studierte im Grunde einen Aspekt des »Fühlens«, das sich im Gewahrwerden von Tonhöhe, Klangfarbe und Lautstärke äußert und mit dessen Hilfe ein Hörer Instrumente oder Stimmen unterscheiden kann.

Helmholtz kam zu dem Schluß, daß das Innenohr mit Vibratoren ausgestattet war, die jeweils von verschiedenen Frequenzen erregt wurden und den betreffenden Nerv reizten, der den entsprechenden Impuls an das Gehirn weiterleitete. Als er eines Tages mit einer Sängerin arbeitete, bemerkte er, daß ein langgehaltener gesungener Ton die Klaviersaite, die mit diesem Ton übereinstimmte, zum Schwingen brachte – und auch bestimmte andere Saiten in gewissen Intervallen oberhalb und unterhalb des gesungenen Tones.

Nach dieser Entdeckung machte Helmholtz eine Reihe von Schallexperimenten; dabei brachte er mit einem Elektromagneten Stimmgabeln in unterschiedlichen Tonhöhen zum Schwingen und untersuchte die Vorgänge im Ohr, wenn sich Töne überlagerten. Helmholtz kam zu der Annahme, daß Dissonanz deswegen als unangenehm empfunden wurde, weil Schallwellen von eng benachbarten Tönen Cochlea-Vibratoren (in der Ohrschnecke) reizten, die eng nebeneinander lagen, was ein gewisses Unbehagen auslöste. Helmholtz präsentierte all seine musikalischen Experimente in einem sensationellen Vortrag zur Übertragung und Wahrnehmung von Schall, in dem er unter anderem feststellte, daß im Grunde alle Töne

Mehrklänge seien, von denen das menschliche Ohr jedoch nur den Hauptton wahrnehme.

Damals weckte außerdem eine zweite bewegende Kraft großes Interesse, die Elektrizität. Niemand wußte, was diese Kraft war beziehungsweise wie sie sich bewegte. Übertrug sie sich, so wie der Schall, in Wellen? Seit einiger Zeit wußte man, daß die Elektrizität auch im freien Raum wirkte. Um 1780 hatte Luigi Galvani[234] mit einem elektrostatischen Generator **234 ▪ 99** 93
(einer Elektrisiermaschine) aus der Distanz Froschbeine zum **234 ▪ 184** 194
Zucken gebracht. Joseph Henry hatte erlebt, wie ein drei Zen- **234 ▪ 216** 238
timeter langer Funke zehn Meter weit entfernte Nadeln magnetisierte. Im Jahre 1879 hatte David Hughes, ein Lehrer für Naturwissenschaften in Kentucky, mitbekommen, wie ein Mikrophon einen Ton erzeugte, als in einem danebenstehenden Generator Funken erzeugt wurden. Als Helmholtz einem seiner Studenten, Heinrich Hertz, anbot, bei ihm seine Doktorarbeit zu schreiben, bekundete Hertz sein Interesse, das Geheimnis der wandernden Elektrizität zu erforschen. Im Jahre 1887 führte Hertz an der Technischen Hochschule von Karlsruhe in einer legendären Vorlesung vor, wie sich Elektrizität überträgt.

Zuerst erzeugte er zwischen zwei Metallkugeln einen großen Funken. Einen halben Meter davon entfernt installierte er einen Draht in der Form eines nicht ganz geschlossenen Kreises, dessen Enden sich fast berührten. Als Hertz den großen Funken erzeugte, erschien in der Lücke zwischen den Drahtenden ein kleiner Funke. Mit Hilfe von Zinkreflektoren konnte Hertz zeigen, daß sich die Elektrizität in Wellen fortsetzte, die miteinander interferierten, so wie es beim Licht der Fall ist. Mittels Prismen aus Steinkohlenteerpech wies er nach, daß die Wellen in derselben Weise gebrochen wurden, wie Licht durch Glas gebrochen wird. Die Wellen drangen auch durch eine Holztür. Bei weiteren Experimenten zeigte sich, daß Wellen von unterschiedlicher Länge entstanden, wenn man die Frequenz des Stroms änderte, der den Funken erzeugte. Elektrizität verhielt sich also tatsächlich wie Licht.

Im Jahre 1895 zeigte das Hertzsche Experiment ungeahnte Auswirkungen – und zwar dank der Tatsache, daß die Erbin einer irischen Whiskeybrennerei mit ihrem italienischen Liebhaber durchbrannte. Die Erbin, Annie Jamieson, hatte eine gute Gesangsstimme, doch ihr Vater war gegen eine musikalische Laufbahn. Um die Tochter von ihren Plänen abzubringen, schickte er sie auf eine Reise nach Italien. Dort lernte sie einen italienischen Opernstaranwärter namens Giuseppe kennen, verliebte sich und heiratete ihn. Das Paar ließ sich in einem Dorf in der Nähe der norditalienischen Stadt Bologna nieder, und im Jahre 1874 brachte Annie einen Sohn zur Welt, den sie auf den Namen Guglielmo taufte.

Guglielmo war ganz versessen auf alles, was mit Technik zu tun hatte; ein Physiklehrer aus seinem Ort brachte ihn darauf, mit der neuen wandernden Kraft der Elektrizität zu experimentieren. Im Jahre 1895 bastelte er sich einen von Hertzens Funkengeneratoren zusammen und kombinierte diesen mit einer Morsetaste, mit der er die Verbindung herstellen und abbrechen konnte und auf diese Weise die Funken in Dreier-
235 ▪ 30 43 gruppen (wie bei dem Morsezeichen[235] für den Buchstaben S)
235 ▪ 114 115 erzeugen konnte. Guglielmo bemerkte, daß er diese unterbro-
235 ▪ 275 314 chenen elektrischen Wellen einen Kilometer weit senden konnte, und mit einer besseren Ausrüstung sogar mehr als doppelt so weit. Weil die Italiener keinerlei Interesse daran zeigten, ging Guglielmo nach England (er war zweisprachig aufgewachsen und in England zur Schule gegangen). Nach einigen Demonstrationen beim British Post Office gelang es ihm, ein Signal über den Ärmelkanal zu senden.

Am 12. Dezember 1901 übermittelte er über Antennen, die von Drachen gehalten wurden, das Morsezeichen für den Buchstaben S von England nach Neufundland, über eine Entfernung von 3500 Kilometern. Danach erfolgte die Übertragung von Fesselballons, von Schiffen, von Flugzeugen und sogar von der *Titanic* (auf diese Weise konnten über 700 Passagiere aus Seenot gerettet werden). Im Jahre 1910 setzte man die Signale erfolgreich bei der Jagd nach dem berühmten Frauenmörder Dr. Crippen ein. Mit der Zeit gingen Guglielmo Mar-

236 ▪ 53 60
236 ▪ 299 356

conis Signale[236] immer weiter um die Erde und reichten bald schon von London bis nach Buenos Aires. Elektrische Wellen verhielten sich also doch nicht genau wie Licht: Ganz offensichtlich wurden sie in irgendeiner Weise »gebogen«, denn sie folgten der Krümmung der Erde.

Im Jahre 1902 wiesen Oliver Heaviside und A. E. Kennelly darauf hin, daß Hertz' elektrische Wellen von Zinkspiegeln reflektiert worden waren, was die Vermutung nahelegte, daß es so etwas wie einen riesigen Reflektor im Himmel gab. 1925 schickte der englische Physiker Edward Appleton mit Hilfe der neuen BBC-Funksender einige Signale direkt in den Himmel und beobachtete, wie lange es dauerte, bis sie wieder zurückkamen, und in welcher Weise sie sich verändert hatten. Der zeitliche Abstand, in dem die Signale zurückkehrten (bei einer Geschwindigkeit von fast 300 000 Kilometer pro Sekunde), verriet ihm, daß der Reflektor, egal worin er bestand, in einer Höhe von ungefähr 100 Kilometern wirksam war. Kurze Zeit später entdeckten zwei Amerikaner, Gregory Breit und Merle Tuve, daß Signale bestimmter Frequenzen sogar aus noch größeren Höhen zurückgeworfen wurden. Als sie diese Tests weltweit wiederholten, stellten sie fest, daß je nach Tageszeit, Jahreszeit und geographischem Standort unterschiedliche Frequenzen zurückgeworfen wurden.

Außer den Metallreflektoren, wie Hertz sie verwendet hatte, gab es nur eins, was Radiowellen reflektierte – ionisierte Atome, denen ein oder mehrere Elektronen fehlten. Diese Atome waren positiv geladen und stießen daher negativ geladene elektronische Signale ab. Diese theoretische Erklärung für die Signalrückstrahlung war bereits 1910 durch die Arbeiten des französischen Forschers Theodore Wulf bestätigt worden. Wulf hatte nachgewiesen, daß die Ionisierung an der Spitze des Pariser Eiffelturms (in 275 Metern Höhe) größer war als am Fuß des Turms. Weitere entscheidende Fortschritte erzielte 1911/12 der österreichische Physiker Victor Hess mit einer Reihe von Ballonflügen bis in eine Höhe von 5000 Metern. Bei den Flügen stellte Hess fest, daß die Ionisierungspegel stetig zunahmen, je höher er aufstieg. Im folgenden Jahr stieg ein weiterer unerschrockener Forscher bis auf 8500 Meter auf und fand heraus, daß dort die Ionisierungspegel zwölf Mal so hoch waren wie auf Meereshöhe. Es hatte den Anschein, als bestehe die Quelle der Ionisierung in einer Art von Strahlung, die aus dem Weltraum stammte. Diese Strahlung wurde einstweilen als Hess-Strahlen bezeichnet.

Appleton stand bei seiner Funkübertragung unterdessen vor dem Problem, daß die Signale bisweilen auf unerklärliche Weise schwächer wurden. Dieses Fading trat meistens bei Nacht und in Zeiten starker Sonnenfleckenaktivität auf. Man konnte davon ausgehen, daß die Strahlung der Sonne die Elektronen der Gasatome in der oberen Atmosphäre anstieß und ionisierte. Und da sich der Ausfall der Radiosignale am häufigsten auf dem Höhepunkt des etwa elfjährigen Sonnenfleckenzyklus ereignete, wirkte es so, als würde die Sonne während ihrer Aktivität die Erdatmosphäre mit vermehrter Strahlung bombardieren, die in hohem Maße die Funkwellen zerstörte.

Keine Lösung lieferte diese Theorie indessen für ein anderes sonderbares Phänomen. Hess und die anderen Forscher hatten entdeckt, daß die Ionisierungspegel in den maximalen Höhen Tag und Nacht unverändert blieben. Also erzeugte etwas anderes als die Sonne eine konstante ionisierende Strahlung. Der AT&T-Ingenieur Karl Jansky, der nach der Störquelle suchte,
237 ▪ 8 24 die den Funkempfang auf den modernen Luxusdampfern[237] beeinträchtigte, kam 1933 dahinter, daß irgendeine Art von Strahlung, die aus der gesamten Milchstraße kam, auf bestimmten Frequenzen konstante statische Störungen verursachte. Vier Jahre später baute Grote Reber, ein unbekannter Radiomechaniker aus Wheaton, Illinois, in seinem Garten eine Antenne aus feinmaschigem Drahtgeflecht und erstellte die erste Karte der kosmischen Hintergrundstrahlung. Die Strahlung, so stellte er fest, kam aus dem gesamten Universum. Die Radioastronomie war geboren, und die »Hess-Strahlen« hießen von nun an »kosmische Strahlen«.

Im Zusammenhang mit dem elfjährigen Sonnenzyklus hatte man unter anderem auch beobachtet, daß dieser Zyklus das Wetter zu beeinflussen schien. Anfang der 1930er Jahre machte sich der junge amerikanische Physiker John Mauchly daran, die Daten über diese Wechselwirkung zu korrelieren. Während seines Studiums an der Johns Hopkins University in Baltimore hatte Mauchly in den Sommerferien beim Wetteramt und beim Bundeseichamt gearbeitet. Dort bekam er mit, daß man in den Vereinigten Staaten zwar seit über 100 Jahren Daten aus der Wettervorhersage gesammelt hatte, ohne jedoch etwas zu unternehmen, um diese Daten zu analysieren. Mauchly war sicher, daß man aus diesen Zahlen Erkenntnisse über allgemeine geologische Gesetzmäßigkeiten gewinnen konnte und es damit vielleicht möglich wurde, Dürren, Regenperioden und andere landwirtschaftlich katastrophale Phänomene vorauszusagen.

Es stand jedoch zu befürchten, daß es viel zu lange dauern würde, die riesige Menge an Daten zu verarbeiten, wenn nicht eine schnellere Rechenmethode gefunden wurde. Im Jahre 1934 war Mauchly zufällig in Chicago und besuchte das Barthold Institut, dessen Direktor ein alter Freund von Mauchlys Vater war. Dort begegnete er einer Gruppe von Wissenschaftlern, die kosmische Strahlenteilchen mit Hilfe von Vakuumröhren erforschten, die extrem schnell auf Signale reagierten. Die Physiker konnten mit diesen Röhren bis zu 100000 Strahlenteilchen pro Sekunde messen. Mauchly war der Meinung, diese Technik müsse abgewandelt werden können, um die Berechnungen vorzunehmen, die er für seine Analyse der Wetterdaten brauchte. Doch bevor er richtig weiterkam, wurde er durch den Zweiten Weltkrieg gezwungen, sich mit etwas ganz anderem als mit Wettervorhersagen zu befassen.

Die Kriegsanstrengungen der Alliierten waren zu Beginn fast zu erfolgreich. Bei der Forschung und Entwicklung der Alliierten kamen fast jede Woche neue Waffen heraus. Zu der neuentwickelten Kriegsausrüstung gehörten neue Arten von Sprengstoff, Geschütze, Zielvorrichtungen, Treibmittel für Geschosse und so weiter. All diese neuen Erfindungen machten das ohnehin schon komplizierte Abfeuern einer Waffe noch komplizierter, denn es gehörte weit mehr dazu als nur am Abzug zu ziehen.

Wenn eine Waffe abgefeuert wird, hängt es von vielen Faktoren ab, mit welcher Genauigkeit das Geschoß sein Ziel erreicht. Die Vielfalt dieser Faktoren ist wahrlich umwerfend. Dazu gehören: Modell des Geschützes, Art des Geschosses, Art des Treibmittels, Form des Laufs, Brenngeschwindigkeit des Treibmittels, Art des Zünders, Art der Patronenhülse, Druck der Gase im Lauf, Druck der Gase außerhalb des Laufs, Druck des Rückstoßes, Geschoßgeschwindigkeit, Reibung des Geschosses beim Austritt aus dem Lauf, Kaliber des Laufs, Verziehen des Laufs durch die Hitze der Zündung, Dichte der Luft, Art des Mündungsfeuerdämpfers, Reibungswiderstand des Geschosses beim Flug, Druckwellen des Geschosses, Reibung des Geschoßmantels, Form des Geschosses, Winkel der Geschoßbahn, Drall und Masse des Geschosses, Außenlufttemperatur, Windrichtung und Windgeschwindigkeit, Luftfeuchtigkeit, Kraft der Erdanziehung, relative Höhe des Ziels, Art des Ziels, Auftreffwinkel und Art der Zieldurchdringung beim Auftreffen. Und die meisten dieser Faktoren hängen auch von dem Gelände ab, auf dem das Geschütz steht, sowie von der jeweiligen Drehung der Erde und der Position des Mondes!

Eingedenk dieser Umstände und Umständlichkeiten wird klar, daß das Hauptproblem beim Feuern eines Geschützes nicht der Schuß selbst ist, sondern die dafür nötige Arithmetik. Solche Berechnungen erschienen damals in Form einer kleinen Broschüre, die mit jeder Waffe mitgeliefert wurde. Das Heft enthielt Tabellen, denen der Schütze entnehmen konnte, wie die Waffe unter allen erdenklichen Bedingungen gefeuert werden sollte. In den Vereinigten Staaten wurden diese Tabellen in den Ballistic Research Labs (den Ballistischen Forschungslaboratorien)[238] 238 ▪ 118 122 in Aberdeen, Maryland, von einer Gruppe von Mathematikerinnen erstellt.

Diese Frauen standen vor einer wahrhaft beängstigenden Aufgabe. Für eine einzige typische Geschoßbahn waren 750 Multiplikationen erforderlich, und eine typische Tabelle für ein bestimmtes Geschütz enthielt über 3000 Geschoßbahnen. Obwohl die Mathematikerinnen in Aberdeen rund um die Uhr arbeiteten, brauchten sie mit den damals verfügbaren mechanischen Rechengeräten 30 Tage, um eine Tabelle aufzustellen. Im Jahre 1944 wurden von dem Labor täglich sechs neue Tabellen angefordert. Eine schnellere Rechenmethode mußte gefunden werden, wenn die Alliierten mit ihren Feuerwaffen weiterhin auf Sieg setzten.

Ab 1942 belegten einige der Tabellenmacherinnen Kurse an der nahegelegenen Moore School of Electrical Engineering in Philadelphia, an der John Mauchly damals unterrichtete (und eine der Mathematikerinnen heiratete). Mauchly meinte, der arithmetische Alptraum müßte mit einem Gerät zu beenden sein, das addieren, subtrahieren, multiplizieren und dividieren und die Zahl dann speichern konnte, bis sie für weitere Berechnungen gebraucht wurde. Der Schlüssel zum Erfolg lag in der Speicherung, denn bei seinen früheren Arbeiten im Bereich der Statistik hatte er erkannt, daß die meisten Fehler dort entstanden, wo eine zuvor errechnete Zahl für einen weiteren Rechenschritt wieder aufgenommen wurde. Mauchly stellte sich also einen Apparat vor, der extrem schnell arbeitete. Bei seinen Wetterdatenberechnungen hatte er eine Zeitlang genau solch ein Gerät benutzt, nämlich die Vakuumröhre, mit der die kosmischen Strahlen erforscht worden waren und die 100 000 Mal pro Sekunde auf Input reagierte.

Im Jahre 1942 schickte er seinen militärischen Vorgesetzten eine Notiz mit dem siegverheißenden Titel »Der Einsatz von Hochgeschwindigkeits-Vakuumröhren beim Rechnen«. Die Armee verlegte oder ignorierte die Notiz. Ein Jahr später wurde der Vorschlag erneut eingereicht und tatsächlich angenommen. Von da an arbeiteten Mauchly und ein Kollege, J. Presper Eckert, an dem Projekt. Das Resultat war eine riesige Maschine, die 1946 an der Moore School erstmals angeschaltet wurde – zu spät, um die Berechnung der Artillerietabellen noch während des Krieges zu beschleunigen. Die Maschine wurde als *electronic numerical integrator and calculator* (ENIAC) bezeichnet. Sie kostete 800 000 Dollar, war 30 Meter lang, drei Meter hoch und einen Meter tief, enthielt fast 18 000 Vakuumröhren und verbrauchte 174 Kilowattstunden Strom.

Damals machte man Witze darüber, daß in Philadelphia die Lichter ausgingen, als der ENIAC-Rechner angeschaltet wurde.

Weil es äußerst umständlich und zeitraubend war, den ENIAC-Rechner für die Berechnungsprozedur anzuschließen, wurde er vom Bedienungspersonal als »Höllenmaschine« bezeichnet. Der Betrieb mag zwar ermüdend gewesen sein, doch innerhalb weniger Jahre sollte ENIAC das Leben der Menschen auf der ganzen Erde beeinflussen. Ohne den Leser ermüden zu wollen: ENIAC operierte mit Gruppen von zehn Vakuumröhren, wobei jede »Dekade« (Zehnergruppe) Einer, Zehner, Hunderter und so weiter repräsentierte. Diese Zehnergruppen konnten jeweils mit einem elektronischen Impuls gefüttert werden. Bei einer bestimmten Anzahl von Impulsen wurde in einer bestimmten Dekade dieselbe Anzahl von Vakuumröhren angeschaltet. Schickte man vier Impulse in die Einer-Dekade, wurden dort vier Röhren aktiviert. Schickte man zwei Impulse in die Zehner-Dekade, wurden dort zwei Röhren aktiviert. Somit wurde nun die Zahl 24 gespeichert. Um 15 zu addieren, schaltete man einfach fünf weitere Röhren in der Einer-Dekade und eine in der Zehner-Dekade an. Um nun die Summe herauszufinden, mußte man lediglich zählen, wie viele Impulse erforderlich waren, um das gesamte System wieder auf Null zu bringen (indem man sämtliche Röhren ausschaltete). In diesem Fall waren drei Impulse in der Zehner-Dekade und neun in der Einer-Dekade nötig, also lautete die Summe 39. Jeder Impuls dauerte ganze 0,02 Millisekunden.

Der Prozeß mag zwar recht kompliziert klingen, doch wenn ENIAC einmal angeschlossen war, verarbeitete der Rechner an einem einzigen Tag eine Datenmenge, für die eine der Mathematikerinnen in Aberdeen ein ganzes Jahr gebraucht hätte. Im Andenken an die Frauen, die das Gerät ersetzte, benannte man es nach deren Tätigkeitsbezeichnung: »Computer« – (Be)Rechner. Bereits mit seiner allerersten Aufgabe veränderte ENIAC die Welt. Mit Hilfe des Computers wurde mathematisch errechnet, wie die erste Wasserstoffbombe detonieren sollte. Die Kalkulationen dauerten mehrere Monate, und das Ergebnis der Arbeit ließ am 1. November 1952 das Pazifikatoll

Elugelab in Wasserdampf aufgehen (letztlich dank Jethro Tulls Interesse an der Landwirtschaft). Aus Pflugscharen waren also Schwerter geworden.

Es ist übrigens eines der faszinierendsten Details der Geschichte, daß nicht so sehr die Wasserstoffbombe die Welt veränderte, sondern die Tatsache, daß die empfindlichen Vakuumröhren des ENIAC-Rechners einiges zu wünschen übrig ließen …

15 Neue Harmonie

Manchmal folgen die Ereignisse im Netzwerk des Wandels einem Pfad, bei dem sich am Ende der Kreis schließt. Einer dieser Pfade begann mit einer Entdeckung, die die Bedingungen der modernen Technologie voll erfüllte, nämlich so allgegenwärtig und benutzerfreundlich zu sein, daß sie inzwischen für völlig selbstverständlich gehalten wird. Das ganze begann mit der Vakuumröhre.

Das Schreckenerregendste für die Besatzungen der B-29-Bomber im Zweiten Weltkrieg war nicht unbedingt die feindliche Flak, die sie von allen Seiten bombardierte, sondern die winzigen Vakuumröhren, die dafür sorgten, daß ihre Maschine in der Luft und auf Kurs blieb. Die B-29 (wie auch viele andere Kampfflugzeuge jener Zeit) verfügte über 1000 solcher Röhren; wenn auch nur eine davon ausfiel, konnte dies böse Folgen haben. Die Röhren steuerten nämlich alles Elektrische an Bord; sie fungierten als Schalter und Verstärker in Heizkörpern, Instrumenten, Funkgeräten und Motoren.

Die Funktion der Vakuumröhre beruhte darauf, daß sie
239 ▪ 52 59 den Elektronenfluß nutzte, der vom heißen Glühdraht[239] zum Metallsockel der Röhre schoß. Mit diesem Elektronenfluß verstärkte man sehr schwache elektrische Ladungen (zum Beispiel Funksignale oder die Leistung von Batterien), damit sie stark genug waren, um ihre Funktion zu erfüllen. Leider kam es oft vor, daß die aus Glas gefertigten Vakuumröhren zerbrachen, daß die Glühdrähte korrodierten oder rissen und daß das Vakuum entwich. Jede derartige Panne verursachte zuerst eine Funktionsstörung in der Röhre, dann in dem Schalter, den sie regelte, und schließlich im Motor (oder dem jeweiligen

Element, das der Schalter kontrollierte). Ein weiterer Nachteil der Vakuumröhre bestand darin, daß sie etliche Sekunden brauchte, um sich zu erwärmen, was alles andere als wünschenswert war, wenn die Röhre beispielsweise als Verstärker in einem Detektor diente, der ein Schiff vor einem herannahenden Torpedo warnen sollte. Verständlicherweise suchte man also eifrig nach einer Alternative, die zuverlässiger, haltbarer und schneller war.

Die Alternative sollte möglichst robuster sein als die zerbrechlichen Glaskolben. Vor dem Krieg hatte man in den Bell Telephone Laboratories (in der vagen Hoffnung, das Telefonsystem zu verbessern) bereits eine Zeitlang das Verhalten gewisser Materialien studiert, die man als Halbleiter bezeichnete, doch bei Ausbruch des Krieges wurden diese Arbeiten eingestellt. Erst 1945 nahm die Firma Bell das Projekt wieder auf und stellte ein Team von Forschern ein, die sich unter der Leitung von William B. Shockley an die Arbeit machten.

Dieser Gruppe gelang ein Durchbruch, für den sie 1956 mit dem Nobelpreis für Physik ausgezeichnet wurde. Die Forscher stellten folgendes fest: Versetzt man die Atome bestimmter Halbleiterkristalle mit gewissen Fremdkörpern, so nehmen die Atome entweder zusätzliche Elektronen auf oder – je nachdem, um welche Fremdkörper es sich handelt – sie stoßen Elektronen ab, an deren Stelle dann »Löcher« zurückbleiben. Setzt man solche Kristalle einem elektrischen Feld aus, so werden die negativen Elektronen oder aber die »Löcher« von einer positiven Elektrode angezogen. Es entsteht dabei ein Strom gleichbleibender Richtung, der wie eine Teilchenströmung einer Vakuumröhre verwendet werden kann, um eine Ladung zu verstärken oder als Schalter zu dienen, weil die Wirkung so schnell wiederholt werden kann, wie das Feld, das auf den Kristall einwirkt, ein- und ausgeschaltet werden kann. Dies kann tausendemal pro Sekunde geschehen. Dieses neue Gerät, das als Transistor bezeichnet wurde, übernahm die Funktion einer Vakuumröhre. Da es in erster Linie aus einem kompakten Kristall bestand, war es viel weniger anfällig als eine Vakuumröhre, hielt länger und arbeitete auch viel schneller. Als Shockley den Transistor entwickelte, verwendete er ein Halbleitermaterial namens Germanium. Weil das extrem seltene Germanium ein Vermögen kostete, ging er später zu Silizium über, das heute in allen Schaltsystemen verwendet wird. Das Germanium, das ursprünglich eingesetzt wurde, stammte aus Zinkerz, das unter anderem im Grenzgebiet von Missouri, Oklahoma und Kansas gefunden wurde.

Germanium war erst 1886 entdeckt worden, und zwar von einem Professor für analytische und technische Chemie an der Hochschule für Bergbau in Freiberg. Der Professor hieß Clemens Winkler und war ein analytisches Genie. Als man auf eine große Ader des seltenen Silbererzes Argyrodit stieß, wurde er mit der Analyse der Erzprobe beauftragt. Diese enthielt nach seinen Berechnungen 74,7 Prozent Silber, 17,1 Prozent Schwefel, 0,66 Prozent Eisenoxid, 0,22 Prozent Zinkoxid und 0,31 Prozent Quecksilber. Was waren aber die restlichen 7,01 Prozent? Nach langwierigen chemischen Untersuchungen gab Winkler die Entdeckung eines neuen Minerals bekannt, dem er den Namen »Germanium« gab (und das Shockley später verwenden sollte) und wandte sich wieder seinen anderen Interessengebieten zu. Als erstes ging es ihm um die Entwicklung seiner Gasbürette, einem Vorläufer der modernen Gasanalyse und der Filtertechnik, die eine saubere Umwelt in der Umgebung von Metallwerken und Fabriken gewährleisten.

240 ▪ 110 103
240 ▪ 197 209
Mit der Bürette konnte man die Inhalte der Abgase[240] in einem Schornstein analysieren; zur Messung verwendete man eine Flüssigkeit, die das Gas absorbierte und sich entsprechend verfärbte, je nachdem wieviel Gas sie absorbiert hatte. Von Interesse war diese Information vor allem für die Industriellen, denn sie half ihnen Geld zu sparen, besonders beim Betrieb von Hochöfen. Bei diesen Öfen verwendete man Kohlenmonoxid und festen Kohlenstoff, um die Eisenoxide zu verringern. Sollte es also gelingen, in den Gasen unverbrauchtes Kohlenmonoxid nachzuweisen, konnte man dieses wiederverwerten. Bei der Gasanalyse bestimmte man die Mengen unverbrannter Brenngase und anderer möglicherweise wiederverwertbarer

Abgase und schuf so die Grundlage für eine insgesamt wirksamere Konstruktion von Brennöfen und Schornsteinen. Mit dieser Art von Analyse konnte man auch feststellen, ob sich in unterirdischen Schächten giftige oder explosive Gase befanden. Wahrscheinlich deswegen gilt Winkler als Vater der technischen Gasanalyse.

Es kommt dieser Geschichte sehr zugute, daß der Zickzackkurs der Historie ziemlich schnell von dieser relativ grauen Seite der Chemie wegführt, denn Winklers Hauptinteresse galt dem Kobalt. Sein Vater leitete ein großes Kobaltwerk, in dem Winkler als Junge seine Ferien verbracht hatte und später auch arbeitete. Damals wurde Kobaltblau[241] in großen **241 ▪ 177** 187
Mengen in der Farbstoffindustrie und in noch größeren Mengen beim Töpfern und Emaillieren verwendet. Eine besonders reine Form hatte ein Chemiker im englischen Birmingham entwickelt; sehr gefragt war dieses Kobalt unter anderem in der Porzellanmanufaktur im französischen Sèvres. Bereits im 18. Jahrhundert hatte Wedgwood[242] mit seinen blauwei- **242 ▪ 124** 128
ßen neoklassischen Keramiken Blau äußerst populär gemacht. Wedgwood begann seine Laufbahn mit dem Ausbessern von Delfter Fayencen, die selbst eine Nachahmung des ausgesprochen teuren und ungeheuer modischen chinesischen Porzellans waren.[243] Porzellan war seit Beginn des 17. Jahrhunderts **243 ▪ 11** 29
nach Europa gekommen; als es erstmals aus China exportiert **243 ▪ 291** 343
wurde, waren dort gerade blauweiße Ornamente in Mode.

Kobalt verwendeten die Chinesen erstmals während der Ming-Dynastie, einer Zeit, in der mit die schönsten Porzellanarbeiten der Geschichte entstanden. Doch das Keramikhandwerk hatte sich in China seit Jahrhunderten entwikkelt, genauer gesagt, seit der Erfindung des Glasierens im 2. Jahrtausend v. Chr. Die Industrie profitierte von der uralten chinesischen Tradition, Staatsoberhäuptern als Huldigung Keramiken zu schenken. Zu manchen Anlässen wurden bis zu 50 000 Stück an den kaiserlichen Hof geliefert. Ab dem 15. Jahrhundert hatte die Ming-Dynastie ihren Sitz in Nanking, einer Stadt in der Nähe der bedeutenden Porzellanmanufaktur von Ching-te-Chen, in der die ersten blauweißen

Muster als Neuheiten für den Hof gefertigt wurden. Eine Voraussetzung für das berühmte Mingvasenblau war Kobalt, denn Kobalt konnte vor dem Glasieren direkt auf die Vase aufgetragen werden, ohne bei den extrem hohen Temperaturen, mit denen das Porzellan gebrannt wurde, zu verlaufen oder zu verblassen. Aufgrund dieser Feuerbeständigkeit konnten die Künstler ehrgeizige Ornamente entwerfen, unter anderem Szenerien mit realistischen oder phantastischen Tieren, Vögeln, Kindern, Fischerbooten, Pagoden, Brücken und Gärten sowie taoistischen und buddhistischen Symbolen und chinesischen Schriftzeichen.

Auf das Kobalt stießen die Chinesen erstmals, als ihre
244 ▪ 90 88 Händler die Seidenstraße[244] bereisten, jene große Handelsroute, die von China durch Mittelasien nach Syrien führte. Eröffnet worden war die Route ursprünglich unter der Han-Dynastie im 3. Jahrhundert v. Chr. für den Handel mit dem Römischen Reich. Im frühen Mittelalter lagen Wartung und Unterhalt der Straße in der Hand der Anrainer; sie patrouillierten die Straße, beschützten die Karawanen und kassierten Zölle. An den großen und bekannten Knotenpunkten tauschten im Laufe der Geschichte griechische, arabische, römische, indische und persische Händler Waren mit den Nomaden aus, die dann bis nach China reisten und ihre Handelsware an chinesische Kunden abgaben. Die Nomaden dienten als Spediteure, weil die chinesischen Bürger selbst nicht ins Ausland reisen und sich der Gefahr einer Verunreinigung durch die »Barbaren« aussetzen durften.

Durch eine Handelsverbindung mit Persien kamen die Ming-Porzellanhersteller dazu, Kobalt zu verwenden, denn erst über die Perser stießen die Chinesen auf das Mineral (das sie als Mohammedanerblau bezeichneten). Entdeckt wurde das Mineral wahrscheinlich in der Stadt Kashan, wo die Töpfer mit Kobalterz arbeiteten, das sie aus den umliegenden Bergwerken bezogen. Die älteste bekannte blaue Keramikschüssel aus Kashan stammt aus dem Jahre 1203, kurz vor der Ära der Fliesenmacherfamilie des Hassan ibn Arabshah, die über ein Jahrhundert lang die wunderschön ornamentalen

Keramiken herstellte, durch die Kashan in ganz Persien berühmt wurde. Die Töpfer von Kashan hatten festgestellt, daß Kobalt verlief, wenn es auf Steingut aufgetragen wurde, und hatten die Farbe dann mit Erfolg auf chinesischem Porzellan ausprobiert. Wahrscheinlich kamen die Chinesen erst durch die Töpfer von Kashan auf die Idee, den Farbstoff überhaupt zu verwenden.

Eine charakteristische Technik der Kashaner Fayencenkunst, die besonders gerne in Moscheen angewandt wurde, bestand in der Art und Weise, in der mit Hilfe der blauen Farbe persische Verse in arabischer Schrift reliefartig herausgearbeitet wurden. Andere Stile zeichneten sich dadurch aus, daß Fliesen sternförmig, sechseckig oder kreuzförmig zugeschnitten wurden und zu großen dekorativen Flächen zusammengesetzt wurden. Viele Moscheen und Paläste waren auch mit komplexen Ornamenten geschmückt, die aus ganz kleinen Fliesen bestanden, von denen jede einen Teil des Gesamtornaments bildete. Diese Technik kann man heute noch in der Maidan-i Shah-Moschee in Isfahan bewundern. Einer ähnlichen Verwendungsweise begegnet man in der Alhambra im spanischen Granada.

Die islamischen Fayencenkünstler hatten ihr raffiniertes Handwerk ursprünglich von den griechischen Mosaikmeistern gelernt, die in frühchristlicher Zeit von Byzanz aus bis in die Produktionszentren von Syrien und Palästina (besonders die berühmte Schule von Antiochia) und nach Ägypten ausschwärmten, um andere zu lehren, die steigende Nachfrage nach ihrer Kunst zu decken. Eine Mosaikform, die in Mesopotamien gefunden wurde, stammt bereits aus der Zeit um 5000 v. Chr., und durch die gesamte griechische bis in die spätrömische Zeit zieht sich eine lange Tradition der Mosaiktechnik. Ihren Höhepunkt erreichte die Mosaikkunst im 4. und 5. Jahrhundert, nachdem Kaiser Konstantin das Christentum zur Staatsreligion des byzantinischen Reiches erklärt hatte und die Christen aus ihren Verstecken kommen und anfangen konnten, sich zu organisieren.

Die Christen schmückten die monumentalen und prächtigen Kirchen, die bald überall im byzantinischen Reich aus dem Boden schossen, wahrscheinlich deswegen mit Mosaiken aus, weil sie als verbotene Untergrundorganisation jahrelang im wahrsten Sinne des Wortes unter der Erde gelebt hatten. Mosaiken waren für die Düsterkeit und die unebenen Flächen der unterirdischen Höhlen besonders gut geeignet, weil sie sehr viel Licht reflektierten. Die Fläche, die ausgeschmückt werden sollte, wurde zunächst glattgerieben und dann mit mehreren Zentimetern Mörtel beschichtet, bis sie halbwegs eben war. Danach wurden kleine Glassteinchen in den noch feuchten Putz gedrückt. Die Mosaiksteinchen waren in der Regel rechteckig oder quadratisch und selten größer als zwei Zentimeter im Durchmesser. Jedes Glasstück war mit Metalloxiden gefärbt. Zwischen das Glas und eine Emailgrundlage legte man meist auch eine Gold- oder Silberfolie; die Emailschicht wurde häufig rot gefärbt, wodurch das Gold wärmer glänzte. Und damit die Mosaiksteinchen möglichst viel Licht reflektierten, neigte man sie in einem Winkel von 30 Grad.

Die Mosaikfarben waren relativ grell. Ihre wahre Wirkung kam nur aus größerem Abstand und bei größeren Flächen zur Geltung; dann war der Eindruck allerdings verblüffend. Einige der großartigsten Mosaiken aller Zeiten sind heute noch in Ravenna zu bestaunen, dem einstigen Sitz des byzantinischen Vizekönigs von Italien. Die vielleicht schönsten Beispiele dieser Mosaiken aus dem 5. und 6. Jahrhundert befinden sich im Grab von Galla Placidia, das mit religiösen Szenen voller Pflanzen, Tiere und Vögel geschmückt ist. Sie gelten als die wohl schönsten Mosaiken der frühchristlichen Zeit überhaupt. Das Grab liegt neben der Kirche San Vitale, die ebenfalls ein herrliches Beispiel monumentaler Mosaikkunst beherbergt, das die Weihung der Kirche in Anwesenheit von Kaiser Justinian und Kaiserin Theodora in vollem Feststaat darstellt.

Eines der politisch interessantesten Mosaiken, die heute noch zu sehen sind, befindet sich in Rom, unweit der Scala Sancta im Lateran. Dort birgt eine offene Apsis aus dem 18. Jahrhundert ein Mosaik, das in einem Zeitraum von 100

Jahren nicht weniger als dreimal sorgfältig restauriert und im Jahre 1743 schließlich von Papst Benedikt XVI. an dieser Stelle angebracht wurde. Das Mosaik selbst stammt aus dem 9. Jahrhundert; die ganze päpstliche Aufmerksamkeit verdankte es allein seinem Motiv. Ein Bogen des Mosaiks stellt den thronenden Christus dar, der dem heiligen Petrus die Schlüssel überreicht und dem Kaiser Konstantin als Würdigung der kaiserlichen Anerkennung des Christentums ein Banner darreicht. Auf einem weiteren Mosaikbogen sehen wir, wie der heilige Petrus Papst Leo III. das Pallium und Karl dem Großen ein Banner überreicht. Diese Szene dokumentiert das Abkommen zwischen Leo und Karl dem Großen bei der Krönungsfeier des letzteren am Weihnachtstag des Jahres 800 n. Chr., mit dem die geistliche Vorherrschaft des Papstes über alle weltliche Macht besiegelt wurde.

Beide Mosaiken verweisen indirekt auf das Dokument, das den Päpsten ursprünglich diese besondere Macht gewährte, nämlich die sogenannte »Konstantinische Schenkung«. Die Schenkung beruhte auf einem Dokument, das an Papst Sylvester I. adressiert und von Kaiser Konstantin unterzeichnet war. Der Legende nach erkrankte der Kaiser an einer Lepra, die wie durch ein Wunder verschwand, als er den christlichen Glauben annahm. Aus Dank für dieses Wunder verfügte er die »Schenkung«. Die »Donatio Constantini« räumte den Päpsten noch nie dagewesene Machtbefugnisse ein und sicherte ihnen die Vorherrschaft über die universelle Kirche. Außerdem hob sie den römischen Klerus in den Adelsstand und übertrug Rom die Provinzen und Städte Italiens, Istriens, Venetiens und der Lombardei. Die Schenkung machte den Papst schließlich zum Herrscher über das gesamte Weströmische Reich. Somit war es sein Recht, Karl den Großen als seinen geistlichen Vasallen zu krönen.

Natürlich war die »Schenkung« jahrhundertelang das wichtigste Machtinstrument der Kirche; nicht weniger als zehn Päpste beriefen sich auf sie, und sämtliche mittelalterliche Rechtsgelehrte und Theologen betrachteten sie als Urkunde, die eine Rechtsgrundlage schuf. Und all dies, obwohl die

»Schenkung« eine plumpe Fälschung war. Sie wurde wahrscheinlich von einem päpstlichen Berater um das Jahr 750 verfaßt, als sich Rom von Byzanz abspaltete, sich vermehrt mit den immer mächtiger werdenden fränkischen Königen einließ und sich dabei eine klare Vorherrschaft sichern mußte.

Die Fälschung wäre vielleicht nie aufgeflogen, wenn der Betrug nicht im Jahre 1435 dadurch ans Licht gekommen wäre, daß sich der Papst mit dem falschen Mann anlegte: Der Spanier Alfonso V. war König von Neapel, weil – wie er sagte – die kurz zuvor verstorbene Königin Giovanna ihn adoptiert hatte. Der Papst bestritt dies, und so wurden die beiden zu erbitterten Feinden. Alfonso sah sich nach Munition um, die er gegen das Papsttum einsetzen konnte, und kam dabei auf seinen Sekretär, einen umstrittenen jungen Prälaten namens
245 ▪ 302 362 Lorenzo Valla.[245] Er war zuvor Professor für Rhetorik an der Universität von Padua gewesen und galt bereits im Alter von 29 Jahren als einer der führenden Humanisten Italiens.

Valla hatte sich intensiv mit klassischem Latein befaßt; dabei stützte er sich auf die jüngst entdeckten antiken Handschriften, die eine völlig neue Sicht der Vergangenheit eröffneten. Er war der führende Experte für lateinische Stilistik und verfaßte 1444 ein Buch darüber, das 300 Jahre lang als Standardwerk galt. Valla war also bestens dafür qualifiziert, in der düsteren Vergangenheit der Päpste herumzustöbern und für seinen königlichen Auftraggeber nach Propagandamaterial zu suchen.

Keiner der beiden hätte auch nur im Entferntesten das erwartet, was Valla schließlich entdeckte. Als er die Stiftungsurkunde auf sprachliche Eigenheiten hin untersuchte, stellte er fest, daß sie von Schnitzern nur so wimmelte. Zunächst einmal war das Latein, in dem die Urkunde abgefaßt war, äußerst primitiv und stammte mit Sicherheit aus einer viel späteren Zeit als der konstantinischen. Außerdem wurde Konstantinopel in der Stiftungsurkunde als »Patriarchensitz« bezeichnet (was es zu jener Zeit noch gar nicht war); und es war von Konstantins »Golddiadem« die Rede (dabei trug der Kaiser in Wirklichkeit eine Kopfbedeckung aus Stoff).

Vallas Arbeit war ein typisches Beispiel für das, was die Humanisten aus ihrem Studium alter Handschriften gelernt hatten. Um zu verstehen, was die klassischen Autoren ursprünglich gemeint hatten, mußten ihre Texte kritisch geprüft werden; dabei kam es auf grammatikalische und syntaktische Analyse genauso an wie auf historische Beurteilung und gesunden Menschenverstand. Dadurch konnten die Gelehrten verschiedene unreine Fassungen eines Textes vergleichen und daraus eine definitive Version erstellen. Diese literarische Übung wurde schließlich auch auf wissenschaftliche Texte der klassischen Antike angewandt und bildete somit die Grundlage für die wissenschaftliche Revolution über ein Jahrhundert später. Vorerst hatte sich Valla damit jedoch in Lebensgefahr gebracht. Es war undenkbar, zu tun, was er getan hatte, und zu glauben, man würde ungeschoren davonkommen. Daß er es dennoch tat und trotzdem ungeschoren davonkam, lag daran, daß er einen sehr einflußreichen Freund in einer sehr hohen Stellung hatte.

Nikolaus von Kues (Cusanus) war einer der führenden Denker der Kirche. Wie Valla hatte auch er an der Universität von Padua studiert, und zwar Kirchenrecht. Im Jahre 1436 wurde er als 35jähriger zum Priester geweiht, wurde mit 37 päpstlicher Gesandter, im außergewöhnlich jungen Alter von 45 Kardinal und mit 58 Gouverneur von Rom. Als einer der führenden Rechtsgelehrten der Kirche hatte er beim Konzil von Basel die Auffassung des Papstes vorgetragen und erläutert; 1434 schrieb er ein bedeutendes Werk, in dem auch er die Konstantinische Schenkung in Zweifel zog. Doch im Gegensatz zu Valla tat er dies vor allem, um zu zeigen, daß der Kaiser des Heiligen Römischen Reiches in seiner Machtbefugnis nicht vom Papst abhing. Dies stand im Zusammenhang mit seiner allgemeinen Auffassung, daß sich die Päpste mehr der Meinung der Konzile und Synoden beugen sollten. Kues hatte also durchaus Verständnis für Valla und setzte sich wahrscheinlich dafür ein, jenen am Leben zu lassen, nachdem bekannt wurde, daß er die Fälschung aufgedeckt hatte. Die Kirche versuchte zwar, das Ganze zu vertuschen, doch der Skandal wurde dennoch bekannt und verstärkte die massive Kritik an Rom, die 100 Jahre später zum Abfall der Protestanten führte.

Vallas Beschützer, Nikolaus von Kues, war seiner Zeit weit
246 ▪ 128 131 voraus. Lange vor Kopernikus[246] behauptete er, daß die Erde eine Kugel sei, sich täglich um die eigene Achse drehe und um die Sonne kreise; daß die Himmelskörper aus demselben Material bestünden wie die Erde; und daß die scheinbare Kreisbewegung des Himmels um die Erde eine relativistische
247 ▪ 130 132 Beobachtung sei. Lange vor Galileo[247] ließ er Objekte von Tür-
247 ▪ 158 169 men fallen, um deren Fall zu studieren. Und lange bevor irgendein anderer auf die Idee kam, formulierte er Regeln für Experimente, maß den Puls, sagte das Wetter voraus, sprach von einem unendlichen Universum, erfand Brillen und lieferte wahrscheinlich auch die Daten für eine neue Karte der Welt.

Dieses geographische Interesse verband Kues mit Paolo Toscanelli, der ebenfalls in Padua studiert hatte und einer der größten Mathematiker und Geographen seiner Zeit werden sollte. Toscanelli schickte Kolumbus die Karte, die ihn auf die Idee brachte, er könne Japan erreichen, indem er den Atlantik in westlicher Richtung überquerte. Toscanelli und Kues waren lebenslang befreundet, und Kues widmete dem Kollegen eine Abhandlung über Geometrie. Und als Kues 1464 in der kleinen italienischen Stadt Todi starb, stand Toscanelli als Testamentszeuge an seinem Sterbebett. Neben ihm stand der Mann, der in dieser kreisförmig sich schließenden Geschichte den nächsten Schritt vollzog.

Dies war Fernao Martins de Roriz, ein Kanonikus aus Lissabon, mit dem Toscanelli in Briefverkehr stand, seit er die weitgereisten portugiesischen Delegierten beim Konzil von
248 ▪ 301 361 Florenz[248] im Jahre 1459 zu verschiedenen Aspekten der Geographie befragt hatte. Bereits damals waren die Portugiesen die größten Erforscher des Abendlandes; sie hatten Madeira, die Azoren und die Kapverdischen Inseln entdeckt; sechs Jahre später sollten sie als erste den Äquator überqueren, als sie auf der Suche nach einer Route in den Osten die Küste Afrikas hinuntersegelten. Die Portugiesen wollten ihre Gewürze direkt von den Erzeugern beziehen, anstatt ihr Geld den türkischen

Mittelsmännern in den Rachen zu werfen, die den Markt beherrschten, seit die Türken im Jahre 1453 Konstantinopel erobert und in Istanbul[249] umbenannt hatten. 249 ▪ 91 88

Der außergewöhnliche Erfolg der berühmten portugiesischen Forschungsreisenden beruhte auf ihrem argwöhnisch gehüteten Geheimnis, sich bei der Navigation an den Breitengraden[250] zu orientieren. Dabei wurde mit Hilfe eines Qua- 250 ▪ 265 296
dranten (einer portugiesischen Erfindung) der Winkel zum Polarstern gemessen um festzustellen, wie weit nördlich oder südlich man sich befand. Je weiter man sich im Norden befand, desto höher stand der Stern am Himmel. Dieses Verfahren bot die Gewähr, daß man bei der Rückreise wieder zu Hause ankam. Die Portugiesen segelten einfach nach Norden, bis der Polarstern bei 38 Grad nördlicher Breite stand, drehten nach Osten und liefen früher oder später direkt in den Hafen von Lissabon ein (das fast genau auf 38 Grad nördlicher Breite liegt).

Martins de Roriz war Sekretär der portugiesischen Sonderkommission für Navigation, die der Hof zur Organisation der Seeforschungsreisen einberufen hatte. Bereits 1474 hatten portugiesische Schiffe die Küste Grönlands erreicht, und in ganz Europa kursierten Gerüchte, die Portugiesen unternähmen geheime Forschungsreisen weit hinaus in den Atlantik, um neue Navigationstechniken zu erproben. Das vielleicht wichtigste und bestgehütete Geheimnis bestand darin, die Breitengrade mit Hilfe des Sonnenstandes zu berechnen, um auch bei Tag nach dem Breitengrad zu navigieren, sobald man den Äquator in südliche Richtung überquert und den Polarstern aus den Augen verloren hatte.

Der Versuch, auf der afrikanischen Route nach Osten zu gelangen, war ein unglaublich riskantes Unterfangen, denn wenn man direkt auf die Südspitze Afrikas zusteuerte, indem man quer über den Atlantik segelte, anstatt sich an die afrikanische Küste zu halten, verlor man das Festland aus den Augen, was bisher niemand gewagt hatte. Ermutigt wurden die Portugiesen zu diesem gefährlichen Abenteuer durch die Berichte von einer geheimen Landexpedition nach Osten, die

Pero da Covilha unternommen hatte. Covilha sprach fließend Arabisch und war bereits in Marokko für die Portugiesen als Spion tätig gewesen. Bei seiner Rückkehr im Jahre 1490 berichtete Covilha, die Inder bauten Pfeffer und Ingwer selbst an und importierten Gewürznelken und Zimt von Inseln weiter östlich. Er hatte auch die Daten erkundet, an denen die arabischen Schiffe normalerweise aus den Häfen im Indischen Ozean ausliefen, um die Monsunwinde zu nutzen.

Etwa gleichzeitig – 1487/88 – gelang es Bartolomeo Diaz, das Kap der Guten Hoffnung zu umrunden. Zehn Jahre später brach Vasco da Gama zu seiner ausgedehnten Reise nach Indien auf, angespornt durch die Berichte von Kolumbus. Da Gama segelte zunächst weit in den mittleren Atlantik hinaus, danach etwa 30 Breitengrade lang direkt nach Süden, drehte dann nach Osten und stieß nur ein Grad zu weit nördlich auf das Kap. Die Navigation anhand der Berechnung der Breitengrade mit Hilfe der Sonne hatte also funktioniert.

Weniger als sechs Monate nach da Gamas Rückkehr im Jahre 1500 befehligte Pedro Alvar Cabral eine Flotte mit 13 Schiffen auf derselben Route, doch er wurde weit nach
251 ▪ 94 89 Westen abgetrieben. So entdeckte er am 23. April Brasilien.[251]
Ein weiteres Schiff folgte unmittelbar darauf derselben Route und pflanzte die portugiesische Flagge auf. Im Jahre 1501 setzte eine dritte Flotte Segel mit Kurs auf Brasilien, und zwar unter dem Kommando des Italieners Amerigo Vespucci, nach dem die Neue Welt schließlich benannt wurde. Ein paar Jahre später bezeichnete nämlich der deutsche Kartograph Martin Waldseemüller den neuen Kontinent (nach Vespuccis Vornamen) als »Amerika«.

Die ersten Berichte aus Brasilien vermittelten zwar den deutlichen Eindruck, das Land habe außer Papageien, Affen, nackten Wilden und Färbeholz nichts zu bieten, doch etwas anderes schien eindeutig für Brasilien zu sprechen: Es gab dort keine Inquisition. Und so war es das erste von vielen Ländern in der Neuen Welt, das Zuflucht vor Verfolgung und Diskriminierung bot. In diesem Fall handelte es sich bei den Flüchtlingen um portugiesische Juden (beziehungsweise ehemalige

Juden, denn sie waren alle unter Androhung von Folter gezwungen worden, sich zum Christentum zu bekennen). Die portugiesischen Behörden ließen diese sogenannten »Neuchristen« deportieren oder machten es ihnen schwer, Arbeit zu finden.

Als einige »Neuchristen« um die Erlaubnis baten, nach Brasilien auswandern zu dürfen, bot sich der Krone eine günstige Gelegenheit, sie loszuwerden und (mit einem Auge auf das expansionistische Spanien) die eigene Präsenz in Brasilien zu verstärken. Im Jahre 1502 gewährte man einem neuchristlichen Konsortium unter Führung von Fernando de Noronha eine Monopolzulassung, unter der Bedingung, daß das Konsortium nicht weniger als sechs Schiffe im Jahr zurückschickte, alle zwölf Monate 1500 Kilometer Neuland erforschte sowie Festungsanlagen baute und unterhielt. Die Neuchristen waren die ersten Siedler in Brasilien und die ersten, die in der Region Pernambuco Zuckerplantagen betrieben.

Damals war die Zuckerherstellung nicht die uninteressante, hinterwäldlerische Agroindustrie, für die sie heute gehalten werden mag. Im 17. Jahrhundert war der Zucker genauso wertvoll wie heute das Erdöl, und mit den neuen brasilianischen Plantagen konnte Portugal den Zuckermarkt beherrschen. Das war so, als hätte man eine Lizenz zum Gelddrucken. Im Jahre 1630 besetzten die Holländer Pernambuco und dann den gesamten Nordosten Brasiliens, wodurch sich die Lebensbedingungen der Neuchristen plötzlich um einiges verbesserten. Die Holländer waren der Meinung, kein Mensch sollte wegen seiner religiösen Überzeugung verfolgt werden; und in dieser toleranten Umgebung zeigten die Neuchristen schon bald, daß sie ihren jüdischen Glauben im Grunde gar nicht abgelegt hatten.

Ihre neuerlangte Glaubensfreiheit bedeutete den Juden so viel, daß sie an der Seite ihrer neuen holländischen Freunde gegen die Portugiesen kämpften, als diese versuchten, das Territorium zurückzuerobern. Als die Holländer verloren und Pernambuco kapitulierte, flohen zahlreiche brasilianische Juden nach Neu-Amsterdam (das heutige New York), wo sie die erste Synagoge in Nordamerika erbauten. Viele zog es auch in das alte Amsterdam, wo sie ebenfalls vor der Verfolgung sicher waren. Unter diesen Flüchtlingen, die in Europa landeten, befand sich auch ein junger Bursche, Andrade Velosinho, der in seinen späteren Lebensjahren zum einflußreichen Gegner eines anderen portugiesischen Juden namens Baruch Spinoza werden sollte, dessen Eltern aus Portugal nach Amsterdam geflohen waren.

Spinoza war einer der wenigen, dem die zweifelhafte Ehre zuteil wurde, sowohl von den Katholiken als auch von den Protestanten zum Ketzer erklärt zu werden. Im Jahre 1656 wurde er wegen seiner unorthodoxen Ansichten sogar aus der jüdischen Glaubensgemeinschaft ausgeschlossen. Spinoza war ein stiller, gelehrter Mensch; er sprach Portugiesisch, Deutsch, Holländisch, Lateinisch und Hebräisch und hatte in frühen Jahren die Laufbahn eines Rabbiners einschlagen wollen. Da er knapp bei Kasse war, lernte er das Handwerk des Linsen-
252 ▪ 84 78 schleifers; in diesem Metier beriet er im Laufe der Zeit sowohl
252 ▪ 132 133 Christian Huygens[252] als auch Gottfried Leibniz[253], zwei der
253 ▪ 82 76 führenden Wissenschaftler und Denker des Jahrhunderts.

253 ▪ 231 258 Doch mit seinen philosophischen Schriften handelte sich
253 ▪ 309 369 Spinoza Ärger mit den etablierten christlichen Kirchen ein. Im Jahre 1670 trat er in einer anonym veröffentlichten theologischen Abhandlung für eine vollständige Rede- und Meinungsfreiheit ein. Selbst im toleranten Holland war diese Forderung geradezu revolutionär. Außerdem behauptete Spinoza, daß Wunder nur von denjenigen gesehen würden, die sie sehen wollten; daß göttliche Gesetze, wenn es welche gab, in den Naturgesetzen enthalten seien; daß es kein Leben nach dem Tode gab; daß das Erkennen der Natur das Erkennen Gottes sei; und daß die Sprache der Mathematik die einzige rationale Sprache sei, mit der das Universum beschrieben werden könne.

Wahrscheinlich machte Huygens die English Royal Society auf Spinozas mathematische Schriften aufmerksam. Im Jahre 1661 begann er einen Briefwechsel mit Henry Oldenburg, der bald darauf Generalsekretär der Gesellschaft werden sollte und Huygens noch im selben Jahr einen Besuch abstattete. Im

letzten Viertel des 17. Jahrhunderts fing die Royal Society an, sich für die holländische Forschung und Wissenschaft zu interessieren, insbesondere (über Spinoza) für die Arbeit des Anton van Leeuwenhoek,[254] der Linsen für Mikroskope schliff. **254 ▪ 83** 77
Leeuwenhoek sorgte für eine Sensation in der Society, als er **254 ▪ 310** 370
1676 Skizzen schickte von Protozoen und platzenden Zellen, die ihr Protoplasma freisetzten. Er hatte das Mikroskop erstmals dazu eingesetzt, winzige lebende Organismen zu studieren, und veränderte damit die Welt der Wissenschaft auf einen Schlag. Wenn es, wie aus Leeuwenhoeks Arbeiten hervorzugehen schien, Lebewesen gab, die zu klein für das menschliche Auge waren, was gab es dann noch alles zu entdecken?

Während des gesamten 18. Jahrhunderts mußte man den Eindruck gehabt haben, daß kaum ein Tag ohne irgendeine erstaunliche Offenbarung der Naturwissenschaft und Technik verging. Beinahe jeden Monat hörte man von Entdeckungen in bezug auf Schwerkraft, Elektrizität, Chemie, Atmung, Photosynthese, Geologie, Physilogie und Biologie. Eine radikale Veränderung der Welt brachten ab 1813 vor allem die außergewöhnlichen neuen Maschinen, die mit Dampf angetrieben wurden. In jenem Jahr faszinierten die Mysterien der Naturwissenschaften vor allem einen Kreis von Außenseitern, die an den Ufern des Genfer Sees Urlaub machten. Es handelte sich um die romantischen Dichter Byron (nebst Geliebter) und Shelley (und dessen jugendliche Gattin und Stiefschwester von Byrons Geliebter).

Als der Kreis in Byrons Villa eines Abends auf die neuesten High-Tech-Spielereien zu sprechen kam, erwähnte jemand, daß Erasmus Darwin angeblich eine Nudel galvanisiert und zum Leben erweckt habe. Die Vorstellung von lebenden Lebensmitteln brachte die Gruppe auf Themen wie Leben und Tod, Geister und Wissenschaft, und Shelleys Gattin Mary[255] bekundete ihre Absicht, einen Roman darüber zu **255 ▪ 160** 171
schreiben, wie die Naturwissenschaft und die Industrie das menschliche Leben zerstörten und wie Menschen vom Schlage eines Alessandro Volta sich auf Kräfte einließen, die sie nicht verstanden.

In dem Roman schilderte sie einen jungen Wissenschaftler namens Victor, der besessen ist von der Vorstellung, die Geheimnisse der Natur zu durchdringen, und der mit Hilfe von Mikroskopen und Schmelztiegeln die Welt des Unbekannten erforscht. Victor verfolgt den großen Plan, die unbekannten Kräfte der Physiologie und der Elektrizität zu nutzen, um ein künstliches menschliches Wesen zu erschaffen. Nach höchst schauerlichen Experimenten in seinem Kerkerlabor gelingt Victor das, was man sich 1813 unter Genmanipulation vorgestellt haben mochte, aber natürlich mußte das Experiment furchtbar mißlingen und schreckliche Folgen zeitigen. Ursprünglich sollte Marys Roman *The Demon of Switzerland* (*Der Dämon der Schweiz*) heißen, weltbekannt wurde er jedoch unter dem Titel, der sich an den Nachnamen des jungen Laborhelden anlehnte, nämlich *Frankenstein.*

Mary übernahm viele ihrer Ideen über die bösen Folgen der Industrialisierung und der Technologie von Shelley. Die
256 ▪ 232 259 Romantiker[256] waren sich weitgehend einig in ihrer Ablehnung gegenüber dem Materialismus und dem Aufstieg der Mittelschicht, die mit dem Wachstum der industriellen Produktion einhergingen. Marys linker Gatte war der Meinung, Maschinen versklavten den Menschen und spalteten ihn von der natürlichen Freiheit ab, die er einst in der schlichten, ländlichen Umgebung genossen hatte, bevor er vom Leben in der Stadt verdorben worden war. Shelley wiederum übernahm die meisten dieser Gedanken von Marys Vater, William Godwin, der Coleridge gut kannte, von Wordsworth sehr geschätzt und von Shelley tief verehrt wurde.

Shelley hatte Godwins *Enquiry Concerning Political Justice* (*Über politische Gerechtigkeit*) gelesen, als er in Eton zur Schule ging, und war begeistert, als er den Verfasser (und dessen Tochter) 1812 kennenlernte. Godwin war der Begründer des sozialistischen Denkens; er war absolut überzeugt von der Vervollkommnungsfähigkeit des Menschen. Er schrieb, die Gesellschaft solle eine freiwillige Vereinigung autonomer, freier und selbstbewußter Individuen sein. Sämtliches Eigentum solle der Gemeinschaft gehören; niemand dürfe mehr erhalten, als er brauchte, beziehungsweise mehr geben, als er konnte. Als höchstes Ideal galt eine Gesellschaft aus kleinen, selbstverwalteten Gemeinschaften.

Diese Gedanken deckten sich vollkommen mit den Ideen von Robert Owen[257], der Godwin ebenfalls bewunderte und 1813 persönlich kennenlernte. Owen hatte 13 Jahre lang eine Fabrik im schottischen New Lanark geleitet. Dort hatte er Neuerungen eingeführt, die in der damaligen Zeit fast schon als subversiv galten. Da die meisten Fabrikarbeiter Kinder waren, gehörte zu dem Industriekomplex in New Lanark auch eine Schule, in der es Owens Überzeugung entsprechend weder Strafen noch Belohnungen gab. In den Schlafsälen der Fabrikangestellten wurde einmal pro Woche das Bettzeug gewechselt. Im werkeigenen Laden wurde zum Einkaufspreis verkauft. Es gab eine Krankenkasse, in die jeder Arbeiter 1/60 seines Lohns einzahlte. Einige konservative Zeitgenossen waren zutiefst schockiert über diese radikalen Praktiken, doch Owens soziales Experiment wurde so berühmt, daß Tausende die Fabrik besuchten. 257 ▪ 7 23

Owen engagierte sich sehr für die Genossenschaftsbewegung. Jahrelang schrieb und sprach er über seine sozialistische Idealvorstellung, eine Art von Modellgemeinschaft, die sich auf seine Experimente in New Lanark stützen sollte. Im Jahre 1824 bot sich die Gelegenheit, eine kleine Dorfgemeinde in Indiana zu kaufen, und er griff sofort zu. Die Siedlung am Wabash River war von einem anderen Utopisten, George Rapp, gegründet worden, der allerdings der Meinung war, seine Herde werde nicht mehr genügend gefordert und sollte an einen anderen Ort ziehen. Und so erwarb Owen das frei werdende Gelände samt Gebäuden. Er taufte sein Unternehmen auf den Namen »New Harmony« (Rapps Gemeinschaft hatte »Harmony« geheißen) und konnte eine Gruppe von Anhängern dazu bewegen, sich dort anzusiedeln. Doch aufgrund von Geldproblemen, Alkoholismus und Klassenunterschieden wurde das Siedlungsprojekt schon bald zu einem Fehlschlag. In den ersten vier Jahren seines Bestehens galt New Harmony mit dem ersten Kindergarten, der ersten öffentlichen Bibliothek und dem ersten Frauenclub des Landes jedoch als Zentrum des *radical chic* in den Vereinigten Staaten.

Owen hatte die Gemeinschaft überhaupt nur gründen können, weil er auf die finanzielle Unterstützung von William
258 ▪ 288 335 Maclure[258] zurückgreifen konnte. Maclure war ein reicher, pensionierter Geschäftsmann und ein liberaler Denker. Neben der Philanthropie bewegte ihn noch eine zweite große Leidenschaft, die Geologie. Seit 1808 hatte er jeden Staat der Union mit Hammer und Beutel durchquert, Gesteinsproben gesammelt und Notizen gemacht. Im Jahre 1809 veröffentlichte er in den *Transactions of the American Philosophical Society* die
259 ▪ 167 176 erste geologische Karte[259] der Vereinigten Staaten, die in den nächsten 25 Jahren die einzige ihrer Art bleiben sollte. In dieser Farbkarte, die durch einen Text ergänzt wurde, hatte Maclure die wichtigsten geologischen Formationen des Landes verzeichnet. Bei einer dieser Formationen, im Grenzland von Kansas, Oklahoma und Missouri, vermerkte er die Gesteinsvorkommen, aus denen eines Tages Shockleys Germanium stammen sollte.

Maclure folgte einer großen Tradition der physischen Geographie, die zur Zeit der Renaissance in Deutschland entstanden war …

16 Dem Täter auf der Spur

Mitunter nimmt der Lauf der Geschichte einige unerwartete Wendungen, weil einzelne Menschen etwas Unerwartetes tun, das höchst unvorhersehbare Veränderungen bewirkt. Nehmen wir als Beispiel den Sonderling, der eine Reihe von Ereignissen auslöste, die schließlich dazu führten, daß die Billardkugel im Kriminalmuseum zum Lieblingsexponat aller Polizisten und Detektive wurde. Wenn der Kommissar von heute schließlich den Täter identifiziert, verfügt die Staatsanwaltschaft dank dieser Kugel über unanfechtbare Beweise dafür, daß er es tatsächlich war. Und all das verdanken wir demjenigen, der am Anfang dieser Geschichte steht.

Er war eines jener seltenen Exemplare, die oft als Renaissancemensch bezeichnet werden, einer jener europäischen Gelehrten des 16. Jahrhunderts, die alles wußten, was es zu wissen gab. Er hieß Georg Bauer, lebte in Deutschland und begann seine wechselvolle Laufbahn als Lehrer für Latein, Griechisch und Grammatik. Als nächstes verlegte er sich auf die Physik, dann Chemie, dann Sprachwissenschaften und schließlich auf das Publizieren, bevor er endlich und endgültig in der Medizin landete. Er schrieb sich wie jeder, der die beste Medizinerausbildung in Europa genießen wollte, an der Universität von Bologna ein und fand sich mit den überfüllten Hörsälen ab, weil dort die neuesten Verfahren der Anatomie gelehrt wurden.

Nachdem Bauer sein Examen summa cum laude bestanden hatte, ließ er sich 1526 als praktizierender Arzt nieder, und zwar in der Bergarbeiterstadt Joachimsthal im Herzen des reichsten Erzreviers in Mitteleuropa (in der heutigen Tschechischen Republik). In Joachimsthal war man 1516 auf eine große Silberader gestoßen. Von dem wertvollen Metall wurden geradezu Unmengen gefunden – genug, um davon die langlebigste Münze in der europäischen Geschichte zu prägen. Die Münze wurde nach dem Ort des Fundes benannt – Joachimsthaler. Bald verwendete man nur noch die Kurzform, Taler. Die Taler, die im 18. Jahrhundert unter der österreichisch-ungarischen Kaiserin Maria Theresia geprägt wurden, waren noch während des Zweiten Weltkriegs als Zahlungsmittel in Umlauf. Der Taler hinterließ noch andere Spuren in der Geschichte, denn von dem Wort *Taler* stammt schließlich auch das Wort *Dollar* ab.

Zurück zu unserem Helden: 1528 setzte sich Bauer hin und schrieb ein riesiges Buch über alles, was man über das Bergwesen wissen mußte (und weil Georg ein Renaissancemensch war, schrieb er auch ein Buch über Medizin und den ersten
260 ▪ 211 228 Text über physische Geographie[260]). Die Schrift über den Bergbau, die 1556 posthum unter Bauers Pseudonym Agricola veröffentlicht wurde, hieß *De re metallica* (*Von den Metallen*) und galt 200 Jahre lang als Bibel eines jeden Knappen. Bauer behandelte sämtliche Aspekte dieses Berufes, von der Drainage, dem Schmelzen und der Erzanalyse über das Brechen, den Tunnelbau und die Bewetterung bis hin zu den Fossilien. Das mit Holzschnitten reich bebilderte Buch enthielt alles, was jemand wissen mußte, der eine Grube kaufen wollte. Wenn ein Investor also eine Mine kaufte, die Bauers Erzanalysen zufolge reich an wirklich wertvollen Mineralien wie Kupfer war, konnte er von vornherein sicher sein, daß sich das Unternehmen auszahlte.

Ein Minenbesitzer mußte nicht unbedingt nur nach Edelmetallen graben, um schnell reich zu werden. Er konnte auch Kupfer und ein wenig Zinn zusammenmischen und eine Bronzekanone gießen – ein ideales Geschenk für den Fürsten, der schon alles hatte. Das Europa des 16. Jahrhunderts wimmelte nur so von jungen Nationalstaaten, ehrgeizigen Königen, Schiffsladungen von Welterforschern und Armeen, die gegen den Papst kämpften. Was sie alle am dringendsten brauchten, war Feuerkraft. Es verging kaum eine Woche, in der nicht irgendwo ein Krieg aufflammte. Kanonen waren die absolute Schreckenswaffe, die den Erfolg auf dem Schlachtfeld sicherte, denn ganze Städte ergaben sich, sobald eine Kanone anrollte und dumpf grollte. Für die Streitsüchtigen war die Kriegsführung dank der einzigartigen Talente des Georg Bauer nun ein ganz klein wenig einfacher.

Daß es überhaupt nicht schwer war, aus Bronze Kanonen zu machen, war auch ein Verdienst der Kirche. Die meisten Kanonenschmiede waren ehemalige Glockengießer, die ihre Techniken leicht auf das Gießen von Kanonenrohren anwenden konnten. Die besten Kanonen des 16. Jahrhunderts stammten aus Deutschland und Flandern, aber ein solches Geschütz kostete ein Vermögen. Trotzdem war es für die Kanonenschmiede kein Leichtes, schnell zu Reichtum zu gelangen, denn ihre königlichen Kunden waren meist knapp bei Kasse.

Das eigentliche Problem war der königliche Cash flow. Die Bürger entrichteten ihre Steuern an den jeweiligen Herrscher in Form von Waren und Dienstleistungen, anstatt in Bargeld, das (trotz der Silberfunde in Mitteleuropa) in der Regel knapp bemessen war. In einer Zeit, in der die aufstrebenden Kapitalisten in den erstarkenden Handelsstädten wirtschaftlich ihre Muskeln spielen ließen und die alten feudalen Bande immer schwächer wurden, hatten die Könige meist nicht genügend in der Kasse. Bargeld war jedoch genau das, was sie brauchten, wenn sie eine Armee aufstellen oder mit ihren Kanonen schießen wollten, denn die einzigen Truppen zu jener Zeit waren Söldner, und diese wollten immer sofort Bargeld auf die Hand. Einer der berühmtesten Söldner jener Zeit, Gian Giacomo de Trivulzio, ließ den französischen König Louis XII. wissen: »Majestät, ... drei Dinge sind erforderlich [, um in den Krieg zu ziehen]: Geld, Geld, und nochmals Geld.«

Also borgten sich die Fürsten und Könige ihr Bargeld (zu exorbitanten Zinsen) von den neuen Kapitalisten, von denen interessanterweise viele im Bergbau – der vielleicht ältesten Branche des Kapitalismus – angefangen hatten. Weil ungeheuer viel teures Gerät erforderlich war, um ein Bergwerk zu betreiben, konnte man in ein derartiges Unternehmen nur einsteigen, wenn man Sponsoren auftrieb, die für einen Anteil am Gewinn Finanzspritzen gaben. Als im Spätmittelalter immer mehr Bargeld in Umlauf kam, waren diese Investoren in der Regel die ersten, denen es zufloß. Und je erfolgreicher ihre Investitionen waren, desto mehr investierten diese Sponsoren gegen Gewinnanteile in Unternehmen.

Solch eine Gruppe von Financiers war die Augsburger Familie der Fugger. Die Fugger waren seit dem 14. Jahrhundert Kaufleute und hatten mit allem gehandelt, was Geld brachte, vom Pfeffer bis zum Leintuch. Um 1490 stieg einer der Söhne, Jakob, in das Investmentgeschäft ein, denn er hatte genug Geld gescheffelt, um es an Könige und Fürsten zu verleihen. Als Gegenleistung verhökerten diese königlichen Kreditnehmer ihre Silber- und Kupferminen an Jakob, verpfändeten für ein paar Jahre ihre Steuereinnahmen oder überschrieben ihm ganze Provinzen – oder alles drei.

Die Familie Fugger wurde über die Landesgrenzen hinaus bekannt, weil sie Geld an Kardinäle verlieh, die den Papst nicht für ihre Kardinalsmützen bezahlen konnten, oder an Möchtegernkaiser, die sich ihre Wahl auf den Thron nicht lei-
261 ▪ 201 215 sten konnten. Ein Möchtegernkaiser war damals Karl V.[261] von Spanien. Gewählt wurde der Kaiser von Fürsten, die ihre Stimme demjenigen gaben, der am meisten bot. Karls Rivale um das Amt des Heiligen Römischen Kaisers war der französische König Franz. Im Jahre 1519 trug Karl den Sieg davon – aufgrund riesiger Fuggerscher Finanzhilfen (die in erster Linie an den König von Böhmen und die Herrscher der Pfalz, Brandenburgs und Sachsens sowie an die Erzbischöfe von Köln und Mainz flossen). Der Sieg kostete ihn jedoch die Steuereinnahmen Kastiliens, Neapels, Siziliens, Hollands und Österreichs sowie das Gold und Silber aus Südamerika, das sich neuerdings nach Spanien ergoß.

Karls Finanzen erholten sich nie mehr von den katastrophalen Folgen, die seine Schulden bei den Fuggern zeitigten. Als er im Jahre 1556 abdankte und sich in das spanische Kloster Yuste zurückzog (um seine verbleibenden Lebensjahre seiner

Passion für Uhren aller Art zu widmen), war er noch immer pleite und hatte nicht einmal genügend Kleingeld, um seine Diener zu bezahlen. Zwei Jahre später starb er an Malaria und hinterließ seinem Sohn Philipp II. als trauriges Erbe ein bankrottes Reich mit einem abtrünnigen Holland, das von der wirtschaftlich aufstrebenden Königin von England (Elizabeth I.) finanziell und moralisch unterstützt wurde. Im Jahre 1586 unterzeichnete Elizabeth einen Vertrag mit den holländischen Rebellen, und Sir Francis Drake[262] plünderte die Karibikhäfen Santo Domingo und Cartagena, von wo aus die Spanier die Inkaschätze[263] nach Hause schafften.

262 ▪ 92 89

263 ▪ 202 217

Philipp suchte verzweifelt nach Möglichkeiten, seine Finanzprobleme zu lösen. Er faßte den Plan, mit einer voll bewaffneten Riesenflotte, einer »Armada« (nach dem spanischen Wort für »bewaffnet«), in England einzufallen. Diese Entscheidung sollte sich als törichter Fehler erweisen. Zunächst einmal war das Unternehmen denkbar schlecht organisiert. Noch nie hatte jemand eine Seeschlacht von solchen Dimensionen in Angriff genommen, und so hatte Philipp größte Probleme mit der Logistik. Vor allem aber war die englische Flotte ein ernstzunehmender Gegner. Königin Elizabeth hatte das Geschäft mit den Seekriegen Privatunternehmern überlassen, von denen die meisten, wie etwa Francis Drake und John Hawkins, einer nur oberflächlich getarnten Piraterie nachgingen. Zu diesem Zweck hatten die Freibeuter einen besonderen Schiffstyp entwickelt, der sich gut für Überraschungsaktionen eignete. Die Piratenschiffe mußten schnell und wendig sein; deshalb hatten sich Hawkins und seine Zeitgenossen einiges einfallen lassen und die traditionelle Galeone um ein paar neue Eigenheiten erweitert, unter anderem geteilte Segel, Winden zum schnelleren Lichten von Ankern, handlichere Methoden zum Streichen der Topsegel und so weiter.

Auch die englische Bordkanonentechnik wurde verbessert. Es gab vier verschiedene Arten von Kanonen: Kanonen, die Steine und schwere Kugeln schossen, um feindliche Schiffe zu zerstören; halbgroße Kanonen für mittelgroße Geschosse; Perriers für mittelschwere Geschosse von mittlerer Reichweite;

und Feldschlangen für leichte Geschosse von großer Reichweite. Die Engländer verfügten über 172 Schiffe mit insgesamt 1972 Kanonen. Die Schiffe lagen tiefer im Wasser und hatten schmalere, längere Rümpfe, um schneller bei- und abdrehen zu können; so konnten sie die Spanier schon aus der Ferne unter Beschuß nehmen.

Die 130 spanischen Schiffe mit 1124 Kanonen waren altmodische Galeonen, die normalerweise die Gewürzschiffe aus Indien und die Schatzflotten aus Südamerika eskortierten. Diese Galeonen waren schwerfällig und hatten hohe Aufbauten; sie waren so konstruiert, daß man neben einem feindlichen Schiff beidrehen und dieses entern konnte. Es waren auch Galeeren darunter, die aber wegen ihrer Ruderpforten keine Kanonen mitführen konnten. Aufgrund ihrer Bauart und Gefechtstaktik waren die spanischen Schiffe im allgemeinen mit schweren Kanonen bestückt, die nur auf kurze Distanzen schoßen.

Letztendlich war es so, daß die Engländer weit außerhalb der Schußweite der spanischen Kanonen blieben, den spanischen Schiffen ihren Nahkampfvorteil nahmen und mit ihren eigenen Langstreckenkanonen sehr viel mehr ausrichteten. Die Spanier waren auch durch die Taktik der Engländer verwirrt, denn Hawkins und Drake kreisten die Flügel der spanischen Flottenformation ein und bestrichen sie von zwei Seiten mit Feuer. Durch dieses Manöver wurde die spanische Armada schließlich versprengt und vertrieben. Stürmisches Wetter erledigte den Rest: Die spanische Armada wurde aus dem Ärmelkanal in die Nordsee und an die Nordspitze Schottlands abgetrieben, wo sie an einem der wohl unwirtlichsten Küstenstriche der Welt zerschellte.

Philipps Invasion war gescheitert, doch sie hatte den europäischen Fürsten gezeigt, wie wertvoll eine Kriegsmarine war. Deshalb bauten ab der Mitte des 17. Jahrhunderts nicht nur die Engländer, sondern auch alle anderen Staaten riesige 2000-Tonnen-Schiffe. Für den Bau eines solchen Monstrums brauchte man über 1000 Eichen, und bald waren die schwindenden Waldbestände per Gesetz der Nutzung durch die

Kriegsmarine vorbehalten. In Spanien beispielsweise durfte niemand einen Baum fällen, ohne dafür zwei neue zu pflanzen.

Außerdem wurden überall strenge Maßnahmen ergriffen, um die Verarbeitung von Bäumen zu Holzkohle (die bisher das wichtigste Industriebrennmittel gewesen war) zu unterbinden. Besonders unangenehm war die neue Gesetzgebung für die Glaser, die mit Holzkohle arbeiteten, denn zu Beginn des 17. Jahrhunderts boomte der Glasmarkt. Die europäische Wirtschaft kam kräftig in Gang. Grund dafür waren die steigenden Importe aus neu entdeckten Ländern im Osten und im Westen, die ersten Anfänge der industriellen Entwicklung und die Fortschritte in der Landwirtschaft. Es mußte unbedingt ein neuer Brennstoff gefunden werden. Bereits 1612 gab es ein Verfahren (das ein Engländer namens Thomas Percivall entwickelt hatte), mit dem Eisen und Glas mit Hilfe von Kohle hergestellt werden konnten. Dabei benutzte man einen speziellen geschlossenen Tiegel, der das Glas vor den Schwefeldämpfen der Kohle schützte.

Bald kamen neue Formen von Glas auf. Im Jahre 1673 entwickelte George Ravenscroft für die London Glass Sellers Company das sogenannte Flintglas, das Quarz aus feingeriebenem Flintstein enthielt. Doch mit dem geschlossenen Tiegel, den man in den Kohlebrennöfen verwendete, war es schwieriger, die Glasmischung gründlich zu schmelzen. Um das Material umzurühren, mußte man den Deckel abnehmen, wodurch Verunreinigungen aus dem Kohlerauch in das Glas gelangten. Es mußte ein neuer Stoff gefunden werden, mit dem die Mischung leichter geschmolzen werden konnte. Wahrscheinlich war es Ravenscroft, der auf Bleioxid kam. Das Ergebnis war beachtlich – ein auffallend klares Glas, ohne jene feinen Risse, die das Glas bis dahin stets aufgewiesen hatte.

Im Jahre 1693 wurde Louis de Nehou im nordfranzösischen St. Gobain unweit von Laon von der französischen Regierung beauftragt, das neue Glas in großen Gußplatten herzustellen. Seine spezielle Technik (die er 1675 entwickelt hatte) bestand darin, daß er geschmolzenes Glas auf eine Steinplatte mit erhöhten Metallkanten goß, das Glas mit Walzen glättete und

zehn Tage lang härten ließ. Danach wurde die Scheibe mit
einem anderen Stück Glas geschliffen und mit einem feinen
Steinpulver poliert. Die neue Glasplatte war genau das, was
264 ▪ 10 28 Louis XIV.[264] (der sich als »Sonnenkönig« bezeichnete) für
264 ▪ 274 312 seinen Palast in Versailles vor den Toren von Paris brauchte.
An der einen Seite des Schlosses ließ er einen großen neuen
Empfangssaal anbauen, der über die gesamte Länge zu beiden
Seiten mit riesigen Spiegeln ausgestattet wurde, die mit
Nehous Glasbautechnik hergestellt werden konnten. Bei Tag
sah sich jeder selbst, wohin er auch blickte – die Diener, die
Speisen auftrugen, die Bittsteller in ihren Sänften und die aus-
ländischen Besucher in ihren exotischen Gewändern. Bei
Nacht strahlten die Räume im Schein von Hunderten von Ker-
zen, die sich tausendfach spiegelten. Louis' neuer »Spiegel-
saal« war *die* Sensation in Europa.

Die neuen glatten Spiegel brachten auch einschneidende
Veränderungen im Leben der Seeleute und Forschungsreisen-
den, denn sie machten eine präzisere Navigation möglich. Die
Seefahrer brachten Ladungen mit, die die französische Wirt-
schaft ankurbelten und dazu beitrugen, die verschwenderi-
schen Extravaganzen des Königs – wie etwa in Versailles – zu
finanzieren. Das Problem bestand jedoch darin, daß sie dabei
unbekannte Gewässer durchquerten und oft Schwierigkeiten
hatten, mit all der Beute den Weg nach Hause zu finden.
Damals navigierte man auf offener See mittels einer Technik,
die die Portugiesen entwickelt hatten und bei der man sich an
265 ▪ 250 281 den Breitengraden[265] orientierte. Die Nautiker bestimmten die
Position des Schiffes auf der Nord-Süd-Achse, indem sie den
Winkel des Polarsterns berechneten, der um so höher am
Himmel stand, je weiter man sich im Norden befand.

Zur Bestimmung der Position auf der Ost-West-Achse war
eine kompliziertere Berechnung erforderlich; dazu mußte
der Seefahrer die Winkel von zwei oder mehr Himmelskör-
pern messen und dann in einer Sternentafel nachsehen, wie
diese Sternenpositionen zu jener Stunde auf dem Meridian in
Greenwich angegeben waren. Ab 1761 gab das neue Harrison-
266 ▪ 284 330 Chronometer[266] die Greenwich-Zeit bis auf den Bruchteil

einer Sekunde genau an. Der Unterschied zwischen der Position, an der sich der Stern genau zu jener Zeit in Greenwich befinden mußte, und dem Winkel, der zur betreffenden Zeit an Bord des Schiffes gemessen wurde, ergab, wie viele Längengrade von Greenwich man entfernt war.

Natürlich waren die Nautiker auf eine akkurate Zeitmessung angewiesen, doch abgesehen davon war die Kursbestimmung um so präziser, je exakter ihre Sternenortung ausfiel. Und präziser wurde die Sternpeilung durch die neuen, glatten Spiegel, denn sie lieferten ein unverzerrtes Abbild. Im Jahre 1731 hatten John Hadley in England und Thomas Godfrey in Philadelphia unabhängig voneinander ein neues Navigationsinstrument entwickelt, den sogenannten Sextanten[267], der nur 267 ▪ 200 212
dann präzise funktionierte, wenn er mit einem guten Spiegel ausgestattet war. Das Instrument bestand aus einem relativ kurzen Teleskop, das auf einen kleinen, zur Hälfte versilberten Spiegel gerichtet war. Zunächst suchte der Navigator den betreffenden Stern, indem er einen Schwenkhebel betätigte, der sich an einem kleinen Spiegel befand. An einem bestimmten Punkt spiegelte sich der Stern in dem versilberten Teil des Glases vor dem Teleskop. Durch den unversilberten Teil konnte der Nautiker den Horizont sehen. Wenn der Sternenfixierspiegel mit Hilfe des Schwenkarms so weit gedreht wurde, daß sich das Spiegelbild des Sterns genau auf der Horizontlinie abbildete, zeigte das andere Ende des Schwenkhebels auf eine Skala, an der sich der Winkel des Sterns am Himmel ablesen ließ.

Der Sextant ließ sich auch noch für andere Messungen einsetzen. Man konnte das Instrument flach hinlegen und damit genaue Winkelmessungen vornehmen. Mit dieser Technik revolutionierten zwei protestantische Flüchtlinge, einer aus Frankreich (Joseph Desbarres) und einer aus Holland (Samuel Hollandt), Mitte des 18. Jahrhunderts die gesamte Meereskartographie. Desbarres war 1756 als Leutnant in das British Royal American Regiment eingetreten und diente in Amerika jahrelang als Werbeoffizier für das Regiment. Er überredete die britische Armee, die Partisanentaktiken der Indianer und der hinterwäldlerischen Frankokanadier, gegen die England damals kämpfte, zu übernehmen. Zur Vorbereitung auf die Schlacht von Quebec unternahm Desbarres umfangreiche Vermessungen und erstellte zahlreiche Flußkarten und andere Pläne. Während dieser Tätigkeit lernte er Hollandt kennen, der dem Regiment seit 1754 als Ingenieur angehörte.

Um 1764 beschloß das britische Oberkommando mit ungewöhnlichem Weitblick, die Ostküste Kanadas und der Atlantikkolonien kartographisch zu erfassen. Mit dieser Aufgabe wurden Desbarres und Hollandt betraut, die zehn Jahre lang die Küste entlangsegelten und mit größter Begeisterung ihre Sextanten einsetzten. Die beiden mußten immer wieder an Land rudern und eine gerade Linie zwischen zwei auffallenden Punkten, wie etwa Landspitzen, ausmessen. Dann ruderten sie eine bestimmte Strecke weit wieder auf das Meer hinaus und setzten dort den Sextanten horizontal ein, um die Winkel zwischen diesem Punkt auf dem Meer und den beiden Punkten an Land auszurechnen. Dieses Dreieck bildete die Basis für ein weiteres ähnliches Dreieck, das dann die Basis für ein nächstes abgab, und so weiter, die ganze Küste auf und ab. Jedesmal konnte mit dem Sextanten in der vertikalen Navigationsmethode eine ganz genaue Sternenortung vorgenommen werden, so daß auch die Position eines jeden Dreiecks genau bestimmt werden konnte.

Die beiden Männer veröffentlichten die Ergebnisse ihrer imposanten Arbeit in Form von 15 großformatigen Karten, die auf 290 Kupferplatten gestochen wurden und unter dem Titel *The Atlantic Neptune* erschienen. Die Karten enthielten Angaben über Wassertiefen sowie topographische Bezeichnungen wie »felsig«, »hügeliges Gelände« und so weiter. In eingefügten Skizzen waren zahlreiche idyllische Küstenansichten abgebildet. In seiner endgültigen Form zeigte der *Atlantic Neptune* jedes Detail der amerikanischen Ostküste von Nova Scotia bis hinunter nach Florida und zum Mississippi-Delta. Im Krieg gegen die amerikanischen Revolutionäre hätte sicherlich jeder Steuermannsmaat der britischen Verbände den Karten wichtige Informationen entnehmen können. Doch leider erschien der *Neptune* erst wenige Wochen bevor der Unabhängigkeitskrieg mit dem Sieg der Amerikaner endete.

Doch es war noch nicht alles verloren. Einer der eifrigsten Schüler von Desbarres und Hollandt war ein junger Marineoffizier namens James Cook[268], der bei den Vermessungen in **268 ▪ 163** 172
der Gegend um Quebec dabeigewesen war und das Wissen, das er von den beiden Kartographen übernommen hatte, dazu nutzte, die Küsten von Australien und Neuseeland zu erfassen (und unter britische Flagge zu stellen). Hier zerronnen, dort gewonnen.

Das einzige, was auf diesen neuen, genauen Karten nun noch fehlte, waren Angaben über die Höhe des Geländes. Da das Barometer seit mindestens 50 Jahren allgemein Verwendung fand, ist es unerklärlich, wieso es noch bis 1787 dauerte, bis ein schweizer Philosophieprofessor der Universität Genf etwas in diese Richtung unternahm. Horace Bénédict de Saussure hatte eine besondere Passion – den Mont Blanc. Er bot sogar einen Geldpreis für die Erstbesteigung (zahlte diese allerdings nicht, als der Berg 1786 erklommen wurde). Im folgenden Jahr bestieg er als dritter den Gipfel, begleitet von 18 Helfern, die seine zahlreichen wissenschaftlichen Instrumente trugen. Darunter war auch ein Barometer[269], mit dessen Hilfe **269 ▪ 171** 181
er bestätigen konnte, daß der Berg 4807 Meter hoch war. Dies schuf sofort einen neuen Standard in der Kartographie, und fortan enthielten sämtliche Landkarten Höhenangaben.

Obwohl Saussure nur viereinhalb Stunden auf dem Gipfel des Berges verweilte, führte er Dutzende von Beobachtungen und eine Reihe von Experimenten durch, die das Interesse der Öffentlichkeit weckten (und für die er zum Ehrenmitglied der English Royal Society ernannt wurde). Die Schweizer waren so stolz auf ihn, daß sogar vorgeschlagen wurde, den Berg ihm zu Ehren in Mont Saussure umzubenennen. Seine Erfahrungen faßte er in einem vierbändigen Werk mit dem Titel *Voyages dans les Alpes* (*Reisen durch die Alpen*) zusammen, das von 1779–1796 erschien und den schweizerischen Alpintourismus begründete und ein weltweites Interesse am Abfahrtsskilauf weckte.

Viele weitere Alpenexpeditionen boten Saussure die Gelegenheit, Theorien über die Geologie zu entwickeln, insbesondere über die Entstehung der Berge in seiner schweizer Heimat. Damals herrschten zwei Lehrmeinungen in bezug auf die Berge. Die eine Richtung, der sogenannte Neptunismus, ging davon aus, daß die Erde vor Urzeiten von einem einzigen Ozean bedeckt war und daß die Berge Erhöhungen dieses uralten Meeresbodens waren. Der Plutonismus dagegen vertrat die Meinung, das Innere der Erde bestehe aus geschmolzenem Magma, welches hin und wieder in Vulkaneruptionen hervorbrach und Berge schuf, die dann im Laufe der Zeit abgetragen wurden und auf dem Meeresboden Sedimentschichten bildeten. Beide Theorien lieferten Erklärungen für die Fossilien, die Bergsteiger wie Saussure auf Berggipfeln entdeckten. Der Erosionsprozeß der Plutonisten setzte allerdings voraus, daß die Erde viel älter war als der 5000–6000 Jahre alte Planet, der in der Bibel beschrieben wird.

An das Ende seiner *Voyages* stellte Saussure eine Liste der seiner Meinung nach wichtigsten noch ungelösten Fragen in bezug auf das Erdalter und die geologischen Prozesse. Vielleicht veranlaßten Saussures Überlegungen den ungewöhnlich aufmerksamen schottischen Farmer und Amateurgeologen James Hutton, die Theorie des sogenannten Uniformitarianismus (beziehungsweise Aktualismus) zu entwickeln. Diese Theorie besagte im Grunde, daß sämtliche geologischen Prozesse in allen Zeitaltern gleich lange gedauert haben mußten, das heißt, daß geologische Ereignisse der Gegenwart den Ablauf ähnlicher Ereignisse in der Vergangenheit getreu widerspiegelten. Im Jahre 1785 schrieb Hutton einen Aufsatz mit dem Titel *Ermittlungen zum Alter der Erde, ihren früheren Veränderungen und ihrer wahrscheinlichen Zukunft*. Vor der Edinburgh Royal Society vorgetragen wurde der Artikel von
270 ▪ 219 243 Huttons Freund Joseph Black,[270] der James Watt gezeigt hatte, wie man die Dampfmaschine verbessern konnte. In diesem Aufsatz kam Hutton zu dem Schluß: »Es hat einen unbestimmt langen Zeitraum erfordert, um die Erde in ihrer heutigen Erscheinungsform zu erschaffen ... Ein gleich langer

Zeitraum war nötig für die Bildung jener früheren Landmasse, von der die Mineralien der Gegenwart abstammen ... Derzeit befinden sich auf dem Boden des Meeres die Grundlagen für eine zukünftige Landmasse, die nach einem unbestimmten Zeitraum in Erscheinung treten wird.«

Hutton war nicht nur Autor, sondern auch ein guter Farmer. Als ein John Playfair im Jahre 1802 seine Theorien in einer Kurzfassung (unter dem Titel *Illustration of the Huttonian Theory of the Earth – Erläuterung der Huttonschen Theorie der Erde*) veröffentlichte, erreichten Huttons und Saussures Ideen eine breitere Öffentlichkeit. Einer von Playfairs eifrigsten Lesern war der Geologe Charles Lyell, der den Uniformitarianismus wiederum in sein eigenes Werk eingehen ließ. Am Ende dieser Kette von Adaptionen stand Lyells Buch *Principles of Geology* (*Prinzipien der Geologie*), dessen Lektüre wiederum Charles Darwin zu der Bemerkung veranlaßte, »es fiel mir wie Schuppen von den Augen«. Die Erkenntnis, daß die Erde geologisch alt genug sein könnte für unglaublich langsame, natürliche Prozesse, erhärtete Darwins Evolutionstheorie, die er 1859 unter dem Titel *On the Origin of Species* (*Über die Entstehung der Arten*) veröffentlichte.

Entscheidend für den nächsten Schritt in dieser Episode des Wandels war Darwins Ansicht, daß bei der Veränderung von Umweltbedingungen jene Arten am ehesten überlebten, die sich am besten an diese neuen Bedingungen anpaßten. Diese Anpassungsfähigkeit war seiner Meinung nach erblich bedingt – ein Resultat der Vererbung jener Stärken, die das Überleben sicherten, oder jener Schwächen, die zum Aussterben führten. Darwin war außerdem der Auffassung, Inzucht sei besonders schädlich für den Erfolg dieser Auslese, denn »wenn Verwandte sich verbinden, ... nimmt die allgemeine Lebenskraft ab«.

Zehn Jahre nachdem Darwin sein bahnbrechendes Werk herausgebracht hatte, griff sein Cousin Francis Galton das Thema Erbeigenschaften mit einer umfangreichen Analyse von Todesanzeigen herausragender Persönlichkeiten in der Londoner *Times* auf. Er behauptete, seine Studie hätte erwiesen, daß es unter einer Million Menschen nur 250 »herausragende Persönlichkeiten« gebe. Für Galton widerlegte dies sämtliche »Ansprüche auf eine naturgegebene Gleichheit« der Menschen. Galton errechnete außerdem, daß es in der Gesamtbevölkerung ungefähr genausoviele Schwachsinnige gab wie herausragende Persönlichkeiten. Als Galton sich auf Richter der Jahrgänge 1660–1685 konzentrierte, kam er zu dem Schluß, daß diejenigen, die Erbinnen geheiratet hatten, weniger fruchtbar waren, weil Erbinnen (das heißt Töchter ohne Brüder) selbst ein Zeichen der Unfruchtbarkeit in ihrer Familie waren und diese Unfruchtbarkeit weitervererbt wurde. Richter vererbten anscheinend ebenso ihre Eigenschaften als »herausragende Persönlichkeiten« weiter, denn auch diejenigen unter ihren Kindern, die nicht selbst Richter wurden, brachten es meist auf einem anderen Gebiet zu etwas.

Galton untersuchte anschließend das Leben von 180 führenden Männern der Wissenschaft (allesamt Mitglieder der Royal Society) und verglich deren Daten mit den Daten von gleichvielen Durchschnittsbürgern derselben Altersgruppe. Er stellte fest, daß das Verhältnis zwischen den Herausragenden und den Durchschnittlichen 1:10 000 war, und wollte nun dahinterkommen, weshalb sich nur einer von 10 000 auszeichnete. Galton meinte, die Indizien bewiesen, daß die große Mehrheit herausragender Persönlichkeiten »rassisch rein« sei (beide Elternteile waren beispielsweise Engländer oder beide Schotten). Die meisten herausragenden Persönlichkeiten in England stammten aus dem Südosten des Landes und die wenigsten aus dem Nordosten und dem schottischen Hochland. Die meisten herausragenden Persönlichkeiten waren außerdem erstgeborene Söhne großer Familien und im allgemeinen vitaler, gesünder und größer als der Durchschnitt.

Den logischen Schluß aus all diesen Arbeiten zog Galton 1901 in einem Vortrag – »Über die mögliche Verbesserung der menschlichen Rasse unter den bestehenden Bedingungen von Gesetz und Gesinnung« – vor der Londoner Anthropological Society. Hier führte er erstmals einen Begriff ein, den er als Umschreibung für seine Theorie geprägt hatte: Eugenik. Drei

Jahre später gab es eine Eugenik-Gesellschaft, die Vorträge beispielsweise über »Einschränkungen bei der Eheschließung« veranstaltete.

Ab 1907 hatte Karl Pearson den von Galton gestifteten Lehrstuhl für Eugenik an der Universität London inne und ebnete den Weg für eine Anwendung der Galtonschen Ideen in einer Weise, die weder Galton noch der evolutionäre Cousin, der ihn dazu angeregt hatte, je für möglich oder wünschenswert gehalten hätte. Pearson war der festen Überzeugung, die höhere Geburtenrate in den unteren Schichten bedeute eine Gefahr für die Zivilisation, und formulierte jene rassistischen Ansichten, wie sie äußerst wirksam beispielsweise im Einwanderungsquotengesetz der Vereinigten Staaten von 1924 umgesetzt wurden. Damals herrschte im ganzen Land die Angst, kriminelle und schwachsinnige Einwanderer würden das Land überfluten. Die neuen Quoten beschränkten die Zahl der Einwanderer auf 150 000 pro Jahr, und zwar höchstens zwei Prozent davon je Nation. Im Jahre 1935 war es in 27 U. S.-Staaten sowie in Dänemark, Norwegen, Schweden und in der Schweiz per Gesetz zulässig, Schwachsinnige, Epileptiker, Geisteskranke und mancherorts auch Kriminelle zu sterilisieren.

Ihren Gipfel erreichte die Eugenik schließlich im deutschen Nationalsozialismus. In *Mein Kampf* schrieb Hitler: »Der Arier allein begründete eine überlegene Form der Menschheit; daher verkörpert er den Archetypus dessen, was wir unter dem Begriff ›Mensch‹ verstehen … Der Staat muß sich als Garant einer tausendjährigen Zukunft behaupten … und sich moderner Entdeckungen der Medizin bedienen. Für fortpflanzungsuntauglich erklären muß er all jene, die von einer sichtbaren Erbkrankheit betroffen sind oder Träger derselben sind; und praktische Maßnahmen müssen ergriffen werden, um jene sterilisieren zu lassen.« Im Jahre 1934 wurde in Deutschland die Zwangssterilisation gesetzlich erlaubt.

Was Francis Galton bei seinen Studien zum Ursprung der Unterschiede zwischen den Menschen eigentlich bewegte, war die Frage, wieso sich jeder Mensch auf so einzigartige Weise von allen anderen unterschied und woran dieser Unterschied festzumachen war. Das letzte, was Galton gewollt hatte, war die Pervertierung seiner Theorien im Genozid der Nazis.

Galton fand schließlich, was er suchte – er entdeckte eine Möglichkeit, die Einzigartigkeit jedes Menschen sichtbar zu machen. Dies gelang ihm mit Hilfe einer Technik, die uns wieder zu der Billardkugel zurückbringt, mit der dieses Kapitel begann. Im Jahre 1890 griff Galton einen Hinweis auf, den er ein paar Jahre zuvor von einem Missionsarzt namens Faulds erhalten hatte, der in einem Brief an Darwin den Gedanken geäußert hatte, Rassenunterschiede könnten möglicherweise
271 ▪ 190 206 anhand von Fingerabdrücken[271] bestimmt werden. Darwin hatte den Brief an Galton weitergegeben, der ihn an die Anthropological Society weitergeleitet hatte, wo er unbeachtet blieb, denn Faulds gesellschaftlicher Rang rechtfertigte kaum ein Interesse an seinen Überlegungen. Doch als Sir William Herschel, der ehemalige Hochkommissar von Bengalen, an Galton schrieb und erwähnte, daß er mit Hilfe von Fingerabdrücken gegen Betrug und Hochstapelei vorging, kramte Galton Faulds Brief hervor.

Daraufhin sammelte Galton mehr als 2500 Sätze von jeweils zehn Fingerabdrücken und kam so dahinter, daß die Fingerabdrücke drei verschiedene Muster aufwiesen – Spiralen, Schleifen und Bögen – und daß jeder Finger eine ganz spezielle Verteilung dieser Muster aufwies. Die mögliche Anzahl von Kombinationen von Mustern an allen zehn Fingern eines Menschen ergab ein Gesamtmuster, das praktisch einmalig war. Ende des 19. Jahrhunderts besuchte Edward Henry, der Polizeichef von Bengalen, Galtons Labor und entwickelte eine Variante, die das System idiotensicher machte. Dieses Galton-Henry-Verfahren bestand darin, zwischen zwei charakteristischen Punkten eines Fingerabdrucks eine Bezugslinie zu ziehen und die Zahl der Linien zu zählen, die diese kreuzten. Die Chance, daß bei zwei Menschen genau gleich viele Musterlinien die Referenzlinie kreuzten, war dabei eins zu zehn Billionen.

Im Jahre 1902 wurde das System von Scotland Yard übernommen. Erstmals eingesetzt wurde es bei der Ergreifung eines Diebes, Harry Jackson. Überführt wurde Jackson anhand der Fingerabdrücke, die man auf seiner Beute fand. Sein Fang bestand aus einem Satz Billardkugeln.

Das Abnehmen und Untersuchen von Fingerabdrücken ist seither auf der ganzen Welt ein wichtiges kriminalistisches Verfahren im Kampf gegen das Verbrechen. Daher ist es wieder einmal eine Ironie der Weltgeschichte, daß das erste internationale Gesetz erst aufgrund einer Straftat eingeführt wurde …

17 Unterschreiben Sie hier

Wenn Sie zu der wachsenden Schar der Weltreisenden gehören, werden Sie unter anderem bemerkt haben, daß Sie auf Unterschiede bei den jeweils geltenden Gesetzen achten müssen. Überall gilt nämlich etwas anderes. In einige Länder darf man beispielsweise keine Magazine mit Abbildungen nackter Menschen einführen. In anderen Ländern kann man hingerichtet werden, wenn man Drogen importiert. Und in bestimmten Ländern kann es passieren, daß einem für einen Diebstahl die Hand abgehackt wird. Was in einem Land als pornographisch angesehen wird, kann in einem anderen Land völlig unanstößig sein. In gewissen U.S.-Staaten ist es erlaubt, als Rechtsabbieger Ampeln auch bei Rot zu passieren, was in allen europäischen Ländern verboten ist. Und je enger die Menschheit aufgrund der Informationstechnologie zusammenrückt, desto frustrierender werden die komplizierten Verhältnisse auf rechtlicher Ebene, beispielsweise im Bereich des geistigen Eigentums.

Einer der wenigen Orte, an denen diese Verwirrung nicht auftritt, ist das offene Meer. Dort kann jeder nach Belieben kommen und gehen. Seltsamerweise begann dieses bewundernswerte Beispiel internationaler rechtlicher Zusammenarbeit im Jahre 1604 mit einem Verbrechen. In der Malakkastraße vor der Küste Malaysias kaperte ein Kriegsschiff, das für die Dutch East India Company unterwegs war, ein portugiesisches Handelsschiff, das mit einer ungeheuer wertvollen Ladung an Gewürzen auf der Heimreise war. Als die gekaperte Galeone *Santa Caterina* in den Hafen von Amsterdam verbracht und ihre Ladung mit beträchtlichem Gewinn verkauft wurde, ging ein Schrei der Entrüstung um die Welt. Sogar in den Reihen der Teilhaber der Company wurden Stimmen laut, die diesen Angriff auf Christenbrüder verurteilten und forderten, daß sich die holländische Regierung davon distanzierte.

Diese Reaktion mag der Grund dafür gewesen sein, daß die Company einen cleveren jungen Anwalt, Huig de Groot (Hugo Grotius) damit beauftragte, ein Gutachten zu dem Fall auszuarbeiten. Seine Stellungnahme erfolgte in Form einer kurzen Abhandlung über Beutezüge auf See. De Groot argumentierte, kurz gesagt, daß die See allen gehöre, weil sie im Grunde kein »Eigentum« darstelle. Aufgrund ihrer nahezu unbegrenzten Ausdehnung könne sie nicht irgend jemandem gehören. Außerdem sei sie nie in Besitz genommen worden, und letztlich gingen alle Eigentumsrechte auf eine Besitznahme zurück. Auch könnten die Portugiesen keinen Anspruch auf den Indischen Ozean erheben, da sie ihn nicht als erste befahren hatten (de Groot verwies auf die Inder und Alexander den Großen). Und daß der Papst den Portugiesen die Hafenstädte am Indischen Ozean »zuerkannt« habe, sei »reine Anmaßung«, denn sie gehörten gar nicht dem Papst. Das Meer stünde allen Menschen zur Verfügung, argumentierte de Groot, und falls die Portugiesen ihren Anspruch auf ein Monopol über die Routen zu den Gewürzinseln im Osten weiterhin mit Waffengewalt verteidigten, hätten die Holländer das Recht, ihnen entgegenzutreten.

Im Jahre 1609 veröffentlichte de Groot all diese Gedankengänge unter dem Titel *Mare Liberum*. Einzelne Monarchen mochten bestimmte Details beanstandet haben, doch im allgemeinen wurde der Vorstoß begrüßt. Die Entdeckung, Eroberung und Erforschung Amerikas, Afrikas und Asiens hatte zu einem verwirrenden Durcheinander von rechtsähnlichen Ansprüchen und Gegenansprüchen geführt. Die Europäer pflanzten ihre Flaggen praktisch auf jedem Landstück auf, das trocken genug war, um einen Fuß darauf zu setzen; der Papst hatte den Portugiesen Brasilien zugesprochen, bevor es überhaupt entdeckt worden war; protestantische Forschungsreisende weigerten sich, in Übersee katholische Gesetze anzuerkennen; und die Türken hatten (ganz bescheiden) Anspruch auf den gesamten Planeten erhoben. Ungefähr die einzigen, die keine Ansprüche geltend machten, waren die eingeborenen Völker, deren Länder und Ressourcen sich die Kolonialisten unter den Nagel rissen. Mit seinem Hauptwerk *De iure belli et pacis* (*Über das Recht in Krieg und Frieden*), das de Groot im Jahre 1625 veröffentlichte, legte der Holländer die erste systematische Abhandlung zur internationalen Jurisprudenz vor und begründete damit quasi über Nacht das Völkerrecht. De Groots Werk schuf im Bereich des Handels auf einen Schlag Recht und Ordnung und gab damit der Wirtschaft und den Finanzen der neugegründeten Nationalstaaten Europas gewaltigen Auftrieb.

Eine der positiveren Auswirkungen dieses Wirtschaftsbooms bestand darin, daß bald große Kapitalsummen zur Verfügung standen und daß das kommerzielle Bankenwesen und damit auch die private Finanzierung rapide zunahmen. Die Komplexitäten dieser neuen Hochfinanz machten all jenen das Leben schwer, die nun mit großen Zahlen umgehen mußten. Um seinem Vater zu helfen (der für den französischen Staat Steuern eintrieb), entwickelte daher ein junger
272 ▪ 169 180 Mathematiker namens Blaise Pascal[272] eine Rechenmaschine.
Sie funktionierte im Grunde wie ein altmodisches Taxameter – mit Zahnrädern, Übersetzungen und Walzen mit Zahlen, die in kleinen Öffnungen im Gehäuse sichtbar wurden.

Pascals Maschine konnte addieren und subtrahieren sowie multiplizieren und dividieren (mittels wiederholter Addition beziehungsweise Subtraktion). Er baute 50 solcher Apparate, die aus Holz, Elfenbein, Leder, Ebenholz oder Metall bestanden. Alle Welt (einschließlich Descartes und Königin Christina von Schweden) war gehörig beeindruckt, und 1649 erhielt Pascal das exklusive Herstellungsrecht in Frankreich. Leider war die Rechenmaschine viel zu teuer, deshalb schlug das Unternehmen fehl. Trotzdem war dies eine Zeit, in der ein guter Mathematiker kaum etwas falsch machen konnte. Zahlen waren *der* Hit. Überall kam man dahinter, wie wertvoll es

war, die Bevölkerung zu zählen, um die Besteuerung und die Staatsausgaben besser planen zu können. Die Gefahren von Reisen über ferne, unbekannte Meere weckten eine gesunde Nachfrage nach Seeversicherungen; die Idee setzte sich durch und wurde bald auch auf Feuer und Lebensrisiken ausgedehnt. Die Lebensversicherungen erhielten starken Auftrieb, als der Engländer John Graunt[273] statistische Analysen von 273 ▪ 159 170
Geburten und Sterbefällen in Kirchenbüchern veröffentlichte und demonstrierte, wie man die wahrscheinliche Lebenserwartung eines Menschen zu bestimmten Zeitpunkten errechnete. Diese Daten ermöglichten es den Versicherern, die Prämien viel genauer zu kalkulieren.

Das Phänomen der Wahrscheinlichkeit stand ganz im Mittelpunkt von Pascals kurzem Leben (er starb mit 39 Jahren), und zwar aufgrund des Umstands, daß damals neben der Statistik auch das Glücksspiel groß in Mode war. Mitte des 17. Jahrhunderts war das Glücksspiel die wichtigste Freizeitbeschäftigung mittelloser französischer Adeliger, denen es per Gesetz untersagt war, in Handel und Gewerbe Geld zu verdienen. Der Boom, der durch den internationalen Handel ausgelöst wurde, ging an ihnen vorbei, aber das Glücksspiel war eine ehrenwerte (wenn auch illegale) Alternative, um reich zu werden. Von 1652 bis 1654 befaßte sich Pascal mit den mathematischen Seiten des Wettens, wahrscheinlich weil er versuchte, für einen befreundeten adeligen Spieler ein erfolgversprechendes System auszuarbeiten. Unter anderem errechnete Pascal (falls Sie eine entsprechende Neigung haben), daß man, um mit zwei Würfeln zwei Sechsen zu werfen, 24 555 mal würfeln muß. Der Legende nach soll sein Freund ein Vermögen gewonnen haben.

Danach befaßte sich Pascal mit einem weiteren Problem der Spieler, vor dem diese dann standen, wenn ihr Spiel mitten in einer Partie von den Behörden unterbrochen wurde. Es stellte sich nämlich die Frage, wie die gesetzten Beträge nach dem wahrscheinlichen Ergebnis des Spiels unter den einzelnen Spielern aufzuteilen waren. Pascal löste das Problem, indem er eine Möglichkeit fand, anhand seines »arithmetischen Dreiecks« das wahrscheinlichste Ergebnis eines Spiels aufzuzeigen. Das Dreieck sah folgendermaßen aus:

1
1 1
1 2 1
1 3 3 1
1 4 6 4 1
1 5 10 10 5 1

Angenommen, man wollte mit Hilfe des Dreiecks die Möglichkeiten der nächsten Runde errechnen, die sich beim Münzenwerfen mit drei Münzen ergaben. Die dritte Zahlenreihe (die oberste Zahl selbst bildet keine Reihe) besteht aus 1, 3, 3 und 1. Dies ergibt zusammen acht; diese dritte Reihe gibt also an, auf wie viele verschiedene Weisen drei Münzen fallen können (nämlich auf acht verschiedene Weisen): einmal als drei Wappenseiten, dreimal als zwei Wappenseiten und einen Kopf, dreimal als zwei Kopfseiten und ein Wappen und einmal als drei Kopfseiten. Die vierte Reihe, die dieselbe Berechnung für vier Münzen darstellt, ergibt zusammen 16. Auf so viele verschiedene Weisen können vier Münzen fallen. Und da das Dreieck unbegrenzt erweiterbar war, konnten die Chancen und Wahrscheinlichkeiten für eine unbegrenzte Anzahl von Münzen errechnet werden. Mit seinem Dreieck schuf Pascal die Grundlagen der Wahrscheinlichkeitsrechnung.

Von viel größerem Einfluß auf sein Leben als die Beschäftigung am Spieltisch war jedoch ein Zufall ganz anderer Art. Hierbei drehte sich alles um die Gesellschaft, mit der sich seine Schwester Jacqueline umgab. Im Jahre 1654 trat sie in ein recht ungewöhnliches Nonnenkloster in Paris ein, das sogenannte Port Royal, das damals als Zentrum des französischen Liberalismus galt. Im folgenden Jahr weilte Blaise drei Wochen lang ebenfalls in dem Kloster, um zu beten und zu meditieren, und war auf Anhieb fasziniert von den Gesprächen, die er dort hörte. Das Kloster war ein geistiges Kraftwerk – ein Refugium für Denker aus allen Schichten und

Berufen, vor allem Anwälte und Naturwissenschaftler, die allesamt Jansenisten waren.

Cornelius Jansen war ursprünglich Theologe an der Universität von Louvain (Leuven bzw. Löwen) im katholischen Süden Hollands und führte eine Kirchenreformbewegung, die sich am Ende mit den Jesuiten über Fragen der Wahrscheinlichkeit stritt. Jansens bedeutendstes Werk war eine Abhandlung über die Denkweise des heiligen Augustinus, in der er eine geistige Erneuerung der zeitgenössischen Kirche forderte. Es werde zu viel Wert auf die Vernunft gelegt, argumentierte Jansen, dabei sollte dem Menschen allein die Erfahrung als geistige Führung dienen. Egal wie oft ein Gläubiger in die Kirche ging – allein die Gnade Gottes konnte seine Seele retten. Die Bekehrung zum Glauben werde nur vollzogen, wenn Gott es wolle; und keine Unterweisung im Katechismus sei erforderlich, wenn die Bekehrung sich ereigne, denn diese wirke unmittelbar.

Bald schlossen sich auch andere diesem Standpunkt an, doch im Jahre 1653 erklärte der Papst die jansenistische Lehre für ketzerisch, denn sie zog die Autorität der Kirche über das Verhalten des Einzelnen in Zweifel. Die Jesuiten hielten die Lehre der Kirche für unfehlbar; wenn ein Mensch also nicht sicher war, ob eine Handlung sündhaft oder statthaft sei, lieferte die Kirche Argumente dafür, welches davon wohl wahrscheinlicher war. In Gewissensfragen konnte sich ein Gläubiger also unbesorgt der Meinung eines anerkannten Doktors der Theologie anschließen. Die Jansenisten behaupteten genau das Gegenteil: Bei irgendwelchen Zweifeln in Gewissensfragen sei es wahrscheinlicher, daß die sicherste Lösung darin bestand, nichts zu tun – ungeachtet dessen, was die Kirche dazu sagen mochte. Für die Jansenisten war es wahrscheinlicher, daß dies die richtigere Handlungsweise war. Daher war das Ganze letztlich ein Streit zwischen dem jesuitischen »Probabilismus« (der Ansicht, daß die Kirche wahrscheinlich recht hatte) und dem jansenistischen »Probabiliorismus« (der These, daß das menschliche Gewissen mit größerer Wahrscheinlichkeit recht hatte).

Im Jahre 1634 übernahm ein bekannter Jansenist die geistliche Leitung des Klosters Port Royal, und in den folgenden zehn Jahren erweiterte sich die kleine Gemeinschaft liberaler Denker. Innerhalb kurzer Zeit gründete man eine Schule und veröffentlichte Lehrbücher, unter anderem ein höchst kritisches Werk über die heilige Kommunion, das innerhalb von zwei Wochen vergriffen war. Um die Kontroverse noch weiter anzuheizen, veröffentlichte Pascal zwischen 1656 und 1657 anonym seine satirischen Briefe *Les provinciales*, in denen er die Jesuiten und ihren Probabilismus angriff. Die Kirche reagierte mit der Androhung des päpstlichen Interdikts. Auf das
274 ▪ 10 28 Drängen Roms hin ließ Louis XIV.[274] das Kloster Port Royal
274 ▪ 264 296 schließen; nach 1666 war der Großteil der Gemeinschaft über ganz Frankreich verstreut oder untergetaucht. Im Jahre 1709 wurde schließlich das Gebäude selbst zerstört. Sogar der Friedhof der Nonnen wurde umgepflügt; die Knochen wurden ausgegraben und verstreut.

Die jansenistische Bewegung fand aber noch immer in ganz Europa Anhänger. Ungefähr 30 Jahre später weigerte sich der junge Priester Charles-Michel de L'Epée in Paris, der jansenistischen Lehre abzuschwören, und wurde mit einem klerikalen Berufsverbot bestraft. Als er nach einer neuen Arbeit suchte, stieß er auf zwei junge taubstumme Schwestern, die in der Obhut eines Priesters gestanden hatten, der kurz zuvor gestorben war. L'Epée übernahm ihre christliche Unterweisung; und um sich mit ihnen verständigen zu können, entwickelte er eine Reihe einfacher Handzeichen. Die Idee war keineswegs neu, denn Zeichensprachen waren bereits im Jahre 909 in religiösen Gemeinschaften verwendet worden.

Diese Praxis entstand ursprünglich in Mönchsorden wie dem der Trappisten, deren Mitglieder ein Schweigegelübde ablegen mußten. Dies hatte allerdings unvorhergesehene und bisweilen amüsante Folgen, denn die Verwendung der Zeichensprache war allzu oft alles andere als kontemplativ. Der Chronist Gerald von Wales beschrieb 1180 die Atmosphäre bei einem Abendessen in der Priorei der Kathedrale von Canterbury: »Und die Mönche gestikulierten allesamt mit Fingern,

Händen und Armen und pfiffen einander zu, anstatt zu sprechen, und zwar so übertrieben und ungehörig ungezügelt und frivol, daß ich den Eindruck hatte, ich sitze in einem Bühnentheater oder unter Schauspielern und Hofnarren.« Im 13. Jahrhundert war das Vokabular der Zeichensprache in einigen Klöstern so weit ausgereift und ausgefeilt, daß man damit sogar komplizierte theologische Diskussionen führen konnte – in aller Stille. Ein deutscher Abt, Wilhelm von Hirsau, zählte 359 unterschiedliche Zeichen auf, die in seinem Kloster verwendet wurden.

Im Jahre 1607 trat der spanische Söldner Juan Bonet in den Dienst Juan Fernandez Velascos, seines Zeichens Konnetabel von Kastilien, dessen Sohn taubstumm war und dessen gehörloser Onkel bei Mönchen eine Zeichensprache gelernt hatte. 1620 veröffentlichte Bonet das erste Buch über das Unterrichten von Gehörlosen. Das Buch mit dem Titel *Die Reduktion der Buchstaben und die Kunst, Stummen das Sprechen beizubringen* war ein Leitfaden für einhändiges Zeichengeben. Um 1750 bekam L'Epée ein Exemplar in die Hand, gründete in Paris eine Taubstummenschule und entwickelte schließlich ein eigenes System. Seine Methode sei so einfach, behauptete er, daß ein Schüler die Zeichen für mehr als 80 Wörter in weniger als drei Tagen lernen konnte. Die Ausbildung begann mit den Grundhandzeichen für das Alphabet; danach zeigte man den Schülern Bilder von Gegenständen und die entsprechenden Zeichen. L'Epées Schule genoß bald einen solch guten Ruf, daß einmal sogar der päpstliche Nuntius in Paris zu Besuch kam und zusah, wie ein Schüler 200 Fragen in drei Sprachen beantwortete. Als der Bischof von Bordeaux 1786 eine Gehörlosenschule gründete, ernannte er einen Priester namens Sicard, der nach L'Epées Methode ausgebildet worden war, zum Direktor. Sicard war so erfolgreich, daß er drei Jahre später, nach L'Epées Tod, dessen Posten in Paris übernahm und L'Epées Wörterbuch der Zeichensprache vollendete. Im Jahre 1791 wurde aus der Pariser Schule das Nationalinstitut für Taubstumme; als solches überlebte es sogar die verheerenden Stürme der Französischen Revolution und gelangte unter

Sicard, der inzwischen Ritter der Ehrenlegion war, zu internationalem Ruhm.

Im Jahre 1815 empfing Sicard einen Besucher aus Amerika, der nach der L'Epée-Methode ausgebildet werden wollte: Thomas Gallaudet. In früheren Jahren, während einer Beurlaubung vom Andover Theologenseminar in New England, hatte Gallaudet die taubstumme Tochter eines prominenten Arztes am Ort unterrichtet. Der Mann war so zufrieden, daß er das nötige Geld aufbrachte, damit Gallaudet nach Paris reisen konnte, um sich in Sicards Schule L'Epées Methode anzueignen. 1817 kehrte Gallaudet nach Hartford, Connecticut, zurück, wo die erste unabhängige Gehörlosenschule Amerikas gegründet wurde.

Gallaudet heiratete schließlich eine Taubstumme, die ihm einen Sohn, Edward, gebar. Weil mehrere Versuche, sich als Missionar zu betätigen, scheiterten und er es sich nicht leisten konnte, nach China zu reisen, fand sich Edward damit ab, Gehörlose zu unterrichten. Er gründete in Hartford eine Schule und wurde mit 20 Jahren Leiter der neuen Columbia Institution für Taubstumme in Washington, D.C. Die Schule verfügte über ein Gebäude und einen knappen Hektar Land, gestiftet von dem Anwalt Amos Kendall, der später amerikanischer Postminister wurde. Kendall wurde auch Geschäfts-
275 ▪ 30 43 führer von Samuel Morse,[275] nachdem er zwischen Morse und
275 ▪ 114 115 dem Kongreß vermittelt hatte, als Morse staatliche Unterstüt-
275 ▪ 235 262 zung für seinen Telegraphen suchte.

Kendall überredete Morse, den Telegraphen mit privaten Mitteln zu entwickeln, und die beiden einigten sich auf eine Teilung des Profits – Kendall sollte zehn Prozent von den ersten 10 000 Dollar und 50 Prozent von allen weiteren Gewinnen bekommen. Als Morse seine erste Telegraphenverbindung zwischen Baltimore und Washington installierte, standen die Masten auch auf Kendalls Land. Aufgrund des außergewöhnlichen kommerziellen Erfolgs des Telegraphen wurde Kendall steinreich. Er verfügte die Stiftung an die Columbia Institution, weil Morses Frau gehörlos war und weil Morse sich sein Morsealphabet (seinen eigenen Worten zufolge) ausdachte, als er seiner Frau Mitteilungen machte, indem er ihr auf die Hand klopfte. Das Institut wurde die weltweit einzige Bildungseinrichtung, an der Taubstumme Ausbildungsabschlüsse machen konnten.

Ein paar Monate nachdem Gallaudet die Leitung des Instituts übernommen hatte, brach in den Vereinigten Staaten eine Kontroverse darüber aus, ob Gehörlosen die Gebärdensprache oder aber das »Oralisieren« (d.h. die orale Artikulation) beigebracht werden sollte. Dieser Streit führte schließlich zur Entwicklung des Telefons in Amerika. Die Kette der Ereignisse, an deren Ende das Telefon stand, begann mit einem aus Schottland eingewanderten Sprecherzieher namens Bell, dessen Frau gehörlos war und der bei seinem Sprechunterricht für Schauspieler eine Reihe einfacher Skizzen entworfen hatte, welche die Stellung der Sprechorgane bei der Artikulation anzeigten. Im Jahre 1867 erläuterte er das System in einem Buch mit dem Titel *Visible Speech: The Science of Universal Alphabetics* (Lautzeichen für Sprachlaute: Die Wissenschaft der universellen Alphabetik).

Um zu demonstrieren, wie gut die Methode funktionierte, ließ Bell seinen Söhnen oft Taubstummenzeichen für (englische, französische oder gälische) Worte oder für Geräusche wie Zischen oder Küssen vormachen. Die Jungen pflegten dann die Worte und Geräusche mit erstaunlicher Genauigkeit zu benennen. Als die Direktorin einer Londoner Schule für gehörlose Kinder die Methode der Lautzeichen einführen wollte, unterrichtete einer der (inzwischen erwachsenen) Söhne, Alexander, mit großem Erfolg an der Schule. Nach einer einzigen Unterrichtsstunde äußerten die Kinder verständliche Laute. Auch als Alexander zunächst nach Kanada und dann in die Vereinigten Staaten auswanderte, blieb er ein überzeugter Vertreter der Oralisation, sogar während eines zweimonatigen Lehrkurses an der Zeichensprachenschule in Hartford, an der Gallaudet angefangen hatte.

Ab 1872 lehrte Bell an der Universität von Boston Stimmphysiologie und unterrichtete in seiner Freizeit Gehörlose. Bei der Suche nach einer visuellen Methode zur Verbesserung der

Stimmführung seiner taubstummen Schüler stieß er auf einen sogenannten Phonautographen, den ein gewisser Leon Scott erfunden hatte. Wenn sich in diesem ein Geräusch in einem Schalltrichter fing, brachte das Geräusch eine Membran zum Schwingen, die über den Ausgang des Trichters gespannt war. An der Membrane war eine steife Borste befestigt, deren loses Ende sich aufgrund der Schwingung auf und ab bewegte und auf einem Stück Rauchglas Spuren hinterließ.

Als Alexander 1875 mit dieser Technik arbeitete, kam er auf die Idee, an der Membran einen kleinen Magneten anzubringen, der sich je nach der Schwingung in einer Spule aus Kupferdraht vor und zurückbewegte. Diese Bewegung erzeugte in der Spule einen schwankenden elektrischen Strom, der über einen Draht weitergeleitet werden konnte. Am anderen Ende des Drahtes übertrug sich das schwankende Signal auf eine zweite Spule aus Kupferdraht direkt neben einem kleinen Magneten auf einer Membran über einem zweiten Schalltrichter. Der unterschiedlich starke Strom bewegte den Magneten, der wiederum die Membran in Schwingung versetzte, die schließlich
276 ▪ 34 44 das ursprüngliche Geräusch erzeugte. Dank dieser Idee wurde
276 ▪ 54 60 Alexander Graham Bell[276] zum Erfinder des Telefons.

Leon Scotts Absicht, mit dem Phonautographen Geräusche als gezackte Linien abzubilden, entsprach ganz dem damaligen Trend der Naturwissenschaften – dem Interesse an besseren Möglichkeiten, Informationen in graphischer Form darzustellen, vor allem um medizinische Daten klarer und leichter analysieren zu können. Die Pariser Krankenhäuser hatten Anfang des 19. Jahrhunderts von dem Umstand profitiert, daß sie mit Tausenden von Verwundeten aus Napoleons Kriegen belegt waren und somit statistische Methoden zur Symptomanalyse und Therapiebeurteilung entwickeln konnten. Das ganze Jahrhundert hindurch wurden weitere Versuche unternommen, Daten wie Temperatur und Blutdruck in Graphiken darzustellen, anhand derer die Ärzte und Schwestern die Krankenblätter der Patienten aktualisieren konnten.

Mitte des Jahrhunderts verfügte die medizinische Technologie über verschiedene Instrumente zur Erhebung von Daten,

darunter Thermometer für die Temperatur, Stethoskope für Lungen- und Herzgeräusche, Hämodynameter[277] für die 277 ▪ 183 ▪ 194
Schwankungen des Blutdrucks bei der Atmung, Quecksilberdiffusionspumpen zur Entnahme von Luft aus dem Blut sowie Ophthalmoskope und Otoskope (Augen- und Ohrenspiegel), Laryngoskope (Kehlkopfspiegel), Endoskope und Sphymographen (Pulsschreiber). Die ersten Fortschritte erzielte Carl Ludwig, Professor für Physiologie in Marburg, Zürich, Wien und Leipzig. Im Jahre 1847 begründete er die graphische Methode mit einem sogenannten Kymographen, einem Gerät zur Aufzeichnung physiologischer Zustandsveränderungen, dessen Funktion auf einem Quecksilberschwimmer beruhte. Wenn das Quecksilber bei veränderter Atmung stieg und fiel, stieg und fiel auch der Schwimmer und bewegte einen Schreiber, der die veränderten Quecksilberstände auf einem Papierstreifen aufzeichnete, der sich um eine Trommel drehte.

Der französische Arzt Etienne Marey weitete diese Technik auf Geräte zur Aufzeichnung von Blutdruck, Herzschlag, Atmung und Muskelkontraktion aus. Mareys berühmteste Erfindung (die noch bis 1955 benutzt wurde) war seine Trommel – eine kleine luftgefüllte Metallkapsel, über deren Öffnung eine Gummimembran gespannt war. Wurde die Membran durch irgendeine Art von Druck (wie sie etwa bei Bewegung entsteht) komprimiert, wurde Luft aus der Kapsel heraus und über einen Gummischlauch in eine zweite, ähnliche Kapsel hineingepreßt, die ebenfalls mit einer Membran sowie einem Schreiber ausgestattet war, der dann die Druckveränderungen aufzeichnete.

Eine der Verwendungsweisen dieser Trommel, die weniger mit der Medizin zu tun hatte, hing mit dem wachsenden Interesse an Sprachen zusammen, das am Ende des 18. Jahrhunderts mit der Arbeit von Leuten wie William Jones und Franz Bopp eingesetzt hatte. Die beiden veröffentlichten Grammatiken des Sanskrit[278] und begeisterten ganz Europa mit ihrem 278 ▪ 312 374
Diskurs über eine uralte gemeinsame indogermanische Sprache. Nun begann man sich dafür zu interessieren, wie die europäischen Sprachen von ihrem uralten Vorläufer abstamm-

ten, und dieses Interesse wiederum beflügelte die Erforschung der Physiologie der Sprache. Bei den entsprechenden Untersuchungen führte man die Mareysche Trommel oder ähnliche Apparate in den Mund der Sprecher ein, um zu messen, was während des Sprechens mit den verschiedenen Sprechorganen geschah. Diese frühen Experimente dienten dazu, die wissenschaftliche Analyse der Spracherzeugung zu entwickeln.

Ende des 19. Jahrhunderts, als die ersten internationalen Organisationen gegründet wurden, hatten diese Forschungsarbeiten auf einmal eine ganz neue Breitenwirkung. Damals saßen noch keine Simultandolmetscher in Schallkabinen, und man wurde sich erst allmählich bewußt, daß bessere Methoden für die Verständigung zwischen den Delegierten erforderlich waren. Ein Vorschlag, den der Schweizer Ludwig Zamenhof machte, bestand darin, wieder zu einer einheitlichen Sprache zurückzugehen. Und so entwickelte er 1887 eine solche Sprache, das Esperanto, das auf Stammwörtern beruhte, die in allen indogermanischen Sprachen vorkamen (die damals von doppelt so vielen Menschen gesprochen wurden wie die nächst größere Sprachgruppe, das Sino-Tibetische). Trotz dieses beinahe utopisch anmutenden Ziels wurde Esperanto nie so richtig populär, vielleicht weil andere Möglichkeiten zur Förderung der Völkerverständigung entdeckt wurden. In diesen Zusammenhang gehörte auch die Entwicklung einer neuen Form des Alphabets, das die präzise Transkription und Aussprache fremder Sprachen um einiges erleichterte.

Das internationale Lautschrift-Alphabet wurde 1897 zum ersten Mal veröffentlicht, doch es verdankte seine Existenz zu einem großen Teil den phonographischen Experimenten, die Isaac Pitman um die Mitte des Jahrhunderts durchgeführt hatte. Pitmans Interesse an der Phonetik entsprang, ähnlich wie das von Zamenhof, einem Hang zum utopischen Internationalismus. Pitman begann jedoch mit dem Englischen. Sein groß angelegter Plan sah unter anderem vor, seine englischsprechenden Landsleute dazu zu bewegen, ihre Sprache phonetisch zu schreiben und überhaupt einfachere Schriftzeichen als die alphabetischen Buchstaben zu verwenden. Im Jahre

1850 gründete er das Phonetic Institute, aus dem der British Phonetic Council hervorging (dem Alexander Graham Bells Vater angehörte). Pitmans Bemühungen scheiterten, führten aber immerhin zu dem Kurzschriftsystem, das heute nach ihm benannt ist und das schließlich zur Entwicklung des endgültigen internationalen Lautschrift-Alphabets führte. Einer der ersten Pioniere in der Phonetik war Henry Sweet; nach diesem Vorbild schuf Shaw die Figur des Henry Higgins in seinem Schauspiel *Pygmalion* (nach dem später das Musical *My Fair Lady* entstand). Ironischerweise verwendet Higgins in dem Schauspiel Bells Lautzeichensymbole, um Eliza Doolittles Sprache aufzuzeichnen, was diese mit der Bemerkung kommentiert: »Das ist nicht richtig geschrieben!«

Und da das Lautschrift-Alphabet es erleichterte, jede Sprache – und sei sie auch noch so kompliziert – zu reproduzieren und zu analysieren, entstanden ganz neue Forschungsgebiete. Diese Interessengebiete standen in Zusammenhang mit der »neuen« Wissenschaft der Anthropologie, dem europaweiten romantischen Spleen für altes Volkstum, dem neuen Nationalgeist, der durch den Zusammenbruch des österreichisch-ungarischen Reiches entstanden war, und anderem mehr. Plötzlich waren sich alle Völker deutlich bewußt, wie verschieden sie allesamt waren. Und so bewaffneten sich die Linguisten mit dem Lautschrift-Alphabet und machten sich auf den Weg in die Dialektgebiete.

Die Dialektologen (zumeist deutsche) schickten ganze Forscherteams mit Fahrrädern durch Süditalien, um regionale Sprachunterschiede aufzuzeichnen, oder verteilten 50 000 Fragebögen in Deutschland, um die Aussprache von Sätzen wie »Im Winter fliegen die trockenen Blätter durch die Luft« zu studieren. Ein typisches Ziel bestand darin, anhand der gesammelten Daten auf Karten die Grenzen zwischen jenen Gegenden einzuzeichnen, in denen statt »Dorf« beispielsweise »Dorp« gesagt wurde oder wo das Wort »ich« als »ick« ausgesprochen wurde. Einer der Sprachwissenschaftler, die sich mit diesen Mätzchen abgaben, war der Jenaer Philologe Edouard Schwan, der als führender deutscher Kenner des französischen Akzents galt. Im Laufe seiner Forschungsarbeiten bat er einmal um die Mithilfe des berühmten deutschen Physikers Ernst Pringsheim, dessen Beitrag darin bestand, den Akzent phonometrisch zu analysieren, wobei er wahrscheinlich eine Variante von Scotts Phonautographen verwendete.

279 ▪ 88 83 Sehr viel bekannter war Pringsheim[279] allerdings aufgrund seiner Arbeiten im Bereich der Strahlung; er benutzte als erster das Radiometer (das neue High-Tech-Wunderinstrument der Physik) zur Messung von Infrarotlicht. Leider sollte Pringsheims radiometrischer Ruhm nicht lange währen, denn wie sich herausstellte, funktionierte das Radiometer nicht so, wie er dachte.

Erfunden wurde das Strahlungsmeßgerät von einem der angesehensten Naturwissenschaftler des viktorianischen England, William Crookes, der mit Hilfe der Wissenschaften unbedingt Geld verdienen wollte (oder mußte), weil er eine Frau und zehn Kinder ernähren mußte. Eine seiner Ideen, ein neues Verfahren zur Goldgewinnung, machte ihn finanziell unabhängig, und so war er in der Lage, einige wirklich wertvolle wissenschaftliche Beiträge zu leisten. Er erfand die
280 ▪ 40 47 Kathodenstrahlröhre[280] sowie den ersten photographischen
280 ▪ 50 58 Trockenentwickler und wirkte auch bei der Bestimmung des Atomgewichts von Thallium mit. Doch seine Erfindung des Radiometers hatte nicht nur mit seinen wissenschaftlichen Fähigkeiten zu tun, sondern auch mit seinem etwas exzentrischen Hang zum Okkulten. Crookes nahm regelmäßig an Seancen teil, bei denen er, wie er behauptete, unter anderem schwebende Taschentücher, selbstspielende Akkordeons und am häufigsten einen Geist namens Katie King zu Gesicht bekam. Und all das, während er Präsident der Royal Society war.

Auf die Idee mit dem Radiometer kam er bei seinen Forschungsarbeiten mit dem Thallium. Er experimentierte mit einer Waage in einem Vakuum und bemerkte dabei, daß warme Proben leichter zu sein schienen als kalte. Zuerst vermutete er einen Zusammenhang zwischen Wärme und Schwerkraft und studierte das Phänomen intensiver, denn er interessierte sich auch für die Möglichkeit »psychischer Kräfte«.

Dabei stellte er folgendes fest: Wenn in einem Vakuum eine dichte Masse in die Nähe einer leichteren Masse kam, zogen sich die beiden Massen an oder stießen sich ab. Und je größer das Vakuum war, desto stärker war dieser Effekt. Im Jahre 1873 war Crookes überzeugt, die Abstoßwirkung der Strahlung entdeckt zu haben.

Er entwarf das Radiometer, um diesen Effekt zu untersuchen. Das Gerät bestand aus einer Stahlspitze mit vier Armen, die in einem Behälter waren. An jedem der Arme brachte er einen dünnen Propellerflügel aus getrockneten Pflanzenfasern an, von denen jeder auf einer Seite geschwärzt war. Hielt man ein Licht an das Gefäß, so drehten sich die kleinen Flügel weg von dem Licht, wodurch die Arme des Radiometers rotierten. Crookes behauptete, das Radiometer reagiere auf den »Druck des Lichts«. Und diese These brachte Pringsheim dazu, mit Infrarotstrahlung zu experimentieren.

Doch wie sich herausstellte, hatten weder Pringsheim noch Crookes recht. Im Jahre 1875 wurde Osborne Reynolds, der Mathematikprofessor in Manchester war (und die unangenehme Angewohnheit besaß, seine Vorlesungen zu unterbrechen, wenn er einen neuen Einfall an die Tafel schreiben mußte, was seine Studenten sehr irritierte), zum weltweit führenden Experten in Sachen Strömung. Er konnte nachweisen, daß selbst wenn in dem Radiometer ein annähernd absolutes Vakuum herrscht, die Hitze des Lichtes trotzdem bewirkt, daß die Flügel ein paar Gasmoleküle freisetzen. Diese erhitzen sich dann, wodurch sie sich bewegen, gegen die Flügel drücken und die Arme des Radiometers rotieren lassen.

Reynolds' Interesse an Strömungen führte ihn in einige ganz neue und äußerst innovative Richtungen: Er entwickelte Methoden, den Lauf von Flußarmen und Kanälen zu optimieren; verbesserte bestehende Patente von Pumpen und Turbinen; schuf die mathematischen Grundlagen für maßstabsgetreue Modelle von Schiffen; entdeckte den von Propellern verursachten Hohlsog; studierte den beruhigenden Effekt von Niederschlägen auf die See; erklärte, wieso ein Tischtennisball auf einem vertikalen Wasserstrahl tanzt; und er wies nach, daß

Skier auf Schnee gleiten, weil sie ihn schmelzen. Außerdem stellte Reynolds die verrückte Theorie auf, das Universum bestehe aus kleinen Kugeln.

Doch sein bedeutendster Beitrag zum Kapital des menschlichen Wissens ist die Zahl, die heute seinen Namen trägt. Die »Reynolds-Zahl« ist eine mathematische Größe, die wichtige Dinge über Fluß und Strömung aussagt. Die Zahl ist das Produkt aus Geschwindigkeit, Dichte und Durchmesser eines fließenden Materials, dividiert durch dessen Viskosität. Und wunderbarerweise verrät die Reynolds-Zahl den Ingenieuren, wie sie Turbulenzen vermeiden können. So können Schiffe ruhig schwimmen, Kanäle nicht die Dämme brechen, Pumpen zuverlässig funktionieren und Gas und Wasser bis in die Wohnungen kommen, ohne daß die Leitungsrohre bersten. Die Reynoldssche Zahl hat aber noch eine weitere wichtige Anwendung, ohne die der moderne Tourismus und Handelsverkehr nicht denkbar wäre: Sie dient den Ingenieuren bei der Konstruktion von Flugzeugen, denn sie bildet die Grundlage der gesamten Aerodynamik. Deswegen bauten die Brüder Wright einen Windkanal, studierten die Reynolds-Zahlen des Luftstroms und testeten drei Gleitflugzeuge, bevor sie es mit dem Motorflug versuchten.

Die Tatsache, daß ihr Flugzeug überhaupt abhob, war jedoch noch in einer anderen wichtigen Hinsicht ein Verdienst von Reynolds. Er erforschte nämlich auch die Auswirkungen der Schmierung auf ein elementares Bauteil, das die Gebrüder Wright in ihrem Flugzeugmotor verwendeten. Es handelte sich um eine Vorrichtung, die 1879 ursprünglich bei Fahrrädern
281 ▪ 68 65 ausprobiert worden war. Da die Brüder Wright Fahrräder[281]
281 ▪ 77 69 verkauften und reparierten, kannten sie diese. Das Bauteil, das sowohl ihren Fahrrädern als auch ihrem Flugzeugmotor zugute kam, war das Kugellager.

Der weltweit führende Experte in Sachen Kugellager war ein Deutscher namens Stribeck. Ende des 19. Jahrhunderts führte er die denkbar ausführlichsten Tests mit jeder nur möglichen Art von Lager durch: zylindrisch, kugelförmig, aus gehärtetem und ungehärtetem Metall, in Manschetten, Muffen und Ringen, mehrfach und einfach, in Laufrillen, in schneller und langsamer Rotation, geölt und trocken, heiß und kalt, glatt und aufgerauht, groß und klein, unter Belastung aus allen Richtungen oder unter Druck bis zum Bersten. Stribeck fand heraus, daß Kugellager am besten funktionieren, wenn sie in einer Rille laufen, weil dies die Druckaufnahmefähigkeit der Kugeln erhöht.

Aufgrund der Kugellager blieben die Flugzeuge der Alliierten während des Zweiten Weltkriegs in der Luft. Doch Stribecks Arbeit kam den Alliierten noch in einer anderen wichtigen Hinsicht sehr zugute. Die Bomberbesatzungen standen manchmal vor dem Problem, daß bei großer Flughöhe aufgrund des niedrigeren Luftdrucks die Tinte aus ihren Kugelschreibern auslief und die Karten der Navigatoren verschmierte. Dies war nicht nur unangenehm, sondern auch gefährlich, denn wenn wichtige Punkte auf der Karte unter Tintenflecken verschwanden, war das Flugzeug unter Umständen verloren. Als ein in Argentinien lebender Ungar der britischen und der amerikanischen Luftwaffe die Möglichkeit bot, das Problem zu vermeiden, gingen diese sofort darauf ein. Der Tüftler hieß Lazlo Josef Biro; 1944 kam er mit seiner neuen Erfindung nach England. 30 000 Stück davon kaufte die britische Royal Air Force und einen sogar noch größeren Posten erwarb die Luftwaffe der Vereinigten Staaten.

In dieser Phase des Krieges starteten die Bomber der Alliierten dank der Kugellagerexperimente Stribecks und der aerodynamischen Forschung von Reynolds regelmäßig zu Einsätzen. Nun konnten sie wiederum dank Stribeck und Reynolds auch sicher sein, daß sie mit unverschmierten Karten ihre Ziele erreichten und wieder zurückfanden. Lazlo Biro hatte nämlich aufgrund von Stribecks Daten ein Gerät erfunden, das aus einem stiftförmigen Tintenspeicher bestand, der ein kleines Stahlkügelchen benetzte, das an der Spitze des Geräts in Rillen ruhte. Und Biro nutzte auch Reynolds' Erkenntnisse über Schmierung, um den Fluß der Tinte zur Kugel und dann auf das Papier zu steuern. Diesen beiden Männern war es zu verdanken, daß Biros neuer Kugelschreiber nie mehr schmierte.

Heute sind Kugelschreiber spottbillig und ein typisches Beispiel für jene Wegwerfartikel, von denen die modernen Industrien seit 100 Jahren profitieren ...

18 Geistesblitze

Einer der wirklich faszinierenden Aspekte der Dynamik des Wandels besteht darin, daß oft jemand einen Geistesblitz hat und sich etwas völlig Unbedeutendes ausdenkt, das dann eine Kette von Ereignissen auslöst, die mit etwas von wahrhaft kosmischer Bedeutung endet.

Im Jahre 1892 erfand William Painter aus Baltimore etwas, das speziell dafür konstruiert war, unerheblich zu sein. (Er hatte bereits einige andere clevere Ideen gehabt und unter anderem neue Sitze für Eisenbahnwagen, einen Falschmünzendetektor, eine Sähmaschine und diverse Pumpgeräte entwickelt.) Painters »Unerheblichkeit« war eines der frühesten Beispiele für die Art von Einwegtechnologie, die unsere heutige Wirtschaft in Schwung hält.

Das Problem, das Painter mit seiner Erfindung löste, war bereits seit einiger Zeit bekannt. Es ging nämlich um die Frage, wie der Sprudel sprudelnd bleibt. Dabei drehte es sich nicht nur darum, Limonadentrinker zufriedenzustellen; die Volksgesundheit stand auf dem Spiel. Seit nämlich Joseph
Priestley[282] im Jahre 1777 das Mineralwasser erfunden hatte, 282 ▪ 5 23
galt alles Sprudelnde und Schäumende als Allheilmittel. Die 282 ▪ 161 172
damalige Zeit war geprägt von einem massiven Bevölkerungs- 282 ▪ 306 368
wachstum; die Slums in den Industriestädten quollen über, Cholera und Tuberkulose grassierten, sanitäre Anlagen fehlten und nach Meinung der Ärzte wurden alle Krankheiten durch schlechte Gerüche verursacht – deswegen eigneten sich kohlesäurehaltige Flüssigkeiten genauso als Heilmittel wie alles andere. Außerdem behaupteten echte Naturwissenschaftler, blubbernde Blasen seien das beste Mittel gegen Skor-

but, und so stürzte sich die britische Marine regelrecht auf das Mineralwasser.

Die entscheidende Frage war die, wie man verhindern konnte, daß die sprudelnde und damit heilende Wirkung verlorenging. Man hatte schon einiges ausprobiert, unter anderem Korken und Draht, Korken und Schnur, Korken und Siegelwachs, Korken und Teer, sowie Glasmurmeln. Nichts davon hatte so richtig funktioniert, bis Painter seinen patentierten Kronenkorkenverschluß erfand, den man heute allgemein als Verschlußkappe bezeichnet. Diese Vorrichtung eignete sich auch ideal für ein brandneues Getränk, das ungeahnte Erfolge als »Gehirnstärkung« feierte. Das Getränk hieß Coca-Cola.

Painters Rat an einen seiner Angestellten führte zu einem weiteren bedeutenden Beispiel der Wegwerftechnologie in unserer modernen Welt. Der Betreffende startete seine Laufbahn genau so, wie es für einen jungen amerikanischen Geschäftsmann im 19. Jahrhundert üblich war: Büroangestellter in Chicago, Handlungsreisender in Kansas und Scheuerpulververtreter in Großbritannien. Anfang 1892 stieg er bei Painter in den Verkaufsaußendienst ein und war dort für die Neuenglandstaaten zuständig. Sein eigener Horizont ging jedoch weit darüber hinaus. Im Jahre 1894 ließ er das Außmaß seiner Ambitionen erahnen, als er nämlich einen gigantischen Flop mit dem Titel *The Human Drift* veröffentlichte. In dem Buch skizzierte er seinen Plan, die gesamte Welt zu vereinigen; und zwar verfolgte er dabei den ausdrücklichen Zweck, die Twentieth Century Company – die »Gesellschaft des 20. Jahrhunderts« – zu gründen. Diese Idee war ebenfalls ein Reinfall. So erinnerte er sich an etwas, das sein Boß bei Crown Cork einst zu ihm gesagt hatte, nämlich: »Das Geheimnis des Erfolgs besteht darin, etwas zu machen, was die Leute kaufen und dann wegwerfen«. Da es sich Painter mit diesem Grundsatz ermöglicht hatte, sich nach nur zehn Jahren im Geschäft als reicher Mann zur Ruhe zu setzen, schien etwas daran zu sein.

Der junge Mann hielt also Ausschau nach einer alltäglichen Tätigkeit, die so allgemein verbreitet war, daß sich für eine entsprechende Erfindung ein dauerhafter Markt entwickeln ließ. Als er eines Morgens in den Spiegel sah, kam ihm der geniale Geistesblitz. Er drückte es folgendermaßen aus: »Wenn man all die Zeit, das Geld und die Intelligenz, die wir in den Friseurläden Amerikas vergeudet haben, bündeln würde, könnte man in vier Stunden den Panamakanal graben.« Und so erfand King Camp Gillette die Rasierklinge, auf daß die moderne Welt glattrasiert war.

Dies war weniger simpel, als es klingen mag. Rasiermesser fanden seit fast 100 Jahren allgemeine Verwendung. Sie galten als kostbare Familienerbstücke, die oft vom Vater an den Sohn vermacht wurden. Doch niemand außer den Allerärmsten nahm seine Rasur selbst in die Hand. Die meisten Leute, die sich überhaupt rasierten, gingen zum Bader. Diese Meister ihres Fachs waren Gillettes größte Gegner bei seinem Versuch, die Öffentlichkeit zum Do-it-yourself-Verfahren zu bekehren, bis sie erkannten, daß die Friseursalons der wichtigste Umschlagplatz für die Klingen sein würden.

Gillettes Erfolg beruhte in erster Linie auf einer aggressiven Werbestrategie. Er wollte, daß sein Gesicht so bekannt wurde wie das von George Washington, deshalb produzierte die Firma einen Werbeprospekt, der wie ein Dollarschein aussah und sein Porträt zeigte. Gillette wollte auch den Metallurgieexperten am Massachusetts Institute of Technology nicht glauben, die es für unmöglich hielten, ein Stahlblatt mit einer scharfen Kante herzustellen. So tat er sich mit einem Mann namens Nickerson zusammen, der dahinterkam, wie man den Stahl härten mußte, um die Schnittkante möglich zu machen. Nach sechs Monaten waren sie pleite und verschuldet. Doch Gillette gab nicht auf. Im Jahre 1902 gründete er mit der finanziellen Unterstützung eines Freundes die American Safety Razor Company.

Die Tatsache, daß Gillette überhaupt einen Stahl hatte, den er schärfen konnte, war wiederum auf den Geistesblitz eines anderen Mannes über 100 Jahre früher zurückzuführen. Dieser Mann hieß Benjamin Huntsman, und obwohl er gar kein Stahlhersteller war, war es sein Verdienst, daß das Bowiemesser und die besten Messerwaren der Welt im englischen Sheffield erzeugt wurden.

Als Huntsman sich 1740 in einem Dorf in der Nähe von Sheffield niederließ, war die Stahlerzeugung eine aufwendige und zeitraubende Sache. In einen Brennofenkasten wurden abwechselnd Schichten aus flachen Eisenbarren und Lagen von Holzkohle geschichtet, bis die Lade voll war. Das Ganze wurde in den Brennofen geschoben, mit einer Sandschicht abgedeckt und eine Woche lang bis zur Rotglut erhitzt. In dieser Zeit wurde der Kohlenstoff aus der Holzkohle von den äußeren Eisenschichten absorbiert, wobei sich auf der Oberfläche der Barren Blasen bildeten. Wenn die Lade aus dem Ofen gezogen wurde und abgekühlt war, schlug man diese Blasen mit einem Hammer ab; die Splitter wurden neu erhitzt und mit dem Hammer verdichtet. Der dabei entstehende »Blasenstahl« war brüchig und schwer zu verarbeiten.

Auf die Lösung für das Problem (nämlich den Blasenstahl erneut schmelzen zu müssen) kam Huntsman, als er Glasmachern bei der Arbeit zusah. Diese pflegten oft Glasscherben und Splitter bei sehr hohen Temperaturen zusammenzuschmelzen. Um Blasenstahl erneut einschmelzen zu können, erfand Huntsman eine neue Art von Tongefäß, einen Schmelztiegel, der aufgrund einer geheimnisvollen Beimischung in den Ton die erforderlichen 880 Grad Celsius aushielt. Huntsman nahm das Geheimnis mit ins Grab, doch wahrscheinlich handelte es sich um Graphit. Wie dem auch sei, Huntsmans Tiegelstahl war der erste Stahl, der gegossen werden konnte. Er verfügte über eine hohe Zugfestigkeit, war so hart, daß man sogar Glas damit schneiden konnte, und war als Schneidkante bei Werkzeugmaschinen zu verwenden. Als Huntsman den Stahl nach Frankreich exportierte, war er dermaßen erfolgreich, daß schließlich auch die Messerschmiede in Sheffield anfingen, ihn zu verwenden. Das erste Gußstahl-Rasiermesser wurde dort 1777 gefertigt, und ab 1800 gab es in New York einen eigenen Verkaufsvertreter für Sheffield-Stahl.

Da Huntsman aber eigentlich Uhrmacher war, interessierte ihn an dem Tiegelgußstahl vor allem die Tatsache, daß man

daraus gute Uhrfedern machen konnte. Und zu Huntsmans Zeit standen Uhrfedern (aus jenem Stahl, der auch gute Rasierklingen abgab) – in einer jener netten Querverbindungen, die in der Geschichte bisweilen auftreten – ganz im Mittelpunkt des öffentlichen Interesses, was wiederum mit dem Schicksal eines britischen Admirals zusammenhing, der eine Perücke erfunden hatte. Der Betreffende hörte auf den wohlklingenden Namen Sir Cloudesley Shovell[283] und erfand die **283 ▪ 133** 134
Allongeperücke, die auch als Shovell-Perücke bezeichnet wurde und so teuer war, daß sich nur die reichen und wichtigen Leute eine leisten konnten. Diese bedeutenden Köpfe wurden dann als *big wigs* bezeichnet – »die mit den großen Perücken«.

Leider profitierte Shovell nur für kurze Zeit von seiner zottigen Erfindung, denn im Jahre 1702 ertrank er – zusammen mit den 2000 Mann Besatzung seiner vier Schiffe. Sir Cloudesley war mit seiner Flotte auf dem Weg von Gibraltar nach England. Bei Nacht und Nebel liefen sie aufgrund eines entscheidenden Navigationsfehlers auf die Felsen vor den Isles of Scilly und sanken auf den Meeresgrund.

Das englische Parlament war 1714 per Petition aufgefordert worden, etwas für die Verbesserung der Meeresnavigation zu tun, weil immer mehr Forschungsreisende und Kolonialisten auf See ums Leben kamen. Deswegen bot das Parlament demjenigen, der eine bessere Uhr austüftelte, eine gewaltige Stange Geld (nach heutigem Maßstab umgerechnet knapp vier Millionen Mark).

Die Uhr war deswegen so wichtig, weil man zur Berechnung der Position auf der Ost-West-Achse eine Borduhr brauchte, die genau die Zeit im Heimathafen anzeigte. Bei der Positionsbestimmung anhand der Sternpeilung errechneten die Navigatoren die Differenz zwischen der Position des Sterns an ihrem aktuellen Standort und der Position, den er genau zum selben Zeitpunkt zu Hause einnahm, denn anhand dieser Differenz wußten sie, wie weit sie um die Erde herum gesegelt waren. Aber da sich die Erde alle vier Minuten um ein Grad dreht,was 96 Kilometern entspricht, bedeutete eine zeitliche Abweichung von vier Minuten eine Kursabweichung von etwa 100 Kilometern. Und wenn der Horizont nur 50 Kilometer weit entfernt war, konnte diese Fehlermarge bei der Suche nach einer Insel gravierend sein.

Das Problem löste im Jahre 1762 ein anderer Uhrmacher,
284 ▪ 266 296 John Harrison,[284] der sich wie Huntsman für das Verhalten von Metallen interessierte. Huntsman hatte zwar einen verbesserten Uhrfederstahl entwickelt, der nicht mit der Zeit nachgab und die Uhr nachgehen ließ, doch ein ganz spezielles Problem der Weltreisenden löste auch diese Erfindung nicht. Wenn ein Schiff polare, gemäßigte und tropische Breiten durchquerte, dehnte sich die Feder aufgrund der Temperaturschwankungen aus oder zog sich zusammen, worunter natürlich die Präzision des Instruments litt.

Harrisons Idee war bestechend einfach. Er brachte an dem verankerten Ende der Stahlfeder einen winzigen Messingschieber an. Da er den linearen Ausdehnungskoeffizienten beider Metalle kannte, konnte er errechnen, wie lang der Schieber sein mußte, damit er sich je nach Ausdehnung oder Zusammenziehen des Messings so weit nach oben oder unten bewegte, um ein längeres oder kürzeres Stück der Feder unbeweglich zu machen. Auf diese Weise war gewährleistet, daß der Messinggleiter immer gleich viel von der Feder für den Betrieb der Uhr freiließ, auch wenn sich die Feder ausdehnte oder zusammenzog. Auf der abschließenden Testfahrt von London nach Barbados lief Harrisons Chronometer 15 Monate lang bis auf die Zehntelsekunde genau. Nun konnte ein Schiff bei der Heimkehr über den Atlantik sein Ziel auf 500 Meter genau anpeilen – unglaublich präzise, aber noch immer nicht präzise genug.

Es brachte wenig, bei Nacht, Sturm oder Nebel ein Ziel auf 500 Meter genau anzupeilen, wenn die tückischen Felsen, die *ebenfalls* innerhalb eines Radius von 500 Metern lagen, nicht mit einem Leuchtturm markiert waren. Und Mitte des 18. Jahrhunderts waren solche Formen der Beleuchtung noch äußerst
285 ▪ 172 182 selten. Leuchttürme[285] waren zwar seit dem Beginn des vorausgehenden Jahrhunderts an den europäischen Küsten errich-

tet worden, doch sie wurden in der Regel Opfer ihrer eigenen Effizienz. Wenn die Beleuchtung eines vorwiegend aus Holz gebauten Leuchtturms besonders hell war, ließ es sich bei den unzähligen Kerzen, die dazu erforderlich waren, oft nicht verhindern, daß der Turm früher oder später abbrannte. Häufig wurden die windigen Bauten auch von Stürmen zerschmettert.

Einer der gefährlichsten Küstenabschnitte rund um die britischen Inseln waren (teils auch wegen der starken Befahrung) die Gewässer um die Eddystone-Felsen 20 Kilometer vor dem großen englischen Hafen Plymouth. Diese Gegend war berühmt und berüchtigt – sowohl wegen der Schiffe als auch wegen der Leuchttürme, die hier flötengingen. In den Jahren bis 1756 waren bereits zwei Türme zerschellt, und die einheimischen Kaufleute wollten sie unbedingt durch einen ersetzen, der etwas aushielt. Also wandten sie sich an einen Ingenieur, der bereits eine Taucherglocke erfunden, große Häfen umgebaut und mit Wasserrädern experimentiert hatte und sich überhaupt mit allem auskannte, was mit der See und mit Hydraulik zu tun hatte. Dieser John Smeaton konstruierte auf den Eddystone-Felsen einen Leuchtturm mit Rundprofil aus genau eingepaßten Granitblöcken und einer neuen Art von Zement, die härter war als alles, was man bisher kannte. Dieser Leuchtturm hielt allem stand. Er wurde so berühmt, daß die Gründer des ersten Londoner Ingenieurverbandes ihn in ihr Wappen aufnahmen.

Ansonsten ist nicht viel Bemerkenswertes über Smeaton zu berichten, außer daß er 1770 ein Gerät konstruierte, mit dem man Wasserpumpenzylinder ausbohren konnte. Seine Erfindung war jedoch schon nach vier Jahren veraltet, weil etwas besseres auf den Markt kam. Der neue Bohrer war das Werk des größten englischen Eisenfabrikanten, eines sonderbaren Kerls namens John Wilkinson, dessen Schwester Joseph Priestley[286] heiratete, mit dessen Sprudelwasser diese Geschichte 286 ▪ 164 173
begann. Wilkinson war ein regelrechter Eisennarr. Er baute eine ganze Kirche aus Eisen, bezahlte seine Arbeiter mit eigenem Eisengeld und ließ sich in einem gußeisernen Sarg begraben. Nachts schlief er mit einer Eisenkugel in der Hand.

Bewegte er sich (weil ihm im Traum eine Idee gekommen war), fiel die Kugel in eine Metallkanne. Wenn er durch das Geräusch aufwachte, notierte er sich den Einfall, nahm die Kugel und legte sich wieder schlafen.

Im Jahre 1774 entwickelte er einen Zylinderbohrer mit einem starren Schaft, an dessen Ende sich ein Schneidkopf befand. Der Zylinder, der gebohrt werden sollte, wurde um den Kopf herum gedreht. Auf diese Weise konnte Wilkinson Zylinder bohren, deren Durchmesser »bis auf die Dicke eines alten Shilling« genau stimmte. Diese Art von Präzision ermöglichte es James Watt, seine neuartige Dampfmaschine zu bauen und damit die Industrielle Revolution einzuläuten.

Wilkinsons Bohrer war noch in einer weiteren, ebenso bedeutsamen Hinsicht revolutionär. Mit dem Gerät konnte man nämlich auch Kanonenrohre ausbohren, und im Jahre 1788 hatte Wilkinson die zweifelhafte Ehre, die Kanonenrohre an beide Seiten im englisch-französischen Krieg sowie an die amerikanischen Kolonien für ihren Kampf gegen England zu liefern. Wilkinson konnte die Kanonen (als »Eisenrohre« getarnt) nach Frankreich schmuggeln, weil er zwei Jahre zuvor sämtliche Rohrleitungen für das neue Pariser Wasserversorgungsnetz geliefert hatte und als Berater des Eisenhüttenwerks im französischen Le Creusot fungierte. Die neuen Kanonenrohre waren dünner und wogen weniger als die früheren. Diese kleine Verbesserung veränderte das Erscheinungsbild des Krieges (und das Antlitz Europas), denn sie ermöglichte es dem Generalinspekteur der französischen Artillerie, Jean-Baptiste Gribeauval, die Geschütze auf ganz neue Weise einzusetzen. Bereits 1765 hatte er damit begonnen, bei der französischen Feldartillerie einheitliche Geschoßgrößen mit Standardgewichten von vier, acht und zwölf Pfund einzuführen. Er hatte das Gewicht der Geschütze verringert, indem er sämtliche Ornamente abschaffte (die bisher allgemein üblich waren), und er schuf Munitionsnormen je nach Schußreichweite. Er führte auch eine standardisierte Form der Munitionslieferung an die Verbände ein. Diese ganze Vereinheitlichung sollte Nachschub, Ersatzbeschaffung und Reparatur erleichtern.

Alles änderte sich, als Wilkinsons neue Kanonenrohre in die Hände eines ehemaligen Artillerieleutnants gelangten, der inzwischen Herrscher über Frankreich war, Napoleon Bonaparte.[287] Gribeauval hatte mit den leichten, austauschbaren 287 ▪ 96 90
Präzisionsrohren von Wilkinson eine völlig neuartige, mobile Artillerie geschaffen. Als französische Eliteeinheit galt ab 1799 Napoleons berittene Artilleriegarde, die aus neun Regimentern bestand und über die er sagte: »Die Artillerie meiner Garde entscheidet die meisten meiner Schlachten, weil ich sie einsetzen kann, wo und wann ich will.« Mit Wilkinsons neuen, leichteren Läufen konnte die Garde eine völlig neue Kriegstaktik anwenden. Sie konnte in kürzester Zeit bis zu 40 Kanonen je nach Erfordernis auf dem Schlachtfeld bewegen und sie in zwei oder mehr Gruppen aufteilen, um den Feind unter Kreuzfeuerbeschuß zu nehmen und für die Infanterie zu zermürben.

In Napoleons Fall war dies eine entscheidende Taktik, denn seine Infanterie bestand im allgemeinen aus Hunderttausenden untrainierter und unerfahrener Rekruten, die es mit keiner Berufsarmee aufgenommen hätten – wenn diese nicht bereits von der Artillerie zersprengt worden war. Wie Napoleon sagte: »Je weniger gut die Verbände sind, desto mehr Artillerie brauchen sie. Es gibt *corps d'armée*, bei denen ich nur ein Drittel der Artillerie brauche, die bei anderen nötig wäre.«

Napoleon setzte die massive Zerstörungskraft geballter Artillerie immer wirksamer ein. Er verfolgte damit ein brutales Ziel: »Der Zweck der Artillerie besteht nicht darin, Menschen zu töten oder einzelne Geschütze zu zerstören, sondern Löcher in die feindliche Front zu reißen, Angriffe aufzuhalten und Gegenangriffe zu unterstützen.« Auf dem Gipfel seines Erfolgs nutzte Napoleon die Beweglichkeit der berittenen Artillerie, um bis zu 100 Geschütze an einem Platz zusammenzuziehen, gegen die »nichts auszurichten ist; wäre dagegen dieselbe Zahl von Kanonen auf die gesamte Linie verstreut, würde dies nicht dieselbe Wirkung erzielen«.

Napoleon wütete in ganz Europa und war nicht zu schlagen. Als seine siegreichen Armeen 1799 auf dem Weg nach

Österreich durch die Schweiz marschierten, stießen sie im Kanton Unterwalden auf bewaffneten Widerstand. In der folgenden Schlacht fielen Hunderte von Schweizern, die ihre Kinder als Waisen hinterließen. In der Kantonshauptstadt Stans beschloß ein ehemaliger Landwirt im mittleren Alter, einige der obdachlosen Kinder in einem ehemaligen Kloster in seine Obhut zu nehmen. Damit begann eines der ungewöhnlichsten und bedeutendsten Erziehungsexperimente der Geschichte. Johann Heinrich Pestalozzi hatte sich mehr oder weniger erfolglos als Landwirt und auch als Romancier versucht, doch das Waisenhaus in Stans machte ihn weltberühmt. Vielleicht weil er kein Geld für Bücher und Geräte hatte – oder weil sich damals überhaupt nur die Reichen den Luxus einer Schulbildung leisten konnten – entwickelte Pestalozzi eine neue Unterrichtsmethode. Im Jahre 1801 formulierte er diese Ideen in einem Buch mit dem Titel *Wie Gertrud ihre Kinder lehrt.*

Pestalozzis Theorien unterschieden sich radikal von allem, was es bis dahin gegeben hatte. Seiner Meinung nach beruhte die Erziehung damals auf gelehrtem Bücherwissen und berücksichtigte in keiner Weise die Entwicklung des Kindes insgesamt und die Beziehung zwischen dem Gelernten und den »Realverhältnissen«. Oft wurde Kindern etwas über Berge erzählt, ohne daß sie jemals selbst auf einen Hügel gestiegen waren, oder sie hörten etwas über Pflicht und Tugend, ohne die geringste Ahnung zu haben, was diese Worte bedeuteten. Pestalozzis Methode zielte darauf ab, die Wahrnehmung und die Intuition des Kindes zu entwickeln, indem es durch unmittelbare Erfahrung etwas über die Welt lernte. Er war gegen alles Formale, und so teilte er die Kinder nicht in Klassen ein und verwendete auch keine Bücher oder andere Lernmittel. Er war dafür, daß sich Schüler und Lehrer als Gleichberechtigte begegneten, und unterstützte es auch, daß die Kinder von anderen Kindern lernten. Schüler und Lehrer schliefen oft im selben Raum und lernten sogar gemeinsam. Der Tagesablauf sah folgendermaßen aus: Ab 6 Uhr erste Unterrichtsstunde, um 7 Uhr Morgengebet, danach Frühstück, ab 8 Uhr weiterer Unterricht. Um 10 Uhr eine Stunde Pause, danach wieder Unterricht. Ab 13 Uhr Mittagessen. Unterricht bis 16.30 Uhr, Erholung und Freizeit bis 18 Uhr, Unterricht bis 19 Uhr, Abendessen um 20 Uhr, Schlafenszeit ab 22 Uhr.

Alles was unterrichtet wurde, hatte einen Bezug zur eigenen Lebenswelt. Im Rahmen des Erdkundeunterrichts unternahm man Ausflüge und machte Beobachtungen; anschließend zeichneten die Kinder eine Landkarte mit den Details, die sie beobachtet hatten. Erst danach zeigte man ihnen eine richtige Landkarte. Auch der naturkundliche Unterricht orientierte sich an Elementen der heimischen Umgebung; beispielsweise beobachtete man, wie aus Wein Essig gemacht wurde, aus Sand Glas und aus Marmor Kalk. Musik wurde als Mittel der sittlichen Bildung und zur Entwicklung eines Gefühls der sozialen Harmonie eingesetzt. Zweimal in der Woche machte man Spiele, um den Teamgeist zu fördern. Vor allem aber wurden die Kinder dazu angehalten, auf regelmäßigen Spaziergängen im Freien aus ihrem eigenen Alltagsleben zu lernen und diese Anschauung zu nutzen, um die Welt auf ihre eigene Weise zu verstehen.

Pestalozzis Methoden fanden beinahe über Nacht Anerkennung. Was als Versuch der Eingliederung traumatisierter Kinder begonnen hatte, sollte eines Tages die Pädagogen auf der ganzen Welt beflügeln. Ab 1805 wurde die Methode überall in Europa angewandt und auch in Philadelphia gab es bereits eine Pestalozzi-Schule. Die Methoden des Schweizers prägten auch in entscheidendem Maße die berühmte (und kurzzeitig erfolgreiche) sozialistische Gemeinschaft »New Harmony« in Indiana, weil einer der Gründer dieser Siedlung, William
Maclure,[288] davon sehr beeindruckt und überzeugt war. **288 ▪ 258** 288

Pestalozzis Forderung, die unmittelbare Anschauung zu nutzen, damit sich ein Kind von »vager Intuition zu klarer Wahrnehmung« entwickeln könne, weckte das Interesse und die Bewunderung eines deutschen Gelehrten, der den Pädagogen während eines Aufenthalts im schweizerischen Interlaken im Jahre 1797 kennenlernte. Johann Friedrich Herbart wurde ein enger Freund Pestalozzis und einer seiner einflußreichsten
Anhänger. Ab 1808 war Herbart der Nachfolger Kants[289] auf **289 ▪ 210** 227

dem Lehrstuhl für Philosophie an der Universität Königsberg. Herbart war ein anerkannter Experte auf dem Gebiet der Pädagogik; er machte den akademischen Mainstream mit Pestalozzis Gedankengut vertraut, indem er in einem Werk mit dem Titel *Pestalozzis Idee eines ABC der Anschauung* über dessen Methoden berichtete.

Auf der Grundlage der Pestalozzischen Überlegungen zur Sinneswahrnehmung und seiner natürlichen Unterrichtsmethode entwickelte Herbart die erste richtig wissenschaftliche Pädagogik. Er erkannte die gesellschaftliche Bedeutung dieser neuen Erziehungsmethode wie Fichte, der geschrieben hatte: »Pestalozzi geht es im Grunde darum, die niedrigeren Schichten zu heben und sämtliche Unterschiede zwischen ihnen und den gebildeten Schichten aufzuheben. Damit wird nicht bloß die Erziehung popularisiert, sondern die Volkserziehung verwirklicht. Pestalozzis System ist wirksam genug, um ganze Nationen, ja die gesamte Menschheit aus dem kläglichen Zustand zu erlösen, in dem sie sich befindet.«

Herbart entwickelte Pestalozzis Gedanken weiter, indem er genau untersuchte, was im Menschen tatsächlich vor sich geht, wenn er mittels seiner Wahrnehmung durch Erfahrung lernt. Herbart ging davon aus, daß jede Erfahrung einen Menschen verändert, wobei die Beurteilung und Deutung neuer Erfahrungen durch frühere Erfahrungen beeinflußt sind, die bereits zu einem Teil der Persönlichkeit geworden sind. Dieses Sammeln von Erfahrungen führt zu einem Erfahrungsbestand, mit dem der Mensch die Welt begreift. Bei diesem kumulativen Prozeß verschmilzt jede Erfahrung sofort mit der Masse vergleichbarer früherer Erfahrungen. Handelt es sich jedoch um eine neue Erfahrung, so überschreitet das Erlebte die »Bewußtseinsschwelle«, wie Herbart es mit einem von ihm geprägten Begriff bezeichnete, und wird eben bewußt als *neue* Erfahrung wahrgenommen. Damit erkannte Herbart die Entwicklungsfunktion dieser Schwelle. Gleichzeitig erhob er die Psychologie zur Wissenschaft.

Die große Frage lautete nun, an welchem Punkt eine Erfahrung die Schwelle überschreitet und zu einer »bewußten«

Erfahrung wird. War es möglich, diesen Punkt zu bestimmen? Konnte man diesen Prozeß quantifizieren? Im Jahre 1833 folgte Herbart einem Ruf an die Universität Göttingen. Einer seiner dortigen Kollegen, ein gewisser Ernst Weber, hatte einen Assistenten namens Gustav Theodor Fechner. Weber und Fechner entdeckten gemeinsam eine Möglichkeit, die Wirkung von Erfahrung zu messen. Weber entwickelte eine Formel; Fechner wandte sie an, um Empfindungen zu messen, und erfand damit die »Psychophysik«, wie er es nannte.

Fechner war ein sonderbarer Mensch. Seine ersten Schriften waren satirischer Art – Werke mit Titeln wie *Beweis, daß der Mond aus Jodien besteht* und *Vergleichende Anatomie der Engel* (worin er argumentierte, daß Engel, zumal sie angeblich vollkommen sind, eigentlich rund sein müßten). Im Jahre 1839 erlitt er (aufgrund von Wahrnehmungsexperimenten, bei denen er durch gefärbtes Glas in die Sonne schaute) eine teilweise Erblindung, die drei Jahre lang anhielt und wegen der er seine Lehrtätigkeit vorübergehend aufgeben mußte. Als er nach seiner Genesung im Jahre 1843 erstmals wieder Blumen sah, war er so ergriffen, daß er ein Buch mit dem Titel *Nanna oder Über das Seelenleben der Pflanzen* schrieb. Fechner entdeckte auch sein Interesse an persischer Mystik und begründete den »Panpsychismus«, bei dem die menschliche Seele zwischen den Seelen der Pflanzen und denen der Sterne stand.

Im Jahre 1850 machte er sich schließlich daran, Erfahrung zu quantifizieren. Das Resultat dieser Arbeit war das sogenannte Gesetz vom gerade noch wahrnehmbaren Unterschied. Trotz des umständlichen Namens sollte dieses Gesetz kosmische Bedeutung erlangen. Auf der Grundlage von Webers Daten führte Fechner eine lange Reihe von Experimenten durch, um dahinterzukommen, wodurch eine Erfahrung Herbarts »Bewußtseinsschwelle« überschreitet und bewußt wahrgenommen wird. Fechner glaubte, dies hänge mit der Art des Reizes zusammen, auf den die Wahrnehmung anspricht. Ob etwas die Schwelle des Bewußtseins überschreitet, hing anscheinend davon ab, in welchem Maße sich ein bestimmter Reiz von einem früheren unterschied. Fechner versuchte also herauszufinden, wie groß oder klein eine Reizänderung sein mußte, damit der Beobachter den Unterschied wahrnahm.

Fechner und Weber wollten nachweisen, daß Reiz und Empfindung mathematisch voneinander abhängen, so daß der eine Faktor anhand des anderen vorausgesagt oder errechnet werden kann. Bei ihren Experimenten verringerten sie ganz allmählich den Unterschied zwischen zwei Reizen, bis die Differenz nicht mehr wahrzunehmen war. Sie versuchten dies mit verschiedenen Gewichten, mit der Beurteilung von Linien unterschiedlicher Länge, mit Geräuschen, Lichtintensitäten, Gerüchen, Temperaturen, Tonhöhen und so weiter.

Dabei entdeckten sie, daß bei der Wahrnehmung tatsächlich ein konstanter Faktor beteiligt ist. Wird der Ausgangsreiz verdoppelt, muß auch jede weitere Steigerung verdoppelt werden, damit sie wahrgenommen wird. Wenn die kleinste noch wahrnehmbare Gewichtsvermehrung bei einem Gewicht von 50 Pfund ein Pfund ist, so beträgt die kleinste noch wahrnehmbare Gewichtsvermehrung bei einem Gewicht von 100 Pfund zwei Pfund.

Die kleinste noch wahrnehmbare Differenz ist also eine Konstante, die sich proportional zum Ausgangsreiz verhält. Dies wurde zu einem mathematisch bestimmbaren Gesetz über die Stärke von Sinneswahrnehmungen, das in einer quantifizierbaren Weise auf alle Arten von Erfahrung angewandt werden konnte. Damit schuf Fechner die Grundlagen der modernen Experimentalpsychologie.

Fechner übertrug seine Überlegungen auch auf die Leuchtkraft von Sternen. Er war der Meinung, sein neues Gesetz erkläre die Skala der wahrgenommenen Sternengröße, die in der Astronomie verwendet wurde. Sterne, so argumentierte er, seien bei Tage unsichtbar, weil der Unterschied zwischen ihrer Helligkeit und der des Tageshimmels zu gering sei, um wahrgenommen zu werden. Zu Beginn des Jahrhunderts hatte ein Münchner Physikprofessor namens Carl Steinheil ein Gerät zur Messung der Sternenhelligkeit erfunden. Dieses sogenannte Photometer wurde auch dazu verwendet, Flammen
290 ▪ 107 99 von Gaslicht[290] zu kalibrieren. Der Lichtstärkenmesser bestand

aus einem Teleskop, bei dessen Objektiv das Glas in zwei Hälften geteilt war, von dem eines in der Richtung seiner Achse bewegt werden konnte. Mit den beiden Glashälften konnte man die Abbilder von zwei Sternen nebeneinanderstellen und dann das Bild des einen Sterns mit Hilfe einer Linse so weit verändern, bis er genauso hell erschien wie der andere. Die Größenordnung, in der die Linse dabei bewegt wurde, lieferte Hinweise für die Bestimmung der relativen Lichtstärke der beiden Sterne.

Mit Hilfe des Photometers konnte Fechner quantitativ errechnen, daß die gerade noch wahrnehmbare Differenz – die bisher die astronomische Definition unterschiedlicher Sterngrößen geliefert hatte – ungefähr 2,5 betrug. Mit anderen Worten, ein Stern erster Größe war etwa 2,5 Mal so hell wie ein Stern zweiter Größe. Ein Stern erster Größe war genau 100mal so hell wie ein Stern sechster Größe. Diese Unterscheidung sollte wesentlich für die Beurteilung der Entfernung von Sternen werden. Es war bereits möglich, mit Hilfe der Spektralanalyse des Sternenlichts die Elemente zu bestimmen, die in einem Stern brannten, woraus man auf seine ungefähre Temperatur und folglich auf seine wirkliche Helligkeit schließen konnte.

Die Helligkeit eines Sterns verringert sich im Quadrat seiner Distanz (wenn ein Stern doppelt so weit entfernt ist, leuchtet er nur ein Viertel so hell); anhand dieser Zahlen kann die Entfernung von Sternen gut geschätzt werden. Mit Hilfe dieser und anderer Techniken studierte die Astronomin Henrietta Leavitt vom Harvard Observatorium im Jahre 1908 einige ungewöhnliche Sterne, die sogenannten Cepheiden. Ungewöhnlich an diesen Sternen war, daß sie einmal heller und einmal dunkler waren. Leavitt kam dahinter, daß sich die Helligkeit mit der Periode änderte. Von der Zeitspanne zwischen der größten und der geringsten Helligkeit ließ sich also auf die wirkliche Leuchtkraft der Sterne schließen. Mit dieser Methode und der Spektralanalyse war es somit möglich, ihre Entfernung von der Erde zu errechnen.

Diese Entdeckung bezüglich der Helligkeit der Cepheiden

sollte sich als ausgesprochen bedeutsam erweisen. Am 5. Oktober 1923 entdeckte der amerikanische Astronom Edwin Hubble, der am Mount Wilson Observatory in Kalifornien arbeitete, weitere Cepheiden in den Außenbezirken des Messier 31, des großen Sternnebels in der Konstellation Andromeda. Die Distanz der Cepheiden deutete darauf hin, daß Andromeda außerhalb der Milchstraße lag; weitere Berechnungen ergaben, daß sie über 750 000 Lichtjahre entfernt waren – das heißt, über 600 000 Lichtjahre außerhalb unserer eigenen Galaxie. Aufgrund dieser Zahl gingen die Astronomen davon aus, daß das Universum doppelt so groß war als bisher angenommen.

Und so geschah es, daß aufgrund von Geistesblitzen wie Verschlußkappen, Rasierklingen, Chronometern, Kanonenrohrbohrern, neuen Unterrichtsmethoden, Experimentalpsychologie und Sternengrößen Edwin Hubble im Jahre 1934 unsere Sicht des Universums für immer veränderte. In einem faszinierenden Vortrag sagte er: »Das Sternensystem treibt durch den Raum wie ein Schwarm Bienen durch die Sommerluft. Von unserem Standort irgendwo innerhalb des Systems blicken wir durch einen Schwarm von Sternen bis über die Grenzen hinaus in das jenseits davon liegende Universum ... hier und da, in riesigen Abständen, stoßen wir auf andere Sternensysteme, die mit unserem vergleichbar sind ... die so weit entfernt sind, daß wir außer bei unseren nächsten Nachbarn nicht einmal die einzelnen Sterne sehen, aus denen sie bestehen.«

Hubbles spätere Entdeckung – daß sich dieser gewaltige Kosmos auch noch ausdehnt – begründete schließlich neue Theorien über das Wesen des Universums, über das die Menschheit bereits seit dem Mittelalter philosophiert hatte ...

19 Echos der Vergangenheit

Manchmal liegt die Ursache für eine große Veränderung in etwas ganz Kleinem – etwa einem Unfall, einem Zufall, einem Mißgeschick oder etwas völlig Beiläufigem –, das dem Gang der Geschichte plötzlich eine neue Wendung gibt. Eine der wichtigsten Entdeckungen über das Universum wurde von zwei Ereignissen ausgelöst, die räumlich und zeitlich weit auseinanderliegen, wobei es allerdings in beiden Fällen um nichts Geringeres als das Verständnis des Kosmos selbst ging. Das zweite dieser Ereignisse begann mit der Entwicklung von Geheimschriften Anfang des 15. Jahrhunderts in Florenz.

Das erste Ereignis war die Einführung des Zen-Buddhismus im mittelalterlichen Japan. Im Jahre 1168 reiste ein Mönch namens Eisai Myo-an von Japan nach China und kehrte mit Teesamen zurück, die er um einen Tempel in Hakata, Kyushu, herum anpflanzte. In China pflegte man seit dem 8. Jahrhundert Teezeremonien und es gab mehrere Gründe, das Ritual auch in Japan einzuführen. Einer davon war, daß dem Tee eine große Heilwirkung zugeschrieben wurde; das Getränk galt als Medizin gegen alle möglichen Leiden, unter anderem die Reisesserkrankheit, Lähmungen, Geschwüre und Appetitlosigkeit.

In Japan, das damals von den Schogunen regiert und von der Ethik der Samurai-Krieger beherrscht wurde, interessierte man sich besonders für die Verbindung zwischen dem Teetrinken und der Philosophie. Die Teezeremonie war ein Ausdruck der zen-buddhistischen Lebensanschauung, die den praktisch denkenden Soldaten ansprach, weil sie dem Willen eine entscheidende Rolle beimaß. Für den Gläubigen wie für den Soldaten haben Leben und Tod wenig Bedeutung. Wie der Krieger schaut auch der Zen-Buddhist niemals zurück, sobald ein Weg bestimmt oder eine Entscheidung getroffen wurde. Zen spricht eher die Intuition als den Intellekt an. Und es müssen keine komplizierten liturgischen Formeln gelernt werden.

Die Teezeremonie selbst, die über vier Stunden dauern kann (und zuweilen auch heute noch gepflegt wird), spricht ganz stark den Geist der Disziplin an. Die strenge Etikette läßt ein Gefühl enger sittlicher Verbundenheit zwischen Gastgeber und Gast entstehen. Die Grundelemente sind ausgesprochen einfach. Es ist genau geregelt, wie der Tee zuzubereiten ist, wie er serviert und getrunken wird, welche Utensilien zu verwenden sind und wie der Tee mit einem frisch gespaltenen Bambusbesen zu schlagen ist. Die Tasse muß mit präzisen Handbewegungen und entsprechenden Dankesbezeugungen seitens des Gastes in die Hand genommen, hingestellt und abschließend wieder auf eine Tatamimatte abgestellt werden. Vor dem Aufnehmen der Tasse macht der Gast eine kleine Verbeugung vor dem Gastgeber. Die Tasse muß mit der rechten Hand aufgenommen und auf die linke Handfläche gestellt werden; dabei umfassen die Finger der rechten Hand die Tasse – mit dem Daumen zum Körper. Nun umfaßt der Gast den Rand der Tasse mit dem Daumen und dem Zeigefinger der rechten Hand, dreht die Tasse um 90 Grad im Uhrzeigersinn, nimmt einen Schluck und lobt den guten Geschmack. Nach mehrmaligem kurzem Nippen soll ein abschließender tiefer und hörbarer Schluck genommen werden.

Dann soll der Rand der Tasse mit einem Tuch von links nach rechts leicht abgewischt werden. Während der Gast die Tasse in der linken Hand hält, dreht er sie mit den Fingern der rechten Hand – den Daumen am Rand und die übrigen Finger unten – entgegen dem Uhrzeigersinn in ihre ursprüngliche Position. Dann soll die Tasse neben dem Rand der Tatamimatte abgestellt werden. Nun läßt der Gast seine Hände neben sich auf der Matte ruhen. Abschließend soll er auf die Tasse blicken, sie mit der Vorderseite zum Gastgeber drehen und diesem dann zurückreichen. All diese Regeln beziehen sich allerdings nur auf das Trinken von dünnem Tee. Für dicken Tee gelten ganz andere Vorschriften.

Als die holländischen Forschungsreisenden 1610 in Japan aufkreuzten, war die Teezeremonie ein feststehendes Ritual der Oberschicht, und jeder Fürst hatte einen persönlichen Teeberater, der ihm bei der Auswahl unter den 60 verschiedenen Zubereitungsarten behilflich war. Begleitet wurde die Zeremonie inzwischen auch von der Erörterung philosophischer Themen. Mit Fragen wie »Was ist das Wesen des Universums?« oder »Wie klingt das Klatschen einer einzelnen Hand?« sollte der Fragende die unendliche Einheit alles Seienden erkennen. Das Teetrinken war ein wesentlicher Schritt auf dem Weg zur Erleuchtung.

Für die scharfsinnigen holländischen Kaufleute war das Teetrinken ein wichtiger Schritt auf dem Weg zum Reichtum. Als chinesischer Tee erstmals nach Holland gelangte (über Japan, weil die Chinesen keinen direkten Handel zuließen), löste er eine Sensation aus. Ab 1640 tranken ihn alle gesellschaftlichen Schichten in seltsamen nachmittäglichen Abwandlungen der Teezeremonie, bei denen die buddhistischen Rituale durch die Etikette der holländischen Mittelschicht ersetzt wurden. Zum Tee reichte man außerdem Kuchen, Rosinen, Weinbrand und Tabakpfeifen. Teetrinken war der letzte Schrei. Ende des 17. Jahrhunderts machte der Tee drei Viertel des gesamten Handelsvolumens mit dem Osten aus, und das Getränk war ein unerläßlicher Luxus für das europäische Bürgertum.

Der eigentliche Profit aus dem Teehandel wurde jedoch nicht mit dem Tee selbst erzielt, sondern mit den Tassen aus
Porzellan[291], in denen er serviert wurde. Im Jahre 1602 hat- 291 ▪ 11 29
ten die Holländer ein portugiesisches Schiff mit einer Ladung 291 ▪ 243 273
Porzellan gekapert. Die Stücke, die in Middelburg verkauft wurden, brachten einen kolossalen Gewinn ein. Um 1637 importierte die Dutch East India Company 25 000 Teetassen im Jahr; bis zum Jahr 1657 belief sich der Gesamtimport auf über drei Millionen Stück. Die Nachfrage war unersättlich, und die Preise waren irrsinnig hoch, weil Porzellan ein königliches Sammelobjekt geworden war. August der Starke, der

Kurfürst von Sachsen (und König von Polen), wirkte regelrecht stilbildend, als er sich spezielle Räume für seine Sammlung einrichten ließ. Er war maßgeblich daran beteiligt, daß die Europäer lernten, Porzellan fast genauso kunstvoll zu fertigen wie die Chinesen.

Im Jahre 1682 gestattete er einem Flüchtling namens Johann Böttger, sich in Magdeburg niederzulassen. Diesem Böttger gelang es 1708, ein feines weißes Porzellan herzustellen. Es war zwar nicht das Echte, doch es genügte durchaus. 1709 zog Böttger in die holländische Hafenstadt Delft, in der das Töpfergewerbe seit geraumer Zeit blühte. Bei den Tonwaren, die Böttger in Delft anfertigte, kopierte er den Stil der chinesischen Importe. Damals (in der Kangxi-Ära) waren in China blauweiße Blumenmotive oder Landschaften mit Wolken und Figuren in rechtwinkligen Rahmen in Mode. Diese Motive
292 ▪ 124 128 prägten ab sofort den klassischen Porzellanstil[292] in Europa; stilbestimmend wurden auch die kugelförmigen oder achteckigen chinesischen Teekannen, die Teewagen und Tassen ohne Henkel. Es gab auch rein dekorative Artikel, etwa die großen flachen Schalen, die oft an die Wand gehängt wurden.

Delfter Fayencen waren bald so begehrt und so wertvoll, daß es billiger war, ein zerbrochenes Stück reparieren zu lassen, als ein neues zu kaufen. 1759 machte der englische Töpfer Josiah
293 ▪ 223 246 Wedgwood[293] ein Geschäft auf, in dem er beschädigtes Porzel-
293 ▪ 307 368 lan flickte. Einige englische Töpfer, darunter auch Wedgwood, produzierten inzwischen mit einer neuen Art von Ton aus den englischen Grafschaften Dorset und Devon ein cremefarbenes Porzellan. Im Jahre 1762 freundete sich Wedgwood mit Thomas Bentley an, einem Liverpooler Kaufmann und Intellektuellen (und Freund Joseph Priestleys), der gerade eine Bildungsreise durch Europa gemacht hatte. Diese Art von Reise war große Mode bei reichen jungen Männern, die in Begleitung eines persönlichen Erziehers die Kulturhauptstädte Europas besuchten. Unterwegs sammelten sie Souvenirs wie Gemälde, Statuen und andere Preziosen. Einige dieser Sammlungen waren so groß, daß regelrechte Museen gegründet wurden, um sie zu beherbergen.

Wedgwood und Bentley wurden Partner. Als Wedgwood ein Exemplar eines neuen Buches von Sir William Hamilton in die Hände bekam, veränderte dies sein Leben. Das Buch enthielt Abbildungen von Hamiltons Sammlung von Vasen, die dieser fälschlicherweise für etruskische Funde hielt. Wedgwood kopierte Form und Design und produzierte ein neues cremefarbenes Porzellan, von dem er ein Set der königlichen Familie schenkte. Als Königin Charlotte ihrer Freude über das Geschenk Ausdruck verlieh, nannte Wedgwood das Design prompt »Queensware«. Der neue Stil schlug sofort in ganz Europa ein; er wurde so zur Mode, daß Katharina die Große von Rußland im Jahre 1774 ein 952-teiliges Service bestellte, das nach seinem Motiv als »Frosch«-Service bezeichnet wurde.

Wedgwoods neue Muster (inzwischen Blau auf Weiß, Rot auf Schwarz und das überaus gefragte Weiß auf Hellblau) waren inspiriert von seinen kurz zuvor erworbenen Abbildungen antiker römischer und griechischer Kunstgegenstände. Diese Begeisterung für alles Klassische war ausgelöst worden durch die erstaunliche Entdeckung der versunkenen Stadt Pompeji im Jahre 1730. Ende des 18. Jahrhunderts wurden überall auf dem Kontinent Bücher mit dem Titel *Die Ruinen von ...* herausgebracht. Die archäologischen Entdeckungen setzten dem Chinoiserie-Stil in der Porzellankunst ein Ende. Der Neoklassizismus eroberte Europa, vor allem dank der Arbeiten des venezianischen Kupferstechers Giambattista Piranesi, der 1743 seine ersten Drucke mit Abbildungen römischer Ruinen veröffentlichte. Es folgte eine ganze Reihe illustrierter Bände mit prächtigen (und oft bizarr ausgeschmückten) Zeichnungen riesiger verfallener Tempel und Basiliken, die die Phantasie eines jeden Designers, Historikers und Architekten in Europa anregten. Einer seiner Bewunderer war der 29jährige Schotte Robert Adam[294], der Piranesi auf einer Bildungsreise im Jahre **294 ▪ 224** 246
1757 kennenlernte und auf Expeditionen zur Villa Hadriana und entlang der Via Appia begleitete. Danach zeichnete Adam selbst Skizzen, zunächst in Rom und später beim Palast des Diokletian im kroatischen Split.

Nach seiner Rückkehr nach England führte Adam den

neuen Stil in der eleganten Welt Georges III. ein. Bald ließen sich alle, die Anspruch auf Geschmack erhoben, von Adam Häuser bauen oder umbauen, in denen dieser mit Kassettendecken, Säulengängen und Hallen die Welt der römischen und griechischen Antike neu erschuf. Adam schmückte die Räume mit Sockeln, Vasen, Medaillons, Trophäen und den Insignien der Hausherren (die meist aus der Werkstatt Wedgwoods stammten) und stattete sie mit pseudo-römischen Möbeln von Thomas Chippendale aus.

Piranesi hatte in seinen *Vedute di Roma* (*Ansichten Roms*)
jedoch noch etwas anderes präsentiert, was besonders die Frei-
295 ▪ 80 73 maurer ansprach – jene Organisation liberaler Denker, die sich
295 ▪ 113 113 hehren sozialen Aufgaben widmete und der solch unterschied-
295 ▪ 213 230 liche Gestalten wie Jefferson,[295] Voltaire, Goethe, Franklin,
296 ▪ 188 202 Washington und Mozart[296] angehörten. Dieses spezielle Aufse-
hen erregte Piranesis *Diverse maniere d'adornare i cammini* (*Verschiedene Arten der Kamingestaltung*) aus dem Jahre 1769, das Abbildungen altägyptischer Kunstwerke wie Obelisken, Sphinxen, Pyramiden und so weiter enthielt. Für diese Dinge begeisterten sich die Freimaurer, deren erste Großloge 1717 in London gegründet worden war. Die Mitglieder interessierten sich für alles Antike (sie führten ihre Ursprünge schließlich auf die klassische Antike zurück) und nahmen sich für ihre Rituale und Codes das alte Ägypten zum Vorbild.

Besonders einflußreich waren die Freimaurer in Frankreich, wo unter Louis XVI. eine regelrechte Ägyptomanie herrschte, wie ein flüchtiger Blick auf die zahlreichen französischen Städte mit Obelisken und Sphinxen zeigt. Der berühmteste Freimaurer in der Welt des ausgehenden 18. Jahrhunderts war indessen Napoleon. Seine gesamte Familie und die meisten seiner Verwandten gehörten dem Orden an, wie übrigens auch der größte Teil der französischen Oberschicht – was angeblich das Reich zusammenhielt. Als Napoleon 1798 unbedingt etwas gegen die Engländer unternehmen mußte und beschloß, in Ägypten einzumarschieren, um die Engländer von Indien abzuschneiden, war dies für einen Freimaurer eine einzigartige kulturelle Gelegenheit. Zum einen wollte er aus Ägypten eine französische Kolonie machen, die marode Infrastruktur des Landes modernisieren und einen Suezkanal bauen (was er später jedoch aufgab, als seine Ingenieure ihm mitteilten, daß das Rote Meer 80 Zentimeter höher sei als das Mittelmeer). Zum anderen wollte er diesen gewaltigen Reichtum an antiken Schätzen von einem Expertenteam katalogisieren lassen und die Highlights als Ausstellungsstücke in den Louvre schaffen.

Um dieses riesige Forschungsprojekt auch ausführen zu können, setzte Napoleon eine Kommission führender Wissenschaftler ein. Bei dieser Entscheidung folgte er seinem Rollenvorbild, Alexander dem Großen, der auf all seine Reisen einen Stab von Gelehrten mitnahm, mit denen er sich in geistvolle Gespräche vertiefte, wenn er nicht gerade Krieg führte. Napoleon hatte jedenfalls sehr viel für die Wissenschaft übrig (teils wegen seines militärischen Backgrounds in der Artillerie) und ernannte einen Mathematiker und einen Chemiker zu Ministern in seinem Kabinett. Er schrieb auch Preise für Erfindungen aus, mit denen die französische Wissenschaft an die vorderste Spitze gelangen sollte.

Unmittelbar nach seiner Ankunft in Kairo gründete Napoleon das Ägyptische Institut. Er hielt das Institut für so wichtig, daß er während seines Aufenthalts in Ägypten immer zuerst mit dem Titel »Mitglied des Instituts« und dann mit »Oberbefehlshaber der Armee« unterschrieb. Im Bereich der Künste sollte das Institut Bauten und Denkmäler studieren, eine Geschichte des antiken Ägypten schreiben und ein französisch-ägyptisches Wörterbuch verfassen. Die Ingenieure des Instituts sollten Pläne für Trinkwasserspeicher ausarbeiten und die Ursachen der jährlichen Überflutung erforschen. Agrarexperten sollten mit neuen Feldfrüchten experimentieren. Ärzte hatten den Auftrag, die weitverbreitete Augenentzündung zu untersuchen und das Gesundheitswesen sowie die sanitäre Infrastruktur des Landes zu reformieren. Chemiker sollten herausfinden, ob Ägypten etwas für die Produktion von Schießpulver und Farbstoffen zu bieten hatte. Außerdem befaßten sich die Wissenschaftler mit Luftspiegelungen in der Wüste sowie mit Krokodilen und Nilpferden. Geplant war auch, eine Volkszählung durchzuführen, das Land kartographisch zu erfassen und seine Geologie und Naturgeschichte aufzuzeichnen.

Die Mitglieder der Kommission entstammten sämtlichen Kreisen der französischen Geisteswelt. Darunter waren Chemiker, Zoologen, Ingenieure, Mineralogen, Physiker, Ökonomen, Metallurgen, bildende Künstler, Ärzte, Archäologen, Lyriker und Dramatiker. Einer dieser Forscher erkannte die Bedeutung eines Steins, den ein Soldat in dem Dorf Rosetta entdeckte und der eine Inschrift in drei alten Sprachen trug – zwei unterschiedliche Versionen der ägyptischen Schrift und Griechisch. Der Stein wurde in das nahegelegene Alexandria gebracht, wo man Abdrücke der Inschriften anfertigte (und wo er nach der Niederlage der Franzosen in die Hände der Engländer fiel). Anhand der Abdrücke konnte der französische Gelehrte Jean François Champollion im Jahre 1822 schließlich die geheimnisvollen Hieroglyphen des Steins entziffern.

Auch einem anderen Mitglied der Kommission gelang es, Geheimnissen auf die Spur zu kommen, die unter der Erdoberfläche schlummerten. Es war dies der Mathematiker Jean-Baptiste Fourier, den Napoleon zum ständigen Sekretär des Ägyptischen Instituts ernannt hatte und der die Denkmäler in Oberägypten erforschen sollte. Fourier war ein Günstling des Kaisers, der ihn nach seiner Rückkehr nach Frankreich zum Präfekten der Provinz Isère und zum Mitglied der Ehrenlegion ernannte. Während seines Aufenthalts in Ägypten erkrankte Fourier an einem Schilddrüsenleiden, möglicherweise einem Myxödem, das sich in einer Anschwellung von Lippen und Zunge sowie in Haarausfall und Gedächtnisverlust äußerte. Vor allem aber führte dieses Leiden dazu, daß der arme Mann für den Rest seines Lebens unter der Kälte litt. Vielleicht weil Fourier die meiste Zeit in gutgeheizten Räumen verbringen mußte, fing er an, sich für das Phänomen der Wärme zu interessieren.

Im Jahre 1807 unterbreitete er dem Institut Français die erste wirklich große Entdeckung in der Physik seit Newtons Experimenten. Sein erster Artikel, in dem es um die Diffusion von Wärme ging, lieferte die erste mathematische Beschreibung der Wirkungsweise von Wärme. Fourier benannte die Eigenschaften, die ausschlaggebend dafür sind, daß bestimmte Körper Hitze aufnehmen, speichern oder weiterleiten. Jedes dieser drei Grundmerkmale hängt von den physikalischen Eigenschaften des Körpers ab. Einer der Anwendungsbereiche für diese Theorie waren die Schwankungen in der Erdtemperatur. Fourier bemerkte, daß die Erdoberfläche je nach Tages- und Jahreszeit unterschiedlich viel Sonnenwärme aufnimmt, wohingegen die Temperaturen unter der Erde konstant bleiben. Fourier suchte nach einem Gesetz, das erklärte, warum die Temperaturen unter der Erde möglicherweise durch Temperaturschwankungen an der Erdoberfläche beeinflußt werden. Zu seiner Überraschung stellte er jedoch fest, daß die Temperaturen weiter unten viel höher waren.

Ausgehend von Fouriers Wärmediffusionstheorie konnte der Schotte William Thomson einige Jahre später das Alter der Erde errechnen. Thomson schloß aus Fouriers Wärmeübertragungsgesetzen und der zunehmenden Wärme in der Tiefe, daß der Planet ursprünglich aus Schmelzmasse bestanden haben muß. Die Wärmediffusion ließ aber im Laufe der Zeit allmählich nach, wobei sich die Erde zu Anfang rascher abgekühlt haben mußte. Wenn dies der Fall war, mußte die Erdoberfläche in der Vorzeit, in der die Erde aufgrund ihrer Vulkantätigkeit Hitze aus dem geschmolzenen Erdinneren verlor, viel wärmer gewesen sein als heute. Diese Auffassung schien sich zu bestätigen, als Archäologen und Geologen unterhalb von Paris versteinerte Palmen entdeckten.

William Thomson führte Fouriers Arbeiten noch in eine andere ungewöhnliche Richtung weiter, indem er sie mit den Forschungsarbeiten eines anderen Franzosen, eines Ingenieurs namens Sadi Carnot, kombinierte. Carnot, der eine Generation jünger war als Fourier, war der Sohn von Napoleons Kriegsminister; er war der Meinung, Napoleon sei nur deswegen von den Engländern geschlagen worden, weil diese dank ihrer Dampfmaschine über eine ungeheuer große Industrieproduktion verfügten. In Waterloo beispielsweise kämpften

Napoleons Soldaten in Uniformen und mit Geschützen, die in England hergestellt worden waren. Carnot zufolge war die Glorie Frankreichs nur zu retten, indem die Franzosen eine eigene hochwirksame Dampfmaschine entwickelten.

Nachdem Carnot in Pariser Fabriken und Werkstätten die Dampfkraft studiert hatte, schrieb er 1824 einen Aufsatz über die »Kraft« der Wärme. Mit »Kraft« bezeichnete er die Wirkungsweise, in der die Dampfmaschine Wärme in Bewegung umsetzt. Er vertrat die Theorie, daß diese Kraft aus der Einwegübertragung von Wärme – von einem wärmeren auf einen kälteren Körper – resultiere und daß die Wärme bei diesem Übergang von einer höheren zu einer niedrigeren Temperatur genutzt werden könne. Innerhalb einiger Jahrzehnte modifizierte William Thomson (der später zum Lord Kelvin geadelt werden sollte) Carnots Theorien und entwickelte daraus eine allgemeine Theorie der Wärme.

Während seiner Tätigkeit als Professor für Naturphilosophie (Physik) an der Universität von Glasgow kam Lord Kelvin im Jahre 1851 zu dem Schluß, daß es eine Temperatur geben müßte, unter der keine Arbeitskraft mehr erzeugt werden konnte. Da Wärme durch die Bewegung von Molekülen entsteht, konnte die Temperatur ab dem Punkt nicht mehr weiter sinken, wo jede Molekülbewegung in einem Gas aufhört; unterhalb dieser Temperatur war somit keine Arbeitskraft mehr zu erzeugen. Er rechnete aus, daß dieser unterste Gefrierpunkt bei –273 Grad Celsius liegen mußte; dies war der absolute Nullpunkt auf einer Temperaturskala, die er entwickelte und die nach ihm benannt ist. Auf dieser Kelvin-Skala entspricht jedes Grad einem Grad auf der Celsius-Thermometerskala.

Auf der Grundlage all dessen, was man über Wärmeübertragung und Diffusion wußte, formulierte Kelvin das zweite thermodynamische Gesetz: Ohne eine weitere Energiezufuhr wird alles Warme irgendwann kalt und sämtliche Gebilde lösen sich schließlich auf und werden formlos. Dieses Gesetz impliziert, daß sich das Universum nach einem ursprünglichen Hitzeurknall allmählich abgekühlt hat.

Bei der Entdeckung des zweiten thermodynamischen Gesetzes, das letztlich das Verhalten des Kosmos beschreibt, endet der erste Pfad durch die Geschichte, auf den wir uns zu Beginn dieses Kapitels begeben haben – ein Pfad, der bei mittelalterlichen zen-buddhistischen Teetrinkern begann, die verstehen wollten, wie das Universum funktioniert. Der zweite Pfad in diesem Kapitel (der bei einer Entdeckung endet, die nur durch Kelvins thermodynamische Gesetze ermöglicht wurde) beginnt ebenfalls mit der Suche nach dem Geheimnis des Universums, diesmal im Italien der Renaissance.

Anfang des 15. Jahrhunderts schrieb der Universalgelehrte Leon Battista Alberti eine bedeutende Abhandlung, *Über Architektur*, die auf neuentdeckten klassischen Texten beruhte. Darin stellte er die neuen Regeln für die Anwendung der Perspektivgeometrie in der Baukunst auf. Seine eigenen Bauwerke in Florenz, etwa die Fassade der Kirche Santa Maria Novella und die Kirche San Lorenzo, sind wunderbare Beispiele für das in der Renaissance herrschende Bestreben nach *eurythmia*, nach einem allgemeinen Gleichgewicht. Diese universelle Harmonie ging ursprünglich, so glaubte man, von der »Sphärenmusik« aus, jenen geheimnisvollen himmlischen Klängen, die angeblich durch das Universum schwebten und als Ausdruck der grundlegenden Einheit der göttlichen Schöpfung galten.

In der Architektur und anderen Kunstgattungen manifestierte sich die *eurythmia* in erster Linie in Form von Zahlen, glaubte man. So ist beispielsweise Albertis Bauplan für die Kirche Santa Maria Novella ein riesiges mathematisches Spiel. Die Fassade kann in Rechtecke oder Quadrate unterteilt werden. Jeder Teil steht in einem zahlenmäßigen Verhältnis zu einem anderen, und alle Teile stehen in ausgewogener Proportion zum Ganzen. Solchen geometrischen Beziehungen, wie sie mit Hilfe von Zahlen hergestellt werden können, wohnte angeblich etwas Mystisches inne, und das in der Renaissance allgemein herrschende Interesse an diesen geometrischen Beziehungen äußerte sich unter anderem auch in einer Begeisterung für Rätsel und Verschlüsselungen. Keiner befaßte sich zu jener Zeit so intensiv mit diesen Dingen wie Alberti, der ein Buch über Geheimschriften verfaßte, das die Welt der Spione über ein

Jahrhundert lang prägen sollte. Dieser starke Hang zur Heimlichtuerei im 15. Jahrhundert hatte damit zu tun, daß es immer mehr Nationalstaaten gab, in denen immer mehr Botschafter und Gesandte (besonders im Vatikan) immer mehr politisch brisante Geheimdepeschen untereinander austauschten.

Im Jahre 1585 entwickelte ein Franzose namens Vigenère, der ein Bewunderer von Alberti war, einen Code, von dem er behauptete, niemand könne ihn knacken. Dies wurde die am häufigsten verwendete Geheimschrift Europas. Der Code beruhte auf einer rechteckigen Buchstabenmatrix:

A	B	C	D	E	F	G	H	I	J	K	L	M	N	O	P	Q	R	S	T	U	V	W	X	Y	Z
B	C	D	E	F	G	H	I	J	K	L	M	N	O	P	Q	R	S	T	U	V	W	X	Y	Z	A
C	D	E	F	G	H	I	J	K	L	M	N	O	P	Q	R	S	T	U	V	W	X	Y	Z	A	B
D	E	F	G	H	I	J	K	L	M	N	O	P	Q	R	S	T	U	V	W	X	Y	Z	A	B	C
E	F	G	H	I	J	K	L	M	N	O	P	Q	R	S	T	U	V	W	X	Y	Z	A	B	C	D
F	G	H	I	J	K	L	M	N	O	P	Q	R	S	T	U	V	W	X	Y	Z	A	B	C	D	E
G	H	I	J	K	L	M	N	O	P	Q	R	S	T	U	V	W	X	Y	Z	A	B	C	D	E	F
H	I	J	K	L	M	N	O	P	Q	R	S	T	U	V	W	X	Y	Z	A	B	C	D	E	F	G
I	J	K	L	M	N	O	P	Q	R	S	T	U	V	W	X	Y	Z	A	B	C	D	E	F	G	H
J	K	L	M	N	O	P	Q	R	S	T	U	V	W	X	Y	Z	A	B	C	D	E	F	G	H	I
K	L	M	N	O	P	Q	R	S	T	U	V	W	X	Y	Z	A	B	C	D	E	F	G	H	I	J
L	M	N	O	P	Q	R	S	T	U	V	W	X	Y	Z	A	B	C	D	E	F	G	H	I	J	K
M	N	O	P	Q	R	S	T	U	V	W	X	Y	Z	A	B	C	D	E	F	G	H	I	J	K	L
N	O	P	Q	R	S	T	U	V	W	X	Y	Z	A	B	C	D	E	F	G	H	I	J	K	L	M
O	P	Q	R	S	T	U	V	W	X	Y	Z	A	B	C	D	E	F	G	H	I	J	K	L	M	N
P	Q	R	S	T	U	V	W	X	Y	Z	A	B	C	D	E	F	G	H	I	J	K	L	M	N	O
Q	R	S	T	U	V	W	X	Y	Z	A	B	C	D	E	F	G	H	I	J	K	L	M	N	O	P
R	S	T	U	V	W	X	Y	Z	A	B	C	D	E	F	G	H	I	J	K	L	M	N	O	P	Q
S	T	U	V	W	X	Y	Z	A	B	C	D	E	F	G	H	I	J	K	L	M	N	O	P	Q	R
T	U	V	W	X	Y	Z	A	B	C	D	E	F	G	H	I	J	K	L	M	N	O	P	Q	R	S
U	V	W	X	Y	Z	A	B	C	D	E	F	G	H	I	J	K	L	M	N	O	P	Q	R	S	T
V	W	X	Y	Z	A	B	C	D	E	F	G	H	I	J	K	L	M	N	O	P	Q	R	S	T	U
W	X	Y	Z	A	B	C	D	E	F	G	H	I	J	K	L	M	N	O	P	Q	R	S	T	U	V
X	Y	Z	A	B	C	D	E	F	G	H	I	J	K	L	M	N	O	P	Q	R	S	T	U	V	W
Y	Z	A	B	C	D	E	F	G	H	I	J	K	L	M	N	O	P	Q	R	S	T	U	V	W	X
Z	A	B	C	D	E	F	G	H	I	J	K	L	M	N	O	P	Q	R	S	T	U	V	W	X	Y

Um diese Matrix zu verwenden, einigten sich Sender und Empfänger auf ein Codewort (beispielsweise »Booth«). Zunächst wurde die Nachricht (etwa *Lincoln dead* – Lincoln tot) unter das Codewort geschrieben, das so oft wie nötig wiederholt wurde:

```
BOOTHBOOTHB
LINCOLNDEAD
```

Um die Nachricht »Lincoln dead« zu verschlüsseln, suchte man den ersten Buchstaben, L, in der obersten Zeile der Matrix und in der Zeile, die mit dem Buchstaben B beginnt (zweite Zeile). Dort wo sich die (waagrechte) Zeile und die (senkrechte) Spalte schnitten, befand sich der erste Codebuchstabe, M. Das Verfahren wurde weitergeführt, bis sämtliche Buchstaben der Nachricht verschlüsselt waren – in diesem Fall: »MWBVVMB RXHE«. Um die Nachricht zu entschlüsseln, suchte der Empfänger den ersten Buchstaben des Codeworts, B, in der ersten Zeile der Matrix, ging in jener Spalte hinunter bis zum ersten Codebuchstaben, M, und wanderte auf dieser Zeile bis zum ersten Buchstaben (am linken Rand der Matrix), wo sich der dekodierte Buchstabe L befand. Mit allen weiteren Buchstaben der verschlüsselten Botschaft wurde genauso verfahren.

Hätten die Ereignisse einen anderen Lauf genommen, so wäre es durchaus denkbar gewesen, daß der Vigenère-Code während des amerikanischen Bürgerkriegs für diese spezielle Nachricht (»Lincoln dead«) zum letzten Mal Anwendung fand. Der Code wurde von den Konföderierten benutzt, und eine Kopie der Matrix wurde bei der Durchsuchung des Hotelzimmers von John Wilkes Booth gefunden, nachdem dieser wegen der Ermordung Abraham Lincolns verhaftet worden war.

Einer der Gründe, weshalb der Süden den Krieg verlor, war übrigens die Tatsache, daß der Norden den Code geknackt hatte und man in Washington die Kriegspläne der Südstaaten innerhalb von 24 Stunden nach ihrer Ausarbeitung kannte. Ein weiterer entscheidender Grund für die Niederlage der

Südstaaten bestand darin, daß die Befehlshaber der Union die Versorgung und Verpflegung ihrer Truppen und Pferde per
297 ▪ 27 42 Eisenbahn sichern konnten. Die Eisenbahnen[297] waren selbst einer der Auslöser des Krieges gewesen, denn die Eisenbahngesellschaften der Nordstaaten hatten einen Großteil des Handels mit dem Westen von den Südstaatenhäfen in die Häfen im Nordwesten verlagert und beförderten die europäischen Einwanderer per Schiene in den Maisgürtel im Mittleren Westen.

298 ▪ 217 239 Ab 1862 ermöglichte es der Homestead Act[298], Grundbesitz für 1,25 Dollar pro Acre zu erwerben, was natürlich Hunderttausende von Möchtegernfarmern in den Westen lockte. Abgesehen davon, daß die Armee der Union versorgt werden mußte, entstand auch in den expandierenden Städten im Osten eine riesige Nachfrage nach Nahrungsmitteln, die der Mittlere Westen erzeugen sollte. Aufgrund des Krieges und dem dadurch bedingten Arbeitskräftemangel wurde den Farmern nahegelegt, ihre Betriebe zu mechanisieren. Dies taten sie auch, und so stieg ihre Produktivität in den 1860er Jahren dank der neuen McCormick-Mähmaschine um 13 Prozent. Im Jahre 1858 waren bereits 73 000 dieser Maschinen im Einsatz; 70 Prozent des Getreides im Westen wurde maschinell geschnitten. Und als die Eisenbahnen über den Mississippi hinaus nach Westen vordrangen, stiegen die Getreidetransporte ins schier Unermeßliche. Im Jahre 1838 hatte man in Chicago ein paar hundert Scheffel verladen, um 1860 waren es über 31 Millionen.

Die immense Steigerung der Nahrungsmittelproduktion in der zweiten Hälfte des 19. Jahrhunderts war eine Folge der Mechanisierung, des Homestead Act, der Nachfrage infolge des Bürgerkriegs und der Entwicklung extrem langer Güterzüge mit bis zu 60 Waggons. Diese Züge transportierten so viel Weizen, daß der Brotbedarf für 10 000 Menschen für ein Jahr gedeckt war. Mit den Mähmaschinen, Güterzügen und Getreidehebern entwickelte sich Amerika zum wichtigsten Agrarexporteur der Welt. Um die Jahrhundertwende erzeugten die Vereinigten Staaten 29 Prozent der Weltweizenproduktion.

Dies wirkte sich unmittelbar auf die Größe und Form der Schiffe aus, denn nun überquerten die amerikanischen Nahrungserzeugnisse den Atlantik massenweise an Bord immer größerer Frachter. Obwohl die Handelsunternehmen die wirtschaftlicheren Segelschiffe bevorzugten, war der Attraktion der regelmäßigen Dampfschifflinien doch bald nicht mehr zu widerstehen. Der gravierendste Nachteil der neuen größeren Frachtdampfer bestand darin, daß sie irrsinnige Mengen Kohle schluckten. Dieses Problem wurde von John Elder und Charles Randolph im Jahre 1855 zunächst dadurch gelöst, daß der Dampf aus den Dampfkesseln zuerst in einen kleinen Hochdruckzylinder geleitet wurde (wo er den Kolben antrieb) und dann in einem größeren Niederdruckzylinder noch einmal genutzt wurde. Der Betreiber des Schiffs gewann damit also doppelt soviel Power aus derselben Menge Dampf. Ab 1871 waren die meisten Ozeanschiffe mit diesen Zwei-Zylinder-Motoren ausgestattet. Ab 1882 kam ein dritter Zylinder hinzu, und bei der ersten großen Probefahrt mit diesem System hatte die britische *Aberdeen* nach der Ankunft in Australien sogar noch Kohle übrig.

Ein weiterer Durchbruch erfolgte 1884. Charles Parsons erfand einen Motor, bei dem ein Dampfstrahl eine mehrflügelige Turbinenwelle antrieb, die direkt mit der Schiffsschraube verbunden war. Mit dieser Neuerung wurden sämtliche Kolben überflüssig. Bei der alljährlichen Spithead-Parade der britischen Flotte im Jahre 1897 raste das erste Schiff mit diesem neuen Motor, das Testmodell *Turbinia*, mit 34,5 Knoten an sämtlichen Kriegsschiffen vorbei und hängte mühelos sogar die Torpedoboote ab, die ausgesandt worden waren, um es abzufangen. Parsons' Turbinenmotor war so leistungsstark, daß er auf Drehzahlen gedrosselt werden mußte, bei denen kein Schubverlust durch Hohlsog entstand (Hohlsog tritt auf, wenn die Schiffsschrauben sich so schnell drehen, daß sie buchstäblich ein Loch im Wasser erzeugen, wodurch sie sich gegen nichts abstoßen können). Die neuen Turbinenmotoren hatten einen so effizienten Treibstoffverbrauch, daß ab 1910 auch Frachter damit fuhren, als erstes die britische *Cairncross*.

Nicht nur die Frachter wurden immer größer und schneller sondern auch die Passagierschiffe. Mitte des 19. Jahrhunderts war die Atlantikpassage aufgrund der zahlreichen europäischen Einwanderer, die über den großen Teich nach Amerika reisten (sieben Millionen bis zum Jahr 1875), die bei weitem lukrativste Route. Ab 1870 zahlte sich der Verkehr in beiden Richtungen aus, denn auf der Rückfahrt beförderten die Passagierschiffe amerikanische Geschäftsleute und Touristen nach Europa. Die Passagierschiffe wurden (dank der besseren Motoren) immer größer und (dank der allgemeinen Innovation) immer komfortabler. Im Jahre 1876 wurde die französische *Amerique* mit elektrischen Navigationsleuchten ausgerüstet. Die *Normandie* verfügte bereits 1833 über sanitäre Anlagen. Die *Oceanic* von 1899 wirkte mit ihren marmornen Toiletten wie ein schwimmendes Hotel. Die *Celtic* der White-Star-Linie, das erste Schiff mit mehr als 20 000 Tonnen, war das Allermodernste an Technik und Komfort. Und die Linienschiffe wurden immer noch größer und schneller. Im Jahre 1912 brachte es die *Imperator* der Amerika-Hamburg-Linie auf 51 969 Tonnen; und 1929 brach die *Bremen* mit einem durchschnittlichen Fahrttempo von 27,92 Knoten sämtliche Geschwindigkeitsrekorde auf dem Atlantik.

Im Jahre 1927 verfügte das damals größte Schiff der Welt, die 55 000 Tonnen schwere *Leviathan*, bereits über Funktele-
299 ▪ 15 34 phon[299] – ein absoluter Luxus für diejenigen, die unbedingt
299 ▪ 236 263 mit ihren Unternehmen in Verbindung bleiben mußten. Direkt nach der Abfahrt in England konnte man für ganze 75 Dollar ein dreiminütiges Gespräch nach New York führen. Das einzige Problem bestand darin, daß man sehr oft den Gesprächspartner am anderen Ende der Leitung nicht verstehen konnte. Aus irgendeinem unerklärlichen Grund waren Kurzwellentelephone ausgesprochen störungsanfällig. Deswegen wurde ein Ingenieur der Bell Telephone Laboratories, Karl Jansky, im Jahre 1931 beauftragt, der Ursache für diese atmosphärische Funkstörung nachzugehen. Mit Hilfe einer steuerbaren Antenne, die auf vier Autoräder montiert war und alle 20 Minuten automatisch rotierte, stellte Jansky fest, daß die

Ursache für die atmosphärische Störung im Laufe des Tages allmählich von Ost nach West über den Himmel zu wandern schien. Sonderbar war jedoch, daß das Phänomen jeden Tag vier Minuten früher am östlichen Horizont auftauchte und nach einem Jahr um einen ganzen Tag früher auftrat. Zunächst dachte Jansky, die Störung hätte etwas mit wandernder Gewittertätigkeit zu tun, doch bei näherer Untersuchung erwies sich dies als Irrtum.

Dann erwähnte Janskys Freund und Bridgepartner, der Astronom Melvin Skellet, daß die Sterne aufgrund der Erdumkreisung der Sonne jeden Tag vier Minuten früher aufgingen. Im Laufe eines Jahres mache diese Differenz einen ganzen Tag aus. 1932 wußte Jansky, daß die Ursache seiner Störung außerirdischer Natur war, daß sie von den Sternen außerhalb des Sonnensystems ausging. Als er im folgenden Jahr bekanntgab, daß die Milchstraße der Grund für die Funkstörung sei, wurde er weltberühmt. Ein riesengroßer Sprung gelang im Jahre 1965 zwei weiteren Forschern der Bell-Laboratorien, Arno Penzias und Robert Wilson; sie stellten nämlich fest, daß Janskys Störung nicht nur aus der Milchstraße stammte, sondern aus dem gesamten Universum.

Diese bedeutsame Entdeckung verknüpft nun die beiden Stränge dieser historischen Episode, die mit mittelalterlichen japanischen Teetrinkern und Florentiner Renaissance-Architekten begann, die auf ganz unterschiedliche Weise den Geheimnissen des Universums auf die Spur kommen wollten.

Kelvins thermodynamisches Gesetz hatte gezeigt, daß ohne Energiezufuhr alles Warme kalt wird. Er erfand auch die Kelvin-Skala, auf der er den absoluten Nullpunkt (an dem jegliche Abkühlung endgültig endet) bei –273 Grad Celsius festlegte. Zu Penzias' und Wilsons Zeit wußte man, daß warme Objekte Strahlung aussenden und daß diese Strahlung bei einem Funkempfänger als Störung wahrgenommen werden kann. Als man die Störung (die, wie sie 1965 entdeckt hatten, aus dem gesamten Universum stammt) näher untersuchte, errechnete man, daß die Temperatur der Quelle dieser Störung (der Kosmos) ungefähr 3,5 Grad Kelvin betragen müsse.

Wenn sich das Universum seit einem glühendheißen Urknall vor mehr als zehn Milliarden Jahren tatsächlich immer weiter abgekühlt hat, dann müßte die Temperatur des Kosmos nach dem zweiten thermodynamischen Gesetz in der Tat etwa 3,5 Grad Kelvin betragen.

Die Frage, was (oder wer) für den Urbeginn aller Dinge verantwortlich war, gab in der Geschichte immer wieder Anlaß zu Uneinigkeit und Streit, selten jedoch mit solch weltverändernden Folgen wie zu der Zeit, als es im spätrömischen Reich zum Krach kam ...

20 Ein einziges Wort

Das Leben im Europa des 6. Jahrhunderts muß wohl ähnlich gewesen sein wie das nach dem Ende des Kalten Krieges am Ausklang des 20. Jahrhunderts. Das angenehme Gleichgewicht war verlorengegangen. In ganz vereinzelten Gebieten herrschte damals noch die Zivilisation des römischen Reiches, doch im allgemeinen war der Kontinent zersplittert und unter Barbaren aufgeteilt, die sich mehr oder weniger erfolgreich an den Lebensstil der besiegten Römer anpaßten. In Spanien wurde eine römisch-spanische Mehrheit von einer westgotischen Kriegerelite beherrscht, die fast 200 Jahre zuvor von den Römern aus dem heutigen Rumänien nach Westen verdrängt worden war.

Die Westgoten waren die romanisiertesten unter den Barbaren; 589 beherrschten sie das größte und mächtigste der vielen Königreiche, in die Europa nach dem Untergang Roms zerfallen war. Der Papst versprach sich von den Westgoten in dieser chaotischen Zeit Unterstützung und einigende Wirkung, vor allem angesichts der Tatsache, daß nicht nur das weltliche Reich zerfallen war. Aufgrund einer beunruhigenden Tendenz unter den byzantinischen Griechen drohte nun das Christentum selbst auseinanderzubrechen. Es entstand ein Zerwürfnis über die Verwendung eines einzigen Wortes, das wohl wie kein anderes den Lauf der Geschichte beeinflussen sollte. Das Wort lautete *filioque*, lateinisch für »und vom Sohne«. Dieser obskuren lateinischen Phrase schenkte man deswegen so viel Aufmerksamkeit, weil sich jederman, der sie im christlichen Glaubensbekenntnis äußerte, als Anhänger Roms zu erkennen gab.

Seit dem 1. Jahrhundert war die offizielle christliche Dogmatik davon ausgegangen, daß der Heilige Geist Lehrer und Führer der Kirche sei, daß er jedem Menschen durch die Taufe zuteil werde und ihn auf den Tag der Auferstehung vorbereite. Der Heilige Geist war also entscheidend für das Seelenheil der Gläubigen. Das Problem entstand nun dadurch, daß der heilige Augustinus klargestellt hatte, daß der Heilige Geist grundsätzlich vom »Vater« ausging, aber *auch* vom »Sohne«, weil dieser ja dessen »eingeborener Sohn« war. Daher lautete das christliche Credo, der Heilige Geist gehe vom Vater aus, *filioque* (und vom Sohne). Leider sahen die byzantinischen Christen die Sache ganz anders. Für sie ging der Heilige Geist *nur* vom Vater aus; deswegen fehlte das Wort *filioque* in ihrem Glaubensbekenntnis.

Aus diesem Grund wurde im Jahre 589 im spanischen Toledo ein großes Konzil einberufen. Auf Betreiben des Westgotenkönigs Rekkared belegte die Versammlung jede Person und jede Organisation, die das Wort *filioque* nicht in das Glaubensbekenntnis aufnahm, offiziell mit dem Kirchenbann. Sämtliche Bücher, die eine gegenteilige Auffassung vertraten, sollten verbrannt werden. Diese Art von Unterstützung seitens der bedeutendsten weltlichen Autorität in Europa kam Rom sehr zugute. Und so weitete sich die Verwendung der Formel *filioque* im Westen aus und war um das Jahr 1000 überall fester Bestandteil der Liturgie.

Ein Konzil, das ein paar Niemande in einem miesen Nest im Westen abhielten, hatte für die Eminenzen und Bonzen des byzantinischen Reiches jedoch nichts zu bedeuten. Byzanz war der Nabel der kultivierten Welt. Man verfügte dort über Technologien, die man im Westen nicht einmal buchstabieren, geschweige denn kapieren konnte. Das byzantinische Reich war selbst in so fernen Ländern wie Indien durch ein diplomatisches Korps vertreten. Die Byzantiner hatten ein Berufsbeamtentum, ein organisiertes Steuer- und Rechtssystem, eine Kriegsmarine und eine Goldwährung. Die Bürger des Reiches waren gebildet und konnten lesen und schreiben. Daß der römische Papst etwas dagegen einzuwenden hatte, wie sie ihren Glauben bekannten, ließ sie völlig ungerührt. *Filioque* war ihrer Meinung nach lediglich ein »lateinischer« Zusatz zum Glaubensbekenntnis – Grund genug für jeden Byzantiner, ihn zu ignorieren.

Diese Haltung schien durchaus gerechtfertigt, zumindest solange Byzanz vom Glück beschienen und der Papst nur ein kleiner Prälat irgendwo in der Provinz war. Doch das Blatt sollte sich bald wenden. Eines Tages wurde die byzantinische Armee in der Schlacht von Manzikert im heutigen Armenien von einer wilden Horde Türken unerwartet geschlagen. Die Türken wurden von einem Häuptling namens Seldschuk angeführt; ihre berittenen Bogenschützen waren unbesiegbar. Die Byzantiner gerieten in Panik und baten den Westen um Hilfe.
Der Papst reagierte 1085 mit einem Kreuzzug.[300] Auf diesen **300 ▪ 89** 87
ersten Kreuzzug folgten weitere, denn die Türken rückten immer weiter vor und bedrohten bald auch Konstantinopel.

Im 14. Jahrhundert standen die Türken schon fast vor den Stadttoren, und die Byzantiner appellierten an jeden, der ihnen Gehör schenkte – in Rußland, Venedig, Frankreich, England, Spanien und natürlich auch in Italien. Im Jahre 1399 unternahm Kaiser Manuel II. höchstpersönlich eine Bittstellerreise durch Europa. Die einzige Antwort auf seine Gesuche waren jedoch vage Versprechungen. 1437 kam der neue Kaiser, Johannes VIII., in Begleitung von 500 gelehrten Griechen zu einer Konferenz mit den Katholiken nach Ferrara. Weil dort die Pest ausbrach, verlegte man die Veranstaltung nach Flo-
renz,[301] wo Johannes nach langem Hin und Her am 6. Juli **301 ▪ 248** 280
1439 schließlich das *filioque* akzeptierte. Man erzielte auch eine grundsätzliche Einigung über westliche Militärhilfe, die jedoch nicht ausreichte und zu spät kam. Innerhalb von vier Jahren fiel Konstantinopel an die Türken, und die *Filioque*-Frage war Geschichte.

Viele der griechischen Delegierten beim Konzil von Florenz waren nun heimatlos, und so ließen sich etliche in Italien nieder, vor allem in Venedig, denn mit dieser Stadt hatte Byzanz seit Jahrhunderten enge wirtschaftliche und kulturelle Verbindungen gepflegt. Einer der Einwanderer, Johannes Bessarion,

Bischof von Nicaea, war bei den Verhandlungen in Florenz der westlichen Seite so nützlich gewesen, daß ihn der Papst aus Dankbarkeit zum Kardinal der römischen Kirche und später zum lateinischen Patriarchen von Konstantinopel ernannte. Vielleicht schätzte Papst Nikolaus V. an Bessarion auch dessen Sammlung von über 500 Büchern, die jener aus Griechenland mitgebracht hatte und die er 1448 der Basilika von San Marco in Venedig vermachte. Nikolaus war ein Bewunderer und Verehrer alles Klassischen und hatte auf seinen früheren Reisen selbst griechische Bücher gesammelt.

Bessarions Haus in Rom wurde bald zum geistigen Mittelpunkt und Magneten für griechische Übersetzer und italie-
302 ▪ 245 278 nische Humanisten wie Lorenzo Valla.[302] In gewissem Sinne war der Fall Konstantinopels und der Zustrom griechischer Einwanderer – zunächst in Venedig und später in ganz Italien – einer der Auslöser der Renaissance. Die griechischen Flüchtlinge vermittelten ihren italienischen Gastgebern die griechische Sprache und Philosophie. Erstmals erfuhren die italienischen Intellektuellen aus erster Hand etwas über die Gedankenwelt der Griechen. Die meisten der Schriften, die sie jetzt studieren konnten, waren im Mittelalter im Westen überhaupt nicht oder nur in frühmittelalterlichen arabischen Übersetzungen unzugänglich gewesen.

Als im Jahre 1469 die erste Druckerei in Venedig anlief, halfen die griechischen Immigranten mit, die Literatur ihres Landes in neuen Druckschriften zu veröffentlichen. Der bekannteste Drucker in Venedig um 1500 war ein Römer namens Teobaldus (Aldus) Manutius. Wenn Aldus eine Schwäche hatte, dann war es sein Sinn für Qualität – in einer Zeit, in der vor allem Quantität zählte. An seinen ersten Ausgaben bemängelte man, sie seien zu luxuriös und zu teuer für normale Gelehrte. Aufgrund der rapide steigenden Nachfrage nach billigeren Büchern brachte Aldus die ersten Taschenbücher der Welt heraus, und zwar mit Hilfe einer neuen Schriftart, die ein Bologneser Schriftsetzer namens Francesco Griffo erfunden hatte. Diese Kursivschrift beruhte auf einer relativ neuen Schreibweise, die Anfang des 15. Jahrhunderts eingeführt worden war, um dem Gebot der Eile in den päpstlichen Schreibstuben gerecht zu werden.

Mit der neuen kleinen Schrägschrift brauchte man auch weniger Papier, was der teuerste Posten bei der Buchproduktion war. Die mit Griffos Stanzeisen geprägte Kursivschrift senkte die Kosten für Bücher so sehr, daß Aldus es sich als erster leisten konnte, Auflagen von mehr als 1000 Exemplaren zu drucken – fünfmal mehr als bislang üblich. Dieser Größenvorteil machte weitere Kosteneinsparungen möglich. Weil die Kursivschrift so klein war, konnte ein Papierbogen in acht Teile gefaltet werden: Aldus' neues Oktavformat paßte leicht in jede Satteltasche. Bis zu seinem Tod im Jahre 1515 hatte Aldus sämtliche bedeutende griechische Klassiker in Übersetzungen herausgebracht. Und weil er als erster Drucker ein eigenes Emblem verwendete, wurden seine Ausgaben als »Aldinen« bezeichnet.

Der Buchdruck hatte sich bereits wie ein Lauffeuer in ganz Europa ausgebreitet. Während man 1455 noch keine gedruckten Texte gekannt hatte, gab es im Jahre 1500, als Aldus seine neuen Bücher verkaufte, bereits 35 000 Buchausgaben mit nahezu 20 Millionen Exemplaren (auf jeden fünften Menschen eines). Zwischen Stockholm und Palermo waren bereits um das Jahr 1500 200 Druckpressen in Betrieb. Und als Raubdrucker die ersten Raubkopien von Aldus' Billigausgaben gedruckt hatten, wurden Bücher zum ersten massenproduzierten Konsumartikel, mit dem sich auch der langsam aufkeimende Kapitalismus ausbreitete. Das meist verkaufte Buch war die Bibel und der zweite Bestseller Thomas von Kempens *Nachfolge Christi*. Auch der Absatz lateinischer und griechischer Klassiker nahm rapide zu, doch es sollte noch mehr als 50 Jahre dauern, bis sie die Auflagenhöhen der liturgischen Texte erreichten.

Im 16. Jahrhundert erkannte man, daß der Buchdruck ein neues Problem aufgeworfen hatte – es gab einfach viel zu viele Bücher. Der Buchdruck war ein mächtiger Ansporn für die Sammelleidenschaft zahlreicher Adeliger. Bereits Anfang des 15. Jahrhunderts bestanden riesige Sammlungen. Matthias

Corvinus, der König von Polen, hatte beispielsweise mehr als 50 000 Bände zusammengetragen. Die erste öffentliche Bibliothek war im 15. Jahrhundert in Florenz eingerichtet worden. Königliche Sammlungen gab es auch in Frankreich, England, Deutschland und Spanien. Problematisch am Besitz so vieler Bücher war nur, daß es noch keine geeignete Methode gab, sie zu ordnen.

Der Mann, der die Lösung fand, war einer der Spione Königin Elizabeths von England. Er hieß Thomas Bodley und unternahm nach einer kurzen Lehrtätigkeit am Merton College in Oxford (wo er Griechisch lehrte) eine Reise durch Europa, um seine Sprachkenntnisse zu erweitern. Nach seiner Rückkehr im Jahre 1580 trat er in den Dienst der Königin; ab 1585 wurde er von ihr mit verschiedenen Geheimaufträgen betraut und überbrachte diversen europäischen Fürsten persönliche Briefe aus der Hand der Königin. Diese Briefe waren so geheim, daß Bodley nicht einmal von einem Diener begleitet wurde. Ab 1588 war er Elizabeths ständiger Vertreter in Holland und Mitglied des englischen Staatsrates. 1598 kehrte Bodley schließlich nach England zurück, wo ihm die Hofintrigen jedoch bald zu viel wurden und er sich auf den weniger gefährlichen Lebensstil eines Gelehrten verlegte. Bereits ein Jahr zuvor hatte er dem Vizekanzler von Oxford geschrieben und angeboten, die alte Universitätsbibliothek instandzusetzen, die durch frühere »Verwaltungsreformen« verwüstet worden war.

Bodley wollte mit seiner neuen Bibliothek alles bisherige in den Schatten stellen, und so nutzte er seine zahlreichen Kontakte, um Bücher zu beschaffen. Als Gegenleistung versprach er, die Wände der neuen Bibliothek mit den Namen der Wohltäter zu schmücken. Er beauftragte auch einen Buchhändler, nach Frankreich, Italien, Spanien und zur Frankfurter Buchmesse zu reisen und spezielle Texte zu besorgen. Er instruierte seinen Bibliothekar, Thomas James, »keine minderwertigen Bücher zu nehmen, denn solcherlei würde kein gutes Licht auf unsere Bibliothek werfen«. Im Jahre 1601 überredete er die Innung der englischen Verleger und Buchhändler, ein Exemplar jedes Buches, das sie veröffentlichten, der Bibliothek zu stiften. Als die Bodleyanische Bibliothek 1603 offiziell eingeweiht wurde, besaß sie Bücher in 30 Sprachen. Dozenten der Universität konnten sie täglich außer sonn- und feiertags sechs Stunden lang kostenlos benutzen, und König James unterstützte sie mit einer Stiftung, der Einkünfte aus einer Farm in Berkshire und Besitztümern in London zuflossen. Ihr Ruhm beruhte jedoch in erster Linie auf der Tatsache, daß sie als allererste Bibliothek über einen Gesamtkatalog verfügte, nach dem sich alle später gegründeten Bibliotheken richteten.

Der Hauptvorwurf, der bald gegen die Bodleyanische Bibliothek und auch andere Büchereien laut wurde, bezog sich auf die »minderwertigen Bücher«, womit Bodley jene Schriftwerke gemeint hatte, die in volkstümlichem Englisch verfaßt waren. Die Bücherflut nahm Anfang des 17. Jahrhunderts unvermindert zu; es erschienen Bücher in allen Disziplinen – vom Bergbau bis zur Astronomie, von der Tierzucht bis zur Botanik. Und da die europäische Wirtschaft aufgrund der Auswirkungen des expandierenden Überseehandels und der neuen Technologien boomte, wurde eine Reform des Bildungswesens immer dringlicher. Es ging darum, die steigende Nachfrage nach Lehrplänen und Schulbüchern zu decken, die den Erfordernissen der neuen Nationalstaaten verstärkt Rechnung trugen.

Einer der ersten, der in dieser Richtung aktiv wurde, war ein ehemaliger protestantischer Priester, der Tscheche Jan Amos Komensky, besser bekannt unter seinem lateinischen Namen Comenius. Im Jahre 1631, im Alter von 39 Jahren, schrieb er das erste Fremdsprachenlehrbuch für Latein, in dem die lateinischen Worte direkt neben ihren tschechischen Entsprechungen aufgeführt waren. Dieses Buch mit dem Titel *Porta linguarum reserata* (*Eröffnete Güldene Sprachen-Thür*) war so erfolgreich, daß bald auch Versionen für andere europäische (und sogar orientalische) Sprachen erschienen. Dies begründete Comenius' Ruf in liberalen Kreisen. Einer dieser liberalen Denker, der englische Protestant Samuel Hartlib, lud ihn nach England ein, um dort ein College für Sozialreformen zu gründen. Doch 1642 brach der englische Bürgerkrieg aus, und die Pläne für das Collegium wurden zurückgestellt.

Dieser Verbindung mit England könnte Comenius jedoch das nächste Angebot verdankt haben. Als er nach Holland gegangen war, scheint ihm John Winthrop, der Sohn des Gouverneurs der Massachusetts Bay Colony, den Rektorenposten am neuen Harvard College angetragen zu haben. Obwohl Comenius angetan war von der Absicht, in Harvard auch Indianer zu unterrichten, und von der Möglichkeit, in Neuengland gesellschaftliche Experimente durchzuführen, lehnte er die Stelle ab. Es spricht jedoch einiges dafür, daß seine Lehrbücher bereits um 1650 in Harvard verwendet wurden.

Comenius drängte indessen nach wie vor auf bessere Formen von beruflich ausgerichteter Ausbildung und rief seine neue »pansophistische« Bewegung ins Leben, die nach einer Einheit in allen Formen des menschlichen Wissens strebte. Vor allem wollte er das Studium der Naturwissenschaften fördern, da diese die Quelle vieler neuer Wissensgebiete und die beste Vorbereitung auf die Arbeitswelt bildete. Diese comenische Auffassung von der Berufsbildung sollte sich schließlich in ganz Europa und Amerika ausbreiten – und zwar ironischerweise aus genau demselben Grund, weshalb er England hatte verlassen müssen.

Durch den englischen Bürgerkrieg war die Monarchie vor-
303 ▪ 156 167 übergehend abgeschafft worden; Oliver Cromwell[303] war an
303 ▪ 208 224 die Macht gekommen, und England wurde ein republikanischer Commonwealth. Im Jahre 1660 endete dieses politische und gesellschaftliche Experiment mit der Restauration der Monarchie. Begleitet wurde diese Veränderung von neuen Gesetzen, wonach sich alle freikirchlichen Protestanten (die die Revolution angeführt und Cromwell an die Macht gebracht hatten) geschlagen geben und einen Treueeid auf die restaurierte Monarchie und deren anglokatholische Kirche leisten mußten. All diejenigen, welche diesen Eid auf die Staatskirche verweigerten, wurden als »Dissenter« bezeichnet. Diesen Nonkonformisten wurde das Leben ungeheuer schwer gemacht. Das Schicksal der Dissenter bestätigte das

Sprichwort: Sei nett zu den Leuten auf dem Weg nach oben, denn vielleicht brauchst du sie auf dem Weg nach unten. Kaum hatten die protestantischen Republikaner den englischen Bürgerkrieg gewonnen, trieben sie sofort all jene Priester aus dem Amt, die als »skandalös, untauglich und feindselig« galten. Kirchen wurden niedergerissen, das Gebetbuch der Anglikanischen Kirche wurde verboten und die Ausübung aller Sportarten an Sonntagen untersagt.

Als der Commonwealth dann scheiterte und die Monarchie wieder eingeführt wurde, gab es viele alte Rechnungen zu begleichen, und die Dissenter mußten nun mehr einstecken als sie ausgeteilt hatten. In rascher Folge wurden vom Parlament diverse Gesetze erlassen, die den Dissentern Ämter in Staat und Kirche verwehrten und öffentliche Versammlungen untersagten. Städtische Beamte mußten ab sofort der anglikanischen Kirche angehören, und jeder Priester mußte schwören, keine Reformen in der Staatskirche anzustreben. Mit Hilfe dieser Gesetze wurden fast 1000 nonkonformistische Priester entlassen. Im Jahre 1664 verbot ein weiteres neues Gesetz Versammlungen von mehr als fünf Menschen zu irgend welchen religiösen Zwecken, die nicht der anglikanischen Kirche dienten. Nach drei Verstößen mußten die Verurteilten damit rechnen, in die Kolonien abgeschoben zu werden (allerdings nicht in das puritanische Neuengland, wo sie möglicherweise mit offenen Armen aufgenommen worden wären). Im Jahre 1665 wurden Dissenter-Priester und Lehrer verbannt und durften sich nur bis auf fünf Meilen den Stadtgrenzen nähern.

Den Quäkern erging es am schlimmsten. Sie wurden dafür bestraft, daß sie Schulen unterhielten, ihre Hüte nicht abnahmen, keinen Zehnten bezahlten und sich nicht zum Wehrdienst einziehen ließen. Die Strafen bedeuteten oft den Ruin; und wenn ein Missetäter kein Geld besaß, wurde seine Habe beschlagnahmt. Versammlungen der Quäker wurden von Ordnungshütern mit gezogenem Schwert aufgelöst. Familien wurden nachts aus dem Bett geholt und mußten auf dem Weg ins Gefängnis oft bis zu 30 Kilometer weit neben den Pferden der Polizisten herlaufen. Viele Quäker starben in den verseuchten Gefängnissen. Wegen dieser Schikanen verließen zahlreiche Dissenter das Land und gingen nach Amerika oder in die Niederlande. Diejenigen, die blieben, hatten kaum eine andere Wahl, als sich in Handel und Industrie durchzuschlagen, denn dies war der einzige Bereich, der ihnen von Gesetzes wegen offenstand. Daher waren zu Beginn des 18. Jahrhunderts die meisten Industriellen des Landes Dissenter, die sich hier und da zu liberalen Zirkeln zusammenschlossen – vereint durch die Verfolgung. Thomas Newcomen, der Erfinder der Dampfmaschine (die James Watt verbesserte), gründete sein Geschäft mit Unterstützung eines baptistischen Glaubensbruders. Der Quäker Charles Lloyd heiratete in zwei andere Dissenter-Familien ein – beides Eisenfabrikanten – und schuf damit die finanzielle Grundlage für seine berühmte Bank.

304 ▪ 219 243 Gerade weil den Nonkonformisten alle anderen Laufbah-
304 ▪ 270 300 nen verschlossen blieben, wurde aus so manchem Dissenter
305 ▪ 221 245 ein berühmter Erfinder. James Watt[304], William Boulton[305],
306 ▪ 5 23 Thomas Newcomen, Joseph Priestley[306], Samuel Barclay,
306 ▪ 161 172 Josiah Wedgwood[307] und andere entwickelten die Techno-
306 ▪ 282 325 logien sowie die wissenschaftlichen Einrichtungen und die
307 ▪ 223 246 Finanzinstitute, die der Industriellen Revolution den Weg
307 ▪ 293 344 bereiteten. Und weil die Dissenter ihre Kinder auch nicht auf
308 ▪ 162 172 die Universität schicken konnten,[308] aber in der Welt der Wirtschaft und der Industrie, auf die sie sich beschränken mußten, ganz bestimmte Dinge gefragt waren, gründeten zunächst die Presbyterianer und später noch andere Glaubensgemeinschaften eigene Schulen. In diesen Anstalten wurden erstmals Fächer gelehrt, die für die Berufswelt wichtig waren, in der die Schüler sich ihr Brot verdienen mußten.

Die ersten Dissenter-Akademien, die von 20 entlassenen Priestern gegründet worden waren, sollten vor allem Männer für die Kanzel heranbilden. Um 1690 gab es bereits 23 solcher Schulen in England, wovon mindestens die Hälfte auch Jungen aufnahm, die nicht in den geistlichen Stand eintreten wollten. Schon damals war der Unterricht stark berufsbezogen und sehr von Comenius' Erziehungsprinzipien und seiner Methode der Lehrbuchgestaltung geprägt. Im naturwissenschaftlichen Unterricht setzte man die modernsten Luftpumpen, Thermometer und Recheninstrumente ein. Man lehrte wichtige Handelssprachen wie Französisch. Eine der besten Akademien Ende des 18. Jahrhunderts befand sich im Nordosten Englands, in einer kleinen Stadt namens Kendal. Die Schule war von den Quäkern gegründet worden und finanziell gut ausgestattet; sie besaß eine große Bibliothek, ein Teleskop und ein Mikroskop. Kendal lag an einer der Hauptstraßen zwischen London und Schottland und wurde daher oft von Vortragsreisenden besucht, etwa dem berühmten Naturphilosophen Joseph Banks.

Einer der Aushilfslehrer der Schule hielt selbst öffentliche Vorträge über Mechanik, Optik, Astronomie und die Verwendung von Globen, doch weil das Interesse eher gedämpft blieb, zog er aus der Gegend weg und ließ sich schließlich in Manchester nieder. Dort gründete er im Jahre 1800 eine ausgesprochen erfolgreiche Akademie für Mathematik. In der Freizeit, die er sich aufgrund seines Einkommens nun leisten konnte, beschäftigte er sich eingehend mit dem Wetter. 57 Jahre lang machte er täglich meteorologische Beobachtungen. An dem Tag, an dem er starb, stand in seinem Tagebuch lediglich: »Wenig Regen heute.« Dieser John Dalton war tief beeindruckt von den Arbeiten, die ein Deutscher im Bereich unendlich kleiner Materie durchgeführt hatte.

Der betreffende Deutsche, Gottfried Leibniz,[309] war einer 309 ▪ 82 76
jener Menschen, die fast nie zu Ende führen, was sie einmal 309 ▪ 231 258
angefangen haben. Er war Mathematiker und entwickelte eine 309 ▪ 253 284
hölzerne Rechenmaschine, die aber nicht funktionierte, deshalb scheiterte sein großer Plan, alle Gedanken auf Zahlen zu reduzieren. Nach Leibniz wäre es damit möglich gewesen, Probleme zu lösen, indem man einfach die entsprechenden Gedankenzahlen kombinierte. Es gelang Leibniz auch nicht, ein riesiges Grubenentwässerungsprojekt in die Gänge zu bringen. Ferner mißlang es ihm, sämtliche Wörter in universelle Zeichen zu übertragen, so daß es keine Fremdsprachen mehr gab. Er verpflichtete sich, eine vollständige Geschichte der Herzöge von Braunschweig zu schreiben (deren Familien-

bibliothekar er war), woraus aber ebenfalls nichts wurde. Und so ging ihm allmählich das Geld aus.

Eines jedoch gelang Leibniz, und das sollte die Welt verändern. Er entwickelte jene Mathematik, die erforderlich war, um die Bewegung der Planeten zu berechnen. Für diese Berechnungen mußte man bestimmen können, in welchem Maße sich die Beschleunigung beziehungsweise Verlangsamung in der Geschwindigkeit eines Planeten in einem bestimmten Augenblick veränderte. Die Mathematik, die Leibniz 1675 zu diesem Zweck entwickelte, wurde als Infinitesimalrechnung bekannt. Für Leibniz war der mathematische Nutzen seiner Rechenmethode jedoch nicht so wichtig wie deren philosophische Anwendungen. Vielleicht hing es mit seiner Reise nach Holland im selben Jahre zusammen (wo er Anton van
310 ▪ 83 77 Leeuwenhoek[310] kennenlernte, der kurz zuvor eine sensatio-
310 ▪ 254 285 nelle Entdeckung gemacht hatte, nämlich lebende Mikroorganismen), daß sich Leibniz fortan mit anderen Formen unendlich kleiner Materie befaßte, was dann Dalton zu dessen späteren Arbeiten inspirierte.

Über dem Begriff »Materie« hing damals ein großes Fragezeichen. Worauf beruhte sie und wieso bestand ein Sandhaufen aus vielen winzigen Körnchen, während ein Stein ein einziges Stück zu sein schien? Wie weit konnte Materie aufgespalten werden? Es gab bereits Theorien über die Existenz unendlich kleiner Teilchen von Materie, doch niemand konnte erklären, wie sich diese zu Ganzem verbanden. Leibniz behauptete, kein materieller Gegenstand sei so klein, daß er nicht noch weiter aufgespalten werden könne. Irgendwann jedoch müsse es eine unendlich kleine »Essenz der Materie« geben, die dann ausschließlich aus Energie bestünde. Diese punktförmigen Teilchen müßten die Grundbausteine alles Existierenden bilden. Doch wie verwandelten sich diese Energiepartikel in Materie? Leibniz erfand Einheiten, die er als »Monaden« bezeichnete; für ihn bildeten sie die Grundvoraussetzung für alle Materie, weil sie die Partikel zusammenhielten und so die Verbindung zur Materie ermöglichten. Die kleinste Gruppe, die auf diese Weise zusammengehalten wurde, war daher die kleinste denkbare Form einer Substanz, argumentierte Leibniz.

Genau dieser Gedankengang bewegte Dalton bei seinen Wetterstudien. Der begeisterte Meteorologe baute unter anderem Barometer, Thermometer und Pluviometer, um Niederschläge, Nebel, Wolken und Luftdruck zu messen. Vor allem interessierte er sich für die Luftfeuchtigkeit und für die Frage, wie Wasserdampf von der Atmosphäre aufgenommen beziehungsweise abgegeben wird. Damals wußte niemand, wie Luft Wasser absorbiert. Nach der damals geltenden Theorie wirkte dabei irgendeine Art von chemischer Anziehung. Dalton war überzeugt, daß diese Anziehung irgendwie mit dem Luftdruck zusammenhing. Der Luftdruck nahm mit steigender Höhe ab, woraus zu schließen war, daß die meisten Luftpartikel aufgrund der Schwerkraft in Bodennähe blieben, was wiederum bedeutete, daß sie ein Gewicht haben mußten.

Dann entdeckte Dalton, daß Luft viermal soviel Stickstoff enthielt wie Sauerstoff, und befaßte sich daraufhin mit der Frage, wie sich Gase verbinden. Wenn mehrere Gase gemischt werden, so stellte er fest, bleibt immer ein Gas übrig, das sich nicht mit den anderen verbindet. Dann fand er heraus, daß sich Sauerstoff und Wasserstoff stets im Verhältnis 8:1 mischen. Andere Gase bildeten ähnlich regelmäßige Verbindungen. Hing dies mit ihrem jeweiligen Gewicht zusammen? Als er versuchte, mit Druck Gase in Wasser zu pressen, wurden manche Gase prompt absorbiert, andere hingegen nicht. Hatte dies ebenfalls etwas mit ihrem Gewicht zu tun? Alle Gase verhielten sich gegenüber Wasser stets auf eine eigene, typische Weise, was wohl den Beweis dafür erbrachte, daß jedes einzelne Gas stets gleich war. Sollte dies bedeuten, daß ein Gas immer dasselbe Gewicht hatte?

Im Jahre 1803 veröffentlichte Dalton einen Aufsatz über die Gasabsorption durch Wasser; darin erklärte er, daß die Absorption vom Gewicht der Gaspartikel abhing. Er stellte auch eine Liste dieser Gewichte auf. Im Jahre 1805 legte er die erste richtige Gewichtstabelle vor und präsentierte 1807 bei einem Vortrag in Edinburgh »eine neue Sichtweise der Grundprinzipien oder Elemente von Körpern und deren Verbindungen«. In seinen Erläuterungen behauptete er, diese Sichtweise »bewirkt äußerst wichtige Veränderungen in der Systematik der Chemie und reduziert das Ganze auf eine Wissenschaft von größter Einfachheit, die sich selbst dem simpelsten Verständnis erschließt«. Mit dieser bescheidenen Bemerkung begründete Dalton die moderne Chemie und bescherte der Welt die chemische Atomtheorie, nach der sich Verbindungen je nach dem relativen Gewicht ihrer einzelnen atomaren Bestandteile bilden.

Es bedurfte indes eines schwedischen Hypochonders mit einer Schwäche für Frauen, Delikatessen und Kurbädern, um Dalton berühmt zu machen. Im selben Jahr, in dem Dalton seinen Vortrag hielt, war Jöns Jacob Berzelius als Professor für Medizin und Pharmazie an die Medizinische Hochschule in Stockholm (das spätere Karolinksa Institut) berufen worden. In seinem dortigen Labor bemühte sich Berzelius, soviel wie möglich über die Chemie zu lernen. Dank einer reichen Ehefrau konnte sich Berzelius auch seinen Vergnügungen widmen; dazu zählten Reisen (auf denen er ganze Tagebücher mit amüsanten Detailbeobachtungen über weibliche Formen füllte), Essen (in Frankreich verzehrte er einmal ein 40gängiges Menü), Mineralwasser (das er überall gegen seine eingebildeten Krankheiten trank) und sein Lötrohr. Letzteres war damals ein gängiges Instrument, das vor allem dazu benutzt wurde, die Temperatur auf 1500 Grad Celsius zu erhöhen, um dann pulverisierte Mineralien analysieren zu können. Berzelius verstand sich sehr gut auf dieses Verfahren und konnte so die Elemente in den Gesteinssammlungen vieler Gastgeber bestimmen (zu denen auch Goethe zählte).

Berzelius war von Daltons Atomgewichtstabelle sehr angetan und schaffte es im Jahre 1818, die Gewichte von 45 der 49 bekannten Elemente zu bestimmen und über 2000 Verbindungen aufzulisten. Die schier sinnenbetäubende Komplexität dieser Arbeit brachte ihn auf die Idee, daß ein besseres Bezeichnungssystem in der Chemie entwickelt werden müsse. Und so erfand er die chemischen Formelzeichen, die auch heute noch verwendet werden. Er kennzeichnete jedes Element mit dem ersten Buchstaben seines lateinischen Namens, es sei denn, mehrere Elemente hatten denselben Anfangsbuchstaben; in dem Fall verwendete er auch den zweiten Buchstaben. Bei Verbindungen gaben kleine tiefgestellte Zahlen die jeweiligen Mengenverhältnisse an. Dank Berzelius schreiben heute alle Chemiker für »Schwefelsäure« (eine Verbindung aus Wasserstoff, Schwefel und Sauerstoff) ganz einfach H_2SO_4.

Berzelius vollbrachte noch etwas, womit er sich unsterblich machte. Er analysierte die Zusammensetzung eines geheimnisvollen Steins, der in der Nähe einer schwedischen Eisenmine gefunden worden war. Es handelte sich um eine Art Wolfram, doch Berzelius stellte fest, daß auch ein unbekanntes Element darin enthalten war. Er gab diesem neuen Element aber nicht den Namen Swedonium oder Berzelium, wie man vielleicht hätte erwarten können, sondern nannte es Cer,[311] 311 ▪ 106 99
und zwar nach dem neuen Asteroiden, der kurz zuvor entdeckt worden (und dann wieder abhanden gekommen) war. Das Eigenartigste an diesem ungewöhnlichen astronomischen Ereignis war die Tatsache, daß der Entdecker genau gewußt hatte, wo er überhaupt zu suchen hatte. Bereits 1772 hatte der Direktor des Berliner Observatoriums, Johann Bode, immer wieder davon gesprochen, daß eine mathematische Beziehung in den Entfernungen zwischen den Planeten zu bestehen schien. Die Planeten standen in regelmäßigen Abständen zur Sonne. Diesen Intervallen lag eine bestimmte Zahlenfolge zugrunde – 0, 3, 6, 12, 24, 48, 96, 192; jedes Planetenintervall war doppelt so groß wie der vorausgehende Wert in der Grundreihe, plus vier. Anhand dieser Zahlen ließ sich die Position aller Planeten, außer dem Neptun, korrekt bestimmen. Sie zeigten aber auch, daß es einen Planeten auf der Position »24 + 4« geben müsse. Bisher war an dieser Position jedoch noch keiner entdeckt worden.

Diesem Geheimnis waren die Astronomen auf der Spur, als Guiseppe Piazzi im Jahre 1801 im Observatorium von Palermo den Planeten Ceres entdeckte. Piazzi konnte den neuen Planeten dreimal beobachten, wurde dann aber plötzlich krank.

Nach seiner Genesung war das Wetter mehrere Wochen lang zu schlecht für weitere Beobachtungen. Erst als es wieder aufklarte, spähte Piazzi erneut ins All. Zu seinem Verdruß war Ceres verschwunden, und es schien unmöglich, den Himmelskörper wiederzuentdecken. Piazzi hatte ihn nur auf ungefähr neun Grad seiner Umlaufbahn beobachtet, was nicht genügend Angaben lieferte, um seine aktuelle Position zu extrapolieren. Die Nachricht vom Abhandenkommen des Planeten war ein schwerer Schlag für die Astronomie. Daher war man allseits erfreut, wenn auch skeptisch, als ein junger genialer Mathematiker in Deutschland bekanntgab, er habe eine Methode entwickelt, nach der Ceres wiedergefunden werden könne. Doch Carl Friedrich Gauß hatte tatsächlich eine Möglichkeit gefunden, mit lediglich drei Beobachtungen eine Umlaufbahn zu berechnen. Ein Jahr später wurde Ceres auf den Tag genau exakt an der Stelle wiederentdeckt, die Gauß errechnet hatte. Dieses Ereignis brachte ihm auf einen Schlag Weltruhm und den Posten des Astronomen an der Universität Göttingen ein, wo man noch heute sein Gehirn aufbewahrt.

Gauß hatte viele Interessengebiete. Er erfand vor Morse einen Telegraphen und beschäftigte sich mit einer seltsamen alten Sprache, die unter den romantisch gesinnten Deutschen damals ausgesprochen populär war. Diese Sprache war das 312 ▪ 278 317 Sanskrit.[312] Kenntnis davon bekamen die Gelehrten im Westen durch einen walisischen Richter, Sir William Jones, der in Indien tätig war. Jones war ein wahres Sprachgenie. Er hatte Hebräisch, Latein, Griechisch, Französisch, Italienisch, Arabisch, Portugiesisch und Spanisch gelernt und auch eine persische Grammatik verfaßt. Als er 1783 nach Kalkutta kam, entdeckte er die Reize des Sanskrit. Als religiöser Mensch war Jones überzeugt, eines Tages Beweise dafür zu finden, daß die uralten Geschichten aus der Bibel alle der Wahrheit entsprachen. Das Sanskrit beflügelte seine Phantasie, weil er glaubte, es könnte sich dabei um die biblische Ursprache handeln. Im Jahre 1784 war er eifrig dabei, die Sprache zu lernen.

Zwei Jahre später überraschte Jones die westliche Welt mit der These, Sanskrit sei die Sprache, von der alle europäischen

Sprachen abstammten. Er selbst erforschte die Verbindungen zum Griechischen, Lateinischen, Keltischen, Armenischen und Albanischen. Als Jones eine Sanskrit-Grammatik veröffentlichte, entwickelte sich das Sanskrit rasch zur Modesprache europäischer Gelehrter. Auch deutsche Forscher entdeckten ihr Interesse, und so wurde Gauß darauf aufmerksam. Die Deutschen interessierten sich besonders für die Frühzeit, weil Ende des 18. Jahrhunderts der Geist der Romantik und der Revolution (in Frankreich und Amerika) in der Luft lag, der die Flammen des Nationalismus entzündet hatte.

Im Zuge der Romantik wurde die mechanistische Weltanschauung des *ancien régime* durch den Individualismus und eine ganz neue Würdigung des »Gefühls« abgelöst. Dazu gehörte auch ein neuentdecktes Interesse am Mittelalter und der daraus entstandene Wunsch, den Wurzeln der Identität einer Kultur nachzugehen. Der deutsche Denker Johann Herder beschwor das Bild eines uralten mystischen deutschen Volkes herauf, das weder als politische noch als volkswirtschaftliche Einheit verstanden wurde, sondern vielmehr als eine Art kultureller Archetypus, von dem die deutsche Rasse abstammte und der dieser Rasse ein unverkennbar deutsches Gepräge verlieh. Diese teutonische Identität, so warnte er, werde von der hinterlistigen »internationalen« Denkungsart der französischen Aufklärung bedroht. In einer schaurigen Vorahnung von Eugenik und rassischer Reinheit rief Herder alle Völker dazu auf, das Joch der französischen Philosophie abzuwerfen und ihr eigenes nationales Kulturerbe zu suchen, das in ihrem Volkstum zum Ausdruck kam.

All dies wurde noch brisanter, als die Preußen 1806 in der Schlacht von Jena[313] von Napoleon geschlagen wurden. Im 313 ▪ 212 229
Bemühen, den Nationalstolz wiederherzustellen, fanden die deutschen Romantiker im Sanskrit einen uralten indogermanischen Ursprung, dem ihr Volk entstammte. Auf dieses Bild von einer arischen Vergangenheit berief sich Wagner in seinen deutschen Heldenopern, und dieselbe Phantasie beflügelte auch den verrückten Bayernkönig Ludwig II., Nachbildungen mittelalterlicher Schlösser (wie etwa in Neuschwanstein) zu

bauen. Der Begriff des Arischen beziehungsweise Indogermanischen brachte einen Philologen, für dessen Sanskrit-Forschung sich Gauß einst interessiert hatte, schließlich auf die Idee, aus der Sprachforschung eine Wissenschaft zu machen.

Dieser Jakob Grimm, der kurze Zeit mit Gauß an der Universität Göttingen tätig gewesen war, sprang ebenfalls auf den indogermanischen Zug auf. Er leistete indes einen bedeutenden Beitrag zur Sprachwissenschaft, indem er zwischen 1822 und 1837 vier dicke Bände veröffentlichte, in denen er die Lautverschiebungen untersuchte, die er in der Entwicklung der europäischen Sprachen von ihren Ursprüngen an verfolgt hatte. Er befaßte sich insbesondere mit Lauten, die die germanische Sprachfamilie zu verbinden schienen. Zum Beispiel wurde das lateinische *p* (wie in *pater*) im Englischen zum *f* (*father*) und im Deutschen zum *v* (*Vater*). Das lateinische *d* wurde zum *t* (aus *duo* wurde *two* beziehungsweise *zwei* – phonetisch [tswai]). Sanskrit *dh* wurde zum griechischen *ph*, zum lateinischen *f* und zum deutschen *b* oder *v*.

Jakob hatte einen Bruder namens Wilhelm, der sich wie er leidenschaftlich für die germanische Vergangenheit interessierte. Für die beiden Brüder waren Sprache und Volkstum eine Ausdrucksform für die tiefe Verbundenheit zwischen allen Deutschen. Jakob sagte: »All meine Werke beziehen sich auf das Vaterland, aus dessen Boden sie ihre Kraft schöpfen.« Um das Jahr 1807 fingen die beiden Brüder an, volkstümliche Stoffe zu sammeln. Dazu luden sie Menschen zu sich nach Hause ein, die alte Märchen erzählen konnten. Sie sammelten Geschichten von Zigeunern, Bäuerinnen, Schäfern, Fuhrleuten, Landstreichern, Großmüttern und Kindern. Insgesamt schrieben sie 211 Märchen nieder, von denen viele aus solch fernen Ländern wie Persien, Schweden und Indien stammten.

Die *Kinder- und Hausmärchen*, die die Brüder Grimm zwischen 1812 und 1852 herausbrachten, entzückten ganze Generationen von Kindern. Die ursprünglichen Märchen unterschieden sich jedoch deutlich von den abgeschwächten Versionen späterer Ausgaben und sind kaum noch mit den keimfreien Fassungen zu vergleichen, die Disney eines Tages verfilmen sollte. Die Urfassungen der Märchen strotzten nur so vor archaischer Gewalt: Rapunzel wird von dem Prinzen geschwängert; Aschenputtels garstigen Schwestern werden die Augen ausgehackt; Hänsel und Gretel rösten die Hexe im Ofen; die böse Frau in *Schneewittchen* muß in rotglühenden Schuhen tanzen; und in *Dornröschen* geht es im Grunde um Nekrophilie.

Die Märchen stießen sofort auf ein breites Interesse, besonders wegen der Art und Weise, wie sich die Elemente vieler Geschichten ähnelten, egal aus welchem Kulturkreis sie ursprünglich stammten. Ob in Serbien, England oder Norwegen – es tauchten immer wieder dieselben Episoden auf, die immer dieselben Tugenden schilderten. Tugendhaftigkeit wurde stets belohnt, Gewalt und Furcht verherrlicht. Fremden begegnete man mit Verachtung. Ordnung, Gehorsam und Autoritarismus wurden stets hochgehalten. Der Zusammenhalt der Familie wurde durch Armut oder Erbschaftskonflikte bedroht. In das Alltagsleben brachen oft Gewalt, Grausamkeit, Folter und Schikane ein. Als höchste Tugend galt der Mut.

Rotkäppchen wurde 1865 regelrecht zum Forschungsthema, als nämlich ein Engländer namens Edward Taylor Ähnlichkeiten und Entsprechungen zwischen der Geschichte vom Wolf, der das Mädchen (und dessen Großmutter) frißt, und dem uralten nordischen Mythos von Skoll, dem sonnenverschlingenden Wolf, entdeckte. Taylor schätzte die Märchen sogar noch älter als die Gebrüder Grimm. Für Taylor bildeten sie archaische, mythologische Erklärungen für Naturprozesse wie das Wachstum im Frühjahr, das Untergehen der Sonne, das Verschwinden der Erde im Nebel und ähnliche Erscheinungen. *Rotkäppchen* selbst entsprang mythischen Darstellungen der Dämmerung beziehungsweise des Mondes.

Im Jahre 1865 führte Taylor diese Gedanken in *Early History of Mankind* (*Frühgeschichte der Menschheit*) aus. Dieses Werk legte den Grundstein der modernen Anthropologie.[314] Mit seinem zweiten, sogar noch erfolgreicheren Buch **314 ▪ 154** 167
von 1871 prägte er bereits im Titel zwei Grundbegriffe der mo-

dernen Anthropologie: *Primitive Culture*. Taylor stützte sich auf seine Reiseerfahrungen und seine Kenntnisse aus dem Studium der Archäologie, Linguistik, Geschichte, Geographie, Paläontologie und vor allem der Volkskunde und entwickelte eine Theorie der sozialen Entwicklung. Märchen, wie die Gebrüder Grimm sie gesammelt hatten, schilderten immer wieder dieselben Geschichten, weil allen sozialen Gruppen ein und dieselbe Entwicklungsgeschichte zugrunde lag. Alle modernen Gesellschaften fingen als primitiver Stamm an und durchliefen auf dem Weg zu modernen Gesellschaftsformen dieselben Stufen. Im Laufe dieser Entwicklung erreichten sie dieselben Stadien des Wissens und der Werkzeugbenutzung – vom behauenen Stein über das Feuer zum Bogen und so weiter. Sie hatten sich auch dieselben Fragen in bezug auf das Universum gestellt und Mythen gebildet, um die Rätsel zu beantworten. Taylor untermauerte seine Argumentation mit Beispielen für Überbleibsel und Relikte; dabei handelte es sich um uralte Bräuche und Sitten, die ganze Zeitalter überdauert hatten und noch fortbestanden, als ihr ursprünglicher Sinn und Zweck längst vergessen war. Dazu zählten Gesten und Rituale (etwa Salz über die Schulter zu werfen oder der Kuß unter dem Mistelzweig), Aversionen (etwa die Angst, unter einer Leiter durchzugehen) sowie rituelle und kultische Gegenstände (wie beispielsweise der Hochzeitsring oder religiöse Gewänder). Auch in unserem Aberglauben, so Taylor, offenbart sich unsere gemeinsame Abstammung.

Dieses letzte Kapitel beginnt mit den Bestrebungen der römischen Kirche, nach dem Untergang Roms das geistliche Reich zusammenzuhalten, indem sie den Konformismus (in bezug auf die Verwendung der Formel *filioque*) erzwang. Es endet in der heutigen Zeit, nach dem Zerfall einer weiteren Weltordnung. In dieser Zeit lehrt uns die Sozialanthropologie, daß wir das Chaos in der Ära nach dem Kalten Krieg nur überstehen, wenn wir die Unterschiede zwischen den Menschen würdigen.

Dieses Buch kommt in bezug auf unser menschliches Wissen zu derselben Schlußfolgerung, die Edward Taylor in bezug auf die Menschheit zog. Alles ist voneinander abhängig. Nichts in dem riesigen Netz des Wandels existiert losgelöst. Dies wird, so hoffe ich, deutlich in der Art und Weise, wie in vielen Fällen eine Episode von der Zeitachse eines Kapitels direkt zu einem Ereignis auf einer völlig anderen Zeitachse führen kann. Ich hoffe, der Leser versucht diese Übung zumindest einmal, um ein Gefühl dafür zu bekommen, mit welch verrückter Dynamik die Flipperkugel des Wandels kreuz und quer durch Zeit und Raum schnellt. Es gibt nicht den *einen*, richtigen Weg durch das Netz, genausowenig wie durch das Leben. Man mißtraue jedem, der das Gegenteil behauptet.

Eine letzte Wendung wird der Leser insgeheim vielleicht schon erwartet haben. Das Buch endet hier nicht. Wie im Netz gibt es auch in diesem Buch kein Ende. Das 20. Kapitel schließt mit der Entdeckung der kulturellen Vielfalt durch die Anthropologen. Am deutlichsten offenbart sich diese Vielfalt unter anderem in der Art und Weise, wie sich die Menschen im Laufe der Geschichte geschmückt und verschönert haben. Zu den auffälligsten Formen des Schmucks zählen die vielen unterschiedlichen Stile, in denen Frauen in verschiedenen Gesellschaften ihr Haar zurechtmachen.

In unserer heutigen Zeit zeigt sich dies im unglaublichen Boom der milliardenschweren Schönheitsindustrie, mit der diese Geschichte am Beginn des Buches ihre Fortsetzung findet ...

Danksagung

Mein Dank gilt Jay Hornsby, Helen Sharples O'Leary, John O'Leary und Carolyn Doree für ihre akribische und ergiebige Unterstützung bei den Recherchen.

Danken möchte ich auch Patricia und Archibald (in deren anregender Gesellschaft die meisten dieser Seiten geschrieben wurden) und Madeline (in deren anregender Gesellschaft die meisten dieser Seiten umgeschrieben wurden).

Literaturhinweise

Abbott, George C.: *Sugar*. London: Routledge, 1990.

Ackerknecht, Erwin H.: *Rudolph Virchow: Doctor, Statesman and Anthropologist*. Madison: Wisconsin University Press, 1953. – Deutsch: *Rudolf Virchow. Arzt, Politiker, Anthropologe*. Stuttgart (Enke) 1957.

Aiton, E.J.: *Leibniz*. Bristol, England: Adam Hilger, 1985. – Deutsch: *Gottfried Wilhelm Leibniz*. Frankfurt/M. (Insel) 1991.

Allan, D.G.C., and R.E. Schofield: *Stephen Hales*. London: Scholar Press, 1980.

Allen, N.: *David Dale, Robert Owen and the Story of New Lanark*. Edinburgh: Mowbray House Press, 1986.

Allison, H.E.: *Benedict de Spinoza: An Introduction*. New Haven: Yale University Press, 1987.

Anand, R.P.: *The Origin and Development of the Law of the Sea*. The Hague: Martinus Nijhoff, 1983.

Andrews, Henry N.: *The Fossil Hunters*. Ithaca: Cornell University Press, 1980.

Baldwin, E.: *Gowland Hopkins*. London: Van den Berghs Ltd., 1962.

Barakat, R.A.: *The Cistercian Sign Language*. Kalamazoo, Mich.: Cistercian Publications, 1975.

Barraclough, Kenneth C.: *Benjamin Huntsman*. Sheffield, England: Sheffield City Libraries, 1976.

Barthorp, M.: *Napoleon's Egyptian Campaigns, 1798–1801*. London: Osprey Publishing, 1978.

Bassett, John M.: *Samuel Cunard*. Post Mills, Vt.: Fitzhenry & Whiteside, 1976.

Baxter, J.P.: *The Introduction of the Ironclad Warship*. Cambridge: Harvard University Press, 1933.

Beard, G.: *The Work of Robert Adam*. Edinburgh: J. Bartholomew & Sons, 1978.

Bell, A.E.: *Christian Huygens and the Development of Science in the Seventeenth Century*. London: Edward Arnold, 1947.

Bleich, A. R.: *The Story of X-Rays.* New York: Dover Publications, 1960.
Blunt, Wilfrid: *The Ark in the Park.* London: Hamish Hamilton, 1976.
Boring, Edwin B.: *A History of Experimental Psychology.* New York: Century, 1929.
Bourne, J., et al: *Lacquer: An International History.* Marlborough, England: Crowood Press, 1984.
Boxer, C. R.: *The Portuguese Seaborne Empire, 1415–1825.* London: Hutchinson, 1969.
Brandi, Karl: *Kaiser Karl V. Der Kaiser und sein Weltreich.* München (König) 1973.
Brandon, R.: *Singer and the Sewing Machine.* London: Barrie & Jenkins, 1977.
Brown, Chandos Michael: *Benjamin Silliman: A Life in the Young Republic.* Princeton, N. J.: Princeton University Press, 1989.
Brown, Lloyd A.: *The Story of Maps.* London: Cresset Press, 1951.
Brozek, Josef, and Gundlach, Horst: *G. T. Fechner and Psychology.* Passau, Germany: Passavia, 1988.
– Deutsch: *G. T. Fechner und die Psychologie.* Internationales Gustav Theodor Fechner Symposium Passau, 12.–14. Juni 1987. Passau (Passavia Univ.-Verl.) 1988.
Bruton, Eric: *The History of Clocks and Watches.* London: Orbis, 1979.
Bühler, Walter K.: *Gauss. Eine biographische Studie.* Berlin (Springer) 1987.
Burton, Anthony: *Josiah Wedgwood.* London: André Deutsch, 1976.
–: *The Rise an Fall of King Cotton.* London: André Deutsch, 1984.
Campbell, George F.: *China Tea Clippers.* London: Adlard Coles Nautical, 1974.
Carrier, Willis H., ed.: *Modern Air-Conditioning, Heating and Ventilating.* Aulander, N. C.: Pitman Publishing, 1940.
Cassirer, Ernst: *Kants Leben und Lehre.* Berlin (Cassirer) 1918.
Chandler, Alfred, D.: *The Visible Hand. The Managerial Revolution in American Business.* Cambridge: Harvard University Press, 1977.
Cheney, Margaret: *Tesla.* Englewood Cliffs, N. J.: Prentice-Hall, 1981.
Clark, R. W.: *Einstein.* London: Hodder & Stoughton, 1979.
– Deutsch: *Albert Einstein. Leben und Werk.* Esslingen (Bechtle) 1974.
Cohen, Robert S., and Seeger, R. J., eds.: *Ernst Mach, Physicist and Philosopher.* Dordrecht, Netherlands: D. Reidel Publishing Co., 1970.

Cole, Charles W.: *Colbert and a Century of French Mercantilism.* London: Frank Cass & Co., 1964.
Coleman, C.B.: *The Treatise of Lorenzo Valla on the Donation of Constantine.*New Haven: Yale University Press, 1922.
Collis, Maurice: *Raffles.* London: Century, 1988.
Davidson, H.: *Pascal.* Boston: Twayne Publishers, 1987.
Dawson, T.R., ed.: *History of the Rubber Industry.* Cambridge, England: W. Heffer & Sons, 1953.
de Jong, Cornelis: *A Short History of Old Dutch Whaling.* Pretoria: 1978.
De Sola Pool, Ithiel, ed.: *The Social Impact of the Telephone.* Cambridge: MIT Press, 1977.
Demus, Otto: *Byzantine Mosaic Decoration.* London: Routledge & Kegan Paul, 1976.
Desmond, A., and Moore, J.: *Darwin.* Harmondsworth, England: Penguin, 1991.
– Deutsch: *Darwin.* München (List) 1992.
Deuel, Leo, ed.: *Memoirs of Heinrich Schliemann.* London: Hutchinson, 1978.
– Deutsch: *Heinrich Schliemann. Eine Biographie.* München/Wien (Hanser) 1979.
Dickinson, H.W.: *John Wilkinson, Ironmaster.* Ulverston, England: Hume Kitchin, 1914.
Dorman, C.C.: *The Stephensons and Steam Railways.* London: Priory Press Ltd., 1975.
Downs, Robert B.: *Heinrich Pestalozzi, Father of Modern Pedagogy.* Boston: Twayne Publishers, 1975.
Duffy, C.: *Frederick the Great.* London: Routledge & Kegan Paul, 1985.
– Deutsch: *Friedrich der Große. Ein Soldatenleben.* Zürich (Benziger) 1986.
Duncum, Barbara: *The Development of Inhalation Anaesthesia.* Oxford: Oxford University Press, 1947.
Dunkel, H.B.: *Herbart and Herbartianism: An Educational Ghost Story.* Chicago: University of Chicago, 1970.
Eder, Josef Maria: *History of Photography.* New York: Dover Publications, 1978.
Ehrenberg, Richard: *Capital and Finance in the Age of Renaissance.* New York: Augustus Kelley, 1963.
Ewald, Peter: *Fifty Years of X-Ray Diffraction.* Utrecht, Netherlands: International Union of Crystallography, 1962.
Fehervari, G.: *Islamic Pottery.* London: Faber & Faber, 1973.
Fest, Joachim C.: *Hitler. Eine Biographie.* Frankfurt/M. (Propyläen) 1973.

Ford, Brian J.: *The Leeuwenhoek Legacy.* London: Biopress, 1991.
Forrest, D.W.: *Francis Galton: The Life and Work of a Victorian Genius.* London: Elek, 1974.
Fox-Genovese, Elizabeth: *The Origins of Physiocracy, Economic Revolution and Social Order.* Ithaca: Cornell University Press, 1976.
Gannon, Jack R.: *Deaf Heritage.* Silver Spring, Md.: National Association for the Deaf, 1982.
Gibbs, F.W.: *Joseph Priestley: Adventurer in Science and Champion of Truth.* London: Thomas Nelson & Sons, 1965
Gibson, A.H.: *Osborne Reynolds.* London: Longmans, Green & Co., 1946.
Goldensohn, B.: *The Marrano.* Orono: University of Maine Press, 1988.
Green, C.M.: *Eli Whitney and the Birth of American Technology.* Boston: Little, Brown, 1956.
Greenberg, M.: *British Trade and the Opening of China 1800–1842.* Cambridge: Cambridge University Press, 1951.
Gunston, D.: *Guglielmo Marconi.* Geneva: Edito-Service, 1970.
Hall, G.S. *Founder of Modern Psychology.* New York: Appleton & Co., 1912.
Hammitszchen, H.: *Zen and the Art of Tea Ceremony.* Harmondsworth, England: Penguin, 1979.
Harding, H.: *Tunnelling History.* Toronto: Golder, 1981.
Hardy, Robert: *Longbow: A Social and Military History.* Sparkford, England: Patrick Stephens Ltd., 1992.
Herrmann, D.B.: *The History of Astronomy from Herschel to Hertzsprung.* Cambridge: Cambridge University Press, 1973.
– Deutsch: *Geschichte der Astronomie. Von Herschel bis Hertzsprung.* Berlin (Dt. Verl. d. Wiss.) 1975.
Hey, Colin G.: *Rowland Hill: Victorian Genius and Benefactor.* London: Quiller Press, 1989.
Higham, Norman: *A Very Scientific Gentleman: The Major Achievements of Henry Clifton Sorby.* Oxford, England: Pergamon Press, 1963.
Hill, Christopher: *God's Englishman.* Harmondsworth, England: Penguin, 1972.
Hobden, Heather, and Hobden, Mervyn: *John Harrison and the Problem of Longitude.* Lincoln, England: Cosmic Elk, 1989.
Homer, W.I. *Seurat and the Science of Painting.* Cambridge: MIT Press, 1964.
Honour, Hugh: *Neoclassicism.* Harmondsworth, England: Penguin, 1968.
–: *Romanticism, Style and Civilization.* London: Allen Lane, 1979.
Hounshell, David: *From the American System to Mass Production, 1800–1932.* Baltimore: Johns Hopkins University Press, 1984.

Hughes, T.P.: *Elmer Sperry, Inventor and Engineer.* Baltimore: Johns Hopkins University Press, 1971.
Hunter, James M.: *Perspective on Ratzel's Political Geography.* Lanham, Md.: University Press of America, 1983.
Inglis, Brian: *The Opium War.* London: Hodder & Stoughton, 1976.
Jensen, Oliver: *The American Heritage History of Railroads in America.* New York: Bonanza Books, 1987.
Jenyns, Soame: *Ming Pottery and Porcelain.* London: Faber & Faber, 1988.
Kellner, Charlotte: *Alexander von Humboldt.* Oxford: Oxford University Press, 1963.
Kind, Stuart: *The Scientific Investigation of Crime.* Harrogate, England: Forensic Science Services, 1987.
King, H.C.: *History of the Telescope.* London: Charles Griffin & Co., 1955.
Koenigsberger, Leo: *Herman von Helmholtz.* Oxford, England: Clarendon Press, 1906.
Kurylo, Ferdinand K.: *Ferdinand Braun. Leben und Wirken des Erfinders der Braunschen Röhre, Nobelpreisträger 1909.* München (Moos) 1965.
Leitch, D., and Williamson, A.: *The Dalton Tradition.* Manchester, England: John Rylands University Library, 1991.
Leopold, Joan: *E.B. Tylor and the Making of Primitive Culture.* Berlin: Reimer, 1980.
Lewis, M.A.: *The Spanish Armada.* London: B.T. Batsford Ltd., 1960.
Lovejoy, Arthur O.: *The Great Chain of Being.* Cambridge: Harvard University Press, 1936.
Macfarlane, Gwyn: *Alexander Fleming: The Man and the Myth.* Oxford: Oxford University Press, 1984.
Macintyre, Donald: *The Privateers.* London: Elek, 1975.
MacKinnon, Neil: *This Unfriendly Soil. The Loyalist Experience in Nova Scotia, 1783–1791.* Kingston, Canada: Queen's University Press, 1986.
Marshall, P.H.: *William Godwin.* New Haven: Yale University Press, 1984.
Marx, R.: *Port Royal Rediscovered.* London: New English Library, 1973.
McCord, Norman: *The Anti-Corn Law League.* London: Unwin University Books, 1962.
McGlathery, J., ed.: *The Brothers Grimm and Folktale.* Champaign: University of Illinois Press, 1988.
Melhado, Evan M.: *Jacob Berzelius: The Emergence of His Chemical System.* Stockholm: Almqvist & Wiksell International, 1980.

Mellor, Anne K.: *Mary Shelley.* London: Routledge, 1988.
Merrill, G.P.: *The First One Hundred Years of American Geology.* New Haven, Conn.: Philip Hamilton McMillan Memorial Publishing Fund, 1924.
Middleton, W.E.K.: *The History of the Barometer.* Baltimore: Johns Hopkins University Press, 1964.
Mitchell, D.: *Pirates.* London: Thames & Hudson, 1976.
– Deutsch: *Piraten. Geschichte und Abenteuer der Seeräuber auf den Weltmeeren.* Wien/München (Molden) 1977.
Moffit-Watts, P.: *Nicholas Cusanus.* Leiden: E.J. Brill, 1982.
Moore, Patrick: *Patrick Moore's History of Astronomy.* London: Macmillan & Co., 1983.
Morris, R.J.: *Cholera.* London: Croom Helm Ltd., 1976.
Moulton, F.R.: *Liebig and After Liebig.* Pennsylvania: Science Press Co., 1942.
Muirhead, J.P.: *Life of James Watt.* London: Archival Facsimiles, 1987.
Murray, C.H.: *Apollo: The Race to the Moon.* London: Secker & Warburg, 1989.
Nicholas, David: *Medieval Flanders.* Harlow, England: Longman, 1992.
Norris, J.D.: *Advertising and the Transformation of American Society.* New York: Greenwood Press, 1990.
Osborn, Frederick M.: *The Story of the Mushets.* London: Thomas Nelson & Sons, 1952.
Paley, Edmund, ed.: *An Account of the Life and Writings of William Paley.* Farnborough, England: Gregg International Publications, 1970.
Palmer, R.: *The Water Closet.* Newton Abbot, England: David & Charles, 1973.
Pierson, Peter: *Philip II of Spain.* London: Thames & Hudson, 1975.
Piper, R.: *The Story of Computers.* London: Hodder & Stoughton, 1977.
Poelnitz, G. von: *Baron Anton Fugger.* Studien zur Fuggergeschichte 1958–86. Tübingen.
Pratt, Fletcher: *Secret and Urgent: The Story of Codes and Ciphers.* Indianapolis: Bobbs-Merrill Co., 1939.
Price, M.J., ed.: *Coins: An Illustrated Survey.* London: Hamlyn, 1980.
– Deutsch: *Die Münzen der Welt. Ein Handbuch über 2500 Jahre Geld- und Kulturgeschichte.* Freiburg/Br. (Herder) 1981.
Raven, Charles E.: *John Ray Naturalist: His Life and Works.* Cambridge: Cambridge University Press, 1942.
Reader, W.J.: *Macadam.* London: Heinemann, 1980.
Rose, W. Lee: *Rehearsal for Reconstruction: The Port Royal Experiment.* Indianapolis: Bobbs-Merrill Co., 1964.

Schuyler, Hamilton: *The Roeblings*. Princeton, N.J.: Princeton University Press, 1931.
Scott, Samuel F.: *French Aid to the American Revolution*. Ann Arbor, Mich.: William L. Clements Library, 1976.
Shockley, W.: *Electronics and Holes in Semiconductors*. New York: Van Nostrand Co., 1950.
Skempton, A. W.: *John Smeaton FRS*. London: Thomas Telford Ltd., 1981.
Snyder, L. L.: *The Roots of German Nationalism*. Bloomington: University of Indiana Press, 1978.
Sonnino, Paul, ed.: *The Reign of Louis XIV*. London: Humanities Press International, 1991.
Speed, P. F.: *The Potato Famine and the Irish Emigrants*. London: Longman, 1976.
Stamp, T., and Stamp, C.: *James Cook, Maritime Scientist*. Whitby, England: Caedmon of Whitby Press, 1978.
Sutter, Johann August: *Neu-Helvetien. Lebenserinnerungen des Generals Johann August Sutter*. Frauenfeld/Leipzig (Huber), 1934.
Tannahill, Reay: *Food in History*. London: Penguin, 1988.
Thomas, D.O.: *Richard Price, 1723–1791*. Cardiff: University of Wales, 1976.
Thompson, F. M. L.: *The Rise of Suburbia*. Leicester, England: Leicester University Press, 1982.
Wason, K.: *Delftware*. London: Thames & Hudson, 1980.
Watts, Michael R.: *The Dissenters*. Oxford, England: Clarendon Press, 1978.
Webster, John C.: *The Life of J. F. W. des Barres*. New Brunswick, Canada: Shediac, 1933.
Weinberg, Steve: *The First 3 Minutes*. London: André Deutsch, 1977. – Deutsch: *Die ersten drei Minuten. Der Ursprung des Universums*. München (Piper) 1997.
Williams, L. P.: *Michael Faraday: A Biography*. London: Chapman & Hall, 1965.
Wilton-Ely, J.: *The Mind and Art of G. B. Piranesi*. London: Thames & Hudson, 1988.
– Deutsch: *Giovanni Battista Piranesi. Vision und Werk*. München (Hirmer) 1988.
Wizniter, Arnold: *Jews in Colonial Brazil*. New York: Columbia University Press, 1960.
Wright, Lawrence: *Clean and Decent*. London: Routledge & Kegan Paul, 1960.
Wyld, Lionel D.: *Low Bridge! Folklore and the Erie Canal*. Syracus, N. Y.: Syracuse University Press, 1962.

Bildnachweis

Der Abdruck der Abbildungen auf den 16 Tafeln erfolgt mit freundlicher Genehmigung folgender Institutionen:

Tafel 1: Ann Ronan Picture Library; E.T. Archive
Tafel 2: The Imperial War Museum; Dr. Gary Settles/Science Photo Library
Tafel 3: E.T. Archive; The Royal Society
Tafel 4: The Illustrated London News Picture Library; E.T. Archive/Bibliothèque Nationale, Paris
Tafel 5: Range/Bettmann; Bibliothèque Nationale, Paris
Tafel 6: Science Museum/Science & Society Picture Library; Ann Ronan at Image Select
Tafel 7: The Victoria and Albert Museum; Ann Ronan Picture Library
Tafel 8: Range/Bettmann; Science Museum/Science & Society Picture Library
Tafel 9: The British Library
Tafel 10: E.T. Archive; National Maritime Museum, London
Tafel 11: E.T. Archive; British Museum
Tafel 12: The Illustrated London News Picture Library; Sonia Halliday Photographs
Tafel 13: Range/Bettmann; National Maritime Museum/E.T. Archive
Tafel 14: The Illustrated London News Picture Library; Ann Ronan at Image Select
Tafel 15: The Illustrated London News Picture Library; The Wegwood Museum, Barlaston
Tafel 16: E.T. Archive; Range/Bettmann

Personenregister

Die kursiven Zahlen verweisen auf die Bildtafeln.

Acheson, Edward 47f
Adam, Robert 246, 345f
Alberti, Leon B. 351f
Alexander der Große 347
Alexander VI. (Papst) 216
Alfonso V. (König) 278
Appleton, Edward 263f
Arabshah, Hassan ibn 274
Aristoteles 75, 169f
Aston, Fred 248
August der Starke (Kurfürst) 343

Bacon, Francis 170
Baliani, Giovanni 179
Banks, Joseph 93, 369
Barclay, Samuel 368
Barri, Gerald de 105f
Bauer, Georg 289ff
Bayer, Friedrich 67
Beaumarchais, Pierre A. C. de 257
Beccaria, Cesare 205
Bedson, George 238f, 241
Bell, Alexander G. 315f, 319
Benedikt XVI. (Papst) 277
Bentham, Jeremy 23, 204
Bentley, Thomas 344f
Bert, Paul 139f
Berti, Gasparo 179f
Berzelius, Jöns J. *16*, 372f
Bessarion, Johannes 361f
Bessel, Friedrich 211
Bigelow, Julian 121f
Biro, Lazlo J. 323f
Bismarck, Otto von 203
Black, Joseph 243f, 300
Bloomer, Amelia 69
Blumenbach, Johann F. 7, 166f
Bode, Johann 373
Bodley, Thomas 364f
Boll, Franz 82f
Bonet, Juan 313
Booth, John W. 353
Bopp, Franz 317
Böttger, Johann 344
Boucher, François 127
Boulton, William 245f, 358
Boyle, Robert 187f
Braconnot, Henri 54
Braun, Ferdinand 46ff
Breit, Gregory 263
Breuer, Josef 199
Brücke, Ernst W. von 198
Brugnatelli, Luigi V. 247
Buffon, Count de 254
Bunsen, Robert 98f, 209f
Byron, George G. 285

Cabral, Pedro A. 282
Cail 243
Calhoun, John 235f
Cannon, Walter 120f

Carnot, Sadi 349f
Caro, Heinrich 208f
Carrier, Willis 100
Caruso, Enrico 60
Cassini, Giovanni 133
Champollion, Jean F. 348
Charcot, Jean-Martin 201
Chauncey, Jerome 72
Chevreul, Michel E. 126f
Clark, Edwin 70f
Cobden, Richard 22, 25
Colbert, Jean-Baptiste 28–31
Colt, Sam 154f
Condillac, Etienne de 254
Cook, James 172, 213, 299
Cornell, Ezra 62
Cortés, Hernan *10*, 216
Corvinus, Matthias 363f
Covilha, Pero da 282
Cramer, Stuart W. 100
Crick, Francis 50
Cromwell, Oliver 167, 222, 224f, 366
Crookes, William 320f
Crowell, Henry P. 118f

Daimler, Gottlieb 147
Dalkin, Cyrus P. 38, 43
Dalton, John *16*, 369–372
Dampier, William 223
D'Arlandes 141
Darling 174
Darwin, Charles 205, 301, 304
Davy, Humphry 93f
De Forest, Lee *13*, 59ff
Denison E. B. (Lord Grimshaw) 137f
Desbarres, Joseph 297ff
Descartes, René 78, 202, 308
Dewar, James 126
DeWitt, Clinton *5*, 114
DeWitt, Simeon 114
Diaz, Bartolomeo 282
Diderot, Denis 254
Dollond, John 211ff
D'Orbigny, Alcide 176f
Drake, Edwin *8*
Drake, Francis 89, 293
Drebbel, Cornelius 224
Dunant, Jean-Henri 158

Eastman, George 51f
Eckert, J. Presper 267
Edison, Thomas A. 43f, 47, 61, 98
Ehrlich, Paul 207f
Eijkman, Christiaan 83ff
Einstein, Albert 57f
Elder, John 355
Elizabeth I. (Königin) 293
Elwood, W. L. 239
Emmanuele (König) 142f
L'Epée, Charles-Michel de 312ff
Ericsson, John *4*, 95f
Espy, James P. 182

Faraday, Michael 247f
Fechner, Gustav T. 337ff
Fichte, Johann G. 229, 336
Fink, Albert 116
Fleming, Alexander 160f
Ford, Henry 45
Fourier, Jean-Baptiste 348f
Franklin, Benjamin 172, 202, 346
Fraunhofer, Joseph von 210f
Freneau, Philip 115
Freud, Sigmund 198–201
Friedrich II. der Große 225ff
Fugger, Jakob 292

Galilei, Galileo 132f, 169, 179, 280
Gall, Franz J. 203, 205
Gallaudet, Edward 314f
Gallaudet, Thomas 314
Galton, Francis 301–304
Galvani, Luigi 194ff, 200, 261

Gama, Vasco da 89, 282
Garfield, James A. 203
Gauß, Carl F. 374ff
Gerhardt, Charles 145
Gilbert, William 202
Gillette, King C. *14*, 327
Gladstone, William E. 165f
Glidden, Joseph 239
Gluck, Christoph W. 201
Godfrey, Thomas 297
Godwin, William 286f
Goethe, Johann Wolfgang 346, 372
Golgi, Camillo 206f
Golitsyn, Boris 177
Goodwin, Hannibal 52
Goodyear, Charles 65
Graham, George 135f
Graunt, John 170f, 309
Grew, Nehemiah 77
Gribeauval, Jean-Baptiste 332f
Griffo, Francesco 362f
Grimm, Jakob 376f
Grimm, Wilhelm 376f
Groot, Huig de 307f
Guericke, Otto von 187
Guinand, Pierre-Louis 210
Gutenberg, Johannes 10, 13

Hadley, John 297
Haish, John 239
Hales, Stephen 193f
Halle, Adam de la 108f
Halley, Edmund 171
Hamilton, William 345
Harrison, John 330
Hartlib, Samuel 365
Haushofer, Karl 232f
Haüy, René 49
Hawkins, John 293f
Haydn, Joseph 201
Heaviside, Oliver 263
Helmholtz, Hermann von 83, 260f
Helvéticus, Claude A. 254
Henry, Edward 304
Henry, Joseph 261
Herbart, Johann F. 335ff
Herder, Johann 375
Herschel, Wilhelm 211
Herschel, William 304
Hertz, Heinrich 46, 261ff
Hess, Rudolf 232f
Hess, Victor 263f
Hill, Rowland 23–26
Hirsau, Wilhelm von 313
Hitler, Adolf 232f, 303
Hofmann, August 67, 145
Hollandt, Samuel 297ff
Hollerith, Herman 151f, 159
Homer 164f
Hooke, Roberto 77
Hopkins, Frederick G. 84f
Howard 242
Hubble, Edwin 340
Hudson, Henry 129
Hughes, David 261
Humboldt, Alexander von 229–233
Huntsman, Benjamin 327–330
Hutton, James 300f
Huygens, Christian 78f, 284
Hyatt, Isaiah 53ff
Hyatt, John 53ff

James, Jesse 106, 108
James, Thomas 364
Jamieson, Annie 262
Jansen, Cornelius 311
Jansky, Karl 264, 356f
Jefferson, Thomas 73ff, 113f, 230, 346
Jennings, George 186
Jones, William 317, 374f
Jordaens, Jacob 219
Judson, Whitcomb L. 68f

Kant, Immanuel 227–230, 335
Karl der Große (Kaiser) 277
Karl V. (König) 292
Kempen, Thomas von 363
Kendall, Amos 314
Kennelly, Arthur E. 263
Kielmeyer, Karl F. 258
Kirchhoff, Gustav R. 209ff
Koch, Robert 207
Kolumbus, Christoph 214f, 234, 282
Komensky, Amos (Comenius) 365f, 368
Konstantin (Kaiser) 277f
Kopernikus, Nicolaj 131f, 280
Kues, Nikolaus von 279f
Kuffler, Gebrüder 224
Kunders, Abraham 33f

La Condamine, Charles 135
Langer 196
Laue, Max von 49
Lay, Benjamin 236
Le Blanc, Honoré 73
Leavitt, Henrietta 339
Leclerc, George-Louis (Graf Buffon) 74f
Leeuwenhoek, Anton von *3*, 77f, 285, 370
Leibniz, Gottfried 76, 258, 284, 369f
Leo III. (Papst) 277
Leverrier, Urbain 183
Libbey, Edward D. 100
Liebig, Justus von 40f, 67
Lincoln, Abraham 96, 353
Linnaeus, Carolus 93, 169
Lippershey, Hans 132
Lister, Joseph 146f
Lloyd, Charles 368
Lloyd, Sampson 237
Lombroso, Cesare *9*, 205f
Louis XIV. (König) 28, 296, 312
Ludwig II. (König) 375
Ludwig, Carl 317
Lundstrom 39
Luther, Martin 130
Lyell, Charles 301

Macauley 90
Mach, Ernst *2*, 56f
Macintosh, Charles 64, 146
Maclure, William 288, 335
Maiman, Theodore 102
Malpighi, Marcello 77
Malthus, Thomas 23
Manutius, Teobaldus 362f
Marconi, Guglielmo *12*, 262f
Marey, Etienne 317f
Marshall, James 17
Mauchly, John 265, 267
Maupertuis, Pierre L. 135, 137
Maury, Matthew 182
Maybach, Wilhelm 147f
McAdam, John 184
McCallum, Daniel 116
Mercator, Gerhardus *5*, 130
Merrell 240
Mersenne, Marin 180
Messmer, Franz A. 201f
Minot, Charles 115
Mond, Ludwig 196
Montano, Arias 131
Montgolfier, Jacques *6*, 141
Montgolfier, Joseph *6*, 141f
Morgan, Henry *10*, 222ff
Morris, Robert 113f
Morse, Samuel 155, 314f, 374
Mozart, Wolfgang Amadeus 201f, 346
Müller, Johannes 259f
Mun, Thomas 220
Murdock, William 36, 42, 63
Myo-an, Eisai 341

Napoleon III. 143
Napoleon, Bonaparte *16*, 90, 94, 150, 183, 229f, 255, 333, 346f, 375

Nehou, Louis de 295f
Neilson, James 80
Nessler, Charles 14f
Newcomen, Thomas 35, 368
Newton, Isaac 58, 78, 134, 202, 258, 348
Nickerson 327
Nicol, William 79ff
Nightingale, Florence 156ff, 183
Nipkow, Paul 58
Nixon, Francis 27, 29
Nobel, Alfred 55, 144, 155
Noronha, Fernando de 283

Oldenburg, Henry 284
Owen, Robert 23, 287f
Owens, Michael 100

Painter, William 325f
Paley, William 92f
Papin, Denis 188
Pappenheim, Bertha 199
Paradies, Maria von 202
Parsons, Charles 355
Pascal, Blaise 180, 308ff, 312
Pearson, Karl 303
Peel, Robert 204
Pelouze, Théophile J. 54
Penzias, Arno 357
Percivall, Thomas 295
Perkin, William 207
Perkins, Jacob 25ff
Pestalozzi, Johann H. 334ff
Philipp II. (König) 130, 293f
Piazzi, Guiseppe 373
Pilatre de Rozier, J. F. 6, 141
Piranesi, Giambattista 345
Pissarro, Camille 127
Pistrucci, Benedetto *11*, 246f
Pitman, Isaac 318f
Pizarro, Hernando 216
Plantin, Christophe 130f, 219
Platvoet, Pieter (Plancius) 129f
Playfair, John 301
Pompadour, Madame de 253f
Powers, John 152f
Price, Richard 171f
Priestley, Joseph 23, 172f, 325, 331, 344, 368
Pringsheim, Ernst 83, 320f

Quesnay, François 253f

Raffles, Stamford 91ff
Ramsden, Jesse 212f
Randolph, Charles 355
Rapp, George 287
Ratzel, Friedrich 231ff
Ravenscroft, George 295
Ray, John 93, 167–170
Reber, Grote 264
Reynolds, Osborne 321ff
Richardson, Benjamin 146f
Rillieux, Norbert 243
Riquet, Pierre-Paul 30
Robin Hood 106ff, 123
Roebling, John 237f
Rogers, Lebbeus H. 38
Röntgen, Wilhelm 48f
Roriz, Fernao M. de 280f
Rose, Henry 239
Rosenblueth, Arturo 121
Rousseau, Jean-Jacques 255f
Rubens, Peter P. 219
Runge, Friedlieb F. 146
Russell, Howard 156

Saussure, Horace B. de 299ff
Scheiner, Christoph 133
Schelling, Friedrich von 258f
Schliemann, Heinrich 164ff
Schönbein, Christian 54
Schwan, Edouard 319f
Scott, Leon 316
Seurat, Georges P. 127
Sharpe, Granville 236
Shelley, Percy B. 285f
Shelley, Mary *13*, 171, 285f
Shockley, William B. 271f, 288

Sholes, Christopher 153f
Shovell, Cloudesley 134, 329
Sicard, Roche A. 313f
Signac, Paul 127
Silliman, Benjamin 173ff
Singer, Isaac M. 70ff
Skellet, Melvin 357
Smeaton, John *15*, 331
Smith, Adam 235
Smith, John 129
Smith, William 176
Sobrero, Ascanio 144
Somersett, James 236
Sommellier, Germain 143f
Sorby, Henry 81f
Soule 240
Sperry, Elmer 192f
Spinoza, Baruch 284
Spurzheim 203
Steinheil, Carl 338
Stephenson, George 41, 95
Stevin, Simon 110–113
Stribeck 322f
Sundback, Gideon 69
Sutter, Johann 16f
Sweet, Henry 319
Sylvester I. (Papst) 277

Talbot, Fox 207
Taylor, Edward 377f
Tesla, Nikola 191f
Thomson, Edgar J. 116
Thomson, Joseph J. 248
Thomson, William (Lord Kelvin) 349f, 357
Tissandier, Gaston 140
Topler, August 2
Torricelli, Evangelista 179f
Toscanelli, Paolo 280
Townes, Charles 101f
Tull, Jethro 251ff
Tuve, Merle 263
Tykociner 59

Valla, Lorenzo 278ff, 362
Van Dyck, Anthony 219
Vauban, Sébastien Le Prestre de 31f
Velascos, Juan F. 313
Velosinho, Andrade 284
Vespucci, Amerigo 282
Vigenère 352f
Viktoria (Königin) 203
Virchow, Rudolf 161ff, 165f
Volta, Alessandro 195f, 247, 285
Voltaire 226f, 254, 346

Wagner, Richard 375
Waldseemüller, Martin 282
Wales, Gerald von 312
Warneke, Leon 51
Washington, George 172, 346
Watson, James 50
Watt, James 35–39, 41f, 48, 58, 63, 142, 244f, 300, 332, 368
Weber, Ernst 337f
Wedgwood, Josiah *15*, 246, 273, 344f, 368
Welsbach, Carl Auer von 99, 102f
Werner, Abraham 229
Westinghouse, George 188–191
Whitney, Eli 72f
Wiener, Norbert 121f
Wilberforce, Will 236
Wilkinson, John 331ff
Wilson, Robert 357
Winkler, Clemens 272f
Winthrop, John 366
Witham, Henry 81
Wright, Orville 322
Wright, Wilbur 322
Wulf, Theodore 263
Wyon, Will 247

Zamenhof, Ludwig 318
Zeppelin, Ferdinand Graf von 66

Robert L. Wolke

Woher weiß die Seife, was der Schmutz ist?

Kluge Antworten auf alltägliche Fragen. Aus dem Amerikanischen von Markus P. Schupfner. 343 Seiten. Serie Piper

Warum ist der Himmel blau? Warum wird es wärmer, wenn es schneit? Und wie vor allem bekommt man Ketchup am besten aus der Flasche? Diesen und vielen anderen kniffligen Fragen aus dem Alltag geht Robert L. Wolke auf den Grund und gibt kluge und oft verblüffende Antworten. Und er bietet Lösungen für alltägliche Probleme. Mit witzigen Versuchen, die man gleich selber nachmachen kann.

»Hier kommt weder Wissenschaft noch das Vergnügen zu kurz.«

Wiener Zeitung

05/1056/01/L

Neil de Grasse Tyson

Merlins Reise zur Erde

Neue Fragen und Antworten zum Universum. Aus dem Amerikanischen von Anni Pott. 313 Seiten. Serie Piper

Die Anzahl möglicher Fragen zum Universum und zu allem, was dazugehört, ist unendlich groß. Obwohl er schon eine Unmenge an Fragen beantwortet hat, entschließt sich Merlin, der Außerirdische, erneut seinen Planeten Omniscia zu verlassen und zur Erde zu reisen. Geduldig gibt der Allwissende Antwort auf alle Fragen, die Menschen ihm stellen: Wie groß ist die Chance, daß ein Mensch mehr als nur einmal im Leben mit demselben Luftmolekül in Berührung kommt? Oder: Welche Folgen hätte es für uns Erdbewohner, wenn Aliens den Mond in die Luft sprengen würden? Mit Hilfe von Merlins klugen, anschaulichen und witzigen Antworten erfährt jeder Leser, was er schon immer wissen und verstehen wollte.

05/1231/01/R

SERIE PIPER

Gustave Flaubert

Das Wörterbuch der Gemeinplätze

Nachwort von Julian Barnes. Zwischenblätter von Volker Kriegel. Aus dem Französischen von Gisbert Haefs, Irene Riesen, Thomas Bodmer und Gerd Haffmans. 158 Seiten. Serie Piper

In diesem boshaften Wörterbuch hat Gustave Flaubert Klischees, Platitüden und Halbwissen versammelt, mit denen man nicht nur in der besseren Gesellschaft seiner Zeit, sondern auch heute noch Eindruck schinden kann. Beim Stichwort »Autor« heißt es: »Man muß dies und das gelesen haben; von wem, ist nicht so wichtig.« So empfiehlt uns Flaubert etwa auch den Gebrauch von Wörtern wie fulminant (»prima Wort«) und Giraffe (»höfliches Wort, wenn man eine Frau nicht ›Kamel‹ nennen will«) und verrät uns, worüber man sich im Smalltalk entrüsten und worüber man sich lustig machen sollte. Hintergründig entlarvt er seine Zeitgenossen und hält der Gesellschaft den Spiegel vor.

05/1165/01/L

Klaus Waller

Lexikon der klassischen Irrtümer

Wo Einstein, die katholische Kirche und andere total danebenlagen. 293 Seiten. Serie Piper

Daß die Erde keine Scheibe ist und die »Titanic« keinesfalls unsinkbar war, daß Adlige kein blaues Blut und Männer ebensoviele Rippen haben wie Frauen – all das sind, wie wir jetzt wissen, Irrtümer und Fehleinschätzungen. Allerdings sind bis heute nicht einmal Fachleute davor gefeit, ziemlich falsche Dinge zu behaupten. So versicherte beispielsweise ein Computerfachmann im Jahr 1977: »Es gibt überhaupt keinen Grund, warum irgend jemand einen Computer bei sich zu Hause haben will.« Und ein Plattenproduzent lehnte das Angebot, Schallplatten mit den Beatles zu machen, seinerzeit mit der denkwürdigen Begründung ab, daß Gitarrengruppen ohnehin nicht gefragt seien … Klaus Waller hat in seinem unterhaltsamen Lexikon berühmte Irrtümer der Menschheitsgeschichte zusammengetragen.

05/1151/01/R

Walter Gerlach

Das neue Lexikon des Aberglaubens

285 Seiten mit zahlreichen Abbildungen. Serie Piper

In unserer modernen technisierten Welt spielt der Aberglaube noch immer eine größere Rolle, als wir uns eingestehen wollen. Viele Menschen glauben an das Walten undurchschaubarer Mächte und suchen im Alltag nach Hinweisen und Zeichen für Glück oder Unglück. Unterhaltsam und kenntnisreich erklärt Walter Gerlach in seinem »Neuen Lexikon des Aberglaubens« den Ursprung, die Geschichte und die Funktion von Symbolen des Guten und des Bösen. Wir erfahren alles Wissenswerte über die Zauberkraft von Alraune, Bilsenkraut und Fingerhut, über Geister, Hexen und Heinzelmännchen, warum wir dreimal auf Holz klopfen, anderen Menschen den Daumen drücken und nicht etwa den Zeigefinger und warum Hufeisen, Schweine und Schornsteinfeger Glück bringen.

Charles Panati

Populäres Lexikon religiöser Bräuche und Gegenstände

Von Altar bis Yin und Yang. Deutsche Fassung von Reinhard Kaiser. 637 Seiten mit zahlreichen Abbildungen. Serie Piper

Warum falten Menschen beim Beten die Hände? Was war die Funktion der ersten Altäre? Weshalb gibt es neun Klassen von Engeln? Wer schrieb die Bibel, den Talmud und den Koran? Dieses erhellende, kenntnisreiche und unterhaltsame Lexikon präsentiert das gesamte Spektrum religiöser Themen und Ideen. Charles Panati erläutert, wie sich die fünf großen Religionen – Judentum, Christentum, Islam, Buddhismus und Hinduismus – entwickelten, und untersucht den Ursprung religiöser Rituale und Bräuche, die Gründe von Feiertagen und Symbolen, die Bedeutung von Kleidern, Sakramenten und Gebeten. Eine unerschöpfliche Quelle für alle, die an der Geschichte der Religionen interessiert sind, und ein inspirierender Leitfaden für die Menschen, die ihren eigenen Glauben besser verstehen wollen.